刘向兵

研究员,博士,中国劳动关系学院党委书记,学术委员会主任,教育部高等学校专业设置与教学指导委员会委员,中国人民大学国家改革发展研究院特邀研究员,兰州大学兼职教授,宁夏中卫市特聘专家,兼任中国劳动经济学会副会长、中国劳动经济学会劳动关系分会会长、全国工会学研究会副会长、中国教育发展战略学会常务理事、国家自然科学基金委员会项目评审专家、国家社科基金同行评议专家等。曾任中国人民大学党委常委、副校长,宁夏回族自治区中卫市委常委、副市长(挂职)。主要从事高校战略管理、思想政治教育、工会理论与劳动关系等方面的研究。主持或参与国家社会科学基金项目等各类科研项目20项,独著、主编或参编《大学战略管理导论》等著作15部,在全国重要期刊上发表学术论文50余篇。

中国劳动关系学院
70周年校庆丛书

中国工运学者访谈录（第一辑）

Interviews with Chinese Worker's Movement Scholars

刘向兵 —— 主编

社会科学文献出版社
SOCIAL SCIENCES ACADEMIC PRESS (CHINA)

王永玺

冯同庆

李德齐

陈莹

冯建威

郝清桂　　　　　　　黄河涛

欧阳骏　　　　　　　武宗圣

赵健杰

吴亚平

崔生祥 　　　　　　　田凯荣

陈宏涛 　　　　　　　马子富

刘子高　　　　　　　　　　杜万启

曹延平　　　　　　　　　　沈琴琴

许晓军　　　　　　　　　　郑桥

前　言

2019年，我们的共和国七十初度。中国劳动关系学院与共和国同龄，也走过了七十载风雨历程。中国劳动关系学院是中华全国总工会直属的唯一一所普通本科学校，其前身几经易名，最早可追溯至1938年的安吴堡青训班。1939年，更名为延安工人学校。很快并入华北联合大学，成立华北联大工人部，同时成立了职工运动研究室。1946年，为配合争取解放和准备接管城市工作的需要，中共晋察冀中央局和晋察冀边区政府决定成立晋察冀边区行政干部学校，校址设在张家口。这所学校的领导、教师和学员班底，全部来源于华北联大校部。1947年11月，石家庄解放后，晋察冀边区行政干部学校迁至石家庄，并在此基础上成立石家庄公教人员政治学校、石家庄建设学院。1948年秋，学校改为华北总工会所属的华北职工学校。1949年1月，天津解放后，学校进入天津，改名为华北职工干部学校。1949年9月，为了更好地肩负起工会的历史使命，根据刘少奇的指示，全总决定将"华北职工干部学校"改建为"中华全国总工会干部学校"。中国劳动关系学院的前身正是从此时算起的。1954年7月26日，全总干校开始从天津迁往北京。1984年更名为中国工运学院。2003年，学校开始进行全日制普通本科教育，校名改为中国劳动关系学院。

回望学校七十年的发展历程，校名虽几经更改，但是在党的领导下，服务工会、服务社会的初心和使命，始终没有变化；学校坚持"工会+""劳动+"的办学特色，始终没有变化。新中国成立以前，工运事业是在党的领导下，组织领导工人阶级投身于反帝国主义、反封建主义、反官僚资本主义的伟大斗争，为赢得新民主主义革命的胜利做出了历史性的贡献。中国共产党第一次全国代表大会通过的第一个决议，中国劳动组合书记部拟定的《劳动法案大纲》，都明确提到了工人教育的问题。根据党的纲领和决议，在苏区、上海和延安等地先后创建了多所工人学校，开办了多种形式的工会干部培训班，为党领导下的工运事业培养了一大批优秀的工运骨干，为党领导下的工会干部教育培训事业积累了宝贵经验。

成立于1946年4月的晋察冀边区行政干部学校，属于我党为吸收干部而创办的短期训练班性质的干部学校，以学习政治理论政策为主。为了满足更大规模开展对工运骨干和工会干部培训的需要，1949年1月，中央华北局将晋察冀边区行政干部学校改制为华北职工干部学校。1949年8月，在刘少奇同志的指示下，学校承担了全总举办的短期工运培训班。参训学员毕业后大都分配到华北、东北和西北地区以及部分工矿企业，成为新中国工会建设的重要骨干力量。华北职工干部学校成为党中央培养工人优秀骨干和各级工会干部的重要基地。1949年9月25日，根据中央领导指示，学校更名为中华全国总工会干部学校，时任全国总工会党组书记、副主席李立三同志兼任第一任校长。当时，学校的主要任务是培训全国各地的工会主席，与中央党校、中国人民大学并称为党的三大干部培训学校，受到党和国家领导人的高度重视。毛泽东、朱德等先后给学校题词寄语。建校初期，由于缺乏教员和教材，根据刘少奇同志指示，中华全国总工会干部学校先后邀请知名学者艾思奇等专家来校授课。到50年代，学校全部的授课内容均由自己的教员承担，教材也逐步自主编写。从建校到1966年停办，学校先后举办200多期普通班、专业研修班，共计培训各类干部8847名。"文革"结束后，在党中央的亲切关怀下，我校于1978年11月恢复办学。截至1984年，培训工会干部近6000名，为工会干部培训正规化奠定了坚实基础。全总干校的创建与发展，对提高工会干部的理论和业务素质，把全国职工群众有理论、有纲领、有计划、有步骤地组织动员起来发挥着重要作用，对充分发挥工人阶级的主力军作用，更好地开展全国性的工会工作具有重要意义。

为了贯彻党中央关于加强干部教育正规化的指示精神，1984年9月，经国家教委批准，中华全国总工会干部学校正式改建为中国工运学院，陈云同志亲笔为学校题写了校名。这一时期，学校在体制上明确了中国工运学院是中央部属独立设置的成人高校，开始面向全国工会系统和社会开展成人学历教育，实现了从短期轮训到正规培训的转变，成为实现中国工会干部教育培训正规化的重要标志和转折点。学校秉承优良的办学传统，以工会干部教育培训为使命，围绕当时我国工会工作大局，按照全总党组的要求和期望，以改革创新的精神走自己的道路，凝练自己的特色，探索出一套适合我国工会干部正规化教育培训的成熟经验，逐步成为全国工会干部培训的最高学府和工运理论研究的重要基地。学校开始聚焦工会领域的基础学科建设，通过开设工会学、工人运动史、劳动保护、劳动关系等课程，有力促进了特色专业的发展，逐步发展成为特色鲜明的成人高等院校。

2003年5月，学校转制升本，更名为中国劳动关系学院。学校始终坚持以工会干部培训为使命，在工作中坚持"服务大局，与时俱进，改革创新，依法治教，从严管理"的原则，形成了具有一定规模、比较稳定的工会干部培训专任教师队伍，持续完善干部培训课程体系建设，积极参与全总培训教材的编写和修订工作，部分培训课程被全总及中组部评为精品课程。进入新时代，学校不忘初心，继续发挥全国工会干部教育最高学府和工会理论研究智库的重要作用，以工会干部培训为使命，深入学习贯彻习近平总书记系列重要讲话精神，特别是关于工人阶级和工会工作的重要论述，牢牢把握我国工人运动的时代主题，每年培训工会干部8000余人次，送教20000余人次，为培养造就一支高素质的工会干部队伍做出了重要贡献。

2003年改制升本后，我校发展进入新阶段，从工会干部培训逐渐发展到普通本科教育，一路攻坚克难，一路砥砺奋进。学校陆续开设社会工作、劳动关系、人力资源管理、工商管理、经济学、劳动经济学、财务管理、法学、劳动与社会保障、行政管理、政治学与行政学、安全工程、职业卫生工程、汉语言文学、新闻学、戏剧影视文学、酒店管理等17个本科专业，覆盖法学、管理学、经济学、工学、文学、艺术学等6个学科门类。既有效地保留了教育教学的历史延续，又充分体现了鲜明的时代特征。2012年12月，我校获批成为国务院学位委员会"服务国家特殊需求人才培养项目"工作单位，开办公共管理硕士专业学位研究生教育，先后开设劳动关系、工会工作、劳动与社会保障、公共安全管理4个培养方向。学校的研究生教育稳步发展，学科建设水平逐步提升。

1992年，为认真贯彻落实党中央"全心全意依靠工人阶级"的方针，按照党中央从优秀工人中选拔干部、培养跨世纪后备人才的部署，在中组部、国家教委和北京市教委等的大力支持下，中华全国总工会在我校创办劳模本科班，从全国劳动模范、全国"五一劳动奖章"获得者和全国先进工作者中选拔培养劳模学员。经过27年的坚守与发展，共计培养劳模学员624人，其中全国劳动模范240人，全国五一劳动奖章获得者213人，全国人大代表17人，全国党代会代表12人，"中华技能大奖"获得者9人。劳模本科教育已经成为我校一张亮丽的名片。

2018年4月30日，习近平总书记给我校劳模本科班学员回信，极大地鼓舞了我校创办特色一流大学和继续办好劳模本科教育的信心。总书记的回信高度肯定劳动模范为党和国家事业做出的突出贡献，大力倡导新时代全社会营造尊重劳动、尊敬劳模的良好氛围，有力激励了广大劳动群众争做新时代的奋斗者，充分肯定了劳模学历教育的方式方法和育人成效。2019年4月29日我校劳模学院正式挂牌成立，这是我国高校首次设立劳模学院，将扩大劳模本科教育办学规模，在现有社会工作专业基础上增设人力资源管理专业，为劳模学员提供更多选择，更好地满足劳模学员的学习需求。

经过了这么多年的积淀，学校在学科建设上，在教学、科研人才梯队建设上，都有了长足的进步。

作为学校的特色学科"工会+""劳动+"，在教育部部颁目录中是没有单列的。"劳动+"所涉及的分支学科，比如劳动经济学、劳动法学、劳动管理学、劳动文化学等，因为所跨领域广泛，如果仅用"劳动科学"一词来进行统摄，似乎还需要商榷后，才能形成共识。"工会+"的情况比"劳动+"更加复杂一些，因为工会不具有劳动的领域属性，它是一个特定的社会组织的名称，具有主体的属性，作为一个社会组织，是要通过正常运作以发挥其影响作用的。因此，我们常常所说的"工会学"，具有很强的实践性，根据工会这一社会组织的不同实践的需要，"工会学"也涉及跨学科的问题，所涉及的学科有社会学、法学、政治学、经济学、管理学、历史学等，换句话说，工会组织是运用以上提及的学科来解决实际工作中所遇到的问题，工会与这些学科之间是主体与工具之间的关系，缺少学理的逻辑关系。

那么，能不能将工会对象化，从而进行纯客观研究呢？这个问题应该从历史学的角度来分析。俄国十月革命以后，马克思主义开始在中国传播。中国的五四运动爆发，在五四运动初期，由于主要是学生、知识分子的运动，虽然对当局造成了政治舆论的强大压力，但对社会经济生活没有太大的影响，所以当局并不怎么担心，也自然不会接受学生提出的爱国请求。随着广大工人阶级的参与，以上海为中心的全国范围的爱国大罢工，此起彼伏。社会经济生活受到了严重的影响，致使上海这样的中心城市工商业大面积陷于停顿、瘫痪状态，这才使得包括北京军阀政府在内的各地反动当局认识到问题的严重性，并感受到莫大的恐惧，不得不向人民做出让步，接受民众的爱国要求。

工人阶级在五四运动的舞台上，以独立的姿态展示了自己强大的力量，这吸引了更多的政治家、学者越来越关注工人运动的研究。这时期从事工运实践、工运理论研究的学者有中国共产党的早期领导人李大钊、陈独秀、邓中夏等人，他们都是工运领袖，在工运实践中研究探索，并将研究的结果反过来指导工运实践。以李大钊为代表的革命知识分子，积极地开展了马克思主义理论的研究和宣传，并且开始到工人群众中去，进行马克思主义思想的宣传工作和组织工作，从而促进了马克思主义与中国工人运动的结合，为创建中国共产党，为进一步实现中国革命伟大的历史性转变，作了思想上、政治上和组织上的重要准备。工人阶级正式登上历史的舞台。中国共产党正是在工运不断深化、发展中诞生的，并很快成为工人阶级的领导者和代言人。

可见，工会组织领导工人运动，从这一组织诞生之日起，就具有鲜明的政治性。中国共产党作为无产阶级工会组织的创建者、领导者，必然将中国共产党的政治信仰、政治理念贯彻在工人运动之中，以实现自己的政治目标。正像习近平总书记2015年在"五一"国际劳动节大会上的讲话中所说的："我国工人运动从来都同党的中心任务紧密联系在一起。"近百年的工运实践证明，在中国共产党领导下的工会组织，其政治性、群众性、先进性是缺一不可的，也是其强大生命力的有力保证。我们研究工会理论、工会实践，始终不要忘记工会的政治主体性，始终坚持走有中国特色的社会主义工会发展道路，始终在政治立场、政治方向、政治原则、政治道路上同党中央保持高度一致。因此，从事工会理论、工会实践的研究，也必须服从政治性的要求。这是合乎内在逻辑的，不必回避，也不容回避的事实。所谓的"纯客观"的研究态度，是不合理，也是不现实的。

学校在七十年发展历程中所积淀的教学科研人才，大致分布在三个时期：新中国成立后至80年代初期为第一个时期，也可以称为干校时期，这个时期的教师大多曾在解放区或国统区从事工运活动，他们经历过复杂的斗争形势，实践经验丰富，政治立场坚定，组织原则明确。他们通过言传身教，为新中国培养了最早的一批工会干部。建校初期，学校缺乏懂马克思主义理论和工会理论的教员，在全总的协调下，学校聘请中央党校马列主义专家、苏联专家、全总领导来校授课。著名马克思主义专家艾思奇曾经来校授课，他讲授的内容是"唯物史观与中国革命基本问题"。同时，在刘少奇的关怀下，全总与干校先后聘请了3批9位专家来校授课，他们讲授的课程主要有国际工运史、苏联工运史、工会实际工作、劳动工资、劳动保护、机械制造、钢铁冶炼、劳动经济学，其中，劳动经济学由苏联著名经济学家科斯金于1954年9月至1955年7月来校讲授，使中国劳动关系学院成为全国最早开设劳动经济学的高校。全总领导李立三、陈用文、刘之久、董昕、杨之华也先后来学校授课。为了进一步充实教师队伍，学校决定从第三期普通班中选留一部分毕业学员到教学部门工作。随后学校又从第四期、第五期普通班中选留部分毕业学员加入教师队伍。据统计，1957年设有哲学、政治经济学、党史、工会建设、企业管理、劳动经济、劳动保护、中国工运、外语、文化教育等十个教研室，共有教研人员125人。经过几年的努力，学校开设的全部课程，几乎都由本校教员担任。

"文革"开始后，学校处于停办状态，教学科研均已停滞。"文革"结束后，学校于1978年11月25日正式复校，中断13年的工会干部培训工作重新焕发了生机和活力，广大教职员工精神为之振奋。复校之初，学校在组织建设上提出，首先要加强教学与研究力量，充实教学与科研第一线。1978年复校时只有工作人员28人，此后两年多的时间，陆续调进180人，学校先后成立六个教研室，有马列主义教研室、政治经济学教研室、工会建设教研室、企业管理教研室、党史工运史教研室、国际工运教研室，教学研究人员共计81人。教学研究人员的引进采用调进和公开招聘的形式。1983年5月，经全总党组和劳动人事部批准，全总干校公开登报在北京招聘教学研究人员，经过人事和用人部门的各项考查，先后共招聘24名教学科研人员。

第二个时期从1984年到21世纪初，也可以称为工运学院时期。学校改名中国工运学院后，人才的引进及学科梯队的建设逐渐走向正规化的道路。学校重点抓好了三个层次的梯队建设：第一个层次，在工会学、劳动经济、劳动保护、劳动法学、工运史等学院重点学科领域，培养了一批学术带头人，其中具有代表性的专家学者有吕嘉民（工会理论）、冯同庆（工会与劳动关系）、王永玺（工运史）、常凯（劳动关系、劳动法）、冯建威（社会保障）、沈琴琴（劳动经济学）、冯肇瑞（劳动保护）等，他们在全国工会干部教育系统乃至国家社科界的某些专业学科领域均有一定的影响和知名度，学院有享受国务院政府特殊津贴的专家（学院有9人享有政府特殊津贴），他们是郝清桂教授（主要从事工会理论的相关研究）、郭晨编审（主要从事编辑、采访等相关工作）、冯肇瑞教授（主要从事安全管理、劳动保护等相关研究）、桉苗教授（主要从事工人阶级理论、工会理论等相关研究）、李生林教授（主要从事科学社会主义理论与实践的研究）、孙中范研究员（主要从事工会理论和成人高等教育理论相关领域的研究）、冯建威教授（主要从事政治经济学、劳动经济学、社会保障学等相关领域的研究）、田凯荣教授（主要从事政治经济学、国际贸易等相关领域的研究）。还有十几位在全国有一定影响、年富力强的教授，他们对中青年教师起到了很好的传帮带的作用。第二层次，学院陆续培养了一批学术带头人后备人选、中青年业务骨干，他们均工作在教学科研的第一线，在相应的学科领域的教学科研活动及专业和学科建设上均有一定的建树，其中有13位同志获得北京市中青年骨干教师称号。学院共设置20个教研室，这20个教研室的教研室主任中，有19位具有高级职称，学院正逐渐给他们压担子、创造条件，使他们尽快出成绩、出成果、成为学术带头人。第三层次，抓好青年教师的培养，通过加强岗前培训和教育、基础教育理论培训、设立青年科研基金、教学基本功比赛、评选"十佳教师"等渠道和途径，使青年教师尽快成长，成为学校教学科研的骨干力量。

第三个时期，2003年至今，这个时期也可以称为劳动关系学院时期。学校转制升本、更改校名后，学校发展踏上一个新的台阶。学院在改革师资队伍管理过程中，完成从"身份管理"向"岗位管理"的转变，实行专业技术职务评聘分开制度，优化教师的职务结构。加强了教师业绩的考核评估工作，进一步完善符合新的管理制度的相关考核评估办法，对教师进行定时、定量的考核，增强透明度，将考核评估结果与教师的流动、聘任挂钩。对兼职教师也制定相应的管理办法和使用机制，保证兼职教师的质量，并长期稳定地发展。制定"学科带头人"和"骨干教师"的建设目标和培养规划，推行以学科建设责任教授制度为主要内容的人才培养工程。以科研项目为抓手，以人才培养为核心，以学科发展为依托，以提高办学效益为目标，重点建设一批优势、特色学科。把学科建设、科研攻关与人才培养结合起来。形成一支拥有占教师总数5%左右的学科带头人、10%左右的学科带头人后备人选、20%左右的骨干教师队伍。形成教师队伍相对稳定的骨干层，促进教师队伍的合理流动和竞争。在招聘和引进人才方面，学院拓宽人才引进渠道，引进高水平、高层次、高素质人才。同时，在政治素质、业务能力、专业和学历方面从严管理，要引得来，留得住，用得好，努力建设高水平的学术团队和管理队伍。

清代学者章学诚提出"六经皆史"的观点，在我们今天看来，这是一个很平常的观点，如果放在经学处于至尊地位的清代，其影响是振聋发聩的：史学原本是经学的附庸，怎么可能反客为主呢？经历了二三百年的认知的变化，人们慢慢接受了历史是泛在的这一事实。历史真的无处不在，国家有国史，地方有地域史，部门有机构史。作为社会个体的每个人也有属于自己的家族史、个人史。可以这样说，一部个人的历史就是一部元气淋漓的当代史，因为每个人一生所涉及的问题，都是当代史的重大命题，从孩提时入托、入学，到大学毕业、就业，一路走来都和国家的教育制度密切相关，生活中必不可少的油盐柴米，既关涉到工农业生产，又关系到国家的经济政策，都是国计民生问题，正是这样一部部生动的个人史，汇总起来就是一部鲜活的当代史。

作为一个知识人，其经历又不同于普通人，不同之处在于他们往往都有自己独特的阅读史、治学史。如果将每个知识人的阅读史、治学史汇而合之，就形成了一个国家、一个社会、一个时代的知识史、学术史、思想史。这是一个理想化的设计，实际情况是，不论是普通人，还是知识人，他们都不太在意整理自己过往的记忆，很多人都像匆匆过客一样，来这个世界走了一遭，并不曾留下一丝一毫的痕迹，这是很遗憾的一件事情。

图书馆作为人类文明传承之所，抢救记忆，保存记忆，是历史和时代交给图书馆人的使命。国家图书馆已经启动了"中国记忆"项目，通过口述史的形式，将一个个鲜活的、独立个体的记忆以及记忆的载体保存下来，汇总起来，标记国家的每一段历史。中国劳动关系学院图书馆也于2018年3月以"工运学者口述史"项目的方式开始抢救"活人文献"的工作，2018年3月至2019年5月，历时15个月，先后对王永玺、冯同庆、李德齐、陈莹、冯建威、郝清桂、黄河涛、欧阳骏、武宗圣、赵健杰、吴亚平、崔生祥、田凯荣、陈宏涛、马子富、刘子高、杜万启、曹延平、沈琴琴、许晓军、郑桥等21位专家学者进行口述访谈录制并对文字资料进行整理。

本书即收录了对中国劳动关系学院21位工运、工会研究领域的老专家、老学者的专访，他们纵跨我校成立至今三个时期，有的已经年逾九旬，有的年方花甲，尽管都已告别教坛，但并未远离学界，他们对工运、工会领域出现的新问题、新情况都有很深入的思考，充满了真知灼见。将他们从教的经历、治学的心得总结出来，传播出去，更好地服务于中国特色社会主义工会道路的建设。同时，让青年学者有所依循，以为楷则，这也体现了学术为天下公器的传承精神。本书也为全国工会机构、工会院校解决工作中、教育培训中遇到的现实问题提供了有价值的参考资料。

目录

王永玺口述访谈录	1
冯同庆口述访谈录	42
李德齐口述访谈录	72
陈莹口述访谈录	100
冯建威口述访谈录	127
郝清桂口述访谈录	147
黄河涛口述访谈录	154
欧阳骏口述访谈录	166
武宗圣口述访谈录	177
赵健杰口述访谈录	188
吴亚平口述访谈录	220
崔生祥口述访谈录	231
田凯荣口述访谈录	243
陈宏涛口述访谈录	252
马子富口述访谈录	260
刘子高口述访谈录	269
杜万启口述访谈录	277

曹延平口述访谈录	288
沈琴琴口述访谈录	298
许晓军口述访谈录	315
郑桥口述访谈录	339
受访者著作索引	368
后　记	432

王永玺口述访谈录

访谈时间：第一次访谈 2018 年 3 月 28 日
　　　　　第二次访谈 2018 年 5 月 17 日
访谈地点：中国劳动关系学院图书馆古籍室
受 访 者：王永玺（中国劳动关系学院退休教授）
采 访 者：黄　帅（中国劳动关系学院工会学院教师）
整 理 者：王永玺（中国劳动关系学院退休教授）

受访者简介

　　王永玺，1937 年 5 月 20 日生于河南省虞城县，1960 年毕业于北京师范学院（现为首都师范大学）历史系。自 1960 年夏至今，先后在北京房山县师范学校、良乡中学与中国劳动关系学院从事历史教学与研究。尤其自 1981 年调中华全国总工会干部学校、中国工运学院与中国劳动关系学院后，一直从事中国近代史、中共党史与工人运动史的教学与研究，并在这期间被评聘为教授，先后出任全国中共党史学会第四、五、六届理事，中共中央文献研究室刘少奇研究会常务理事，中国工人历史与现状研究会常务副会长。自 1992 年至今，先后主编《中国工会干部培训综合教程》《中国工会史》《中国工人运动通史简编》《当代工人运动》《中国工会七十年》《简明中国工会史》等，并参与中共中央文献研究室重点科研项目《刘少奇大辞典》，任分卷主编和全书副主编，中华全国总工会《中国工人运动史料全书》民主革命时期综合卷主编等。此外，还应中央电视台、北京电视台与河南电视台的聘请，先后参与编导《项英》《叱咤风云》《缅怀刘少奇》《走近刘少奇》等大型政治历史文献片，在其中任总策划与历史顾问。

自2000年至今，先后应聘于中华全国总工会办公厅与中国工运研究所，担任《新编中国工运史》与中国工运史展的首席顾问、主编策划及撰稿、审修人。此外，这期间还在中国工人出版社帮助策划《中国工运人物传》第一、二辑的成书与出版，并在其中负责约谈作者，修改与审定书稿共19本，即从李大钊写至赖若愚。

（上）

问：今天我们有幸请到，中国劳动关系学院中国工运史研究专家王永玺教授，做客中国工运文库口述史直播间。王教授，您好！

答：你好。

问：您40年如一日，潜心致力于中国工运史的研究，可以说在我们工运史学界是一面旗帜。之前在您80岁生日的时候，听说您写过一首关于自己的自述打油诗，我给大家读一下，然后您给我们解释一下，您看如何？

答：好的。工运史方面我仅仅是一个老教师而已。由于教学的需要，也写些教材与专著，或者与别人合著书。那么，我就朗诵自编的《王永玺八十岁生日自述》这首打油诗吧：

少年高歌向太阳，
大学京西八里庄。
执教房良老虎庙，
诉说历史南北腔。

（注：那时我在豫皖苏解放区就高唱：什么花开放向太阳，什么人拥护共产党）

我的老家是河南豫东商丘地区的一个偏僻农村。当我青少年的时候，先后经历了抗日战争、解放战争，直到新中国成立。比如说淮海战役时，我都听到过风吼雷鸣的枪炮声。那时候淮海战役东边到连云港、北边到枣庄、南边到蚌埠、西边到商丘。该战役解放军前线军委主要成员刘伯承、邓小平、陈毅、粟裕等曾经住在商丘。所以我青少年时期就经历过抗日战争、解放战争，又目睹了骄横野蛮的日本鬼子、伪军以及我们英勇作战的新四军与八路军。解放战争时，又看到过解放军的野战部队，他们排着整齐的队伍，斗志昂扬地高喊着："打到南京去，活捉蒋介石！"新中国建立后，我先后在故乡上了集镇新创建的小学以及商丘中学。1956年秋，我考上了北京师范学院（现在叫首都师范大学），就读于历史系。1960年毕业后自愿来到了房山师范学校。那个时候，房山、顺义、大兴、密云、昌平等10个县刚从河北省划归北京市，为加强中小学师资队伍建设，各县创立师范学校。当我毕业分配时，城区是第一目标，远郊区那个时候是艰苦的地方。比如永定门到房山，需要坐火车到良乡，车费三毛钱，再转汽车到房山县城，需大半天时间。现在从六里桥开车一会儿就到长阳和良乡了。那时的房山是远郊区，落后、贫穷，连县城的饮水都是苦的。有"北京的西伯利亚"之称，那是最落后最穷困而且最不发达的地区。当时北京市教育局号召我们去远郊支教，我改报志愿欣然欲往。于是在1960年夏末，一个阳光明媚的日子，我就到了房山，开始了我的教书生涯。后来一教22年，先教师范，后来到良乡又教中学。"文革"以后，当时的全总干校招聘老师，经过考试，我就来到了这里。全总干校校址叫老虎庙，又称花园村2号。咱们这个学校地处老虎庙，前门不远是马神庙，再过阜成路就是航天局，真是一块风水宝地。有老虎气势如虎，有千里马可以乘跨，航天神舟可到月球，所以咱们学校难道不是一块宝地吗？

问：刚开始时您自述所写的打油诗就是讲述了您在青年时期开始追求真理，后来投入教学，还有研究工作，开启了您的研究生涯。那么回顾您50多年的研究生涯，您认为中国工运史究竟是什么？经历了一个怎样的阶段？

答：我这一生实际上就是三句话，一个是读书，读书读得不够，我越来越发现，人越老越感觉读的书太少了。一个是教书，从中学到中专，从大专到本科再到研究生，一直到指导中国人民大学与中央党校有关工运的博士研究生。例如，中国人民大学的彭明老师就约我，帮他指导一个博士研究生。退休以后，从教书岗位上退出，主要进入写书阶段，想把已经教过的中国工人运动史写成一本书。以前一边教学一边进行研究和读书。想写出点东西来，写点工运史的东西，但是我对这个阶段写的书或与别人合写的书都不太满意，没有什么精品。（退休后）这期间被外单位聘请搞项目，先是在中共中央文献研究室研究刘少奇生平与理论贡献，帮助编写《刘少奇大辞典》。又应聘帮北京电视台、河南电视台与中央电台编撰关于刘少奇的大型政治文献电视片《缅怀刘少奇》《走近刘少奇》《项英》等。从2006年开始，全总、中国工人出版社又先后聘请我为策划、顾问筹备中国工运史展馆，编写《中国工人运动史》与《中国工运人物传》等。

问：您这三个阶段就是读书求知、教书育人、学术研究。您亲临、目睹和参与了"文革"后整个中国工运研究的发展过程，那您认为中国工运史究竟是什么？它的研究范畴是什么？

答：中国工运史，人家说给工运史来一个定义，那就是中国工人阶级产生发展、劳动与革命的历史，其主流即中国工人阶级与工会组织在共产党领导下从事民族解放、国家独立，创建新民主主义、社会主义社会的历史。这个历史极其丰富，时间比党史还长。有的人说你们工运史不就是党史的一部分吗？我说错。为什么呢？我说工人运动是妈妈，马克思主义和中国工人运动相结合，产生了中国共产党，有了共产党后才有党史。因此应该说，工人运动史的时间比党史时间长，中国共产党诞生后，党史又是工人运动史的核心与主导部分。工人运动史比党史时间早，内容更广泛，是党史的母体，而党史是工人运动史的核心，是工人运动由自发向自觉的标志点，是工人运动进入发展的新阶段。尽管现在尤其是最近一段时间，由于各种复杂的原因，工人运动史已经到了需要抢救的阶段，我对工运史还是充满了信心。我总觉得以后这门学科还很有希望。冯同庆同志曾经对我说："你一定要相信工运史的研究有复兴的希望，我们党与国家将来一定会把它作为一个重点学科重新来恢复振兴。"我说："是啊！我对这个充满信心。"

问：您给我们介绍得真是言简意赅又鲜活生动，我认为我们的中国工运史也是世界工运史的一部分，在中国我们的科学社会主义焕发了生机，我们的中国工运史也必然会焕发生机，那么您认为中国工运史可以分为哪几个研究阶段？

答：工运史从更大的范围来讲，就是从《共产党宣言》发表"全世界无产者联合起来"开始，共产主义运动就是工人运动，这是从大的范围来说。还有关于工人阶级，要按这个《共产党宣言》，我们从老祖宗那里看，就是从英国来看，什么叫工人阶级，那个时候就是工业革命加上现代工厂管理制度形成了现代工矿企业，从而诞生了工人阶级。可是中国由于是半殖民地半封建社会，中国资本主义发展不充分，而且中国工人阶级产生比资产阶级还早。因为，它首先产生于外国企业，外资中。鸦片战争以后开了五个通商口岸，通商口岸办了一些工厂，外国人来了，他们到这五个通商口岸，需要什么？需要用船把他们的商品运来，又想把咱中国的货物比如茶叶、丝绸与瓷器运走。这样他们就需要建造船厂，需要建造码头，还需要电话、自来水、媒体传播印刷与报刊，于是一些现代企业就陆续成立。他们不可能把工人从外国带来，于是中国的第一批产业工人就产生了。后来，中国官方为自强求富，就兴起了洋务运动。曾国藩、李鸿章、左宗棠、张之洞等就是清末办洋务的代表人物，其中办洋务最成功的就是李鸿章。张之洞后来还可以，他在武汉首办钢铁厂。这就产生了中国的第二批产业工人。再后来，地主、商人看到外国人的机器生产不错，例如孙俪最近演的一部电视剧《那年花开月正圆》，周莹作为清末陕西杰出女商人算是机器纺织布商，他们争先恐后地办工厂，于是民族资本主义就开始产生。民族资本开办的缫丝厂、纺织厂，还有面粉厂纷纷建立，于是这些工厂的第三批工人诞生了。甲午战争前后，这三部分工人都有了。三种工业的产业工人，加在一块已有 10 万人左右。他们诞生以后，不断地开展斗争，就成了中国工运史的起点。毛泽东在《丢掉幻想，准备斗争》的文章中指出：先是在外资中，后来在官办与民族资本中产生了中国产业工人三个部分。由于中国是半殖民地半封建社会，工人阶级中的产业工人人数少而弱，且发展缓慢。所以，中国工人阶级的广泛内涵应是以产业工人为核心，包括手工业工人、苦力、店员，甚至在土地革命战争与抗战时期，还把农村雇工当成工人阶级广义范畴中的成员，这个要是在发达国家来说根本就不属于工人阶级这个概念之中。但是，在中国它就包含在工人阶级广泛的含义之中，也是独有的特殊的结构，这就决定了它除了有世界工人阶级共同的优点，还具备独有的特点。中国工人运动，我感觉应该分为这几个时期。第一个是清朝末年至民国初期，是工人运动刚起步，人数是少的，即使进行了自发斗争，规模是小的，而且地区是分散的，影响也是很有限，一种震撼力还看不到。所以这个时候就叫早期，可是到了辛亥革命前后就不一样了。辛亥革命时期，清朝政府被推翻了。从思想上来说，广大工人受了以孙中山为代表的民主主义思想的影响。或者说是民主革命早期，这个时期产业工人大概有100万。甲午战争后到辛亥革命这个期间，中国民族资本有一个初步的发展。到五四运动前夕又有迅速的发展，中国工人阶级中已经达到260万到300万产业工人。清末民国初期，这期间工人斗争基本上是自发的，是第一个阶段，也可以说是起步阶段，或者叫萌发阶段。这个时期我们又分几个小的阶段，"辛亥"至"五四"应是工人运动由自发向自觉的转变期。为什么？首先从产业工人的规模看，甲午战争前后约10万人，而辛亥革命前后有百万人。此时，工人阶级的队伍有了较快的发展壮大。这时产业工人有260万甚至300万（据社科院工运史大家刘明逵的资料统计，产业工人人数应有300余万），再加上手工业工人、苦力、店员，有1800万到2000万，甚至于当时有人说是4000万。我是主张1800万，就是300万产业工人为核心，加上1800万到2000万个手工业工人构成了当时中国工人阶级的规模与人数。这里所说的手工业工人，都是劳动与生存在大城市、工业区与交通发达的地方，是上述地区政治经济方面不可缺少也是一支不可轻视的工人力量。这样就形成了带有中国特色的广泛含义、丰富内涵的工人阶级的构成与概念。第二个时期他们开始有了一定的觉悟，而且斗争规模越来越大。为什么说有一定的觉悟呢？辛亥革命前后，工人开始受孙中山"三民主义"旗帜的影响。在反帝反封建革命初期，在两次鸦片战争与中法战争期间，工人阶级都有行动，但是那个时候基本上是跟随清朝爱国将领或者是开明的士绅。辛亥革命前后，中国工人有了初步的觉悟，其表现是喊出爱国革命的口号与出现同盟罢工，而且有的还是政治罢工。像天津老西开的罢工，反对法国殖民主义。辛亥革命时有好些工人配合响应革命军攻打清朝军队，支援革命政府。而且到后来二次革命时，像江南制造局成立了产业工人同盟会，一个叫徐企文的还创立了以"民生"主义为旗帜的中华民国工党，攻打上海兵工制造局，最后让袁世凯的北洋军给逮住了，解送北京给杀掉了，他为革命牺牲，应该说他是早期为爱国牺牲的工运"英烈先驱"，难道不是吗？他攻打制造局是为响应孙中山的二次革命。与此同时，北方陈翼龙被杀了，他是社会民主党。此外，在武汉有个汉阳兵工厂，一位叫梁翰生的在这期间组织罢工，结果让湖北军政府黎元洪拉出去毙了。总之辛亥革命前后，工人阶级开始有了一定觉悟，罢工也开始从自发向自觉转变。此时第三个变化，当然就是十月革命发生。也就是说这时候历史大事件对工人运动来说，是一个巨大的震撼！辛亥革命严重受挫了，过去老是说辛亥革命怎么样，失败了，我现在不同意这样的表述。我个人认为辛亥革命只能说严重受挫，不能说它失败。因为孙中山领导的辛亥革命结束了2000余年的帝制，成立了中华民国，颁布了《临时约法》，宣布创建了亚洲第一个共和国。后来，虽然这个政权被袁世凯窃取了，但你只能说它严重受挫，不能说完全失败，帝制结束，宣布了共和国《临时约法》，就是辛亥革命不朽的功勋。所以应该说辛亥革命是严重受挫了。十月革命胜利了，五四运动爆发了，中国共产党产生了，这是一连串的伟大历史节点。开始了中国工人运动第一次伟大的转变。第二个阶段就是从五四运动——新民主主义伟大开端，一直到1949年，新中国成立前后再加上过渡时期的总路线制定（1953年）。这期间共同纲领制定，中华人民共和国成立，然后是《工会法》颁布。这个时候仍然是新民主主义革命时期，从1919年五四运动至此，这个时期主要就是推翻三座大山，打倒帝国主义，打倒封建主义，打倒官僚资本主义，建立中华人民共和国！中国共产党领导的工农大众以工农联盟为基础，建立人民大众的统一战线，开展反封建反帝的大革命，它是新民主主义革命，性质是新民主主义的。这期间，从经济构成看以小农自然经济为基础，有国有经济与民营经济。从苏区开始到根据地解放区都是这样，开始有新民主主义的雏形了。蒋介石那个中华民国里边，经济也是混合经济，而当时以地主、豪绅、外国资本以及后来的官僚资本为主，是半封建半殖民地的性质，政治上背叛了孙中山原来的路线。毛泽东在当时关于中国革命与中国共产党以及社会性质的分析，一直到现在都没有被超越，比较深刻。这期间，中国共产党为工运先后制定了两个方针，这两个方针都是比较成功的。第一个就是生存发展的方针。其内容为荫蔽精干、长期埋伏、积蓄力量、以待时机。因为那时长期敌强我弱，敌强我弱工人运动如何发动、坚持与发展呢？就得荫蔽精干，长期埋伏，就得积蓄力量，以待时机，就是这样一个方针，非常成功。第二个是经济方面，最早是苏区，后来是抗日根据地与解放区。其经济方针是"发展生产，繁荣经济，公私兼顾，劳资两利"。这个16字方针，是毛主席在《目前形势和我们的任务》一文中提出的，那个时候也就是六次劳大的工运方针，关于解放区的工运方针，是以经济为中心，实行劳资两利政策。这个方针的源头是孙中山的主张，他认为中国没有大资本家，只有小资本家，应该协调劳资，实行两利,并在一定的时候节制资本。因此,他主张劳资合作、劳资协作。共产党那时候反对这个,主张阶级斗争。后来共产党有了根据地以后,也慢慢主张劳资合作,就是劳资两利了。发展生产,繁荣经济,公私兼顾,劳资两利。到中国工会六次劳大的时候,基本上定了这个方针,一直到现在都有指导意义。所以在新民主主义革命时期,这一方针也是比较成功的,这是第二个阶段。第三个阶段就是社会主义求索与工业化初期(1953年至1978年)。那时候说是全面建设社会主义时期。其实从1953年直至"文革",十一届三中全会之前就是以阶级斗争为纲,搞社会主义革命,尽管那个社会主义革命的内容与所革的对象,都不准或错误。从1957年开始,一直到1976年粉碎"四人帮",党在求索创建社会主义的任务方面都遇到了挫折和走入误区。就是新中国成立前那三年,加上后来,尤其是到1956、1957年第一个五年计划完成还可以。这个时期,从1948年六次劳大到1978年,过去叫全面建设社会主义时期,我对当时那个标题不太同意,我个人认为应该叫社会主义求索与工业化初期。而且这个求索还是非常坎坷的,是历经风雨与苦难的。在中国革命夺取政权过程中犯过三次或者四次"左"倾错误,这期间经过的"左"倾不亚于那个民主革命时期所造成的损失和灾难。所以我们这个党的历史就是在不断地与"左"倾错误尤其与"左"派幼稚病作斗争而逐渐成熟,变得更加光荣、正确、伟大的。学历史不能只说过五关斩六将,挫折与失误也是应该认真总结铭记的,避免以后再犯。工人运动在整个共和国和共产党的革命史中,应占有主要或更重要的地位。历史告诉我们:无论是革命还是建设没搞好,其最根本原因就是工人运动没搞好,就是没真正地依靠工人阶级,没充分发挥工会的作用,没有真正地把工人当真正的主人。譬如说过去大革命时候,省港罢工委员会,还有上海市总工会、安源工人俱乐部等,都搞得很好,都是很成功的。既是共产党的领导,既是马克思主义引导,又有民主,工人能当家做主,能调动广大群众的积极性,热气腾腾。这才是真正的工人的民主。我们的国家遭遇挫折和灾难,就是因为工人运动、工会运动没有搞好。因为工人阶级是最先进的阶级,是共产党的核心基础。马克思主义与工人运动相结合,产生了共产党。共产党成立后对工会实行领导,而作为工人政党之母——工人阶级的群众组织,对共产党还应起着监督作用,也是职责,以防党的腐化。所以说这是第三个阶段。第四个阶段就是改革开放时期，这个大家都比较熟。改革开放时期，工人队伍与工会组织有一个空前蓬勃的发展，这个时期可以说是第二个春天，又一次大崛起。这个时期主要是开始对全面深入建设中国特色社会主义进行探索。工人运动在中国特色社会主义市场经济条件下，明确了工会的地位与扮演的角色，在其中起到的重要作用，创造了中国的工会模式，完成这样一个伟大而又特殊的历史任务，以习总书记为核心，开启新时代中国特色社会主义富强之路。新时代应该努把力，打造新时代中国特色社会主义工会新模式。

问：您真是给我们把工人历史、工会发展与展望的态势划分得太清楚了，从新中国建立前后，一直到改革开放，包括我们现在进入新时代，这些重要的历史时期与重大的历史节点，您都给我们进行了非常清晰的概括，也把各时期的工人运动的特点，甚至当时工人运动的人数、规模、觉悟和活动的范围，都给我们进行了一个特别深刻的概述。那么我想请教您，您致力于中国工运研究，在您的学术生涯中，您研究的重点与焦点是什么？

答：工人运动一直是我教学和专门研究的方向，我感觉研究的主要有四个方面。第一个，星星之火可以燎原，把这个源头搞清楚。这个点有原点、高点、光点与拐点。工人运动从产生到发展的坐标点都应让它清晰起来，使整个过程的坐标点都亮起来。举个例子来说，中国工会产生有一个原点，最早就是在辛亥革命后，商务印书馆有个华字部工人创建了完全由工人自发组织的集成同志社，这是一个由产业工人自发创建的工会。比它更早的是上海造船厂由留日学生帮助创建的制造工人同盟会。在我教工会干部培训班时，有个上海造船厂的工会干部，他听工运史课时就举手发言："老师！第一个工会应该在我们厂产生。"我说："没错。"第二个，共产党诞生以后，它有三个点，第一个是1920年11月，在上海由陈独秀策划了上海机器工会，并由第一个工人党员李中任主席。上海早期党组织领导下建立的这个工会宗旨是什么？那就是："去掉痛苦，谋求幸福。"多清楚。现在习主席说广大人民幸福生活的向往和追求，就是我们共产党奋斗的目标，你看第一个工会起点的创建宗旨，建立什么样的工会，就说得很清楚。工会组织的原则是"不要行会，不要流氓，不要老板，不要政客，不要招牌"。我们党创建的工会从一开始就真真切切的实实在在的是工人阶级的组织。陈独秀创立共产党，看到凡挂工会招牌的与其领导人，没有一个短裤党,没有一个穿草鞋的,而那些所谓的"工会"里的"领袖"或工人团体负责者,几乎都是戴着礼帽、穿着长衫,毕恭毕敬的,很是儒雅,都是政客和老板,不是工人干部。而当今工会有不少干部热衷于行政化、官僚化,甚至追求享受,腐化变质。这与工会的初心岂能相容?新时代,要贯彻落实习近平总书记关于工会工作的理念、路线与创新工会的新制度,首要的任务是选择、教育好工会的干部,路线确定后,干部就是决定因素。

问: 对,您研究的脉络,第一个是关于中国工运史的一个起点;第二个是我们党领导工运之后,不断地由点发展到线;第三个由线再扩大到面。

答: 我跟你说除了这个起点,还有高点、低点,还有拐点、转折点。第二个是线,点连到一块就是线。马克思主义领导下的工会就是马克思主义思想指导、共产党进行坚强的正确的领导。不是说随意领导,瞎领导准失败。要进行坚强的正确的领导,要不断改善领导。

问: 您已经提到了点、线,那第三个呢?

答: 第三个就是面。面就扩展到政治、经济、文化这三方面。政治,你比如说中国与世界工会的关系,你知道什么叫工会?怎么产生的你知道吗?资本主义生产方式发展到一定阶段,劳资斗争产生的必然结果是工会,资本主义国家生产发展到一定阶段,劳资斗争到一定时候,工会就蹦出来了。

问: 我研究的第一国际,在1864年的时候,第一国际工人组织下面的分会就都是工会组织,例如制鞋工人工会,欧洲的德国、法国、意大利都有。

答: 世界第一批工会诞生是在什么时候?在英国,1824年英国颁布了《工会法》,颁布的时候,监狱关的都是工人运动领袖。那个时候英国颁布的第一个《工会法》,就使组织工会合法了。一定的历史时期,我又说了为什么要研究咱们中国的工会,工会是经济斗争的产物,是劳资矛盾、资本主义经济发展的必然结果,可是在中国不仅仅是经济斗争的产物,也更多的是政治斗争的产物。中国与外国不同,它不仅仅是劳资矛盾的产物,中国一开始自发组织也是为了工时、工资与劳动保护,但是你一罢工军阀政府就镇压,镇压以后就转成政治斗争。因为旧中国没有工人罢工的民主权利，没有欧美国家的工会立法。清朝末年也好，袁世凯也好，蒋介石也好，他们基本上是军阀。虽然南京国民政府制定了《工会法》，甚至还是不错的，但大多也是不执行的。中国的工会都是在大革命风暴中空前迅猛地发展，大革命时，工会风起云涌，像狂风暴雨，农民运动、工人运动就起来了，那时真正能决定国家命运的，还是工人运动、农民运动。领导力量是工人阶级，最可靠的同盟军通常是农民。我刚才讲了工会运动，为什么是辛亥革命前后萌生？就是因为这时的工人运动被三股风吹醒了，一股辛亥革命的风，另一股是十月革命的风，还有一股是五四运动的风，这三股风把工人运动从自发吹向自觉转变。

问：点、线、面。第四个方面研究的焦点是什么？

答：第四个就是历史人物和工人阶级本身。

问：我记得您出了整整一套关于中国工人运动人物的传记。

答：在这个里边就是"旗""军""碑"这三个字。"旗"就是举旗的人。不是有一个词叫弄潮儿吗？"手举红旗旗不湿"，"旗"就是钱塘江弄潮儿手里所举的红旗。中国工人运动的开拓者、思想指引人与新工会的践行人，首先应该是李大钊、陈独秀。中国第一批受马克思主义、列宁主义与苏俄十月革命熏陶的就是以这二人为旗帜的北大红楼。再由此走到长辛店并创建了北方工运的红星。然后陈独秀、李启汉等南下上海，以及中共诞生前后毛泽东、李立三与刘少奇在安源路矿。这些都是工人运动与新工会的风云人物。北京最先搞工人运动的是谁？是中国共产党的总设计师李大钊，还有后来成为总书记的陈独秀、邓中夏等人。毛泽东、刘少奇、李立三、邓中夏等是从湖南走出的中国工运举旗人，是湖南工运前驱的"四大天王"。应该尊重历史事实，陈独秀一直到大革命失败，都是工人运动的司令员。陈独秀在五四运动时，毛泽东讲，陈独秀是红司令，那么李大钊就应该是政委，他信仰和宣传马克思主义比陈独秀早。陈独秀到十月革命时，基本上还是信仰法国大革命中的雅各宾派。然而也就是在五四运动中，他大声疾呼，亲自发放传单，被北洋政府抓捕到牢房也不怕的。这个人有一种豪情，性情中人。为此，毛泽东在《湘江评论》写文章喊了第一声"陈独秀万岁！"研究整个工运范畴最主要的是人，因为所有的工人运动都是要人来完成的。我曾给中国工人出版社设计了一个工运人物系列，已完成第一、二辑。主要是工运领军的领袖人物，一共写了19个历史人物。2003年，我指导中国工人出版社编写工人领袖图书时给的建议是工运人物应包括楷模、英模与劳模这三个系列。楷模，就是从孙中山、李大钊、陈独秀等开始，一直写到赖若愚。赖若愚是在"文革"前已逝世的最有贡献的工会主席之一。共写了18位，都是工运中的旗帜与楷模。他们信仰马克思主义，不仅是理论旗帜，而且是工会工人运动践行中的闯将和领军人物。第二个我想说的就是研究的工人这个主力军，这个领导者的队伍，这个庞大的群体，共产党的阶级基础，这个群体到底是怎么一回事？还要研究它为什么是共产党的阶级基础，共产党为什么是它的先锋队？共产党又如何依靠这个主体部队？为什么有时候又远离了这个部队？因为，大革命失败后，你要能保证武装夺取政权，基本上老大哥举旗子，老二哥扛枪打天下，以农村包围城市，最后武装夺取城市和全国政权。武装部队中主要是农民。毛泽东领导秋收起义时所建立的革命武装就叫工农红军，它为什么叫工农红军？为什么开古田军事会议做出决议，还有最早的三湾改编，关于红四军整顿的决议，其强调的就是一定要高举马克思主义旗帜，尤其是工人阶级领导的旗帜，因为工农红军要绝对保证党的领导。工农武装割据不是旧式的农民战争，不是旧军阀，也不是新军阀，更不是李闯王，不是黄巢，它是工人阶级、马克思主义指导、共产党领导的工农红军。可是这个军队起的作用，无论是在革命风暴中、在革命战争中还是在劳动生产当中，工人阶级的成分与思想都起了关键或主导作用。树工运丰碑，"碑"就是说由工人运动在几个历史节点建立的几个比较大的丰碑。比如说"二七"斗争，它是一块丰碑，虽然失败了，但是"二七"斗争的影响与意义、教训与启示都太深刻了！因此，过去共产党，包括国民党在很长一段历史时期里，每逢"二七"就纪念。最近有一种谬误，每逢"二七"不敢纪念，说是罢工影响社会稳定，这是一种愚蠢的说法，"二七"是共产党的骄傲、共产党的光辉起点、共产党的转折点。中国共产党创建伊始，之所以让苏联、第三国际看成"人造黄油"，不仅仅是共产主义知识分子小团体的原因，那是为什么？他们认为中共一大、二大虽然召开了，但其中缺乏工人，都是知识分子，在中共一大13个代表中无一人是工人，是不是？后来有个邓培，还有个邓凯，然而工人还是极少数的。"二七"以后就不一样了，而且这次斗争后连列宁都说革命重心转向东方，中国共产党是真正的工人阶级政党，你说这个影响是多么有意义、多么重要！有人说"二七"大罢工不能提,因为它是罢工,以后工人都学习罢工还了得!按此辈逻辑,那八一南昌起义也别纪念了,有人学此拿着枪杆子推翻共产党政权怎么办呢?你说糊涂不糊涂?愚昧无知啊!

问:您的这套书真的是对中国工运史做出了杰出的贡献,因为它对整个工运重要的历史人物进行了一个深入的梳理,而且是从工运的角度,而不是单纯的像以往的历史学派对这个人物进行的描述,这种传记形式更有利于中国工运史的深入研究,他所属的那个历史时代则侧重于工人运动特点,通过这些工运领导人物,形象地反映了工会在每个时期所发挥的作用,生动地重塑了这一时期工运英雄的群体光辉。那我们进行下一个问题。第三个问题,王老师,我觉得就是我们回顾中国工运史研究谱系,在不同的时期工会领域的实际工作对工运研究的侧重点是否有一个直接的影响?

答:当然这一切都必然有着直接的重大的深刻的影响。都是直接重大深刻影响着工人运动的走向,比如整个新民主主义革命时期,我们共产党领导的核心任务,主要是推翻三座大山,通过武装斗争来建立人民民主共和国,它是武装夺取政权。那时候我们研究工人阶级,怎样配合革命战争,这个中心与重点是围绕工人求解放来研究,围绕革命战争、围绕夺取政权,这就是党的中心与实际工作对工人运动影响的实例。新中国成立以后,我们党的中心工作是创建各级人民政权与恢复发展国民经济。工人高唱我们有力量,每天生产劳动忙,以经济建设为中心。一个共同纲领,三年经济恢复时期,还有后来的第一个五年计划,那都是以经济建设为中心。一开始的时候,三年经济恢复期是良好的开端。所以那时候我们工人有力量,我们工人盖楼、修路、建工厂,开展热火朝天的竞赛与劳模运动。那时侧重研究工人,那时候劳模啊,劳动竞赛啊,工会起的作用以经济建设为中心,生产生活教育啊,当然有影响。改革开放,中国工会九大上邓小平致辞,准备改革当然是工会的重点。现在是新时代了,从习近平一系列关于工会工作的新指示、新思想中,批示与讲话中,应该找出什么?为新时代设计,根据新体制、新道路、新思想,在社会主义市场经济条件下,中国工会的模式到底是什么?进行一个深入的探索。我认为,第一个应该是重视广大工人对美好生活的希望,就是工会奋斗的目标。第二个以职工为本。凡事本着这个原则思与行。第三个在市场经济条件下怎么切实地维权。第四个发展教育。把工人培训成具备新素质的新型劳动者，甚至大国工匠，能与德国和日本媲美，并要超过它们。新的任务是不是向这个靠拢？所以这三个时期不一样。为什么革命战争时期，那时候夺天下、打天下？配合武装夺取政权，是我们工人求解放。第二个时期，新中国成立，开始经济建设，当然工人高唱"我们工人有力量"。现在我们工人干什么？我们工人要干富强，富强是干出来的！要当大国工匠，要提高产品的质量，要在新时代做出新的贡献。就与前两个历史时期不完全一样了。

问：王老师，回顾中国工运史研究谱系，在您看来，中国工运史研究的波峰与波谷分别出现在哪几个历史节点？其背后的深层次原因有哪些？

答：从整个中国工人运动史来说，咱们分了几个时期，每个时期都有潮起潮落，挫折后又重新复兴，都有着这样一个规律。举个例子，从中国共产党创立到大革命失败，这里就经过新民主主义革命初期的第一次工运高潮，后来第二次，接着第三次，一共三次。这期间，第一次就是中国共产党成立，1921年7月，从1921年8月中国劳动组合总部成立，实际上应追溯到1921年11月、12月时候的中原地区陇海铁路工人罢工，开始不是共产党领导的，罢工后共产党开始介入，包括积极地派人去。1922年1月，香港响起当年岭南第一声春雷，海员工人罢工。当然有规模与斗争激烈的共产党领导的罢工大部分在这一年或半年后出现，武汉7月铁厂罢工，8月京汉长辛店铁路罢工，一直到9月安源路矿工人罢工，10月底北方开滦五个煤矿工人大罢工，南方水口山铅锌矿工人罢工，后来还成立岳北农工会，开启了工农联盟的先河。尤其矿山罢工扩展出来到岳北农工会里边，从1921年冬到1923年早春，"二七"受挫，是第一个高潮。这第一个高潮，你要说它什么背景，它第一个背景，我前面就讲了，辛亥革命受挫了，十月革命成功了，五四运动爆发，共产党成立。这是第一次工人运动高潮爆发的大背景与历史条件。在这种背景下，中华民族究竟要走哪一条救国救民振兴中华的道路呢？有一些先进的知识分子受苏俄的影响，要走十月革命的道路，要高举列宁的旗帜，要走社会主义道路，就是这样，就在这样的背景下，再加上第一次世界大战结束后，西欧帝国主义又重新杀回来了。原先第一次世界大战期间，中国民族资本的商品出口，到欧洲卖得还特别走俏,从而促使民族工业与资本主义有了短暂的发展,这期间除了日本、美国加紧了对中国的侵略和渗透,整个国际帝国主义的欧洲列强都忙于强盗分赃战事,减轻了中国的压力。但共产党领导第一次工运高潮时,这些强盗又杀回来了。1924年斯大林讲:西欧资本帝国主义走出第一次世界大战的危机而进入短暂的稳定时期。在这个时期帝国主义又杀回来了,从而使中国的民族矛盾与阶级矛盾更深刻而尖锐。正如毛泽东这时指出:这时的中国,军阀腐败,社会黑暗,人民生活痛苦之极。在湖南还有一个工人受了毛泽东文章的影响,振臂疾呼:"马克思啊马克思你在哪里?我们工人太痛苦了!"在这个时候,它为什么能出现这个高潮?是由这些内外因造成的。民族矛盾、阶级矛盾空前尖锐。出现高潮以后,毕竟在那时中国共产党才刚刚诞生,如果说共产党在整个大革命中还是儿童团,那这个时候简直是学前班的小朋友,所以刘少奇曾经讲五卅运动是不可避免的,如果中共比较成熟,"二七"惨案是可以避免的,"二七"斗争失败主要有三个原因:第一,那时候开滦煤矿罢工以后,因开滦煤矿是英国资本,英国公使馆开过会了,讨论并决定对中国的革命运动进行镇压。第二,吴佩孚发生变化。吴佩孚一开始还高唱要保护劳工,五四运动中,他曾被誉为发表过激昂慷慨的反帝爱国、支持学生的演讲的北洋将领典范。可是这次工运高潮爆发后,吴佩孚坐镇洛阳,控制北洋军阀政府。这个路是他的生命线,每年为他提供30万元的经费,并且军队经常从这里调度,你在这里建立工会一次又一次搞罢工,吴佩孚是不会容忍的。第三个是我们工人运动当时比较幼稚。比如说吴佩孚说不许此时成立总工会,这是军事重地,不许在这个地方成立总工会。那么就应该退让,无需硬碰硬!同时也是对吴佩孚的残忍程度、军阀本性认识不够。再者包括李大钊同志,那时候他老家的一个同学给吴佩孚做高参,由于给他做了统战工作,对他与吴佩孚的另一面警惕性不够,没有经验。所以2月7号北洋军阀就对京汉同盟罢工进行镇压,结果我们失败了。当初项英在决定罢工的会上特别坚决地说:"咱就得干,我们就得跟他硬碰硬,谁反对罢工谁就是叛徒!"杨德甫、凌楚潘本来也是反对罢工,建议换个日子再建工会,但后来也同意了项英的罢工决断。如果那时策略转变,换个地方,推迟时间再成立,不必与军阀硬碰硬,这次军阀镇压的惨案就能避免!而少奇说五卅运动则是不可避免的,因各种矛盾交织、激化必然要爆发,像火山一样。这个"二七"确实是由于对敌人认识不足,自己准备也不足,还有战略战术上也有错误。邓中夏认为当时党的力量比较小,京汉全线几万工人,只有50个党员。再一个是没给附近农民做工作,附近农民都不知道工人是干什么的。总而言之,那个时候工人是孤军作战。此外,那时"二七"铁路工人中还把技术人员给排挤出去。所以到后来军阀镇压时,全路被分成几段,技术人员管电报通信的不支持罢工,整个罢工各段没法子联系,让敌人各个击破,而且损失比较严重,但是它在历史上伟大、深远,是历史上的一个高潮、一个高点、一个光点、一个拐点,又是一个新的起点。1924年,共产党和国民党实行第一次合作,从而使"二七"之后的工人运动从挫折低谷走向恢复与第二次大崛起。吸取了"二七"失败的血训,国共合作后,共产党员与青年团员加入了国民党,而且在各个城市的工人部、农民部或是群众工作部里面大部分是共产党员,实际上那时候有一个分工,国民党更多地管政府北伐,而共产党负责群众运动,孙中山也认为共产党搞群众运动擅长,有了以上条件,所以工运才能迅猛恢复与发展。合作后不久,就创建全国总工会,点燃并领导了五卅运动、省港大罢工,并很快转入大革命风暴中,走向工运的蓬勃复兴时期。然后是北伐战争,革命战争车轮滚滚向前,工人运动也随之发展,空前高涨,有几个光辉点,一直是中国工运史上的光辉篇章。第一个是1926年到1927年1月爆发的"江城之春"。武汉的工人在全国总工会领导下,因为李大生被英国水兵杀了,引起武汉工人30万到50万游行示威,示威群众一举冲进、占领了英国租界,并得到了九江的工人响应,从而一举收回汉浔两个英国的租界。当时的武汉国民政府中,还是国共合作尚好的时候。国民党左派与外交部长陈友仁等都在那里,而共产党的刘少奇、李立三等都在武汉,这样国共两党合作,以工人阶级为主力,一举收复了汉浔两个租界。在中国历史上,这是第一次。为此次壮举我曾筹划拍一部电视剧,曾跟武汉市策划多少次也没弄成,因为这些故事,工人起的作用太大了,电视剧的名字我都想好了,叫《江城春雷》。然后是上海接连举行三次工人武装起义。当时上海党所领导的工人有多少?在五卅运动前1924年的时候,通过办学校聚集约2000人,到1925年中共四大前后就增至2万人左右,到五卅运动风暴变成20万到30万,到第三次武装起义时,上海的工人组织起来就有80万人了,连旁边一个小县城——无锡总工会也拥有10万左右会员。

他的领袖叫秦起，后来牺牲了，为纪念他，无锡还拍了一部电视剧《太湖英魂》。因此那时是空前的高潮。后来大革命失败了。"四一二"，"四一五"，"七一五"，3个反革命政变接连发生，新军阀、旧军阀联合起来镇压工人运动。中国工人运动，我刚才就讲了，工人阶级斗争，包括其组织工会的发展，它不仅仅是经济和劳资矛盾问题，更多的是政治因素，大部分工人运动高潮与工会组织的迅猛发展、壮大是在革命风暴来的时候，工人运动风起云涌，而工会也随之组织起来。并且从这里不断创造辉煌，积累经验，留下教训，慢慢地由小变大，由弱变强，然后走向成熟和胜利。

问：那您认为新中国成立之后，中国工人运动的波峰出现在哪里？

答：新中国成立以后，在创新求索的过程中，也出现了三次高潮、挫折与再复兴。第一次是新中国成立以后，工人运动蓬勃开展，而且颁布制定了第一个工会法，是由李立三与刘少奇起草定稿，于1950年6月以毛泽东主席名义颁布的。当前好些政法大学毕业生知道新中国成立之初有《土地改革法》《婚姻法》，却不知道工会法。我们知道早在新中国成立前夕，毛泽东同志有个指示，中共七届二中全会上，号召全党进城后要全心全意依靠工人阶级。到这一年（1949年）七八月份，党召开了全国工人工作会议。工作会议期间，毛主席在关于组建工会的讲话中号召一年左右迅速把工人以工会形式组织起来。即使有些工人参加过国民党与"一贯道"，历史上有问题，只要交代和划清界限，也可以加入工会。因为那时候工会要求很严，查出身，查社会关系，查个人的经历，甚至有人的姑父、姨父参加过"一贯道"，也不让入工会。那比入共产党还严，这就是关门主义。工会组织要发展，一定要肃清关门主义。就是工人中先进的、中间的和落后的都可以加入工会，它是工人阶级的群众组织，参加过国民党或有一般历史问题的能够说清楚的都可以加入。这样很快1952年底，基本上全国总工会与各省、市工会都成立起来，产业工会一共有十多个广大工人群众组织都起来了。这就是新中国成立后第一个建会高潮。然而，在这大好的形势下，让人遗憾的是，1951年底，全总召开第一次党组织大会错误批判李立三，正是工人运动蓬勃发展之时，也是工会理论的争议与创新比较活跃之时，却出现如此风波。在此风波中，有这样三个人的几篇文章有很典型的见解，比如说当时李立三就在发表的文章中提到新中国成立以后工会的组织建设、组织原则、总的方针，还提出工会应该是民主的，没有民主就像死尸一样，就像没有灵魂一样；再者，就是工会要贴近职工群众，千万不能脱离群众。第二个人是邓子恢。他本来是中南局主管工业的第三书记，在中南局总工会筹委会召开时，应邀讲话，这个讲话后来整理出一篇文章，这篇文章一直到现在看都非常好，虽有不足的地方，但是从整个的理论观点、框架、基本内容来看，都非常精彩，是创新之笔、开拓之文，很好。他的基本观点就是国营工厂中行政跟工会的关系，他说基本立场是一致的，具体立场往往不一致，这个问题应该好好地进行协商，协商来解决这个问题。如果厂长是利润狂，不顾工人死活，不照顾工人的利益，那工会就可以上诉党委，开会讨论，再不行就上法院告。你看这种观点，在当时可谓大胆，这还得了！结果他这个文章在中南局报刊发表以后，引起在东北局任第一书记的高岗的注意，他有不同的看法。在中央的陈伯达是大"左"派，以理论权威自居，更不认可这个看法。尤其高岗说党政工三家就应该完全一致，能完全一致吗？党是党、政是政、工是工，人家邓子恢说基本立场是一样的，长远利益、根本利益，基本立场这是一致的，但具体的利益牵扯到工人的切身利益，这往往跟行政不一致，因为厂长讲要给工人的工资多了，他的利润就少了。总而言之，有好些厂长，正如在苏俄新经济政策时列宁所说，厂长更侧重创利润，往往会为此侵犯工人利益，邓子恢看到这个矛盾现象，所以讲得很好！结果高岗就非得要批判这一观点。结果他要求中央批准在东北报刊上发表一篇社论。他批判邓子恢，并把同意邓子恢观点的李立三说成犯了经济主义的错误。东北局是最大一个地方，最早解放，所以他非要来发表文章批判邓子恢的讲话。后来他上呈中央的信件发到胡乔木处，胡乔木说这可了不得，需请示刘少奇，刘少奇说这个事也要送到主席那里。总之关于邓、高，关于工会问题的争论，已经送到中共中央最高层，意见都大不一致。关于高岗，很快要求发文批邓子恢，刘少奇果断决定不让他发表。刘少奇的意思，就是让邓子恢北上来北京跟高岗讨论、商议，让他俩来这里，然后跟李立三一块儿开个讨论会。总之，文章不能发表，可以交流，最后高岗没来，邓子恢也不愿意来和他交换意见。但到底毛主席怎么批的，他有什么看法，我看了所有材料也找不到。然而到了全总第一次党组扩大会批李立三时，陈伯达不请自来，在这次会议上大骂李立三，破口大骂，说他代表毛主席来的，可是材料也查不出来是毛主席派他来的。陈伯达当时恶语攻击，说你李立三还不如李济深，李济深是国民党，过去还镇压过共产党，但今天他拥护热爱毛主席，而你是共产党，是老共产党，结果呢？你不爱毛主席，你反对共产党，你有社会民主党倾向。那时都认为社会民主党是共产国际叛徒，你查国际工人运动史，新中国成立前后如用这顶大帽子压人，人简直就可以上吊了，厉害得很！结果李立三同志为了大局，被迫做了三次检查，本来这个会开始让少奇主持，但少奇同志说正要休假，每年在 11 月或 12 月都要去上海或者海南休息。其实是不同意对李立三的批判。李立三没有什么错的，这是高岗吃错了药，少奇有看法，故推脱了这次会议。后来中央决定让李富春主持，李富春没办法不得已主持批李立三的会议。陈伯达就是在这次会议上大放厥词，污蔑李立三，说他不热爱毛主席，跟毛主席唱对台戏，想夺工会的领导权，这根本就是胡扯的。李立三走了，赖若愚来了，在批李立三的会上赖若愚放了三炮，进行三次发言，都很尖锐。反正这个事他不得不发言。赖若愚 1928 年从北京大学毕业入党，1928 年在反革命猖獗、白色恐怖疯狂关头，他却加入共产党，后来又长期做地下工作。抗战时，到了山西曾任晋城县委书记，后来又调到太行二区，当了书记，解放战争时太原解放，他是军管会主席，后来又当了山西省长与省委书记。他搞农业合作社，从互动组到合作社搞得比较好。当时薄一波、刘少奇曾批评他由互助组急着办生产合作社，按照《共同纲领》办互助组需过一个阶段，不要急于向社会主义走。今天看刘少奇与薄一波的批评与指导是十分正确的。然而当毛泽东同志知道以后就批刘少奇而坚决支持赖若愚。于是赖若愚那个时候就特别红了，得到毛主席的欣赏，这次党组第一次扩大会批李之后就把他上调北京，让他以全总秘书长的身份入主全总。1953 年，新中国成立后不久，赖若愚代替李立三，到全总担纲。不久他到东北调查研究回来以后，一直到 1958 年，他组织工会的时候进行第二次开拓，而且他的工会理论创建功绩用后来批判他的人的话说："比李立三走得更远，跳得还高。"这恰恰说明他确实非常有智慧，和李立三一样有开拓精神，非常有求实精神。尤其是 1958 年的时候他到上海，上海工人走向街头，学生罢课，工人闹事。上海当时大概有 3 万人走上街头。中央不久就派赖若愚去调查。赖若愚调查时，把上海所有工人闹事的厂子，把他们的厂长叫去问话，再到工厂深入了解，原来工人闹事、有意见都是很简单的事，根本谈不到"阶级斗争"在闹事。他派代表团通过上海市委给他们开会，然后很快就把这些事解决了。而且原先说是要抓带头闹事的人，抓阶级斗争，抓阶级敌人，抓反党、反政府的，然而，找着这些带头闹事的有三种人：第一，农民出身，家庭是贫农；第二是共产党员；第三是转业军人。你看这些带头闹事的，难道说是阶级敌人吗？这些工人都是因为工厂的搬迁或工资待遇或公私合营后劳资关系处理不当，他们为民请命，是人民内部矛盾。所以在赖若愚的代表团了解原因后，很快解决。工人一片欢呼！当代表团从上海回来的时候，整个上海广场召开工人大会，人民广场工人如潮，他们说赖主席不赖，是我们的好主席。实际上他姓来，后来赖主席革命的时候改为赖，"赖主席不赖"是工人大伙给他的鉴定。也在这时上海有个"老左"，一个电话打到北京。就是这个人告赖若愚，说赖若愚不是来平息事件的，不是来抓阶级敌人的，而是来扇阴风点鬼火的。赖与主席本来特好的，如之前所说他是主席点将从山西调京代替李立三的呀！但后来，中国工会八大前后，听老同志讲，主席也曾批评赖抓阶级斗争不力。然而这次到上海解决那三种人，如何解决？再说那三种人，第一出身贫农，第二共产党员，第三军人，他们闹的什么？怎么能是阶级斗争？怎么能当阶级敌人？他回北京后非常气愤，不久肝癌发作，就病死了！他逝世后，全总召开第三次党组织批判会，又错批他，比批李立三的调子还高，从此工运再遇挫折，工运转入低潮。"文革"时工会就被砸烂了，这都是不应该出的事，这就是社会主义革命的曲折吗？是工业化初期上下求索的阶段吗？不是全面建设社会主义，而是把工作的中心与重心放在阶级斗争上、党内斗争上、一个运动接一个运动上。"文革"结束，粉碎"四人帮"后，改革开放到来，工作重心才真正地从阶级斗争转到经济建设上，工人运动也随之开始焕发生机。现在新时代到来，更注重经济建设了，中国工会又开始走进新的复兴时期。

问：您梳理得太好了，把中国工运的主要特点梳理得非常清晰。

（下）

问：王老师您好

答：谢谢，你好！

问：您一直致力于中国的工人运动史研究，在教学、科研方面都有很大的成就和成果，我想请您谈一下您对教学工作的心得，还有您主要的研究成果。

答：我上一次已经说了，我这一生就是读书、教书、写书。但是，今天我再回忆起来，已经感觉到读书读得非常不够，书到用时方恨少。我现在已经80岁了，我认为读书读得非常不够；教书还没教尽兴，我还恋着课堂，还想教下去；写书写得不精致，就是说虽然也写了一些教材，有一些专著，也跟别人一起主编过一些书，写得都不是太满意，水平都是有限的，属于启蒙式的普及性的（书籍）占大多数，真正有水平的、比较精致的、我比较满意的（书）可以说是少之又少。

问：您太谦虚了！

答：所以我说读书读得不够，教书教得还不尽兴，写书写得不精致，就这三点感悟。1981年春，我来干校后，先教科学社会主义，不久又教中国近代史，后来再教工人运动史。来本院至今将近40年了，以教书研究工人运动为主。这期间我参加或主持过这样几件事：第一个就是在编写教材方面，写了第一本《中国工人运动史》，那是跟其他老师一起做的，我就是其中一个当兵的，我写了第一章与第三章，并参与了整本书的编写纲目设计，其余各章我也帮助别人把我的看法融入书里面了。那本教材定名为《中国工人运动史》，由辽宁人民出版社于1987年9月出版。这本书王建初与孙茂生两位同志当主编，这是跟别人一块儿写的第一本书。第二本书是《中国工会史》，该书据我所知，新中国成立以后还没人写过关于工会史的。我与几位年轻的老师（例如高爱娣、谢安邦等同志）联合写的。《中国工会史》是从中国早期工人运动开始，从工会萌芽一直写到20世纪90年代，写工会的演变过程，重点是中国共产党领导的工会演变发展史。对于国民党工会及其他行帮工会研究得还不是太够。对我们党领导的工人运动，也仅仅做了初步的研究，作为教材用。幸好当时中共党史出版社的负责同志对这本书非常感兴趣，别人都要书号钱，他们对这本书却高抬贵手，来个例外，不要钱，于是这本书很快就出版了。第三本是《中国工会干部培训综合教程》，几乎与《中国工会史》差不多同时，这是我主持编写的，该书出版后，曾热销全国各干校、培训部门，第一版就销售5万到8万册。第四本就是我当了教研室主任，那时候带着我们教研室一班人马，联合全总几个老专家与工会工作者共同编写了《中华全国总工会七十年》。这本书的定名，我是学中共党史大家胡绳同志的，他写了一本书叫《中国共产党的七十年》，我就模仿他把这本书定名为《中华全国总工会七十年》，因为正好从 1925 年全总成立直到 1995 年是 70 年。写这本书从立项到成书主要依靠全总，全总副主席蒋毅同志给我们当主编，另外两个老的副主席，比如顾大春、康永和给当顾问，再加上唐玉良等老工运史专家。然后我带领学院工运史教研室一帮人马组成写作组，经过一年多的奋战写成这本书。这本书出版后影响还比较好，中央电视台新闻联播还给做了介绍。中共中央党史研究室的著名专家廖盖隆老人给我们当顾问，并为这本书写了序言。当时学校的领导和其他系的老师都特别支持这件事情。这是我的第四本书。第五本就是前年以全总、工运研究所的名义正式出版的《新编中国工人运动史》上、下卷，这本书我从策划、立项到编写成书整整奋斗了十个春秋，真可谓"十年磨一剑"。主要是全总工运研究所组织人编写的。项目是我策划的，从策划到立项、成书，我在全总被特聘了十年，重点工作就是参与、帮助写这一本书。2017 年 5 月 4 日《人民日报》刊登了这本书的简介，这本书出版前还让中共中央党史研究室专家作了审阅。即便如此费时费力，但这本书我也不满意，史料的运用还有观点的阐明，还有几个历史节点的叙述与解析，尤其在下卷的章、节拟定与内容选取方面，还是以全总历次代表大会为基线，与正卷相比，已不大像工人运动史而成了工会史。总之有好些不太满意。此外，在写工人阶级经济上的贡献，比如职工的生产竞赛与劳动劳模方面就写得非常不够。更多写的是政治上的，尤其是以前罢工斗争写得比较多，生产斗争少。阶级斗争、生产斗争、科学实验与文化等四大方面的内容，后三者都写得比较弱，不太满意。此外，还有一本书是在退休后被聘全总之初写的，书名是《中国工会读本》。我在指导和实际操作该书编写的时候，曾指出：一要深入浅出，二要图文并茂，三要生动活泼，四要语言平实，适合广大职工阅读，要通俗，有可读性。并要求史料的运用要精准，观点的提炼要简明。尤其是图文并茂这方面是它最大的特色。在上世纪快结束的最后两年期间，正当全党隆重纪念刘少奇、周恩来与项英同志诞辰 100 周年之际（1998 年），我还帮助河南电视台策划、编导了缅怀刘少奇大型历史政治纪录文献片。写刘少奇的时候我偏重于他的工人运动贡献，他是工人运动伟大、杰出的领袖。还有项英，项英也是中国工人运动著名的领袖，正好中央电视台给他制作纪念片，邀请我给他们当顾问，我给他们设计了四个板块。这里面重点也是想突出他对工人运动的贡献。后来又帮助北京台做了十集大型政治文献片《走近刘少奇》，是通过刘少奇关于工人运动的实践活动中一些生动、鲜活的小故事来表现。而比较大的历史事件，具有大型的设备才能制作的，都留给当时中央文献研究室正在做的《共和国主席——刘少奇》项目组，中央台做了《共和国主席——刘少奇》，那就是以黄峥为组长的中央文献二部。我做的是这个《走近刘少奇》，更多的是面向广大职工。把那些比较生动的、通俗的故事串联到一块儿，用这些闪光点、珍珠链来展示刘少奇在工人运动中的伟大贡献。这就是《走近刘少奇》文献片的特点。进入新世纪之初，我又应中央文献研究室的邀请参加了《刘少奇大辞典》的编写，这是中央文献研究室的一个重点工程。在院外，我曾参加过三次比较大的历史资料的搜集。第一个就是社科院刘明逵和唐玉良老师所主编的，这两位老师应该说是新中国工人运动史的开拓者与奠基者，他们都是大家，当年我是跟他们学徒。在上世纪八九十年代，他们正在启动与编纂《中国工人运动史资料汇编》这一巨大工程，完成后，由中共中央党校出版社出版，是共十四本的大型工运史资料。这一工程，我前期有所介入，后来因为教学太忙，无暇全力投入助之，于是我又派我们教研室的两个年轻人去帮他做。这两个人一个是高爱娣，另一个是冯巍。该书编写的框架纲目设计与一些按语我仍帮着写。第二部是全总做的，上世纪末全总政研室在我与唐玉良同志的建议与鼎力相助下，也编写了《中国工会运动史料全书》，有一两亿字，它分为三部分，第一部分就是综合卷，我被邀请做综合卷民主革命时期的主编。除综合卷外，又设产业卷和地方卷。这部工运史料巨著，共做了十余年。那时候由全国总工会书记处书记李永海同志牵头组织，还有本书实际的总编与组织者唐玉良老师，以及全总一些退休的老同志，我们这部工会运动史料全书做了很长时间，材料也比较丰富。如果和刘明逵老师的资料加在一块，关于中国工运史资料收集那就已经比较全面、系统、丰富了。这两大资料编写我都不同程度地参与了，并从中受益匪浅。第三个就是《二·七斗争资料汇编》。1923年京汉铁路工人大罢工，"二七"斗争是中国工人运动史上的闪光点，也是一个转折点。这个材料是重新收集编撰的，是上世纪末，当时任郑州市二七纪念馆馆长的陈素秀，她对此事非常热心，当我去郑州讲课向她建议时，她欣然应允，并立即筹划此事。她先邀请我帮助策划、立项，后又请中国历史博物馆的夏传鑫教授出山。我们俩一块儿三去河南，最后终于帮她把这本资料巨著编写出来了。该资料在目前来说是最丰富的，比较全面，而且筛选比较精炼。如果要研究"二七"斗争，这本书将提供一个重要的资料支撑。此外，除了这些资料，后来我在全总期间又帮助中国工人出版社策划、编写了两辑工运人物传，共19本书。对该人物传系列，我不仅帮助策划，并负责寻找人物传的作者，参加指导作者会议，以及最后的审修定稿。在写每本书前都跟作者进行谈话沟通，商讨章节纲目与有关敏感问题的定性与取舍。这两辑书是从孙中山、李大钊、陈独秀、毛泽东、邓中夏，一直写到赖若愚。一共22个人，基本上是工人运动的楷模篇，又叫旗帜篇，他们都是工人运动大潮的举旗人与弄潮儿，是杰出的工人领袖。我还想继续策划英烈篇和劳模篇，但后来由于中国工人出版社领导易人，新领导对此不感兴趣，同时我已从全总完成项目回到家中，"不在其位，不谋其政"，故此，后两辑工运人物的设想也只有作罢。中国工会十七大召开后，全总新的领导班子更重视工人运动史的编写了，我准备再次去中国工人出版社，帮其立项与编写英烈、劳模与工匠篇，帮其把这三个系列出版计划完成。其中应特别突出劳模篇，至少找几十个在每一个历史阶段的标杆式人物，而且要有故事，是劳模中的旗帜。比如抗战时的赵占魁、吴运铎，新中国成立以后的孟泰、王崇伦、郝建秀、李勇等，再后来，尤其是困难时期的铁人王进喜，那是大庆精神与铁人红旗。总之，要找出每一个时代既是标杆式的而且其事迹生动、震撼、光荣又非常典型的，对以后我们推展劳模运动、开展大国工匠活动都会提供一些历史的借鉴，并把我们党领导工人运动中的劳模精神加以继承和发扬。关于工运史研究方面，我所做的基本上就是编写教材，编写普及性的读物，在工运领域也就是抛砖引玉。除了与别人合作的项目，比如说与刘明逵老师、唐玉良老师还有后来在全总与别人合作的东西，有个别的我还是比较满意的，我个人写的书都不太满意，而且量少，水平不够，还需要将来学院后生像吴建平、钟雪生、曹荣、黄帅、赵薇等，你们这些后生们在这个基础上，一定要把工运史研究推上一个新的阶段，使其真正地复兴。总之，把希望寄托在你们身上。

问：太感谢王老师了。您有这么丰硕的学术成果，还保持这么一个严谨的学术态度，还有追求完美的这种大家风范，特别值得我们晚辈学习。老师，请您再跟我们谈一谈您在中国工人运动史教学方面，又有哪些个人的独到见解？

答：关于教学活动实际上前面我已经讲了些。我这一生就是读书教书写书，贯穿的主线还是教书，教书、上课、编写教案与教材、制作课件。在咱们学院讲课、到外面讲课、到各地区讲课，总之，教书应该是我的主业，是我的基本职责，一直到现在还在继续做这件事，耄耋之年仍如此。关于教学之术我可以从三个方面谈一谈。第一个就是说我从事教育的指导思想，因为我本身学的就是师范专业，上的大学就是北京师范学院（现在叫首都师范大学）。1956年我进京，那真是从乡下跑到京城里，我当时一到北京的时候，城墙还在，我一看巍峨的城楼，高大的城墙，到了天安门广场仰望与环顾非常震撼。因为我在乡下连楼房都没看见过，汽车除了过去战争时候看见过日本鬼子的汽车，还有国民党新五军的汽车之后，很长时间就没再见过，因此，来到北京后，一切都感到新鲜！到北京上的是师范学院，在教育上开始有一个理念：我既然从事教育事业，就要有传统的教育理念，信仰孔子与孟子。孔子到晚年周游列国以后，哪个国家也不欣赏他的治国之道，因此，不被任用。诸国不用，所以他在仕途受阻准备打道回府时说了一句话"归与！归与！吾党之小子……"，他们在等着我教导他们读书与写文章呀！他回去之后开始教书，孔子的教育思想是有教无类，而且因材施教、循循善诱与诲人不倦。读读《论语》你就看出，孔夫子与弟子那种师生关系，仿佛是亲缘关系，例如他把颜回当作他的孩子一样，他表扬颜回，能闻一知十，举一反三。为此孔夫子对子贡说：回也闻一知十，而我能知三四就不错了，颜回就能有如此之悟性，这一方面我就不如颜回。孔夫子这种教学相长、有教无类、学而不厌的教学思想还是很好的，表扬最喜欢学习刻苦的颜回"一箪食，一瓢饮，在陋巷，人不堪其忧，回也不改其乐"，颜回不怕吃苦，脑子聪慧而勤奋，但是他有一个最大的缺点，孔夫子后来也没提醒，没告诉他锻炼身体，三十多岁头发都白了，不幸短命死了。对于颜回之死，孔夫子说："天丧予！天丧予！"老天爷要惩罚我，我最好的弟子死了。这是孔夫子为师之道和与学生的典型关系。而孟夫子曾经提出了"得天下英才而教之"乐也，这是说教书育人是最大的快乐。得天下英才你能教育，是最大的快乐。这两位老夫子都是教书的，都是咱们的同行，是咱们老祖宗，教书方面的老祖宗，是教师最早也是最高的楷模。再一个就是封建社会的韩愈，他的教学宗旨是传道、授业与解惑。教书首先还是传播信仰和师所尊之道，你比如过去教书，毛泽东提出德智体全面发展，最近习近平又提出德智体美劳，把热爱劳动放进去。但二人都是把德放在第一位，这个德里面还有你的信仰和理想，所以我觉得我这一生教书的宗旨，既有中国传统的孔孟、韩愈这样的理念，也有我们党后来办教育毛泽东与习近平讲的德智体美劳全面发展，忠诚于党的教育事业，这一切就是我的教学理念与宗旨。再一个说说我教学的实践，教学实践有这样几个阶段，第一个阶段，我大学毕业后就从北京师范学院志愿支教分到房山。房山当时刚从河北省划过来，我就开始在房山师范教书，我到房山师范后教辩证唯物主义和历史唯物主义，还有中国近现代史，就教这两门课，总之一开始就没离开历史，除了辩证唯物主义和历史唯物主义是政治教材，是关于哲学的概念与范畴。到房山后，正好遇见"大跃进"失误冒进的艰苦时期。当时也叫"瓜菜困难时期"，人民都吃不饱，挖野菜，用菜当粮，我们一边教书还必须带学生种地，还得自己盖住房和盖教室。那时候师范学校刚成立不久，还得种菜，学生吃不饱，粮食少，我们又要带学生去大石河捞河菜。冬天11月份，冷得不得了，我们不怕冷，带着学生跳到冰冷的河水里捞河菜，把河菜剁了和面后做成窝头，吃了以后，增加了分量，有饱感了。教书一开始，就是那样"瓜菜困苦奋斗"的艰苦时期。1966年夏"文化大革命"，我那个时候已经调到良乡中学，"文革"之初，乱得根本上不了课，停课了，学校关门了，红卫兵都串联去了，到社会上造反去了。后来又提出"革命组织大联合与复课闹革命"，开课了，但是，学生的心仍未收回，课根本上不了，实际上仍是关门不让你上课！但是，我在这个时候还行，在这如此混乱的环境中，我一直坚持教学岗位，尤其复课闹革命以后，学生虽然那么乱，但学生爱听我的课，仍遵守教学秩序。我从1962年到1981年，在良乡中学待了20年，我觉得就在那种特殊复杂的情况下，我为贯彻我的教学宗旨与责任，创造与采取多种办法带领学生，一个是力争学校领导的支持，二是调动任课教师帮助我当班主任把课上好。在中学教书要举两面旗，这两面旗是什么？一个是把课教好，一个是当好班主任，然后利用学校所有的资源教育学生，任课老师、教务处，再一个就是那个生产队，各个生产队大队的书记与学生家长用这三条线把学生的教育构成一个系统。所以凡我接手的乱班很快就能治好，混乱的学生就能安静下来读书，而且，我带着学生在课余给附近农村的贫下中农和五保户做好事，帮助喂猪、起猪圈、抹房子，还有的女生给贫下中农老太太补裤子，反正就干好事。甚至还带着班干部到良乡五街农业户给他们捡屎盆或尿缸，集中尿去浇麦子。今天回忆，带学生干那种事不见得都合适，主要是影响学生学习。可是当时提倡那个，我尽量把学生引导到那种正能量方面去，以加强劳动教育。对此，学生还好，今天，有好些学生回忆起当时，仍对我当时的举措不埋怨。到现在，良乡的老学生，每年过春节以后，第一个礼拜日还准时接我到他们那里，让我再过一个春节，给我拜年，回忆当时不平凡而动荡的岁月，这就是我从事教书的第一阶段的故事。第二个时期是从全总干校直到今天。来到全总干校以后，我讲的第一课是社会主义经典著作辅导课，叫《社会主义从空想到科学》，恩格斯所写。我第一讲给学员讲的就是"社会主义从空想到科学"，我记得那个课我精心准备了一年。为此，我先上中央党校听课，后来到中国人民大学你们高放老师那里取经，听他讲，然后再备课，用时将近一年，写了两万字的讲稿。当时，我深知来到这个地方跟教中学就不一样了，教师范与中学那属于中专性质的，这是一个干部学校，其学员从身份到学识档次都非同凡响。因此，我讲课的宗旨与内容及方法都要焕然一新。来干校不久，学校在上世纪80年代中期，第一次招收了大专班，我又首聘主讲"中国近代史"。刚开始时，我是首届大专班唯一的学院教员，其他教员都是从外边著名高等学校所聘。因此，我深感压力很大，并力争完成任务。后来的教学实践证明，我比较出色地完成了教学任务，且得到学员认可与好评。我后来又教"工人运动史"，学校领导说你历史比较熟，又是学历史专业的，今后专讲历史吧。我先后开始讲中国近代史，胡绳同志写的《从鸦片战争到五四运动》，当时各个高校都讲，都把这本书当成政治教材通讲。于是我开始去教近代史，不久以后又改教工人运动史。我调入干校不久就进入改革开放时期，讲科学社会主义也好，讲工人历史也好，讲邓小平理论也好，总的主题是改革、开放，是国际形势的新判断与国内实行改革，把工作重心从阶级斗争转向经济建设。首先是学习邓小平关于世界形势的分析与判断，研究当时国际形势发生大的变化。以往都是讲深挖洞、广积粮准备打仗，备战备荒为人民。这个时候邓小平讲了和平发展是大的趋势，对于我国是一个好的战略机遇期，我们一定要从准备打仗的误判期中解放出来，看到国际形势的巨大变化，要抓住战略机遇期，要看清国际形势的特点，看清天下大势发展走向和特点。第二个要讲的就是要改革开放，贫穷不是社会主义，发展是硬道理。然后就是说让一部分人先富起来。小平同志还说，先富靠诚实劳动，而且先富帮后富，先富起来帮后边贫困的，最后达到均富。可是到后来在实际操作当中，政策制定得不严密，结果却让一些不该富的先富起来了，有些贪官、骗子、痞子、流氓、追钱不道德艺人等乱七八糟暴富起来，在社会上起了极坏的影响。这期间从干校到工运学院，我讲历史、讲改革、讲开放，工运学院阶段改教工人运动史，主讲干部班，主讲干部培训班的课程。学院最早的大专一、二两届我教过，后来的劳模班，劳模班一开始几届与九七、九八届劳模本科班我也曾任课，我还给他们做一个电视片子，在中央台播放，名字叫《北京有个劳模班》。给劳模上课，作为老师也能学到好些东西，能教学相长。一是劳模班的学生学习非常刻苦。他们来的时候文化水平比较低，但是来了以后学习非常刻苦，进步很快。我记得黑龙江的一个劳模，他为了考试，怕过不了关，自己又得了病，于是把他妻子叫来熬中药，一天吃一副也要坚持考好，这个黑龙江的学生叫郑吉安。还有的事挺有意思，我记得劳模班有个女生，在学院考试期间，由于劳累，她小产了。我知道她是南方人，按习惯"小月"要熬鱼或鸡汤滋补。于是我邀请她到我家，就让我老伴给她煮点活鸡活鱼补补。总之，看到他们的学习精神我特别受感动，这些也可以说是教学中师生相互鼓舞吧！至于我专教干部班后，跟他们学习与相互帮助的故事就更多了。当年直到现在有的干部班学员还与我保持联系。前两年我上井冈山，我有个学生该退休了，还坚持带着我上井冈山。我到开滦煤矿以后，也是我的学生把我带到资料库，看保存的资料。所以我为什么说教书好，正如孟老夫子说得天下英才而教之乐也！教育真是一种快乐！在中国工运学院时期，我一共教了24届干部进修培训班，再加上外头讲课，大致上该有上万人吧。我有一个特点，就是特别喜欢学生，爱与学生交友，因此，凡我教过的学生跟我关系都比较好，走到哪里所遇学员，对我记忆深刻的不少。跟他们关系都比较好，这样对于我的科研、教学大有益处，便于收集大量的工运史资料，他们出了什么刊物了，他们那里有什么特殊的资料，都会及时给我寄来。比如湖南醴陵的一个县工会主席，名叫凌励田。他们县是李立三同志的故乡，有一个李立三博物馆，博物馆中有李立三在"文革"中给毛主席写信的复印件，我曾上国家档案馆都没查着。得知此事以后，我要求她马上给我复印一份寄来。后来我去湖南讲课的时候，又专门上李立三博物馆找到那个材料，复印三份。当然，这些珍贵资料，我以后都要捐给学院图书馆。再举一例，就是宜昌的一个工会主席。在清朝的时候辛亥革命的导火索，即保路运动，在宜昌搞得轰轰烈烈。他给我提供信息，宜昌人保路运动中工人参加的历史资料，都很珍贵。当我讲课涉及此事，该主席培训回去后，也给我寄来这些资料复印件，很珍贵。还有在广州省总、市总上课时，又是学员帮助我在广东省总工运研究室复印许多材料，其中有省港大罢工中苏联专家写的省港罢工专著与第三国际苏联专家对省港罢工援助的材料，也是非常珍贵的。所以说我觉得在工运学院的时候，我教这个大专班、劳模班、干部班的学员对我的帮助，回忆起来就甜蜜蜜的，我特别感谢他们，对我从事工人史的教学与科研，这些学员，都做了很大的贡献。

问：第四个阶段中国劳动关系学院时期。

答：中国劳动关系学院时期，我基本上就退休了，退休以后有时候也帮学院做些项目或教点课。例如，2014年高爱娣到美国去了，后来又到泰国，她走了，没人教课了，所以当时颜辉书记说："你老人家还得出山救救场！"于是我又南下涿州教了两年工人运动史，与此同时在本院也教了两届劳模班与研究生班，其中包括中共十八大的代表像高美丽与齐鲁石油化工厂的李炳奉这位学霸。这个时期的劳模跟过去的劳模大不一样了，新的劳模班学员，文化水平比原来都高，思想上都比较活跃，独立研究问题的能力也强。要不他们今年怎么会给习总书记上书呢？这生动地说明他们的思想开放且活跃。我给研究生上的课，偏重于工会理论、工人历史。尽管这些学生专注工会理论的还挺多，但我认为工会这方面的研究生不仅人数少，而且在工运这方面素养都不是太高，都是进修其他专业的比较多。因此，我建议以后学院招收研究生从劳模班或者现在应届的工会学院或劳动关系专业中从优选拔。关于我们学院培养的学生出去以后大部分不从事工会工作，我到各地发现现任工会干部又都不是咱学校毕业的，都是其他学校其他学科招收来的，咱们学生学了工会专业，都做不了这个工作，岂不是人才的浪费？这一问题将来应该给教育部与中央组织部联系或交涉，在工会招收公务员的时候对我院毕业生要有所倾斜。就像历史上黄埔军校毕业生分配到军队任职打仗。我少年时在老解放区，叫豫皖苏，是彭雪枫第四师在抗日斗争中开辟的根据地。那里有个商亳支队的政委，就是延安抗大毕业派来的。再如，当今公安大学的学生，毕业后基本上上公安局、派出所。而咱培养的大批学生毕业后都不从事工会工作，上别的地方去了。当然学生不可能都从事工会工作，但是至少全国各地的工会工作应该优先选择这些学生，具有这个专业知识，而且要在劳动关系学院进行过学习的学生。倘若如此，那么对整个的工会工作不是更有益处吗？

问：王老师，当前我们进入了新时代，您对工会组织在组建、创新与发展等方面有何认识呢？

答：从整个中国工人运动史的研究当中，我对工会这个组织当初的组建、职责与当前的继承和发展等方面，有以下几点想法与建议。它是中国共产党领导的工人运动，从一开始组建工会的时候首先就是宗旨比较明确。它的宗旨分两层意思：首先，它的生命宗旨就是为了维护工人权利；再者，须知每一个组建工会和工会团体时还有一个主义，他信什么主义，比如说旧时工会行帮，各个行帮都有祖师爷，比如木匠供鲁班，剃头的供吕洞宾。共产党领导工人运动组建工人俱乐部，例如安源路矿工人就信仰社会主义。他们的宗旨是社会主义，是维护职工权益。新时代的工会干吗？工会组织宗旨，第一个当然还是维护职工合法权益，这是工会生命的基础，最根本的宗旨，所有的天下的真正工会基本上是这样的。第二个，我们是习近平新时代中国特色社会主义理论，特色社会主义工会这样一个理念，这一个表明工会灵魂的宗旨，也就是信仰。关于工会维权、两个维护的思想是列宁提出来的。两个维护第一个就是维护职工本身的权益；第二个维护就是维护职工的长远的根本的全局的利益，这就不仅仅是他本身局部与眼前的日常利益，甚至有时还要牺牲这些当前、局部的利益，这就是为了苏维埃政权的利益，社会主义国家的利益也就是工人大局的、根本的、长远的利益。自中共十八大与十九大召开以来，习近平在关于工会工作的指示中，曾不止一次强调工会要代表与维护职工权益，成为广大职工的娘家人与贴心人。同时，他号召维护职工权益，打造、提升产业工人队伍的素质，都是为了更好地为我们国家、我们新时代的新任务，为中国强起来、富起来、建设中国特色社会主义,全部实现现代化这一宏伟目标。与此同时,我们在富起来、强起来、建设中国特色社会主义之际,要加大开放走向世界,争取世界人民的援助,并要为创建世界人民的命运共同体而奋斗,总之,关于中国工会创建的宗旨与维护就是如此,即一是维权,二是信仰社会主义并为之奋斗。

关于工人组合呢?工会的组织它就是三种类型的组合或者叫联合。工人怎么组织?最早的应是按职业组合或者说是按职业与行帮组合。中国共产党诞生后就提出以产业组合为主,把产业组合定为工会组建的基本原则。以产业组合为原则,共产党领导的中国第一次劳动代表大会决议就明确规定:产业组合是根本原则。刘少奇在"文革"中被迫害去世前,还坚持组建中国工会,以产业为主为基本原则。为什么这样做,少奇同志当时讲理由有三:第一是国际惯例,产业结合是国际的惯例;第二是中国共产党组建工会的优良传统;第三是社会主义建设需要这样,比方说南方的纺织工人跟北方的纺织工人,沿海的电子工人跟内地的电子工人,他们虽天南海北在不同地区,但都是从事一个产业。这样组建工会便于制定劳动标准和开展劳动竞赛,好对工人进行考察,更有利于维权保护他们。当革命的时候这一个产业通过工会都发动起来罢工,列宁说整个产业联盟能使整个城市或地区瘫痪,能给统治阶级重大打击。现今各个产业都组合起来,对推动生产是非常有利的,所以工人组建工会,开始组合第一个是行业职业,第二个也是主要和基本的就是产业联合,第三是以地方而组建的。全总是全国的,各个省、市、县等工会,甚至现在工业发展的地方,社区、村镇、社区与街道都建立工会了。南方有些地方现在已经实行工业化了,像浙江、江苏、广东等地,苏南农村工人委员会比村委会都厉害,权力很大,因为这些地方工业化了,从事农业的很少,所以说工会很重要,这三大组合——职业、产业、地方,我们共产党领导工作基本上沿着这三条线来进行纵与横的全方位组建工会。第四是中国工会的四步走与四职能,组建工会必须采取四个步骤,即四步走。第一,组建工会,教为先,你想让工人组织起来,他没有组织的意思呢?你就要办学校教育他,包括现在农民工应该建立工会,这种工会有什么好处?为什么要建?你也得先办补习学校进行宣传动员,你不能强迫他加入,这就叫教育为先,中国共产党一开始创建工会,就是先创办劳动补习学校。长辛店俱乐部成立以前,先建立的是什么？是长辛店工人劳动补习学校。安源路矿工人也是毛泽东、李立三从平民教育开启工人夜校着手，也是教育为先，并办刊物、发表演说、散发传单。第二，搭平台、筑堡垒、建会。列宁说过一句话，工人阶级有力量在于组织起来，你宣传半天鼓动半天，你不组织起来它就是一盘散沙，就没有什么力量，组织起来，组织工会，怎么组织工会？刚才我说用那三个形式组织工会，组织起来才有力量。第三就是维护职工的权益。你组织起来干吗？你让工人真心实意地拥护你，能跟你走，你必须维护职工权益，工人看你工会确实是维护自己权益的，就争着加入工会，接着工会就行动起来，组织工人开展维护职工利益的活动与斗争。陈独秀当时说过一句话：你把工人给组织起来，一个在研究室，一个到监狱。研究室研究好了把工会成立起来，你行动时可能就被逮捕，送到监狱。因此共产党的前驱们搞工人运动就是抱着要行动不怕流血牺牲的信念。像陈独秀、李大钊，他们是赤色工会的第一批设计者、创建者、开拓者，中国共产党成立之前也是发动工人，然后共产党成立。过去老说中国共产党跟欧洲不一样，欧洲是在工人运动中产生马克思主义，先产生工会，后有共产党，而中国工运则不是。其实，这种说法不对，中国工运没有西方政党产生前那么时间长、规模大，虽时间很短但也是从筹办工会与工人运动结合开始的。中国共产党成立以前，北方有长辛店工人俱乐部，上海有上海机器工会成立，尤其五四运动中的六三罢工，更是工人觉醒与崛起的标志，从而共产党的信仰与工会就已经开始宣传。比如说陈独秀成立第一个工会的时候，其章程是什么你知道吗？你知道第一个工会的宗旨是什么吗？为工人"去痛苦，谋幸福"，就是这个宗旨，后来全国总工会成立于1925年5月，在广州召开的第二次全国劳动大会时宣布成立，它成立的宗旨就是联络感情，给工人谋幸福。工会成立的主要任务就是维权，你必须给工人维权。你创建的不是招牌工会，不是流氓工会，不是黄色工会，是真真切切地为工人服务的工会，邓小平说工会就要给工人说实话、做好事、做实事，而且你工会干部的屁股要坐在工人的椅子上。习近平现在讲得更清楚了，工会一定要有作为，做工人的娘家人与贴心人。维护他们的权益，而且要政治维权、经济维权、文化维权。总之，是全面维权。

问：对。

答：第四个是什么呢？先是教育，再是组织，第三维权。第四个就是职工与其代表者工会要有管理国家与社会的参与权,这个参与权是什么呢?在旧社会我们要争取劳动立法,我们当时也提出要参与国家与社会的管理权。以前北洋军阀时候根本没有民主与工人的地位,那时候邓中夏这位我党工人与工会运动的开拓者,为给工人与工会争取参与权,还到北洋政府的议会争取议员,请他们吃饭,劝说他们接受共产党人提出的劳动立法。还召开新闻发布会,尽量让工会能合法斗争。新中国成立以后,尤其到了改革开放后中国工会十一大时,中国工会从源头上、从立法上去维护工人权益,进一步突出参与职能,从而说明工人与工会是国家主人,是领导阶级的组织,要管理国家、管理社会。并要在制定法律的时候,在源头上能把工人的愿望和要求反映进去。

第五,根据我对工人与工会历史的研究,工会应该有五性。第一,关于它的政治性与先进性,因工人是历史上最先进的阶级。马克思主义一开始所说的工人阶级,是社会规模的大机器生产与工厂制度下的产业工人,而不是手工业工人。他们有严格的工厂管理制度,像一排排的士兵被严格管理,用先进的机器生产,这就是产业工人。他们跟社会上最先进的生产方式相联系,具有先进性。毛泽东说,咱中国工人阶级由于受苦最大,革命性最强,因有三座大山压迫与剥削,因此,苦大仇深,所以他们的革命性最坚决彻底。同时,他们又是最集中的,容易宣传鼓动、组织起来,他们跟先进的生产方式联系,眼界又比较开阔,容易展示力量。因此,中国工人阶级具有先进性,而其组织工会也具有这个特点。翻开近百年的历史,看一下整个工人阶级发展过程,中国工会率领广大职工群众,在革命与建设中的惊天动地壮举与创建的伟大工程,震惊世界!而这些哪一个不是工人阶级的劳动、智慧与创造呢?是不是都代表与内含先进性与政治性?工人阶级本身从《共产党宣言》开始,马克思、恩格斯说它是资本主义的掘墓人。中共十九大报告,这个新的《共产党宣言》强调的是和谐世界,要建立人类命运共同体。例如我国提出的"一带一路"倡议,就孕育着这一精神。"一带一路"靠什么?就是我们的工业要走出去,帮欠发达地区工业化。原来偏僻的、落后的,还是手工劳动的一些国家,你帮非洲的、中亚的许多国家工业化。这些工人是不是先进的?是先进性与政治性的结合。工人阶级领导新中国,共产党是工人阶级政党,而工人群众是党的基础、党的核心基础,各族人民都是共产党人的群众基础,但是工人阶级是它的母体，是它的核心群众基础，马克思说全世界无产者联合起来，口号的本身与本质就是鲜明的无产阶级的政治性。工会组织也具有政治性、先进性、群众性。工会干什么？毛泽东曾经讲过，要把工人阶级先进的、中间的、落后的都组织到工会中，其中包括（新中国刚一成立的时候）参加过国民党"一贯道"的，只要他把问题交代清楚都可以加入工会。所以工会它能够最大限度地、最广泛地把所有的工人都组织到工会中来，这与共产党相比其独有的特点叫群众性。我认为工会除上述三性外，还应有经济性，它的经济性是什么？在工会历史上，从苏区到根据地再到解放区，到新中国成立和直到现在，工人运动中的工会都曾把劳动生产与经济建设放到重要或中心地位。例如，过去在以革命战争为中心时，为配合革命战争，支持革命战争，在根据地与解放区工人的重点工作就是生产劳动，从而用生产保证革命部队、人民的需要与供给。为此，毛泽东在解放战争时期为解放区提出"发展生产、繁荣经济、公私兼顾、劳资两利"的经济方针，六次劳大后又明确其也是工人运动的方针。关于劳模运动它既是政治的也是经济的，更多是经济活动。第五个，工会还有社会性。因为中国工人运动是世界工人运动的一部分，马克思说全世界无产者联合起来，你像前面说过的第一国际就是各国工会的联合，然后是工人。工人政党在欧美工业化早期，就常常在工会运动的摇篮里产生。第一步工会，第一国际一开始也是工会组织的联合；第二步，第二国际是工人政党即社会党与社会民主党的联合；第三步，共产国际不但是共产党的联合，而且创建了赤色职工国际。再说现在中国工会"一带一路"，你工会得走出去，因为你的企业走出去了，带着工人与项目走出去了，但沿带与沿路的国家与地区的劳动关系如何？通过什么关系与渠道了解他们的工会？所以需要对"一带一路"诸国工会与劳动关系方面加以认真研究，甚至你得走到前面。例如，北京首钢前些年到秘鲁创建钢铁厂，不就是因为不懂当地的劳动关系法规而遇到好些麻烦吗？对当地劳动关系不太清楚，跟秘鲁的各级工会联系不够，对人家职工、劳动关系、工会不熟悉，结果成了企业走出去的第一块绊脚石。这就是工会的五性。

第六，它有六和。第一个和，就是所有工会一成立，内部先组合起来。首先内部所有的工人、各个工人群体、不同的专业工人之间不要互相竞争，不要相互歧视与排斥，这就是首先要工人内部团结与联合起来。第二个，劳资要和，劳资通过斗争以后才能和，但是斗争的目的不是永远斗下去，是为了和谐、合作、双赢。第三个是工农要和，工人跟农民，革命时候工人阶级领导下的工农联盟不是基础吗？是我们革命统一战线的重心与基础部分，是国家性质的标志与人民群众支撑的基石。

问：这个应是新民主主义和社会主义国家的性质与国体的特征呀！

答：因为新中国成立前后，很长时间，中国仍然是一个以农民为主体的农业大国，所以在新民主主义革命总路线里都一再阐明：我们国家的大多数工人，是穿上工装的农民，中国的军队是穿上军装的农民，中国的革命干部与公务员绝大部分也是穿上制服的农民，好些是从农村来的，所以说农民与工人是天然的同盟军。现在你要现代化与求小康生活，解决三农问题仍然是何等重要！而且在工人这个大队伍中，现在农民工变成主体了，产业工人中也主要是农民工，而且他们还有个"根据地"（即农村的宅基地、自留地与责任田），跟农村有着天然的联系。第四和，是跟社会和。工人应该跟社会各个阶级与社会各人民团体和。革命时，工人运动高涨之时，在全国第三次劳动代表大会召开时，就跟黄埔军人、郊区农民建立工农兵联合会。再加学生就是工、农、兵、学联合会，这就是革命历史时工会与社会团体的和。第五，就是与政党和。因为在中国工人运动史上，政党与工会组织的关系之重要，政党倾向是至关重要的，决定工会的生死存亡。中国工运史告诉我们：不是共产党领导就是国民党领导，或者是行帮领导，工人自发组织的工会与团体能够长期存在并坚持斗争是非常困难的，即使有少数分散的创建于工运高潮中，也是昙花一现，很快就烟消云散了。所以工会跟政党与政府要和。第六，与世界和，比如说现在关于劳动标准，发达的资本主义国家跟咱还有矛盾，他们说你们的工人拿的工资这么低，和我们不是平等的竞争，特朗普不就是煽动这个吗？我们应该让国内外工人明白，这个差别是各个国家发展阶段不同造成的，从根本上讲，也是美国与西方长期经济霸权造成的。在彼此职工之间并没有什么矛盾，更没有根本利益冲突。二者的关系应该是优势互补，联合起来共同与美国大资本家进行斗争。特朗普为此挑拨离间，他在那里胡说，绝非向着他们国家的工人，真的不是的，他是为贸易战找借口，是为资本家掠取生产成果与更多的利润，所以我们要给世界工人讲清楚，我们中国工人阶级与工会是双赢与多赢方针，我们中国工人为世界做出伟大贡献，我们中国工运和全世界所有的工人阶级是同呼吸共命运的人类命运共同体。

第七——七训，我从中国工运史中，归纳为七个教训。第一个教训就是盲动，所以说历史上所有的工会进行活动，冒险都可称为盲动。比如新民主主义革命时期工人发动罢工，对资方没有调查研究，对自己也没有客观估量，就盲目地发动罢工，结果就失败，这就叫没有"知己知彼，百战不殆"。第二个内讧，就是内部意见不一样，里面出现工贼了，你内部意见都不一致，结果必然为资本家利用，就打败了啊。第三是孤军，孤军独进，好比"二七"斗争，由于农民没支持，那时候没建工农联盟，没有革命武装，军阀镇压你，很快就打败了。因为你赤手空拳与武装到牙齿的封建军阀对阵枪炮，你工人赤卫队怎么能抵挡得住呢？第四是骄兵，骄傲了，安源煤矿工人一直都弄得挺好，为什么到1925年秋，一下就让军阀给镇压了，为什么？因为后来有点骄傲了，安源煤矿工人在取得接连胜利后骄傲了，也不好好生产。为此，李立三、刘少奇曾经哭着跟工人说企业要垮了咱一切都完了，罢工得到了一定利益后，应遵守谈判约定，回岗复工。我们党应说服工人得好好生产，这说明咱那时就开始提出"劳资两利"了。没有这个煤矿工人还干什么，李立三、刘少奇早就在罢工胜利后劝说遵守劳动纪律，好好生产。不幸的是，李、刘先后离开安源后，工人忘了他们的话，更骄傲了，失去对敌人的警惕，结果因军阀乘机突然袭击而失败了。这面红旗与红星还是陨落了，这就叫骄兵必败。第四是蝗虫破坏，所谓蝗虫是什么？是黄色工会与工贼。黄色工会与工贼，就是资本家的走狗，在工人开展斗争时，黄色工会破坏分裂，从而使工人斗争失败。第六是右倾，该罢工不敢罢工，该斗争不敢斗争，左怕狼右怕虎，右倾保守。像陈独秀在中共五大前后对待工人运动的危机，就是典型的右了，他既不敢武装工人，还让工人缴枪，而且眼看着敌人杀气腾腾都要来了，竟然手足无措，任凭第三国际瞎指挥。这时蒋介石在"四一二"已经磨刀霍霍开始疯狂屠杀工人与共产党了，工运大风暴在上海失败了，武汉汪精卫已经露出獠牙要镇压工人运动，而独秀书记还不赶紧把工人武装起来，右啊，右就造成工人运动失败。第七是"左"。中共在大革命失败后土地革命战争期间接连三次犯了"左"倾错误。"左"就是极左，极左就是条件不成熟愣是发动工人斗争，三次"左"倾都是那样。这期间，地下党强迫上海的工人罢工，不罢工就找工人赤卫队，找什么特科，到工厂车间放枪扔炸弹,让工人生产不了,强迫工人罢工,还搞什么"飞行"集会、共游行、示威等都是极左,冒险主义的典型,是历史上惨痛的教训。工人搞什么行动、搞什么运动都应该根据形势充分准备,应该科学、全面,知己知彼,再决策行动,才能胜利。

第八,工运史上工会八个典范,简称"八典";这八个工会组织的典范,无论其创会宗旨、组织架构、运作机制、奋斗精神,都应是经典,直到今天对工会的建设与工作都有启示。第一个就是北方的红星长辛店工人俱乐部,离咱学院很近,还有个纪念馆。我过去教中国工人运动史的时候,包括劳模班和其他班,我都带(他们)到长辛店去参观拜访。那时候有位"二七"老人刘师傅可以讲故事,以后不知学院哪位决定,就不去长辛店了。为何不去长辛店?这是北方的红星呀!还有上海的辰星,上海的辰星是什么?就是陈独秀与李中(第一个工人党员)建立的上海机器工会。你从它的成立宗旨与章程可以找到我党创建工会的初心,一直到现在都有指导与启发作用,比如说它的宗旨就是为工人去痛苦、谋幸福。其组织原则说工会不是行帮的,工会不能按行帮来组织,不能是行会,不能是帮口,不能是工贼的,不能给资本家混合成老板的,不要政客,不要流氓,这叫"五不要"。你现在组建工会的时候这也是铁则。南方有些地方企业,是假工会盛行,台港还有外资的尤其地方家族企业工会更甚,让他们亲友与儿女当工会主席,就是地地道道的假工会、招牌工会。说不好听的就是典型的黄色工会。此外,还有安源的明星,汉冶萍的金星。汉冶萍是我们党创建的第一个大型产业工会,是刘少奇在安源时组织成立的。由安源路矿工人俱乐部,也就是大冶的铁矿与武汉钢铁公司造铁厂几个工会联合创建了汉冶萍公司工会。第五,是以地方联合为特点的工会,如全国、省、市与当今的乡、镇、村、街等。全国总工会从1925年创建,全总当然是一个样板红星。八个典型地方工会之首,是上海总工会。1925年5月30日夜晚宣布成立,第一任委员长是李立三,总务主任(秘书长)是刘少奇,还有副委员长是由上海大学培养的工人出身的刘华,后来壮烈牺牲了。这个工会无论工会的章程,还是工会的奋斗精神、运作机制与方法都是非常典范的,一直到现在工会干部都用着这种经验。地方工会典范之二,是海员总会,尤其是大革命期间,这个工会为核心,省港罢工期间又叫省港罢工委员会,苏兆征为司令、邓中夏当政委的那么一个海员罢工委员会。那时全总还帮助它成立一个劳动学院，邓中夏当校长。中国劳动关系学院最早的源头就在那里，因为这个学校就叫中国劳动学院，少个"关系"，而且是大名鼎鼎的中国工人运动的元老邓中夏当院长，刘少奇、苏兆征等都去那儿上课。第八个典型地方大型工会，应是湖北省总工会。在大革命时期1926年1月到1927年7月中，湖北省总工会在此时旗帜高扬，风风火火。（武汉国民政府期间，国民党中左派掌权的）它领导和组织几十万工人曾一举收回汉口、九江两个租界，在此运筹指挥的又是李立三、刘少奇等。再加上在本地早就闻名的林育英、项英工运领袖共同奋斗，因此，湖北省总也创建了工运史上的丰功伟绩，成为光芒四射的典范。这是"八典"，八个典型。

第九，关于工会的"九今"，就是当今工会应遵循与奋斗的规矩和目标，因此，"九今"也可以写成"九金"。其中，首先是党与工会的关系，党对工会的希望。马克思、恩格斯、列宁与我党领袖的论述有三条。第一，马克思认为，工会是整个工人阶级的组织中心，叫中心论，而工人政党，应是工会的旗帜与核心。第二个，列宁又提出什么？列宁认为工会是党联系职工群众的纽带，是维护职工权益的堡垒、苏维埃政权的支柱。第三，中国共产党除继承以上之说外，又特别强调与创新地认为，工会有三方面的作用。第一个就是工会起到桥梁纽带作用，是纽带、是桥梁、是学校，纽带作为共产党的纽带，纽带就是把所有的工人群众用这个工会带子联系起来，跟马克思的中心论是呼应的；然后列宁所说的是传送装置，也是起桥梁作用。共产党与广大职工群众通过什么能够联系起来？工会起桥梁作用。还有共产主义的学校教育作用，通过工会办好职工学校，教育广大职工。第二是广大职工希望工会起什么作用？也是三方面，广大职工要工会干吗呢？工会首先和主要任务及基本职责是代表工人进行维权。再者，工会还应该干什么呢？工会是职工之家、娘家人与贴心人，职工有困难就得找工会。第三，工会应该通过政府立法保证工人的权利，要参与促进政府各种法律的制定完善与执行，用法律维护职工权益。总之，三方面，一个是代表维权；一个是"家"，是娘家，是贴心人；一个是立法。你维权靠什么？就必须以法律为准绳。拿着工会法、劳动法、合同法来这说事。这就是广大职工要工会能起的三个作用。社会对工会有什么要求？社会各界人民对工会要求什么？首先，要求工会能把广大职工看作生产建设的火车头，现代劳模不就是当代生产建设的火车头吗？毛泽东同志早就说过工人劳模在经济建设中起了先锋作用、模范作用、桥梁作用，工会要培养大批劳模，要与政府一块表彰劳模、培养劳模、教育劳模。中国富与强，整个经济活动是干出来的。习主席最近在给劳模本科班回信中，除赞美、表彰劳模，还特别要求劳模要有干劲、闯劲、钻劲，当火车头。要求工会构建好和谐的劳动关系。第二是当社会稳定的定海神针。中国社会前一个时期特别强调社会稳定，须知社会稳定的基石跟核心、定海神针，这一切就是和谐劳动关系。劳动关系和谐，工人不罢工、不闹事，这社会就是最大的稳定。你看法国机场的工人罢工了，空运整个瘫痪了，它能说稳定吗？欧美的社会历史上的同盟大罢工使整个社会瘫痪了。社会要想稳定，社会希望你工人别乱，要稳定。第三，提供优质产品，让工人把好关提供优质产品，因为现在是商品社会和市场经济，老百姓对假冒伪劣产品充斥市场特别恼火，工会应该组织教育职工在更新换代生产时，产品要好，物美价廉，要精致，要一流。总之，应该是赶超日本和德国产品的精致。总之，上述我讲的是当今工会九条，或称工会九今（金）。

问：非常完善，非常有深度，特别值得我们课下好好学习。

访谈手记

2017年初，那时的我正忙于博士学位论文的撰写。由于论文选题是以19世纪的英国工人运动为背景，主要做"第一国际总委员会"研究，里面也涉及大量关于国际工人运动、工会组织等方面的内容。除了论文选题之前需要搜集、整理、掌握大量的国内外一手资料，写作过程中也要随时查阅有关的文献资料。2017年2月21日，北京下了最后一场和冬天告别的雪，我在中国人民大学图书馆里有幸见到了由王永玺教授担任学术总监指导出版的《中国工会读本》一书。我清晰地记得这本书的厚重和封装的精美，大红色的封皮还有镏金的书名背景。这时的我还与王永玺教授素不相识，但在精神上已经领略到了王永玺教授在历史学方面，特别是工人运动史、工会史方面的宏大研究视域和独到学术见解。

2017年4月底，等待毕业的我，正处在四处面试求职的阶段。我面试的其中一所大学也就是我现在的工作单位——中国劳动关系学院。我在网上查阅了相关的信息，也由此选择了一些图书作为自己的面试辅导资料。在这些图书之中，最为重要的一本就是王永玺教授组织审稿和定稿的《新编中国工人运动史》（上下卷）。由于时间仓促，未能全部读完，但这是我与王永玺教授的第二次"隔空"接触，也加深了我对王永玺教授学术脉络的理解。2017年夏，我去拜访我的导师高放教授的时候，见到茶几上有一大摞中国工人出版社出版的图书。导师说是中国工人出版社送来的，要我挑选一些我喜欢的拿回去阅读和学习。我选择了几本，其中一本就是《新编中国工人运动史》（上下卷）。那个暑假，我一口气把这本书读完了，我在中国工人运动史的宏大历史画卷中穿梭，酣畅淋漓。

2017年9月，我如愿进入了中国工会干部培训的最高学府——中国劳动关系学院工作。直至2018年1月19日，在中国劳动关系学院工会学院乔东教授的引荐下，我登门拜访了这位已经进入耄耋之年，但依旧思路清晰、精神矍铄，始终致力于中国工运史研究的长者——王永玺教授。作为晚辈，初次见到王永玺教授也是激动万分，在与王教授的交谈过程中，我深切地感受到了他对中国工运史研究的深厚情怀和对青年工运史研究学者的殷切希望。我向王教授提及了一套由我导师高放教授主编、中国工人出版社出版的《世界社会主义五百年历史人物传略》，共计20册，这套丛书分别介绍了20位国际工人革命家和活动家。我表达了读书时的导师是研究国外工人运动史的专家，工作时能接触中国工人运动史研究的专家，此乃三生有幸。此次拜访王教授，他送给我一本《中国工会读本（修订本）》并题了字。我也答应老先生会回去细细体味、深入研究。

2018年3月23日，中国劳动关系学院校长刘向兵教授主持召开了关于《中国劳动关系学院校史》撰写和出版工作暨"中国劳动关系学院工运文库"建设的推进会，在会上对《中国劳动关系学院校史》和"中国劳动关系学院工运文库"的建设作出了重要部署。会议结束，我再次登门拜访王教授，由于前面已经与王教授有多次接触，这次的沟通显得十分流畅，我们讨论了访谈的基本逻辑和内容。经过几次修订，我最终确定了此次采访的提纲，总共设计了十几个问题。3月28日清晨，我本想去王教授家楼下接他老人家，没想到刚刚走到家属院门口就已经见到了他。老先生的这种敬业精神实在让晚辈钦佩。我一路搀扶着他上楼，他却说："小黄，老师没事儿，不要担心！"我和王教授配合默契，整个访谈过程自然、流畅，大家纷纷表示效果很好。我自己也觉得这是一件弥足珍贵的事。感谢领导给予我锻炼的机会，感谢王教授给予我学习的机会。我清晰地记得，我每提出一个问题，王教授都是娓娓道来。我认真听老先生的解读，低着头做记录，生怕漏掉一个字。当时的画面，令我至今难忘。由于时间关系，当天的访谈我们只录制了一上午。5月19日，我们再次进行录制。这次录制是一下午的时间，按照访谈提纲，我们完成了全部录制。老先生非常满意。能为学校的校史和校庆工作贡献出自己的力量，我也是发自内心地高兴。

由于还有很多其他的工作，我与王永玺教授见面的时间没有我们预想的多。7月初，我接到了王教授的电话，电话里说2018年7月14日，学校为纪念改革开放40周年，迎接中国工会十七大的召开，在北京校区举办纪念改革开放40周年中国工运史专题研讨会，他要在会上发言。老先生手写了一份发言稿，需要我帮助他输入电脑中，我立即答应并赶往老先生家里拿稿子。7月中旬的校园，美丽又静谧，我独自在办公室里输入王永玺教授的手稿。2018年5月30日，我的导师、著名学者、世界社会主义运动研究学界泰斗高放教授永远离开了我们。而在我整个博士就读期间，一直负责高放教授的手稿录入工作。在为王永玺教授录入手稿的那一刻，我回想起了曾经为导师录入手稿的情形，依旧清晰，仿佛就在眼前，我默默地流下了眼泪。中国工运史专题研讨会顺利召开，在社会上也产生了广泛的影响。

十分荣幸能参与"中国工运史"文库建设的采访工作，感谢学校为我们年轻教师提供这样高质量的发展平台，感谢学校领导和同事给予的关切和支持。回顾与王永玺教授接触、采访的点滴，着实让我受益匪浅，在此也祝愿王永玺教授平安健康。作为学术晚辈，我会积极向前辈学习，争取取得更大进步。

冯同庆口述访谈录

访谈时间：2018 年 3 月 28 日
访谈地点：中国劳动关系学院图书馆古籍室
受 访 者：冯同庆（中国劳动关系学院退休教授）
采 访 者：赵　薇（中国劳动关系学院工会学院教师）
整 理 者：冯同庆（中国劳动关系学院退休教授）
　　　　　赵　薇（中国劳动关系学院工会学院教师）

受访者简介

　　冯同庆，祖籍山西汾阳，1947 年出生于上海。中学就读于北京四中，"文革"中前往内蒙古农村插队，后入北京师范大学政教系，1976 年毕业后留校任职。1985 年在北京师范大学马列主义研究所获得法学硕士学位。同年，到中国劳动关系学院（时称中国工运学院）任教，先后担任工会理论教研室主任、工会学系主任、学校副院长等职。

　　长期从事有关马列主义理论、工会理论、劳动关系及劳工问题等领域的教学和研究工作。先后主持国家社科基金项目"中国职工内部结构与关系的调查与研究""中国市场经济条件下工人阶级内部关系的调查与研究""中国社会转型中工人权利意识的衍生和发展"，福特基金项目"职工心理咨询""国有企业内部的社会分化与社会流动"等多项课题研究。撰写个人著作多部，并在《中国社会科学》等权威及核心期刊发表论文多篇。

　　组织并参与工会理论教材的编写，参与全国工会学研究会的组织工作，组织了相关全国职工状况的调查和研究，参与开展了工会学理论与劳动关系学科建设，开拓了与国内学术界和国际学术界的相关交流与合作。

问：冯同庆先生是中国劳动研究领域的资深专家，从1985年踏入劳动研究领域迄今已逾30年。在这30多年中，中国社会从初入改革到全面深化改革。身处其中的亲历者也留存了改革时代不可磨灭的历史烙印，冯先生在治学、育人方面孜孜以求、不断创新。今天就让我们跟随冯老师的足迹，来了解一下他的治学之路。

您在青年时代曾经到过工厂也插过队，那么您觉得在当时插过队、到过工厂的这样一些经历，对您的知识结构有没有一些影响？

答：那我说说我的经历吧。我是二战以后的战后婴。我的祖籍是山西，后来我父母年轻的时候离开家乡去了重庆，然后就到了上海。在1947年抗战结束以后，我在上海出生，因为那时候大家以为不打仗了，所以孩子生得特别多。那个所谓Baby Boomers，就是战后婴儿，我就是那婴儿潮里面的。我妈妈告诉我，当时那个上海好像也是很乱的。虽然这个战后了，但实际后来慢慢就有内战了。好像我小的时候，我母亲可能是身体不太好，所以她的奶水都很少。我妈妈说我是吃奶粉长大的，所以身体就挺弱的，虽然个儿挺高的，可能那个营养结构还行，但热量不够。

后来到了1949年秋天，北京解放不久，我父亲就被调到北京来，隔了一两年我们就都跟过来了，所以我是在北京长大。小时候我可能比较淘气，而且是相当淘，但是遇上了好学校、好校长、好老师、好母亲。所以我到了四五年级的时候就不闹了，不闹了以后就还当了（少先）大队主席。我们那个校长很会鼓励人，就鼓励我，还对我说你考中学的时候要考好学校，可能他跟我妈妈讲过，说让我考北京最好的中学——北京四中。我当时都是懵懵懂懂的，就是听校长的、听老师的、听家长的，后来就考上了。考上以后应当说在"文革"之前，1962年入学了，到1968年离开学校，1966年的时候"文革"开始了，但是基本上我的初中和高一是完整的，差不多就完了。我们这个中学确实是从任课老师到班主任都给了我们很多受用一生的教育，让我们养成了比较好的生活习惯、学习习惯。所以那时候就说要身体好、学习好、思想好。

但后来"文革"开始了，那个时代背景下大家没有太多疑问，但是我对那个"文革"当中的抄家打人，从内心是不能够接受的。所以我比较消极，而我那时候还是班里的团干部，是年级第一个入团的人。当时他们认为我是保守，我反而对他们一些打砸抢的举动不感兴趣，所以后来我就做了一些比如说调查我们校长的这个专案的活动,包括后来复课闹革命以后,辅导那个低年级的学生,等等。我实际没有参与那些事情,但也是按照当时的那种思路,要接触社会、了解社会,要做贡献这么一个思路成长起来。我觉得我在我的同学当中是属于比较听话、乖乖的那种孩子,什么事只要老师说了,学校讲了,甚至伟大领袖要求了,就都能做好,没有更多的独立思考。特别是成年以后,再慢慢成熟了,反思这段经历,发现我个人的成长受家庭教育影响比较大,因为我父母的教育、家庭环境都是比较温和的,为人处世也都有点节制、限度。所以说其实当时我要是分配,我可以留在城里的。但是我几个要好的同学家里都有问题,他们就选来选去,那很复杂,就选中了内蒙古大青山南麓,古时候叫敕勒川,现在叫土默川。他们想让我跟着一块去,我就去了,所以我们十来个同学就到了那。

到了那以后,这个感觉就完全不一样。那个地方真是一个民风淳朴的地方,过去是牧区后来变成农区,当地的农牧民对我们这些人非常好,按说我们到那去要分食人家的粮食对吧?要跟人家分田地,可是他们对我们就像对家人一样,而且几个出身不好的同学在那再也没有人歧视他们。就是看你这后生干活好,他们就喜欢。我们一下就很放松了。我在那待了五年,基本就是认真地干农活,然后和老乡和睦相处。村里边的老乡,包括上面公社、旗里面的领导,包括自治区的领导,因为我们是先进知青,获得这个小组先进知青奖,把我们都送到了大学里。这一段感受和后来的好多知青的回忆非常不一样,因为我们那地方比较富庶。虽然当时也不是因为富庶就什么都好,因为大锅饭的公社体制,其实并没有太多的粮食,包括副食,但是比起像陕北、山西那些知青又要好得多,再加上老乡那么好,领导对我们也好,另外我们自己也好。

后来,1973年回到北京,在师大读书,那时候讲究的是要深入实际。所以我们工厂、农村也都去过。有一次我们去了那个清河毛纺厂,北京很有名的一个工厂,在那里劳动了一两个月。这是我第一次比较长时间地接触工人。后来我就发现有一个工人特别能干,我现在还记得那个工人名字叫石铨。他是不是像人家说喊口号、大干快上的?不是,他是搞技术的。所以后来我们就对他进行采访。后来我和几个同学一块儿写调查报告,内容就是一个技术工人的成长。那个时候我就开始认识到,实际上工人当中有好多很有智慧,他们本身有很多自己的想法,他们为工厂做贡献,为国家做贡献,有他们自己的方式。但是在那种政治氛围下也没有深入地去了解这工人到底是什么含义。他是阶级还是阶层,他在这社会结构当中有什么作用,将来他会怎么样,他的利益权利如何,根本没有这些概念。

后来,我毕业以后就留在北师大工作,工作了一段时间就开始正式恢复高考。1977年、1978年的时候,因为我当时是工农兵学员,后来我毕业以后就留在团委工作。但我后来就觉得不对劲,就是不能这么干下去。因为当时都做了团委副书记,甚至好多领导都暗示我,包括组织部长、人事处长,说你是后备的学校领导的人选,你要努力工作什么的。我觉得不对劲,我说就这点学历,工农兵学员也没好好读过书,所以我就考研究生了。读研究生以后我就想转到教学科研,当时学校的那些领导还有点不高兴,那意思就是说你怎么不听组织的话,但是我还是想要继续接受教育。我觉得如果没有再学习,没有从知识结构上做一些充实改善的话,恐怕适应不了未来大学的发展。

问: 那您当时进入大学的时候选择的是什么专业?

答: 我这个专业都不是我选的。因为我插队下乡第五年的时候大学招生我报名了,然后我们那是内蒙古自治区土左旗,就相当于内地的县。那个县领导跟我说,你就两个选择,要不你就留下来,将来我让你当公社书记,说不定还能往上走,你就在农村干下去;你要想回北京读书,你就不能学别的,你学政教专业,你学完了以后你再回来。当时我对这都没概念。我就是想读书,因为离开学校太久了,后来我就考学,考学以后就只能进那个政教系。后来政教系又发展分开了,就分成了哲学系、经济系,还有马列所,就相当于政治学。所以我当时学的是政教。

问: 那您在政教系读书的时候,有没有让您印象很深刻的朋友或老师,或者说当时大学的这种教学,您觉得对您有特别的影响吗?

答: 那个时候其实就是学马列经典。有些老师还真是对马列有研究,然后他们要求我写读书笔记或者参加讨论,可能因为我有高中的基础,又是北京四中的孩子。当时我们被招到北师大,是因为有人关心我们。比如说这个政教系的党总支副书记,他的爱人就是四中的数学教师。四中的老师就跟这些招生的人说,那是我们四中的孩子,在那好几年了,早就该回来了,你们去了以后就把他们都招回来。所以我是这么被招回来的。招到师大以后，我们的作业一交，老师看出来了，本来工农兵学生知识水平参差不齐，一看就是我们这些孩子太棒了，老师就表扬嘛。但那个时候我也没有别的想法，就是想读书。所以老师辅导学习的那些马列的经典，我都是非常认真地学，包括《资本论》，我就自己把它从头到尾看过三遍。像我这么认真读《资本论》的，我想没多少人。后来我工作以后，我夫人还给我加油，还给我把马恩全集都买来了。但后来事情很快就发生了很大的变化。就是1977年、1978年开始，入学以后慢慢地要恢复研究生考试。我就在团委的工作上有点干不下去了，我就考了这个研究生。

问：那您当时读研究生的时候学的这个方向是什么？

答：我原来特别喜欢经济学，不知道是不是因为在农村干过农活，又读了《资本论》，而且当时有一个经济学老师叫朱元珍，他是"文革"以前人大经济学研究生，在老师里是很少的。他就经常找我，他可能喜欢我，或者说喜欢我写的东西，他辅导我写文章，我记得写了好几篇，一篇一篇地训练。现在想起来真是对我特别关爱，就是想培养我，所以后来我就对经济学感兴趣。但是我一开始不是考研究生，我想跳槽，我想先从团委跳到系里面，我就想跳到经济学系，朱老师也特别支持。

但这个时候遇到一个问题，就是遇到了一个老先生，这个老先生是很有名的经济学家——陶大镛。他研究国际经济、世界经济，但是他是民盟的领导，可能他曾经是反右的时候有点什么言论，所以就一直压着他。但是这老师真是棒，你不是不让他教书吗？他就成天提个旅行袋，这么大旅行袋里面全是书，可能好多还是英文，然后成天就提着旅行袋走哪有空就读书，所以我们经常在校园里看到他。一听说是陶先生，而且人家是留学回来的，对世界经济有研究，但是又看他那么落魄，就觉得这事很奇怪，我们从内心里对这个读书人还是很尊敬的。但是我要去经济学系，这时候他开始做经济系的主任，他一看，你们要把团委的一个干部弄到经济学系来教书，他说这怎么行，他说这些工农兵学员将来都是要回炉重学的，那不但不能进来，而且要重新学才行。不让我进去，这样就给我挡住了，挡住以后当时那个经济系老师就跟我说，陶先生刚上任，你不要跟他"别扭着"。你看老先生受了那么多年委屈，应该体谅他，不要让他不舒服。要不你这样，你先进来，当一年班主任，然后第二年我就给你转专业教师。因为我是高中毕业，耽误了那么多年，我不愿意再耽误一年。我说那我不愿意，我要尽快做专业教师。

这个时候马列所所长也是原来我们系的一个领导——李生林老师，后来是咱们学校的院长，他知道这事后说，陶先生不要，我这要，想什么时候来什么时候来。就这样我一下就跑到那个马列所了。当时进了他那个教研室，叫科学社会主义教研室，后来改成政治学。这样我就到那变成了研究人员，然后经过进修，第二年我又考了研究生。等我研究生毕业的时候，到了1985年，李生林老师就被调到学校。据说是中组部需要在高校里找老师，因为咱们原来传统干校要正规化，而且要专业化，它需要一个普通院校里有教学经验又有管理能力的，不然怎么会把我的老师选上了。

所以这个李老师，那时候我刚考上研究生，他就过来了。所以我实际上是徐鸿武老师、胡青钰老师他们带起来的，李老师就是挂了个名。但是他说你毕业以后来这吧，我也犹豫过，当时我其实特别想去体改委，就是国家体改委。体改委的人就说你学政治学，你跑我们这来干吗？所以我至今对他们有点看法。但是后来也说了，说你没去也对。这你要去了体改委，可能会出问题，因为后来很多人都出了问题。还有一个，我当时想去社科院马列所，因为我当时发了好多文章，他那个刊物都登了，而且他们挺关注我。后来李老师这么一说，我就没有去社科院马列所。社科院马列所那些，到后来都出问题了。所以为什么来这儿？除了李老师要，我还与我们几个老同学分析，如果中国要总结"文革"的教训，就要慢慢改变计划体制。当时叫搞商品经济，要搞商品流通，你就得慢慢承认，企业工厂里面劳动和资本的这么一个关系，那就像工业化国家一样，工业化过程当中，劳工问题、工业关系问题都很重要。所以这样就来这了。

问：那您当时来这，学校应该还叫中国工运学院。您当时来到咱这之后，有没有觉得咱的这个学校和其他学校之间有一些区别？

答：差别非常大，我来报到的时候骑着自行车，从西门一进来，这还没蹬，就到了东门了。我说这叫学校吗？那跟师大相比就是一个小院子，其实师大也不大，因为好多地都让人占了。但是当时那个副院长梅岱，从人大过来一个教授，跟我谈，你知道这工会是什么吗？工会是国际现象，搞工会是研究国际现象，这个地方这个领域没人研究。你要是留在师大，上面的老师，他们"文革"以后还不知道怎么发展呢，就先考虑他们的发展。但是你到我们学校以后我们首先要考虑你的发展。当时，我们学校吸收了一批研究生，社科院的、北大的，另外当时还吸收了好多人大、北大、师大的老教师。所以虽然说这个校园小点，但是他们告诉我，第一就是国际现象，第二涉及一个将来工业化过程当中的社会基本问题，所以我也就慢慢安心了。而且当时这学校福利好，当时这个学校的管理，包括食堂，包括这个教学管理，包括分房子都比北师大强多了，所以我就没有因为小就嫌弃这个学校，所以我一开始就慢慢跟学校契合起来了。

问：那您当时在来咱学校之后，学校里面这个科研氛围浓吗？大家主要的研究热点都是什么？

答：当时有一批老干校的老师，包括现在健在的郝清桂、武宗圣，这都是老干校，他们还真有点儿就是认为教师本身是有尊严的。我记得我刚进来，他们就说，虽然来干部学校学习的，都是工会领导，甚至工会机关、各省市自治区的主席，但到了这里就都是学生，没有什么特殊的。这就是老传统。到这你就别拿官架子了，你就好好听、好好学、好好互相研讨。所以他们很尊重自己的这种教师身份。另外过去李立三、狄子才这些领导，我觉得都是学者型的领导，狄子才他虽然不是学者，但是人家这个做派就是尊重知识分子！所以在这有这么一个老的延续下来的东西，再有就是当时复校，有好多北大、人大、师大的老师来，都是教授，都是很有名气的。你看王建初当时在党史方面很有研究，于文霞是国际工运有名的，萧德周在经济学方面，都是很有名的。所以他们带来很多普通高校治学的方法。就我们那批前前后后来了好多刚毕业的研究生，虽然说研究生教育荒废了多年，这个研究生本身也是一个起步，但是都有比较好的那种钻研精神。

问：那您当时来到学校之后，您觉得在与刚才提到的这些老学者、老专家交流的过程中，有没有对您的认知能力，包括思维结构有一些影响？

答：那影响挺大的。后来慢慢地跟大家接触，包括跟省级的干校接触，正好那是一个拨乱反正的年代，才知道工会在历史上不单是民主革命。在白区的工会，几乎都沦陷了，包括新中国成立以后，过了两三年，工会领导就被批判了，而且不止一次，经验教训太多，所以感觉到这里面是空前复杂，不了解，这才明白这个工会这么复杂。因为一般的党史写得都比较简单，那时候又是什么事情都好像是想做就能做成，实际里面非常复杂。但是它在回归这些真相的同时，包括这些老师们，包括省里面的一些教员们、领导们，积极地重新认识、重新理解中国工会的历程。所以我记得他们当时请了搞党史的一些很有名的人，像廖盖隆，都请他们来做报告，给教师做报告，让他们重新认识，有一些搞工运的也是请来一块研讨。

而且当时全总研究室也有几个老先生，像唐玉良，也都是积极地投身拨乱反正。因为他们好多人可能也是受到伤害，然后慢慢随着全总这个党组两次扩大会议重新平反。这是一个非常活跃的重新认识的、思想解放的、寻找新的前景的这么一个时期。那几年其实到现在回想起来，也是很激动人心的，我没有认为这个专业是狭小的。因为到现在，你比如说工会和劳动算哪个学科？你要按照教育部规定，你弄懂真是很麻烦。但是在这它是一个社会基本问题，工业化的一个基本问题，是一个国际现象。那起码在这个校园里，在这上课的教师们和全总机关包括党史界、史学界都在讨论这些事。这是一次大的思想解放，真相的认识，包括像我们这些年轻的教员的一个提高。

问：那从您个人角度来说，在这样一个大背景之下是什么最终推动您选择进入劳动研究领域，从事科学研究、教书育人的？

答：刚才不是讲了，就是因为跟几个老同学分析，我这老同学也都不简单。有一个同学前些年就是清华的历史系主任，他是研究世界史的，而且对世界近代史特别精通。另外还有一个同学，虽然现在在美国搞的是计算机那些事，但是他对人文历史非常关心，他父亲原来是所谓的文学青年，后来跟着胡风一起都受了伤害，他们都很有人文历史情怀。他们帮我一起分析，就说中国如果搞工业化，如果搞商品，就现在所谓市场，所以当时我基本就是进来了，进来以后就遇到那么一个拨乱反正的时期，应当说对这个专业的方向还没犹豫过或者是摇摆过。

但是有一个缺憾特别大。可能有那么三五年吧，后来过去了，就缺了什么呢？就觉得你慢慢了解了这些所谓的真相之后，你知道了各种观点以后，我又读了那么多马列的东西，你再往深了想，再往开了想，你不知道怎么想，知识结构非常局限、不合理。因为从小就是马恩列斯毛，这些东西都烂熟于心了，甚至一些细节、一些故事都可以讲得很清楚。但是你知道了，然后你怎么解释现在的变化？然后企业要放权，政府要放权，企业要形成一个新的厂长管理，那工人怎么样？工会怎么样？之间会怎么样？

你找不到更多的,你就没有来源。那个时候图书馆包括新闻媒体的东西相对来说都是很单调的,很局限的,好在改革开放,不断地在推进。所以获取信息的渠道越来越多,普通大学和欧美的学术交流越来越多。慢慢知道了,研究这些东西,它不光有马恩的这些东西,还有管理学派,或者是产业关系学派,从不同视角都在研究这些事,这样慢慢地经历了那么三五年。那三五年挺苦闷的,一方面是好像学到了很多东西,马上觉得出现了新的饥渴,就觉得不能满足。

而且好像因为我外语也不行。我小时候学的是俄文,读研究生的时候我跟我同学没法比。他父亲原来是武汉大学毕业的,后来地下党的,但是人家有那个训练,学校学俄语,回到家里,人家父亲让儿子学英文,说英文将来一定有用。你说那个时候美帝、英帝,帝国主义那怎么有用?他父亲就有这眼光,我父亲就没这眼光。我就是读研究生的时候,因为研究马列还学了一段德文,所以对外交流都不行。我是后来到了47岁,评上正教授以后,有人说老冯啊,人家现在都用英文,你不懂能行吗?所以我跟学校请了半年假,那时候学院领导对我好,让我到北戴河速成班学了半年英文,这样开始有了点基础。然后多多少少比如说联系人,简单的交流就行。后来,更多的就是整个普通高校、学术单位,它们和国外的交流、与港澳台的交流多了,就这样慢慢接触了产业关系理论。后来我们做调查,要接触社会、接触企业,所以在这方面就没有这个焦虑了。

问:对,您刚才提到您参与做了一些调研,开始引入社会学的一些方法,在当时您都做了哪些调研?

答:调研应该说是这样,就是因为我们小时候学毛泽东,毛泽东有农村调查。所以包括"文革"的时候,混乱的时候,我也不愿意跟他们去掺和那些武斗什么的,我们几个同学自觉地到农村,就到京郊房山的那个山沟里做调研。我们骑着自行车跑到白洋淀也做调查,可惜都没留下来。当时调查完了以后写了点啥,想了点啥,现在想不起来了,但基本就是沿着毛泽东的那种调研方式做。到后来就是到了咱们学校,"文革"过后中央领导也可能是全总领导,向中央领导反映,说你这么大力度地解放思想,体制改革。除了农村体制改革,有城市体制改革,然后企业改革,企业改革是城市改革的中心环节,然后昔日的所谓主人公的工人,一下就和那个厂长经理之间就变成了雇佣关系,是吧?就发生了很多变化,包括"文革"以后，工人原来地位抬得很高，现在面临重新认识、重新解释。所以中央就开始，书记处组织五年一次工人调查。一开始调查完以后，就觉得有必要。就是好多工人怎么想，这些基层的东西慢慢就都变成了一种决策的依据。后来就相沿成习，每五年一次，我记得好像是中央书记处牵头，全总具体执行，做了两三次，到最后就完全都交给全总了。到现在还是这样。这样我就开始接触调查，因为我们直接研究工人，所以当时我还跟领导说，既然中央要调查，全总每五年以后又要搞，我说我们能不能在新一轮调查之前，我们做一点，我们从学术的视角做一下，因为你们是政策视角。

我记得有一次全总做调查的时候，请来了好多人在上海开会，包括社科院社会学所的研究员石秀印，北大社会学系做社会调查非常有名的王汉生教授，还有一些就是名牌大学搞调查的人，我们也去了。这样我就第一次认识了学界做实证调查、做问卷统计的这些学者，然后就成了好朋友，他们真是对我帮助很大。所以后来我自己就申请了一个国家课题，一下就批了。但是我不懂，所以我就求教这个石教授、王汉生教授，他们不但自己指导，还派研究生来参与。然后咱这边有一个年轻老师，叫赵炜，她年轻，她爸爸妈妈都是师大的老师，我们在校园一起学习生活。后来她到这学校当老师，她喜欢英文、喜欢计算机，这就把我那个短处都给补上了。她就一直在帮助我，说如果我出国的话，她会陪着我。如果要计算机调查统计的话，她去做这个输入、录入统计。

所以说起来，也真是应该特别感激中国社会学会的会长陆学艺，当时也是社科院社会学所的所长。他是老北大，然后在社科院做农村调查，包括当时农村政策的转变，他们都参与了很多调查，对中央改变农村政策，承认承包分田到户，然后激励农民增产增收，那真是做了好多具体的工作。因为中央一个决策不是那么容易改变的，后来做成了之后，他又组织过百县调查，你承包以后怎么样？一百个县，中国一百个县调查，这是大学者。他们是继承费孝通、雷洁琼的工作。后来，我们那个国家课题调查研究结束的时候，当时孙院长也挺关心的，他说你们这么辛苦，做得这么不容易，咱们开发布会。我说什么叫发布会，我都不太懂。然后他就汇报给当时分管我们的常务副主席杨兴富。那时候全总领导都跟我们非常亲密，感情特别好，然后互相帮助，而且他当时从山东调来的时候，没地方住。我分了房以后我对门空着,他就住在我对门,所以我们做了好几年邻居。他一听说我们做的课题,就要开发布会,反正我记得不是我请的,就是他们请的,要不就是石秀印他们请的或者北大请的。陆学艺那时候我不认识他,后来我才知道他那么了不起,做农民那么成功。结果,他一看非常高兴,在会上就说,我是做农民的,谁做工人?你们将来做工人,咱们一个做农民,一个做工人,把我们的情绪一下就提起来了,实际这就是中国的基本问题。原来说,不懂农民就不懂得中国。实际你进入工业化进程以后,你不懂得工人你也不懂得中国。

所以你问这个,其实在那个年代真是又遇上这么多学者,你不是也问我说这个人脉,其实进到一个新的圈子,结识了很多新的研究者,就把原来局限在读马恩,变成了这么一个学科新领域。然后接触了好多学术人士。另外这个学校还有特点,就是经常让我们下去做调研。当时我这个调研不是一上来就是国家课题,是每年学生要到外面去做调查,我记得第一个调查就是当时全总研究室主任陈骥负责,可能是他们书记处委托他来的。陈骥跟我们好极了,好得不得了,就跟一家人一样,也没有架子,他是上海老工会,从1949年就来北京了。你知道那个题目叫什么?非常棒,你现在听起来都很棒,叫"改革中的工会和工会的改革"。然后我就带着几个学生,就跑到嘉兴,那是共产党创立的地方,就研究嘉兴,就是这个整个城市改革,企业改革,工会要不要改革?工会如何改革,工会怎么改革,问题在哪?所以后来类似的这些东西,使得当时我们的教学科研都非常有生气。

问:那其实您刚才也提到,包括陈骥,他写的这个《改革中的工会和工会的改革》。其实在20世纪80年代整个工会或者说工人内部结构也是发生了很大的变化,可能不同的学者、不同领域的人员,他会对这个问题有不同的看法。在这种不同看法的交锋的过程中,您在当时对于工人的这个问题有什么看法?包括工会组织面对这种形式在当时是怎么去应对的?

答:你这个问题是基本问题的基本问题,非常好!就是这一种经济改革的变动当中,企业改革变动当中,工人原来的身份地位,是怎样的?他们和政府和企业之间的关系,甚至更具体一点和厂长经理的关系是怎么样的变化?你按照过去的理解呢,工人相对的这个资本、资产者,是怎样?工人阶级与资产阶级就是阶级关系。但实际上你能用这个去解释现在的改革吗？就要制造新的阶级矛盾吗？制造新的阶级对立吗？其实这些问题在欧美工业化过程中早就慢慢地看清楚了，也说清楚了。如果说在马恩时代，他们看到的是工业化早期的劳资冲突的话，那么随着工人运动的发展、工业化的进程，当时那个欧美的国家制度也好，劳工政策也好，它都不断地在调整。所以到了晚年，恩格斯自己也回顾，说我们马恩好多地方判断是错的，是吧？

因为好多事情都是变的，再加上二战以后，苏联包括后来社会主义阵营的产生，形成了东西方对峙。工业化国家、欧美发达国家它总要考虑，我建立一个政权，我实现了工业化，那我这成天劳资矛盾冲突不断不行，所以它也要缓和这个矛盾。所以也有很多调整，包括制度上、政策上，包括企业里面，过去工人动不动就罢工，后来慢慢靠集体谈判是吧？过去是资方管理方来决策，那现在涉及工人利益的问题，共同参与，所以它有很大调整。另外从国家层面看，失业以后就有救济是吧？这个工伤了以后，要抚恤，它也在变，所以就慢慢地学界引入一个概念，就是阶层分析。

我觉得这个有道理。阶级分析要延伸到阶层分析是吧？你说没有等级差异，那不是实际情况，确实不一样。权力、利益、收入、福利，是吧？甚至包括你的行为举止都不一样，是吧？你当老总、经理就不一样了，对我们老板你不能不承认差异，但这差异一定是对抗性的，是冲突性的吗？就不能和解吗？所以慢慢就进入了这个阶层分析，所以后来我做那个第一个国家课题，就是内部结构和社会关系，实际就是分层研究。当时咱们学校有些老师还替我担心，林云高老师比我大几岁，是我们的兄长，他比我进这个学校要早一点。他说，你傻呀，你研究这个干吗呀！他的意思是，你这个研究有风险，谁没事老提这个分化，然后结构矛盾，是吧？这关系摩擦你怎么研究？可是，我觉得我要不研究这个，还有什么意思？我觉得就是刚才说了，基本问题当中的基本问题，或者说是首要问题里最重要的问题。

这时候咱们校来了一个党委书记——关书记，一开始他说你们这些教员，那时候思想活跃，有时候不听话，不听招呼，让人管着你们。说那个李院长是你老师，那就得有人管着你。他原来是国防工会的主席，他来了要见各个部门的领导，把我也找去了，说你这个人不错。我说你不是来管我们来了，怎么还不错？他说，我了解了，你跟别的系主任不一样，有的系主任，系里有点钱吧怎么分，引出很多矛盾。他说我了解你的系里没矛盾。我当时怎么跟我们这个系里的老师说呢？那时候开始放活了，老师在外面兼课，尤其是我们培训干部，有时候你讲得好，人家就再请你到外面讲课，就给你课酬。另外你写文章开始有稿费了，这写得多的稿费也多是吧？可学校慢慢不是也有了一些机动的钱，机动的钱怎么分配啊？别的系就经常引起很多矛盾。当时我就想，我说我们系教员、研究人员，成天在家里坐着不上班是吧？除了上课开会不来，你身子是活的，你现在有机制你就挣去是吧？那系里这点钱就得给盯在系里的同事。所以我就主张，凡是系里创收的钱，教师不要拿。给谁呢？给行政人员，给学生的那个政治思想工作辅导员。我们的教员都听话，可能因为听了这话，是不是憋着劲儿就自个挣钱去了，是吧？也不用来争人家的利益是吧？我们的行政人员、政治思想工作辅导员，都特别尽责。

后来我听说，大家都觉得我的办法好，可是我当时也没太在意，我就觉得因为你管理嘛，就应该这么处理。因为我从小当大队长、团书记，到农村都是村里的相当于副大队长的副村长（村副主任）。反正我别的不行，我跟他说了，我小时候不太动脑子，没有个人思维，但是管理上可能还积累了点能力，其实我都没太用心。我就觉得该这么办，书记说你这好，起码没矛盾。我说那我要研究点儿矛盾行不行？他说你研究，我就告诉他，我申请了这个课题，而且是研究这分化的。老头特好，他说，我带你调查去。第一个把我们带到大连造船厂，所以不但没引起他的反感，而且让我第一次进入一个特别大型的国有企业。当时关书记带着孙院长还有我们几个老师，到大连蹲了好几天，真正接触造船工人，感受那个改革给他们带来的各种变化。所以就说像你刚才问的这些问题，实际我到现在也认为，其实不在于分化好不好，分化是必然的，而在于分化以后，我们怎么有一个相应的制度机制、政策原则的一个跟进。当然你回头咱们下面还可以再谈，实际欧美国家工业化当中的冲突，我们作为后起的后发的工业化国家完全可以，起码尽量减少这种摩擦冲突。

问：您刚才提到了您当时参加的一些调研，包括您在调研中有很多的收获，那么在当时通过这种调研得到的这个成果对于当时的工会研究或者说劳动问题的研究影响大吗？

答：当时我们做的一些调查，特别是像国家课题那样的调查，社科院就是从那些年开始,他们除了搞跟踪经济变革的经济蓝皮书,每年发布这一年的经济变化数据统计,后来陆学艺老师就搞社会蓝皮书,那时候一个副院长叫江流,他也参与支持。他们弄了好多课题。后来慢慢地就有留学的人回来,包括现在社科院副院长李培林从法国回来,包括从英国回来的那个黄平,现在是美国所所长。他们当时都在社会学所,就一起搞这个社会蓝皮书,每年把这个各种社会里包括社保、社会生活的改变、社会组织的建设,通过蓝皮书来向社会发布。一方面是提供给社会,让他们了解这些变化,同时他们有《要报》给中央领导送。就包括比如社会结构的变化,它当然不限于劳资了,它也包括农民、其他知识分子的变化,他们也都做在里面。所以这时候他们陆续请我们去做工人篇,所以我就一直在那做,好像是做了三年的。后来我都觉得,我应该做点别的了,我就把这个交给乔健老师,他一直在做,好像还在做,每年都有。你要说它有什么用?第一它向社会发布,另外就是向领导做一些政策性的建议。

另外,我们这边就是通过全总一些内刊,把一些比较重要的成果,也给领导上送。再一个就是运用在我们这个培训课堂教学当中,作为这个学员的一个学习、重新进行科学认识的资料。那如果再说远点,就是和境外包括港澳台、欧美国家的学界建立联系,他们看到我们这些研究以后,说中国也在研究这个事了,慢慢地建立了很多学术的联系,所以反过来,对于我们了解他们的研究方法,促进学校的研究和教学,都有帮助。这其实很重要,其实我们培训量非常大,每年在学院培训,包括师资班培训,到各省到下面再培训。

然后这个培训以后,进一步就是探讨一些问题。所以后来我的这些东西,除了那些学术写作,比如说发了书,甚至在《中国社会科学》上发了文章,我还写过一些通俗的普及性的图书。原来都是咱们工会系统给出,包括比如说企业改制,承包、租赁、股份制这"三制",我就写过关于这个的通俗的书,发行量特别大。当然,我不知道它最后在实践当中、在基层会有什么作用。但我想工会干部总要有些东西可以看,可能是对政策的解释,对调研的一个总结或者是解释。后来我又写了一本,就是综合性的工会变革的事情,就到经济管理出版社,请他们出版,这是企业家协会管的出版社,编辑室主任看了以后,毫不犹豫地印刷,还让多印。我还问人家,我说你卖得出去吗?那位主任说,他们不看这个看什么?就说底下有需求，而且特别大。当时也不懂印多少本书，也不懂得加印稿酬，我都不懂。还是那主任说，不看这个看什么？他认为这就有价值。

问：那其实也是侧面反映了在这个工人阶级内部，它出现这种阶层分化的过程中，不管是对工会干部来说，还是对基层的工人来说，其实它可能也是需要在这个时候，在思想上有一个比较明确的方向。这就是企业管理，甚至包括这个政府管理人员，他其实也应该意识到。其实您刚才也提到了一点，就是您说一方面我们当时的这些社会调研引起了欧美国家以及其他地区的关注，他们开始关注东方的、中国的工人阶级是怎样的，我们的工会工作是怎样的。那您在这个过程中应该也和国际劳工组织，或者一些欧美国家的研究劳工问题的学者之间有所交流。在交流的过程中，他们对国际工会的研究，对于您后面研究中国劳动领域的问题有没有什么思路上或者方法上的启发？

答：太多了。我当时来这个学校以后，可能刚第二年吧，全总那时候讲工会改革的时候，说随着经济改革的政策调整，工会应该参与。所以全总也是跟中央书记处一起提出来工会要参政议政。这个可能在共和国历史上是第一次讲这个事。就是政策的制定要听听工会的声音。那工会的声音可能应该是反映工人的生活。所以当时我们讲课也都讲这些，应该算是一个大事情了。我就与常凯——他也是北师大毕业的，是我读研究生时的同学，他后来也分到这来，我们俩就合作了——写了关于工会参政议政的这么一个小册子。这个册子出来以后，当时澳大利亚国立大学的一个学者叫 Anita Chen，她的中文名字叫陈佩华。她和她先生都特别关心中国，因为她本身祖籍是广东，后来她在香港读书，在英国留学。再后来她就嫁给了一个美国记者，叫 Jonathen Unger，中文就叫安戈，这个安戈作为西方记者最早来到中国，报道中国的变化。所以他们对中国一个是了解得早，另一个是对中国有一个很好的态度、认识，因此他们反映了好多变革。当时我都不知道，陈佩华看了我和常凯关于工会参政议政的书以后，了解到中国工会要改革了，都有文字为凭，连学者都写出来了。陈佩华自己还会中文，她到北京以后找我，她说，你们反映的就是很重要的信息。所以这样就开始，我们和外边做一些学术的交流。

后来，我写了那个我刚才讲的经济管理出版社那小册，当时用了《直话直说》做标题。就是面临市场经济大潮，中国工会怎么办？把话要说清楚，后来呢也看到，这个小册子基本就是一个专题一个专题的，可能有几个专题，都是理论结合实际，包括上面的决策、下边的变化。她看了以后，她说这不更反映这个变化嘛。她就请当时在英国留学的一个朋友赵明华，也是咱们大陆人，河南人。赵明华先在美国学欧美文学，后来到英国读社会学博士。人家正在读博的期间，她就跟赵明华商量，说冯同庆这个小东西，实际上非常有价值，你给翻出来，我找出版社出英文版，人家就没有犹豫。赵明华停下自己的博士论文，就给翻译。翻完了以后，在美国找了出版公司出版，所以后来慢慢通过这个小册子，通过参政议政的小书，慢慢国外就知道，国内开始有年轻人在研究这些事。

从此以后，这种学术交往就越来越多，那时候各个大学研究这个产业关系的越来越多，然后社会学的视角也越来越丰富，包括社会结构的研究、社会分层的研究，那人家真是几十年上百年的工业化过程，积累成果太多了。对于我来说，我刚才讲了，因为我的英文基础不行，了解非常有限，那这样就通过不断地参加学术会议、讲学访学来弥补这种不足。像我去澳洲就去了两三次，一住就一两个月。后来，有些工作在香港，包括美国、英国、欧洲这些地方开会，那是经常的。那几年真是，怎么说呢，就是非常的活跃，是双方的沟通。

那你要真正说，从学术上向他们借鉴到什么东西，太多了。但是如果你要宏观地讲，讲大的脉络，我感觉是这样的，就是说，他们对工业化进程当中的工人问题，那就是没有什么不研究的，是吧？从革命的、政治的视角，到社会的、世界的视角，文化的视角，视角太多，所以后来的新马克思主义等等都是有很多东西，成果太多了。但是你可以看到一个很大的变化趋势，这些劳资矛盾从冲突对抗慢慢走向了一种谈判协调，甚至参与一起决定。从国家层面，从过去的没有保护到有保护，甚至有保障，失业保险、工伤保险等等，大体是这样。

所以我感觉就是，我后来因为有了这些交往，得到了这些新的认识，我觉得对咱们的改革我就会有一些评判。我觉得，我们的改革方向是没有问题的，中国计划体制不改革就不行，而且改革不仅是势在必行，就是说实际上工人本身也得到提升。但是我觉得，好多改革措施的出台，对工人的利益权利保护，包括制度机制政策当中协调矛盾的这种安排手段，并没有真正全面地审视西方的经验教训。如果说有些研究市场的学者，他们的一些思路在左右上面的决策,相应的对劳工的这方面的经验教训的总结和认识,我觉得是不够的。所以我写了很多东西,第一是支持改革,但是又希望对改革做一些修复矫正。这些东西很多都来源于这些学术交往,从这些学术交往当中得到的一些认识。

可是我觉得就是这方面的声音一直比较弱。从大的政策上说,包括机制体制的安排,传统的东西其实还都在,新的东西往往是那种市场的。但是我觉得经济学家的一些见解不能说都不对,但是他们有不足,但是这些人的嗓门大,声音高,是不是对决策有影响?那我们工人的声音、工会的声音,包括全总的声音,我觉得是相对弱的。但是我们作为学术人士、教研人员我们也做不了更多,顶多是把自己的东西写出来发论文。我觉得很多刊物对我们也非常支持,包括新华社的内参,包括体改委的一些内参,包括《人民日报》的内参,包括后来比如公开的《中国日报》,包括香港的一些什么都发我们的东西。像很有名的中新社,它就是专门向这个港澳台及华侨发稿子,发了好多。

我举个例子,像劳动合同法,到现在是怎么评价的,实际是两个极端,有人说就是这样,有的人说就不能这样,我基本是在中间。我觉得,它那个行政色彩太强。他们当时制定法规的人大法工委都是行政法室牵头,后来才有了社会法室,所以后来他们找我去座谈的时候,社会法室的主任叫滕炜,听我讲完以后说,这里面有这么多复杂的社会机制在里头,我说那可不是。但是,到现在你看要不要改还在争论,就没有停下来,现在又不改了。所以这些事,也不知道是不是一个必然的过程,得慢慢地认识实践,从实践到立法到政策需要一个过程。

特别是我们跟广东的这个主席联系很多,而且我去珠三角很早就去了,刚来这个学校就去。当时那个广东校长方权,一个老校长,你甭看他没什么文化,就这些老同志都特别好。当时我记得我和林云高就去了,去了以后方校长来接待我们。他说珠三角改革开放是中国改革开放的先行地区,你们好好看一看,你们想去哪我带着你们去。去了十几天,成天就在珠三角转,最后还见了澳门和香港工会的人。那方校长一直陪着我,她女儿在那,在深圳做生意,好多事还让他女儿帮着安排。我感觉就变化特别大,就是说实际上好多事情,如果我们比较谨慎,比较全面地总结欧美工业化国家的经验教训的话,我们的这个政策执行起来可能引起的矛盾更少，可能改革甚至城市的变化，其实都会更平稳。

但是那些地方发生了那么多变化不可能一点矛盾都没有。我们和深圳某个工会联系很密切，跟他们一些主席，像王同信副主席有多年的交往。他知道，企业从外面进入，资本是外来的。因为那地方原来什么都没有，另外广东的人口也有限，劳动力也是外来的，是吧？都是西南地区或者周边外来的人，甚至有北方去的。当地人实际有地利之便，拿到好多比如土地收入或者是上税，他根本不管你们。然后这两边，你想都是外来人口，有了冲突不是矛盾吗？但是，都是经济利益分配。所以工会包括省总孔祥鸿副主席，他专管这方面的事情，他也跟我们讲，每天都会发生的。但是多数都协调，商量嘛，商量不下来他们找工会，工会派人去，去了以后还是协调。工会告诉工人，你们不要把这点经济问题弄到大街上，不然就成了社会问题了。工人还是听话嘛，他并不是要给你闹事，他打工，他是想挣钱嘛，是吧？你们只要不上街，我们一定帮你们搞定。怎么搞定？就是协商，基本是这种。如果说后来像2010年的本田事件，是事先没弄好，很偶然的。

所以我就觉得，如果我们整个政策制定是这么一个判断，然后我们再引进劳动合同作为契约，然后集体合同是吧？一般人认为，这些容易产生摩擦冲突，可是我们还有个老传统就是尊重工人，有事商量，就是职代会制度，后来还引申出一个厂务公开，都很好。而且你去看，基本上这个制度设计是合理的，但是它在机制上不够协调。很多地方明明是国企的背景，可以不召开职代会，本来跟工人商量的事不商量，那工人没办法，有时候就会有一些冲突。但是这些问题都不会从根本上颠覆改革、颠覆企业。

所以其实我觉得，我们的这些研究，包括全总的研究，要有自己的专业性，要有自己学术的视角，然后去参与政府政策制定，甚至法律的制定。在这方面我们本身也是工作做得不够，然后声音也有限。你说是体制束缚，但是也不是说没有说话的机会，或者说学界的研究，甚至包括普通大学普通研究机构，人家在这方面有好多研究，我们和人家的合作吸收能力也不够。如果说我研究中间有什么遗憾的话，这就是我很大的遗憾。我本来觉得会更好，你比如说原来改革几年就要什么结果，我就觉得没必要。你比如说三年的事情，变成五年做不就行了？你说亏损，亏损当年就要不亏损？这经济也不是这样吧？为什么非要这么着急？但是有的时候力度很大，执行了这个厂长条例，职代会条例就压下了。像这种事，有些学者人家甚至觉得就是说你所有的改革，如果都是政策性改革的话，本身也不明确，就容易摇摆，也很难持续。你一定要有一定的沉淀，然后逐步地立法。你如果没有法律，有法规也好，这样相对你的改革还能够容易推行，而且容易走。可是到现在就涉及工人这一块的政策，基本这个思路，好像没有看太清楚。

问： 您刚才在讲的过程中其实涉及一个新的问题，您刚才强调在学院里面我们可能做这方面学术研究不够。但是从您个人来说可能经常去广州、深圳这些改革开放以来，工人阶级群体分布比较集中的，但是又出现新状况的区域，其实就涉及我们在研究过程中既要有学术的观点，同时还要有来自基层，特别是基层工会主席他们的一些实践经验。那么在您个人看来，您觉得从事学术理论研究的学院派和从事实际工作的实践派之间是不是需要架起一座桥梁，把实践的田野的材料和学术的材料结合起来，从而实现您刚才提到的更具有针对性，更加能够提高它的效率？

答： 基层的这些工会干部特别用心，我接触很多，要跟你细说出来，得说几天，咱们就大致说说。他们在一线工作，直接面对改革、面对一些摩擦。但是好多优秀的工会主席，他们本身勤于学习，另外也熟悉政策，了解企业，都很有智慧。我给你讲两个，讲一个宏观的广州的，然后我再给你讲一个民营企业，浙江传化集团。

广州市总陈伟光主席原来自己就是工人，后来就做了工会主席。做工会主席时就开始改革，因为广州它又是改革开放先行的地方，就遇到很多问题，但是他经常深入下面，他说他遇到很多问题，可是他那个地方，他很注意和学界结合。比如中山大学，研究政治学社会学的人，都愿意到他那去做田野，他正好反过来跟他们探讨学术，所以他有很多学术朋友。另外那地方又毗邻澳门、香港、台湾，也经常有两岸交流。所以你不要看他是广州市的一个主席，他的视野很宽。我和他说，你是不是祖籍潮汕的，你们祖籍根上就是对外开放，思路很开阔，人长得也高高的，说话也真是特别有风度，没有畏惧。无论是一些正常出现的矛盾，还是突发的东西，他做了三十年，没有他处理不了的事。后来我知道他快退休了，咱们那个闻效仪博士把他的实践经验总结了一下，是吧？可以看出来，就是说实际上如果能够使自己的思维比较开放，包括能够接地气，把这几个方面结合起来，在那么一个大的城市里，制造业有了那么大的发展之后，基本是平稳。而且特别可贵的就是，他这么多年代表工人发声，甚至在媒体上经常看到他的报道，没有广州市的党政领导说陈主席这事没做对，一次都没有。这就说明，好多事情可以把非常复杂的工人问题，借鉴历史经验，借鉴中国和外国的各种教训，再加上学界的帮忙，和工人的互动，可以解决得非常好。

像这样的主席还有很多，你比如说原来我们很熟的就是南昌洪都集团工会张良金主席，洪都集团你知道是干吗的吗？现在老说咱们的歼几型战斗机，都是那个厂出的。我们学校在孙中范任院长期间，就把教学基地放在那儿，现在不知道还有没有，咱们好多学生、老师就到那儿去学习。那儿也是国企改革，很复杂。我那年去的时候（我好像就去过一次），那时候他们开始上"歼几"的改型了，住在工厂里。早上我到工厂宿舍去散步，一大片平房，又低又矮，然后工人在两个房子之间的过道吃早饭，就是米饭泡水和咸菜。大型国防企业、国企，就变成了那个样子，我特震惊。后来它也不断地改革，后来军事军工投资也多了，才得到改善。张良金主席是职工董事，参与了很多企业决策，帮助解决职工困难，后来他告诉我说很快就改善了，旧房子都拆了。这样的主席都不是几个，起码有一批，太多了。

再一个就是我们做了好几年跟踪的，浙江传化集团，（老板）就是一个农民，一个老农民。你知道江浙那个地方，有钱塘江，生活在这里的人有和海潮去争地的历史积淀，人都很有韧性。再加上后来苏浙沪对外开放，近代工商业发展得很好，对普通的人、普通农民都有影响，就是想致富，就是想活得更好一点。一个老人叫徐传化，种地的时候，他就想在滩涂上自个开地。后来归大堆儿了，那没那么多地种怎么办？他就拼命干活，为什么？多挣工分啊，不安于穷，不安于这种现状。后来他儿子生病了，得了一个怪怪的病，他没钱去治。他听说可以做化工产品，拿大锅熬点什么，实际上就是挣钱。他就拿3000块钱弄了一大锅，可以为他儿子治病，然后就从3000块开始发展，做那个精细化工，后来就变成了一个大型的化工集团。做大了以后，他们又做现代农业、现代物流，现在做全国的公路网，儿子都成了浙江工商联的主席，全国工商联的副主席，政协常委。他老爹甚至不认字，后来慢慢认了一些，就这么一个农民。但是他搞起来的企业在管理上有没有矛盾？也有矛盾。他一个农民，包括他儿子虽然是师范毕业，有点知识，但是他哪懂管理啊，就是边干边学，企业是一套制度啊。所以你看他企业大了以后，他就不知道这工人越来越多，几百人变成了一千人、两千人甚至几千人怎么管，他雇用的人里面就有原来在国企工会的，比如一分配了，工人抱怨工资少。他觉得我刚起步，我不可能给你那么多工资，怎么办？他就很矛盾。工人现在叫他老板，老板又不能给工人太多钱，跟工人有了矛盾。这样下去不行，你也知道浙江人是很变通的，很灵活。他想怎么办？结果有些做工会的人告诉你可以建工会，让他们商量好了一块跟你谈。说怎么谈？有职代会啊，就在这种很自发的状态当中，他慢慢引进了工会，引进了职代会，这种组织化的制度化的方式，结果这些矛盾都解决了，而且越办越好，越来越好。

现在人家是非常有名的企业集团，我们到那里去了好几次，当时去的时候，因为我觉得咱们学校教师人少，我就拉着北大的社科院的一块去。北京社科院研究员戴建中，跟我很好，他说老冯我是做工商联的，对这资本家你老是觉得他们都好，我就不信传化那么好。结果我们到那以后，我们晚上都睡觉了，他偷偷去观察人家，他派学生去盯人家。但是他盯了几天，我说你看着什么了，他没看到什么。然后人家上市了，他又跟我说，老冯，你看，他一下弄了这么多钱，他不是为钱，是为什么？你看看他爸爸吃了多少苦，然后他吃了多少苦，你说他们不是这资本家本性，他对工人好？但是我们再去看，他们一直没有把工人怎么样，而且人越来越多，工人也高高兴兴，技术人员也很高兴，管理人员很高兴，你还要怎么着？到现在也还非常平稳。如果真是像他想象的那样，就用他那种传统的那些冲突论的观点去看的话，那这个企业应该早就不断出事了，甚至会破产、倒闭，但到现在没有发生。你可以看，包括他儿子成长得越来越好。每年"两会"的记者都采访他，他也没有那种趾高气扬（的样子），都是在很认真地面对企业、面对市场、面对员工，这都很大地丰富了我们的教学。实际就是和他的一种互动。

你说这理论能说明这个实际，还是实际能够说明理论，应该是一种互相的校正，所以比如产业关系，最初我讲它在以前的时候是冲突的，到现在西方的这些工业管理研究的人虽然越来越少了，但是它慢慢地转入了人力资源管理。从劳动力变成了资源配置，也在引进一些更多的协调参与的方式。那我们中国本身呢有过去的参与，是吧？职代会，这种很好的传统，如果嫁接得好的话，其实都可以做得像传化这样。像刚才我讲广东这样，应该到现在为止，咱们前头有一个全总老副主席叫陈秉权，原来在鞍钢作为党委书记，后来到全总做副主席，他那几年主持政策工作的时候，真是特别善于学习，肯钻研，口才也很好。我记得我最早听他的讲话，是在深圳，他说深圳要变成一个改革开放的先行地区，要出经济发展、企业管理的经验，同时要出工会的经验，我们面临一个新的企业内部关系结构的变化，也要积累这方面的经验，工会的同志要注意。你看他站的高度，他不认为工会是附庸的，他觉得和政府的管理、和企业管理是平行的。然后，他自己不断地去调查研究，到尉健行做主席时，提炼和总结出了这个蛇口模式，根据它周边的那些农村的变化，提炼和总结出宝安模式等。像他这样不断地去指导这些变化，甚至包括里面有工会的改革，甚至那时候就开始了基层工会直选工会干部等，都是非常有思路有章法。但是我感觉，没有非常好地延续下来，就是做了一段，领导人一换，又换成另外一种提法，另外一种说法。

问：其实您刚才又引出来一个新的问题，就是某些工会在工作实践的过程中，它出现了实践走在我们理论研究前面的这种情况。但是可能中间又发生了一些变动，导致实践没有持续下去。那么在当时针对这种现象，您在研究的过程中，一方面再去发现他们这样一个实践先行的经验的时候，有没有关注过为什么后续却没有延续下来，您有没有在这方面有过思考，去寻找一下原因？

答：出来蛇口模式、宝安模式，后来有很多模式，比如吉林的梨树模式、辽宁的葫芦岛模式。在早之前还有工会自身改革的一个潍坊模式、常州模式。还有基层创造出来的，像河南信阳，信阳好多人到北京打工，就是工会组织把两个地方的工会联运起来，来维护农民工的权益。包括大连，一些建筑工人，在河南的建筑工人，在那儿干吗呢？建筑工人是盖房子的，他们是拆房，拆旧房成为一个产业。我想他们基本是那个地缘当中的人，但是没人关心他们的劳动权益，结果在那儿打工的老乡有了钱，做生意有了钱以后，他拿自个的钱去组织他们，最后纳入了大连的工会。

这些探索，经验多得很。可是现在你很难再听到，你如果说又发生了好多工人问题的话，不是有好多样板吗？好多榜样怎么没人学？其中还有一个就是义乌啊，你也知道这个小商品集散的地方，企业特别多而规模特别小，外来人口打工，冲突不断。但是后来它有了一个主席叫陈有德，搞社会化维权，就把这些小企业通过义乌的工会，联系起来。其实就按照工会的政策，按照这个企业法，摸索一些做法，还是做得很好，叫社会化维权。就是说要培养工人自己的这种维权意识，工会组织要引导工人很好地和企业协调矛盾。这个经验被新华社记者看到以后，就通过那个《动态清样》反映给中央，当时胡锦涛同志就批示，这个经验很好，后来就推广了。我们去义乌很多次，就在那儿做各种研讨，包括编译局的、各个大学的都在那儿，成了一个工会研究的热点，我们都参与了很多，但后来慢慢地也就销声匿迹了。

后来我发现了一个情况，就是这些中央肯定的模式，宣传得非常广泛，可是推行得非常有限，甚至就在义乌的周边都没人学。后来我还写了一个内参给领导，我的分析就是说，这里边的原因是什么，就有好多工会工作不是靠启发工人的觉悟意识，然后让工会组织它本身慢慢能够生长出来，发育出来，然后去做，往往是领导有一个什么安排就去做，领导不安排就不做。所以我觉得就是这些问题的解决，它除了有好的机制政策法律，最根本的所有的经验好不好，就在于能不能慢慢培育工人，让他们能够有自己的觉悟，有自己的意识，和这个组织化的工会形式，或者是职工参与的形式，能够协调起来，这样才能有一个实实在在的成长和变化，才能持续。所以我们很多号召也好，模式也好，基本就是靠着领导去讲，让大家去学，学的过程好像都在做，但是往往形式大于内容，就是进程大于实质的成长。

问：我能不能这样理解，这些模式在推广的过程中，其实还是涉及一个自上而下的推行和自下而上的自己的需求，适应两者的一个对接？

答：对！因为我们历来从计划体制下就是自上而下，那市场经济一定要两方面有机地协调。

问：您结合了很多主席的实践，您自己也参与了一些调研，您在调研的过程中，可能不仅仅是带领咱们学校的老师去参与，同时吸纳别的一些学校不同专业不同身份的人都参与到这样一个工人工会运作新的模式的调研过程中。其实在这个过程中我们也会发现，就是在您研究的过程中，既有传统经济学的、政治经济学的，也有社会学的，甚至可能还有一些历史学等其他学科的一些方法的引入,那您对这些方法引入工会问题、引入劳工劳动研究领域,持怎样一种态度?

答:我觉得可能各个学科都有它的长处。你综合得越多,可能你的成果会越有价值。但是你不管什么学科,实际在这个工人问题上往往有一些叫价值判断也好,或者叫立场也好,好像很容易有这个派别的气氛。说你太保守了,说你太传统了,说你太激进了,说你太过分了。

问:是不是步子迈得有点大了?

答:对,就是要么就觉得工人问题是传统的,不管到了什么时候,即便到 21 世纪了,也是用古典冲突论来解释一切的。承认有冲突,但是不能认为冲突就不能够解释、解决。我可能是在中间的,所以我肯定是不同意冲突论的,但是如果完全主张协调,而不承认分层,我也不同意。其实我个人觉得我在劳动研究里,可能我个人不是要有意而为,是我不走偏锋,不走极端。但是客观上我其实最后可能形成了这么一个位置,或者价值上的一个观念。有学者比较善于让别人认同自己的观点,去形成更多的声音什么的,我也能理解,因为他觉得自己的研究对事情解决有意义,那人家为什么不能让它有更多的社会反响?但是我倒觉得,好多事情你可以发声,甚至应该发声,甚至发声得不够,但是事情的变化可能不完全取决于我们这些学术人士,可能一些东西还要看,让实践历史来检验。

问:其实您说到咱们这个领域在研究的过程中,它的一个非常鲜明的特点,就是应用性,我们可能不同于一些其他的人文学科,它可能更加偏重基础。我们这个是不是还得更加侧重在基础研究之上,我们还得想着把这样一个研究放到实际中,让它去发挥相应的作用。

答:如果一般的学术研究讲学理和实证的话,咱们最好再加一个应用,或者实用。就是不光是要搞清楚这个逻辑,是吧?而且你的逻辑能够被检验,同时它应该是能够运用起来。所以在这个意义上,工业化国家产业关系理论,它不是纯粹的理论知识,更不是纯粹的学术知识,它是和实际操作紧密相连的。好多西方的产业关系的学者,他们做了劳工部的领导,做了工会的领袖,都大有人在,这是符合理论与实践之间的逻辑关系的。其实这个东西我觉得咱们中国学者,如果说有志于实际工作的话都可以去做工会活动家,是吧?然后工会的领袖,劳动部门的领导,你都可以变成专家型的,包括原来全总领导讲,要培养社会活动家,集体协商的专家,可能也都是一个意思。如果真能有这么一种局面,我想就前面我那些觉得遗憾的东西可能会少得多。整体就是说,我们在劳动领域、劳资关系领域,人的文明程度、内在素质,包括你讲的知识结构也好,都会有一个很大的提升、升华。

问:从一开始到现在,您一直在提理论与产业之间的关系,包括社会调查。在您的研究过程中,您觉得除了我们说的实证这个研究方法,哪一种研究方法对您的研究产生的影响相对来说是比较大的?

答:还是社会学。我跟你说了,我原来学马列,在经典的马列著作中,这些工运的概念都是很清楚的。了解了西方产业关系以后,在这个领域里面,好多问题的解释就更清晰了。而且产业管理也是在发展变化,也都有鲜活的生命力。我后来做社会调查,就学了社会学。一开始我是做统计调查、问卷调查,一下几千甚至上万人,好多的地方撒下问卷之后收集,然后计算机统计。因为这个在美国社会学里面非常时髦,你要没有统计,好像你这成果就不叫成果。但实际上传统中更多的,它还有一种个案访谈,甚至口述史。后来我就慢慢偏向这个,我觉得好像这里面可以看到很多深层的问题。当然它们结合在一起比较好。但是我好像从兴趣或者是接受上更喜欢这些。我也知道我们这个学校,你说是个小型的学校,但是在这个专业上,它的位置是别人很难替代的,所以我原来很想把它做大。我跟劳动部都商量过,我们能不能有一个全国范围的,比如说周期性的工人调查、工人统计。

问:英国的 WERS,一个集体协商的应急机制。

答:是,因为我做过统计,后来就像中山大学何高潮教授,还有英国留学的赵明华教授,他们后来慢慢就弄到一笔钱,你知道吧?就不知道怎么花,就找我来了。后来我说咱们找全总和劳动部,咱们搞一个全国的周期性的这种工人调查,每隔那么三五年做一次,然后三五年以后做一个纵向的比较,做一个横向的判断。但是后来我们钱不够,也筹不到更多的钱。另外又怕这种统计会不会比较敏感,也担心过将来发布这些事。后来我也就退休了,并逐渐退出了学术研究领域,就没有做下去。

可就在这之前,我还有一次挣扎,当时那个美国密歇根大学有一个博士刘金云。他原来跟中国劳动部合作过很多课题,他要做好多统计调查。他和一个民营公司,挺有名的一个公司要合作。而民营公司的创始人叫胡海嫦,原来是一个神童,15岁就上复旦,在复旦念了几年就跑到美国拿学位,然后就留在了美国,在麦肯锡很有名的咨询公司做了好多年。后来她做腻了就回来,非常能干。刘金云跟她熟,他们找到我说不是想做大型的周期性调查嘛,咱们一起做,你没钱我给你想办法,后来做了一些尝试,挺难的,只靠几个学术人士来做,很难如愿。

慢慢地我年龄也大了,就没有做下去,但是这个东西我觉得是有意义的。实际上各地的劳动部门也陆陆续续在做,但是它们本身的指标设计、调查分析,其实缺乏学术支持,更多的好像是一些过去习以为常的行政化的方法,好像没做错,但是你说这个可靠性,它的实际应用信度、效度,到底如何都很难说。其实这时候如果学术单位能跟它们结合,甚至在全总的范围和劳动部结合,做起来还是挺重要的。

问:您刚才又强调了一遍,就是我们的学术研究和实践还是需要结合起来。我之前看您的一些文章,我发现有一个比较鲜明的主题,就是您在研究的过程中一再强调学院派和实践派要结合起来,那么学院派要怎样和实践派相结合呢?

答:我跟你说,学院派它没有咱们学校这种传承,或者是价值观的这种养成,人家觉得不好做,就转移研究方向了。我到台湾去,就见到做劳工非常有名的一些中年人,他们很多都中西兼通的,都是欧美留学回来,在台湾人脉也熟,前几年做得非常出色。但后来慢慢地有一句话叫"没有运动就没有研究"。他觉得冲突了,你进入了这研究才有意义,才真正去研究它,然后你不冲突了,没罢工了,没上街了,他觉得没劲了,这个工人组织也消解了,然后老板也越来越专横了,那我不做了,我做别的了。我做家庭去了,做性别去了,国内也大概是这样。所以真正能够坚守劳工研究,在他职业生涯当中心无旁骛的人,那就是好样的,不容易,真不容易。

问:您刚才说他们这个研究可能中断,他们换了,跑去研究家庭了,跑去研究性别了,是因为他们觉得可能在这个地区,没有罢工等等这样一些所谓的冲突。那其实又引入了一个新的问题,工人运动或者说劳工运动,我们如何去界定这个运动?它一定是要这种冲突的、对立的、对抗性的,还是说可以以另外一种形式存在,比如说类似集体谈判这样一种比较和平、比较和缓的一些方式,那这种算不算是劳工运动?那么这个是不是我们做劳工研究的所应该去关注的？

答：对，其实应该关注。但是从这个大的脉络说，欧美早期的那种劳资冲突，后来随着工业化的发展，它们机制政策的调整，特别是企业里面慢慢有了协商参与，然后政府层面有了社会保障体系，应该说它们的工人问题，我个人认为已经基本解决了。所以你现在看欧美，说工人罢工冲突越来越少。好多工人从底层变成了中产，它的蓝领都中产了。你知道社会学讲中产是最稳定的，其实你跟踪这个变化也挺好的。但是他可能觉得是不是到了中产就是解决得很好了，我就不参与了，也可能是这样的，但有些地方我觉得没有做到中产，可能是研究人员他的兴趣或者研究的偏好换了。所以我觉得我们国家的劳动研究，如果说真到了这一步，我们借鉴中西方历史经验教训，然后也把蓝领都变成中产，那我们乐于这样，其实我们不研究了才好，说明我们这事也可以告一段落了，我们也可以转到别的研究去嘛，其实挺好的。但是欧洲现在出现什么问题，就是新的移民工人问题或者性别、族裔问题，其实还是有的，对吧？类似这些问题还是存在的。但是这已经不是经典意义上的工人问题了。

问：在您看来经典意义上的劳动问题，或者说传统意义上的这样一个工人运动，它其实还是更加强调冲突的一面、对抗的一面。而这种非对抗的，在您看来从这个隶属性上来讲，它隶不隶属工人运动？

答：你看咱们现在一些年轻的搞劳工研究的人，包括咱们学校我认识的一些年轻老师，包括一些普通大学里面，偏爱冲突的人那么多，是不是跟你们年轻的人心理，包括你们的激素那个荷尔蒙之类的都有关系，这我不知道。

问：我之所以会提出来这样一个问题，是因为有一个问题其实很困惑我。问题看似简单，但是我觉得可能回答起来是需要在这方面进行深入思考，可能需要达到一个高度，就是到底什么是劳工运动？什么是工人运动？我们对运动这样一个词到底该怎么去界定？

答：其实工人运动除了它原始阶段的冲突，如果说慢慢形成了理论的话，那最经典的就是马克思，就是冲突论。那么再加上后来的实践上的这种革命，政权的更迭，影响非常大，不仅范围大，而且很深远，影响深远。包括现在一些年轻人，像你们这个年龄的人读一读，可能都会觉得很有认同感，再加上看到一些冲突的现实。我认识好几个，很优秀的人，你要说写文章翻译，都不弱。那观点就是挺传统的，挺古典的。

可是我觉得如果那是一个革命的年代，别说20世纪了，到了21世纪，我刚才讲了欧美的工人问题，应该说是解决了，但是衍生出来的新的性别问题、族群问题，如果你跟踪的话，你要说也是吧？看来你所谓的运动，就是那个年代，工业化早期中期冲突特别多的时候形成的，把它叫作运动。我到美国福特公司去看过，我到旁边的那个福特庄园去看过，有一个福特博物馆，那后来它就是通过组织化的方式，它说我投入很多，我的那个轿车T型车的产量也很大，我非常雄厚。那真是棒，你想想做汽车，中国做汽车不也是带动着行业起来以后有很大的体量吗？但是它就发现了，你流水线又聚集了这么多工人，你如果对工人不好，流水线不仅是机器的集合，是工人的聚集，一给你停下工来，整个流水线就完蛋，这就是核心。这样的冲突，你必须协调，必须谈判。所以后来到了福特生产方式时，就是大企业、大工会，反而没有早期和中期那种对抗，这就是所谓福特生产方式。

后来日本更厉害了，二战以后它想崛起，就把这福特方式改造了，日本人认为你福特对工人的限制还是挺多的，你说是可以组织起来跟你谈，但是工人的聪明才智发挥了没有？你这个流水线的潜力发挥出来了吗？改造后的福特方式就叫精益生产方式。你会发现把流程分解以后，在各个环节上，工人都可以有发明创造。所以日本工人在福特的那种生产线上，搞起发明创造了，每一个环节、每一个工序他都有合理化建议，吸收进去以后，就把福特超越了。所以日本车到了美国就卖得比美国车好，它不光是卖得好，而且管理改善，劳资关系改善。所以日本过去到了春天，有工会组织的"春斗"，加上日本人尚武的性格，都是冲突式的，到后来就都是象征性的了。

所以我觉得这个运动应该是一个历史范畴。我个人认为，阶级、革命也是历史范畴。应该说到了20世纪、21世纪就进入一个协调时代，或者叫彼此妥协，有一个英文词我不太懂，它叫冲突性妥协，你说得对，Conflict Compromise，冲突性妥协或是冲突的妥协，我觉得起码应该是这个，甚至是一个合作的时代，和平时代那可能还言之过早，但起码应该是从一个革命的政权更迭的时代进入一个冲突可以和解、可以协调的时代。我想是这样，所以我不太主张再讲运动。如果说有些学者觉得没有运动没有兴趣，那是他的研究取向问题，是吧？

问：您的回答解决了我很大的一个困惑，就是如何去理解"工人运动"这看似简单的四个字。

访谈手记

花开见本，叶萌见根
——冯同庆教授口述访谈手记

劳动的历史在中国社会大转型的过程中不断发展，与之相随的还有对其思想过程的发展。"解放劳动是现代社会的基础性标志。"英国历史学家柯林伍德说道："一切历史都是思想史。"人类社会的历史，既包括了历史本身发展变化的过程，也包括这种发展变化过程中的思想过程。在改革开放大幕拉开后，冯同庆教授成为改革的亲历者、参与者、实践者，同时是思想者、研究者。他的研究始于农村社会，转入劳动研究领域，他在马克思主义理论、工会理论、劳动关系及劳工问题等领域长期深耕，成为劳动领域研究的著名专家。亲历改革时代，冯同庆教授身上也留下了改革时代不可磨灭的历史烙印。

其实我更喜欢尊称冯老师。冯老师是领域内的专家，之前一直有所耳闻，但从未见过，也很好奇，这样一位学者是什么样子。认识冯老师后，有幸聆听他的学术生涯，于我而言，荣幸之至。冯老师学问品德可为世范，对后学更是极为提携，有口皆碑。初识冯老师后，即有师友告知于我。当我与冯老师接触交往后，更是感触良多，无论治学还是育人，冯老师严谨创新，孜孜以求。青少年时期的学习经历，已经使他养成了比较好的生活习惯、学习习惯。在北京师范大学求学及工作时，他更是不断内省，强调要再学习，充实改善知识结构，才能更好地适应未来发展。

冯老师本人的研究理念，树立了劳动领域研究的一个典范，不为功利，而为知识的价值，为学术的意义，为劳动的尊严。这何尝不是一种对历史的"温情和敬意"呢！他本人就是这么做的。冯老师的研究实践，不仅强调研究视野需要开阔，还要不拘泥于某个学科本身，强调多学科交叉研究。他本人从年轻时即探索实践，他很早就开始做一些社会调查，进入工会与劳动问题研究领域后，他本人更是积极实践，打破所谓专业程式的局限，类似产业关系理论、社会学、政治学等很多领域的理论与方法被充分用于研究之中，田野调查等实践也是经常开展。所以冯老师的研究，绝非停留于对本体的就事论事的研究，而是宏观大背景下的庖丁解牛。这个尤其是今天围绕工会与劳动相关问题的研究中迫切需要的。

在访谈前期的沟通中，我深刻的感受就是前辈学者的谦虚、平和。多年的积累，其实已经使他的研究站位很高。但冯老师的研究从来没有故步自封，他本人在研究中与理论界、实务界的学术交流非常丰富而深入。冯老师还专门花了半年时间去学习外语，与国外的学术交流进一步开阔了他的视野，深化了他的研究，让他可借鉴中西方历史经验教训。冯老师自身的知识体系不断地积累更新，而且对国内外研究情况持续关注。和冯老师讨论问题时，他的点评一直是高屋建瓴，有如醍醐灌顶。冯老师是真正的研究者，尽管近年他专业研究的著述少了，但他的思想却在他的小说《敕勒川年华》以及即将出版的《南方，南方》中，以文学的形式更加充分、灵活、生动地展现着。

"劳动应该成为乐趣。"研究工作也是劳动，冯老师本身的实践就是这个观点的证明，尽管如他所说其中甘苦只有自知。工会与劳动关系领域的问题是人类社会进入工业化后需要直面的社会基本问题。围绕劳动领域的相关理论与实践问题的研究，"劳动应该成为乐趣"又何尝不应作为落脚点呢？这个世界很大，变化很多。作为一位有着社会责任心与家国情怀的学者，在当代中国的社会转型中，他本人的研究历程本身就是一个很生动的故事，而对他这种研究历程进行深入了解的过程，其实也是我们认识改革开放以来中国社会改革大历史的一把钥匙。

在写这篇访谈手记的过程中，我自己其实是底气不足的，因为我看到的、听到的、了解到的冯老师的精深学问和高尚人格，只是那么一小部分，无法展现一个真正的学者的全部思想与求索。但我又觉得，即使是这样，也应该把有限的了解记录下来。因为喧嚣过后，留下来的才是有价值的。像冯老师这样真正的学者，他的正心诚意已经经历了时间的淬炼，成为一个个闪光点，只有被记录下来，才能更好地走向未来。就像冯老师所说："学知不足、教而知困，不足而自反、知困而自强。"正心诚意，定会"花开见本、叶萌见根"。

李德齐口述访谈录

访谈时间：2018 年 5 月 17 日
访谈地点：中国劳动关系学院图书馆古籍室
受 访 者：李德齐（中国劳动关系学院退休教授）
采 访 者：吕明涛（中国劳动关系学院图书馆馆长）
整 理 者：李德齐（中国劳动关系学院退休教授）
　　　　　吕明涛（中国劳动关系学院图书馆馆长）

受访者简介

李德齐，中共党员，教授。

曾任中国劳动关系学院党委副书记、院长。

人物履历

1982 年毕业于北京师范学院（今首都师范大学）政法系，大学本科，学士。

1982~1994 年任中国工运学院（今中国劳动关系学院）工会学基础理论教研室主任、副教授。

1992 年 2~3 月在国际劳工组织都灵培训中心进修工会教育管理课程。

1993 年 11~12 月在澳大利亚阿德雷得大学劳动问题研究中心做访问学者。

1994~1996 年在劳动部国际劳工研究所任研究室副主任、副研究员。

1996~2004 年在中国劳动关系学院任法学系副主任、主任，学院副院长。

2004年12月~2016年5月任中国劳动关系学院党委副书记、院长。

研究方向

劳动关系、劳动法学。

科研成果

专著《工会改革研究》《劳动关系国际比较》，译著《集体谈判》；发表论文和研究报告数十篇，主持和承担国家部委级研究课题多项，作为亚洲社会论坛中国工会主题报告人之一。

主要课程

工会法、平等协商和集体合同制度、劳动关系三方协商机制、工会理论等。

问：今天我们有幸请到了在工会劳动关系、劳动法等相关领域造诣精深的资深学者——李德齐教授，来给我们大家分享在教学科研以及高效管理等方面的心得。李教授您好！

答：您好！明涛馆长。

问：您1982年从北京师范学院也就是今天的首都师范大学政教系毕业，进入全国总工会干部学校，是如何走向从事工会、劳动关系和劳动法教学与科研这条道路的？

答：这应该说我在大学所学的专业和后来来到我们劳动关系学院所从事的工会和劳动关系的这样一些学科建设包括教学有着很密切的关系。在大学呢，我是在政治教育系，所学的专业应该说是马克思主义的三个重要的组成部分。这就是马克思主义的哲学、政治经济学和科学社会主义以及其他的社会科学的一些专业课程。这些课程呢，为后来来到学院从事工会劳动关系的这样一些教学和理论研究奠定了基础，这也是一种契合。特别是我大学的毕业论文，当时我的论文题目是围绕着"劳动力的质量和数量"，也恰恰是和劳动问题密切相关的。这是冥冥当中和自己的专业最后的契合，应该说是一种机缘。那么1982年来到学院。当时我们学院，应该叫全国总工会干部学校，那个时候我们学院的整个教育包括我们的教学主要围绕着工会干部的培训。当时全总干校还是教研室的建制。我来到学院以后，从事自己过去在大学所学的专业。我希望去从事政治经济学或者是企业管理工作。当时学院的党委，他们跟我进行了一次深入的交谈，介绍了学院的基本情况。特别是"文革"之后，学校复校以后，应该说后继人才青黄不接，也期待着有一批新锐，能够进入学院来为我们工会干部的教育，包括工会的一些课程的建设注入一些新鲜的活力。学校党委就决定把我分配到工会建设教研室。当时我记得我们全总干校的教研室大概是六个，我们最重要的教研室就是工会建设教研室。我来到这个教研室，当时教研室有六位教师——老同志，也应该是从50年代开始教学，这六位老教师，特别是经过中间的一些历史的变迁包括"文革"到后来复校，那么他们回归到这个工会建设，特别是工会干部培训的领域，应该说工会建设教研室也是在"文革"之后恢复工会干部培训，也是一个起步的阶段。我来到教研室，第一个困惑或者说第一个问题就是"什么是工会"。我也知道工会建设教研室作为全总干校一个非常重要的教研室，培训工会干部的任务也非常繁重。当时教研室的郝清桂主任、武宗圣副主任、郭振声副主任，还有我们的几位老同志说："小李啊！你这个第一呢，你先认真地学习一下邓小平在中国工会九大的致词。这是你了解工会、认识工会的一个必修课。"这是我印象非常深的，就是进入这个职业以后对工会的了解或者说启蒙是从小平同志在中国工会九大的致词开始的。除了学习这篇致词，这个教研室还安排我们马上紧锣密鼓进行调研，就是社会调研。我记得我是1982年的2月来到这个工会建设教研室，大概不到一周的时间，我就跟随几位老同志到浙江和江苏企业进行了为期一个半月的调研——深入工厂企业来接触工会、基层工会、工会职工。这是给我一个从实践的角度来了解工会、接触工会、接触职工的机会。应该说呢，这个我认识工会、热爱工会干部培训这样的一项工作，特别是工会的建设教研室理论教学应该说是从小平的致词包括后续的调研开始的。后来学校对我们，应该说"文革"以后的第一批本科毕业生，像我们来到干校的这些年轻的教师，要安排我们去挂职锻炼。我是在北京外文印刷厂，从1982年的下半年开始，在这个工厂挂职。实际上到企业，接触一线的职工和工会的实际工作。在外文印刷厂我待了半年，从班组到车间到工厂的总厂，从各个层级接触职工、接触基层工会，我是这样的来入门。因此呢，刚才您问到我来到学院以后，特别是在大学本科的阶段的学习，到进入工会建设教研室从事工会理论的教学和研究包括后续参加工会干部的培训，应该说是这样的一个过程，是从这样开始起步，所以一直就这么延续下来。开始对工会的认知应该说是一种直观的或者是表象的，那么逐渐深入工会，在实践、在它的各个的业务工作领域，包括对职工，在这样的一个过程当中逐渐地浓厚了自己这样的一个专业兴趣，逐渐明确了在工会理论教学包括工会干部培训方面未来发展的一些学术道路。我来到学院之初的入门——当时的情景就是这样的。

问：我们的第二个问题，李教授，在您的研究生涯中，您曾在国际劳工组织都灵培训中心进修，也曾在澳大利亚阿德雷得大学劳动问题研究中心做访问学者以及参加各类对外学术交流活动。请问这些经历对您之后的学术生涯有怎样的影响？

答：应该说这样一个对外学术交流包括做访问学者的经历对后来的这个职业生涯，它的影响还是很深的。自己现在回首过去的这样一个经历，我的最初最深的感受是这样的：我觉得对外学术交流，特别是1991年去国际劳工组织都灵培训中心参加它的培训，到后来在1993年去澳大利亚阿德雷得大学劳动问题研究中心做访问学者，包括后续的有各类的围绕着工会劳动关系的这样一些对外的学术交流。应该说还是机会很多，也很平凡。我觉得这个对我的学术生涯影响，第一就是扩大了视野。我们用今天的眼光来看，就是扩大了一种国际视野。这一点很重要。就是我们能看到中国以外的特别是在市场化改革过程当中，其他国家在工会劳动关系的领域包括工会干部的培训是怎么做的。应该说视野是打开了。这是我感受最深的一点，就是开阔了视野。第二就是我们通过这样一些对外的交流、访学包括参加一些培训，我觉得很重要的一点就是能够始终追踪一些工业化国家包括国际劳工组织的前沿性。围绕工会和劳动关系协调，包括国际劳动立法走在前沿的一些动态，包括他们的一些观点、一些经验，甚至一些教训以及不同国家之间在协调劳动关系上，包括他们各个国家的工会运动，他们的发展过程当中呈现出一些不同的特点。所以这个交流过程对于我从事教学、科研以及后来走向教学管理岗位是影响很深远的。同时在这个对外学术交流过程当中，我觉得对自己影响比较深的就是学会了用比较的眼光来看待中国和西方工业化国家的不同点，因为每一个国家工业化的进程不同，市场化发展的进程也不同，它的劳资传统和在这个过程当中涉及国家的体制、立法的发展状况是参差不齐的，这些方面有很多的不同点。所以为后来的进行中外比较，特别是通过比较来看到中国的特殊国情，这一点应该说在对外学术交流过程当中是很重要的。在这个比较的过程当中，我逐渐地关注到西方国家哪些经验可供我们去借鉴，我们自己有哪些独特的做法。在我们探索中国工会发展劳动关系，在适应中国的市场化改革进程当中，我们的这个发展应该如何结合我们的国情走出一条我们自己的道路。在这个比较过程当中它是非常有意义的，而不是说在理论和实践中单纯地以某一种国家的模式作为一种参照。它只有通过比较才能看到我们的特点是什么，我们面临的问题是什么，我们的历史环境是什么，对外学术交流通过比较研究更进一步从深层次来思考研究中国工会、中国劳动关系面临的一些问题是非常有益的。当然这个比较我也看到不仅中外之间有差异，即便是发达国家它也是不同的。比如说欧洲的劳资关系和美国、加拿大包括日本它们的劳资关系也不尽相同，在英文词中有 Industrial Relations 和 Labour Relations 的不同表述。在欧洲你看工会最强的是产业工会，它注重北欧国家，所以它协调劳资关系，它最重要的是作为社会组织。在协调劳动关系当中最典型的就是欧洲的工会，它的产业工会是比较强的。而在美国、加拿大、澳大利亚和日本，它的主要力量在企业。所以 Industry 是一个产业概念，它这个概念之间的差异也可以看出欧洲和北美包括亚太地区的这些国家的工会以及劳资关系的发展也有不同点。所以这个比较能看出，在不同的历史环境下，每一个国家它自己的工会运动、劳资关系的协调、整个经济社会的发展，它存在的一些差异，有共性的方面也存在着差异。这时在分析差异过程当中，我一直在思考中国工会哪一些可借鉴，哪一些是我们中国在特定的社会历史条件下走自己的路出现的一些特殊性的问题。这个是在对外学术交流过程当中、访学过程当中对我来说影响最为深刻的一点。那么形成一个中国工会和劳资关系的协调一定要从本国的国情出发研究中国问题。中国问题不光是一个现实的状态，它涉及历史、涉及中国的市场化的一个进程，所以这一点上我们看到中国走到今天，我们为什么叫中国特色社会主义道路，包括习近平新时代中国特色社会主义思想，我们说这个中国有它自己的一些独特的道路。在这个道路的探索过程当中，形成了中国自己的一些独特的做法，形成了中国的一些独特的经验。这个应该说在整个世界劳资关系的发展格局当中它是千姿百态的。在这样一个比较研究过程当中，我还是坚信中国应该从本国国情出发，走自己的路，视野要开阔，要借鉴其他国家的一些有益的经验，同时来研究我们所面临的一些新的问题。有一些问题可能是西方国家过去出现过的,有一些是没有出现过的。所以我觉得在整个自己的教学科研的生涯当中对外学术交流、做访问学者、后续参加的各种对外学术论坛,这点我特别注意——就是在这个比较过程当中发现各国所存在的一些问题,他们解决问题的一些思路、一些想法、一些前瞻性的构想,这个对我们研究中国问题是有借鉴意义的。但是我们要立足于我们本国的国情。

问: 只有经过比较、借鉴、拿来才能走出一条有中国特色的工会建设之路。

答: 对!这个我还想补充一个,就是我们走到今天,在这个探索过程当中,我们有一些经验、有一些做法,还有一个对外宣传的问题。在这一点上我们也这么做了,但是我觉得做得还远远不够。我记得印象最深的就是我和杨汉平副院长,我们一起去印度的孟买参加"欧亚劳动关系智库"的一个年度学术论坛。在分论坛上由我来介绍"关于中国特色的工会发展道路",这在当时是一个全新的话题。当时听众提出了很多问题。这说明什么?说明他们都希望了解中国。中国成为第二大经济体,中国的改革经历过一个40年的发展,我们在协调劳资关系的这个路上是怎么走的?所以一个是说我们要开阔视野,第二我们还要介绍中国的一些做法、一些经验,让国际社会、让其他国家来了解中国正在发生了一些什么,包括我们中国自己的一些经验。所以说我们要讲好中国故事,通过对外宣传,特别是通过论坛这样一个平台来介绍中国,来聆听一些其他国家相关的学者对中国的一些看法、一些分析,甚至是一些批评、一些建议,这个对我们来说是有意义的。

问: 您研究生涯可以分为前期和后期。前期的研究重心和后期的研究重心不一样,有一些变化。那么如何看待这样一种变化?

答: 应该说从工会建设教研室开始,在我的这个教学和科研的生涯当中始终还是以工会和劳动关系作为我的一个研究重心,这个重心并没有变,如果说是有一些变化,我自己是这么看的——这个变化就是这个领域不断地拓展。在工会建设教研室那时候,我们的这个着眼点或者说我们聚焦更多的是工会问题。随着中国的市场化改革,特别是1984年城市经济体制改革开始起步直到1992年中共十四大提出把社会主义市场经济作为改革的目标之后,我对工会和劳动关系研究的重心没有变,但是这个视野对劳动关系的这个领域更加拓宽了。涉及比如说除工会以外、除职工以外，劳动关系领域开始关注政府、关注企业家组织甚至关注到政党包括其他的社会组织，因为这些在劳动关系领域它是密切不可分的。所以我们现在提出叫作提升国家的这个治理能力和治理体系的建设。所以劳动关系是这个治理体系、治理能力建设当中非常重要的一个方面。所以仅仅靠工会一支力量是远远不够的，而劳动关系涉及的面非常广，不仅仅有工会，还有我刚才讲的政府、企业家组织甚至立法机构、其他的社会组织，所以应该说重心没有变，但是视野也在不断地拓宽。还有一点我觉得体会比较深的就是工会和劳动关系作为一个专业或者是作为一种专业的课程，特别是我们转制之后，把工会和劳动关系提升到一个专业学科建设层面。那么有关工会和劳动关系的理论——我在后续的研究当中，在自己的职业生涯当中，我觉得支撑一些学科专业是非常广的。那么时至今日，你很难把工会和劳动关系归到某一类学科之下或者归到某一类专业之下。所以工会劳动关系问题，它涉及政治学、管理学、法学、社会学甚至社会历史和文化，所以它是一个多学科交叉的一个学科专业。这是我后续随着时间的推移、随着教学科研，包括随着我们的学科、随着高等教育学科专业的发展逐渐明确了作为工会劳动关系理论，它是一种多学科的相互交叉、相互支撑的（学科）。它不仅仅是一个工会的现象，它涉及人文社会科学很多重要的专业领域，这是我体会比较深的。我们今天在做的这个劳动关系和工会的专业学科建设依然是这样。我曾经也和我们那些教师包括我们的学生在交流沟通过程当中或者是研究劳动关系问题当中，提到要从多学科、多角度来思考分析，就是我刚才讲到涉及的方方面面。

问： 从您的藏书当中能看到您藏书品类之丰富，包括文学、哲学、政治学，可以看出您的知识构成也是全方位的，包括人文社科领域，方方面面。这时候您这么一讲我就清楚了。通过长期参与工会干部培训，您认为做好工会干部培训对教师的素质提出了哪些基本的要求？

答： 我觉得这个基本是直接参与工会干部培训，我也分管这项工作多年，作为工会干部教育培训对师资的基本要求我觉得离不开四点。第一参与工会干部教育培训的教师要了解工会干部，这点是非常重要的。在这个过程当中，我觉得这个工会干部随着中国高等教育的发展，现在我们看工会干部的学历层次越来越高，它和15年前、20年前甚至30年前远远不同，所以要了解工会干部，同时工会干部他们有很丰富的实践经验；可能有一些工会干部是刚刚进入工会工作的领域，对工会工作、经验、业务工作还属于了解、逐渐地认识的过程中，我们对这一类的工会干部的培训中，要了解工会干部，了解他们来参加培训带着哪些问题，他们都在工作的第一线，也面临着很多的困惑，特别是在企业改革，包括整个中国的市场化改革，整个产业结构、企业的类型、我们的立法进程的许许多多的问题。所以他们带着很多的问题，作为培训的师资或者老师，特别是青年老师，首先要了解工会干部、了解他的需求、了解他带来一些什么样的问题，希望通过培训来解决这些问题，我觉得这是对老师提出的一个基本要求。第二点我觉得作为参与工会干部教育培训的这个教师应该具备良好的职业素养。首先是理论素养，也就说他要具备与工会劳动关系相关的一些学科，特别是基础性学科理论知识。要有一个良好的学科背景和知识结构，这一点是很重要的。同时我们的老师应该通过实践了解基层工会、了解工会的状态、了解工会的基本面、了解工会面临的一些主要问题是什么、了解工会未来的发展，伴随着整个中国的改革开放，我们的政治经济文化、社会建设过程当中他们的任务是什么，需要做些什么。我们老师在理论层面、实践层面，在这个基本素质方面应该有一个良好的基础。这一点也是非常重要的，这是我觉得老师应该具备的第二个条件。第三就是我们的教师从事工会干部教育，我的体会：它和本科学历教育、高等职业教育面对的学生是不一样的。我前面讲到我们工会干部都是成人，他们有丰富的实践经验，有着比较高的学历背景，因此对于我们的教师来说，在授课过程中要直面这些问题。我们的授课方法也要区别于、不同于普通的本科教育和普通学历教育，那么它要能够适应我们在岗的、在职的、面对的成人的这样一个培训。所以包括我们整个的这个授课的方法、语言的表达、直面问题、启发式的教学，这个对教学的方法也提出了很高的要求。这是我认为面对学生这样的一个状态，我们老师应该具备这样的一个素质，就是教学方法。第四个也是很重要的，中国劳动关系学院是全国总工会直属的唯一一所普通本科院校。工会干部教育在这样的一个领域，我们的老师要有一种政治意识。在整个培训过程当中，我们教学不可能把所有的问题都穷尽了，但是要通过我们的培训，不管是面对专业的工会的干部，还是综合性的担任一定职务的工会主席，要给他增强工作的信心，而不能出现反对派，问题都是存在的，就是通过培训增强信心，我想这是我们培训要达到的一个最重要的目的。所以我在从事工会干部培训，包括从事工会干部培训的管理过程当中，我始终对我们的老师强调这一点，就是这种政治意识——要增强他们直面问题的信心。只有在问题当中，然后直面问题引领他们面对一些新的矛盾，在这个过程当中不断地去学习，不断去探索，来推进我们的工会工作，给他们信心。这是老师必须具备的一个基本的素养。所以林林总总，我想我归纳出这么几个方面作为培训的教师应当具有的素质是不可或缺的。

问：请您简单介绍一下改革开放以来中国劳动关系的变化与发展

答：这个话题是非常庞大的一个话题。我是1982年来到全总干校，到今天应该是36年。在这个过程当中也是中国改革开放40年当中，应该说这36年也是最辉煌的。中国劳动关系的变化应该说它是伴随着城市经济体制改革开始起步，我们的改革开放40年，应该说在1984年之前，中国的这个经济体制改革，它的主要着力点是在农村，这个大家都知道。从安徽凤阳小岗村，农村实行家庭联产承包责任制调动亿万农民的积极性。那么1984年中共十二届三中全会当时有一个决定，我依然是记忆犹新，就是关于中国的经济体制改革的决定。十二届三中全会是在1984年召开的，十二届三中全会标志着中国城市的经济体制改革、企业改革大幕拉开了，所以企业劳动关系就是伴随着城市经济体制改革开始悄然发生一些变化。我始终认为是从这样的一个点开始，当然还有我们在1984年以前的沿海的一些开放城市，那是率先走在前列。但从中国的一个基本面来说，企业的劳动关系的变化是从1984年开始。1986年，我记得当时国务院出台了四个暂行规定，就是现在大家熟知的劳动合同制。劳动合同制是1986年实施的，当时有四个暂行规定，就是国营企业第一轮改革是借鉴了农村的承包制。我们看到今天的企业改革远远不是这个，当时的这个改革是从承包制借鉴农村的经验开始，那么适应这样一个改革，国务院出台了四个暂行规定，其中有劳动合同制暂行规定。此外还有涉及国营企业工资分配的一个暂行规定，还有一个职工奖惩条例，大概一共有四个暂行条例作为行政法规出台，所以从1984年开始，伴随着国营企业的第一轮改革，劳动关系开始发生了变化。劳动合同制一开始是"老人老办法，新人新制度"，最后经过后续的发展逐渐走向了全员劳动合同制。我记得1987年7月国务院发布

《国营企业劳动争议处理暂行规定》,作为一部行政性法规也适应了劳动关系这样一个变化。特别是进入90年代,1992年中共十四大首次明确了中国经济体制改革的目标模式,提出了要建立社会主义市场经济体制。市场经济体制是1992年提出来的,1984年是商品经济,你回顾这样一个历程,就是我们这个改革一步一步从计划经济到商品经济和计划经济相结合,再到1992年提出社会主义市场经济。1992年再次颁布工会法,就适应这样一个市场化的改革进程。说明新中国成立初期1950年老的工会法已经不适应90年代我国经济体制改革过程中劳动关系的变化,同时工会也在发展,所以1992年的《中华人民共和国工会法》再次颁布。1994年《中华人民共和国劳动法》颁布,所以到这个阶段,应该说企业的劳动关系就进入一个适应市场经济的发展的过程,劳动关系出现了一个新的变化。1994年的年底,我记得我们全总的"十二届二次执委会",如果我没记错的话,就提出了一个总体思路,就是工会工作总体思路,即以劳动法颁布实施为契机,以协调劳动关系作为工会工作的重中之重,以签订集体合同作为一个"牛鼻子",所以它预示着劳动关系在变化。国有企业在1992年以后很快就进入了新一轮的改革——公司制,于是劳动关系进入了一个新的发展阶段。那么后续发展这样一个过程,我们看到到了1995年《劳动法》开始实施。到了2000年、2001年,2000年劳动部(劳动和社会保障部)颁布"工资集体协商的9号令"。2001年《工会法》又再次进行了重大的修正,实际上就是补充完善《工会法》的修正案。2001年同时我们"入世"——加入WTO。2001年的三方机制问题提上了日程,所以我们的国家级的三方机制是2001年建立的,所以在这个过程当中劳动关系一直在适应这样一个市场化的进程,在不断地发展和变化。劳动合同制,那么《劳动法》之后又推行集体合同,劳动部还率先进行了"三省五市"试点来推进集体合同。那么2008年"劳动三法"这是大家很熟悉的——《中华人民共和国劳动合同法》《劳动争议调解仲裁法》,还有《就业促进法》,2008年三部法律相继颁布。2010年是《社会保障法》,所以适应这样一个过程,劳动关系在不断地向前发展。综上所述,就是说这样的一个发展的进程中劳动关系所呈现出一些发展变化的特点,这个在2005年我们研究过这个问题,特别是全总当时也是提出"探索走中国特色的社会主义工会发展道路"。2005年我们对劳动关系概括了至少五个基本走向,那么它的第一个变化或者是第一个走向就是市场化。劳动关系的市场化涉及就业、分配、劳动力的转移、社保，特别是农民工大批地从农村包括一些经济欠发达地区向城镇转移，这是一个市场化的进程。劳动关系的第二个变化（后来我在培训过程当中也是始终讲这几个变化）是多样化，我们看这个多样化，到今天为止应该说是千姿百态、扑朔迷离。你看按不同所有制劳动关系的特点不一样，我们分析这个劳动关系的变化，一个是从所有制来看，国有企业、外资企业，现在提出混合所有制企业，中国的民营企业还有非正规领域的，非正规的就是弹性就业，这是从企业的所有制来看。那么还有就是从产业结构看。你看我们走到今天，现在第三产业的占比已经超过50%，第三产业的劳动关系更加复杂，特别是服务业，所以这个劳动关系在服务业领域个性化，甚至是虚拟化，特别是"互联网+"以及平台企业，所以劳动关系在这个过程当中，不同所有制、不同产业、不同规模的企业，比如小微企业的劳动关系又不一样，它和规模企业、过去我们讲的传统的国有企业、大型的国有企业不同，所以劳动关系的第二个变化就是千姿百态、多样化。劳动关系的第三个变化就是复杂化，矛盾凸显，包括我们讲的一些劳动争议、矛盾，这个应该说是随着发展的进程，劳资双方的一些矛盾，职工的权益问题包括拖欠工资、规避社会保障、企业管理等引发的一些劳动争议，这有很多的发展过程中出现的案例。第四个变化就是法治化，我前面讲到的中国的劳动法律制度体系在逐步地建立，就逐渐把劳动关系引入一个法律调整的轨道，特别是我们提出"依法治国"。所以习近平总书记最近几次在不同的场合发表了重要讲话，反复讲到这个依法治国的问题。劳动关系领域也是这样，所以劳动关系的法治化是中国劳动关系在市场化进程当中一个显著的特点。最后一化是国际化，就是我们现在看到中国的企业"走出去"，包括500强进入中国的本土，包括港澳台的投资企业，我们现在提出"一带一路"，所以中国的市场和国际市场的依存度、劳资关系不是一国的现象，它是一个国际现象，甚至包括一些国际立法的问题以及在全球治理过程当中存在的一些问题都涉及劳动关系的国际化。在这个层面我们看到呈现出了一个特征。所以我讲的是五化，我还是这么看——就是我们走到今天，这个方向依然在继续，劳动关系的这种变化一直在继续，它从1984年的城市经济体制改革开始走到今天一直没有停下来，而且呈现出很多前所未有的、我们过去没有遇到过的变化，特别是我后面可能要讲到这个包括我们新一轮的工业革命,包括我们讲的这个"互联网+"、云计算、大数据一些平台企业,劳动关系还在里面。这里头我想讲到劳动关系,我想有一些基本结论,这里我想要特别强调——中国劳动关系我一开始讲了,它有它自己的特点,为什么讲特色道路,我想得出的一个结论就是中国劳动关系在改革开放40年来,它的最大的一个特点——党政主导,这是其他国家所没有的。要党政主导,工会要参与,这个党政主导它不是一个抽象的提法。在这40多年的改革开放进程当中,党政主导我概括起来有这么几个方面,第一就是立法规制,立法规制它不是说市场化以后就完全放开,是自发的。不是这样,它是引导的,虽然我们的法治化进程不可能一蹴而就,需要一个过程。但是这个战略的这种发展依法来规制没有变,党政主导这是一点。第二是政策兜底。政策兜底是因为改革是有阵痛的,我们的国有企业,包括一些企业的职工是做出牺牲的。但是政策兜底,比如说我们讲"三条线保障制度",90年代包括21世纪初,"40、50人员下岗分流,减人增效",但是我们有"三条线"政策、有兜底。我们今天看到的社会保障覆盖到农村了,那么一开始这个制度就有了,当然起步是困难重重,因为过去我们没有这个,经过"文革",而且断了。比如我们讲"三条线保障",最低工资、失业保险、城镇最低基本生活保障,所以这个政策兜底应该说是在这个过程中,党政主导是绝对不能忽视、不能看不到,一定要看到我们在这个过程当中。这是我概括的党政主导的很重要的一个方面。第三就是权益帮扶。所以职工权益——工会要维护,党政也是这样,所以现在我们讲以人民为中心,这个理念一直在坚持,习总书记讲的是不忘初心、牢记使命,因为共产党从建党开始就这样,所以改革过程当中,在这个过程当中就劳动关系这个主导、这个主线,一定要看到党的领导始终贯穿于整个劳动关系的变化过程中,这是党政主导的不能忽视的一方面。所以权益帮扶也有很多的这方面的做法,这些年来能举出很多了,包括帮扶中心,帮扶中心包括这个劳动监察拖欠工资有很多事政府也在做,这个有许许多多。所以这个权益帮扶,我觉得是党政主导一个很重要的方面。第四个是矛盾调处,适用于1987年"国营企业劳动争议处理条例"以后。你看我们现在劳动处理的体制机制也逐步地由一开始的不成熟逐渐地健全完善,所以矛盾的争议、调处的机制,政府,包括党,执政党应该说是在这一方面做了大量的工作。

最后一个是冲突的控制。有没有矛盾？有。一些突发事件、群体性事件，在改革开放当中，无论是珠三角还是我们的内地包括国有企业云集的一些地方，在改革过程当中都会出现，但不是说党政就视而不见，所以这一点我概括的这五个方面——立法规制、政策兜底、权益帮扶、矛盾调处、冲突控制。这些方面体现出中国劳动关系的协调——党政主导的这一点是要特别给予肯定，这是和其他国家的一些不同点。工会做一些协同、做一些有益的补充，那么围绕着这个来做，所以它和西方国家的这样的一种自发的还不一样，它是在一种主导的过程当中协调，因此在改革开放40年，你看中国劳动关系的基本面是可控的，是可控基本面。就像我们的天气预报，全国的天气以晴为主，虽然局部地区有雷阵雨，但是基本面是可控的，这就为中国改革往前推进、稳中求进奠定了一个不可或缺的基础，这一点我们一定要看到。如果这个社会充满了矛盾，充满了社会的冲突甚至出现社会危机，那都会葬送这个改革。所以在这一方面，我觉得中国的改革开放过程当中协调劳动关系、党政主导、工会参与，这是我们协调劳动关系与其他国家相比很大的一个不同点，这是就刚才您提的这个问题，我简单地做这么一个概括。

问：进入新时代以后，中国劳动关系和工会工作领域会遇到哪些新的研究热点？

答：我最近思考这些热点至少有四个方面，第一个就是中国的劳动关系和工会要直面供给侧结构性改革，这个供给侧结构性改革最近中央的一系列会议包括党的十九大一直在提，供给侧改革的核心是"提质增效"，而且提出要打赢三场攻坚战——防范金融风险、污染防治，还有一个是精准扶贫。那么这个"提质增效"实际上涉及两个问题，涉及哪两个问题？一个是产业转型，一个是产业升级，这两个方面都和工会和劳动关系相关。首先我们看这个产业转型，产业转型这是大家所耳熟能详的，叫什么？叫"三去一降一补"。你比如说去产能、去库存、去杠杆、补短板、降成本，这是产业转型应该要解决的突出问题，包括处理一些僵尸企业。这个问题对工会的劳动关系来说涉及什么热点问题呢？就是涉及职工的转岗、职工的安置、职工的再就业，这个各省都有一些统计，包括河北、山西以及其他像东北地区。这个给工会和劳动关系协调带来了新的问题，你要顺应这样一个"三去一降一补"，产业转型、处理僵尸企业，面对着几十万职工，甚至上百万职工。所以李克强总理在今年"两会"的报告当中也讲到这个问题，就是你"三去一降一补"解决了职工一百多万，这是很了不起的，这是一个问题。但这项工作还在进行的过程当中，还是我们要关注的一个问题。第二，"提质增效"还有涉及的一个问题——产业的升级问题。李克强总理在今年的政府工作报告当中也讲到，实际上党的十九大也提到这个问题，就是要由全球价值链的中低端迈向中高端，就是解决中国的产业大而不强、产品多而不优的问题，就是这个产业链还是低端，那么你要有一种国际的竞争力，要有一种稳中求进的、可持续的发展，包括现在中美之间的这个贸易战都提出这个问题。中国在一些高端的产业领域，包括我们的产品，在这些方面有短板。有短板，这个和工会有什么关系呢？就是我们现在讲弘扬劳模精神、工匠精神，这个对中国的包括职业教育甚至本科教育提出了要求，但同时你迈向中高端还有一个低端，低端产业和低端环节的劳动者也得维护。你比如我们在一线那些送外卖的人员还有很多，我们讲低端，这些职工的权益更应当去保护，应当关注。所以这两个方面对工会来说在劳动关系的协调过程当中都是新的领域，也是我们不应该忽视的。所以党的群众工作会议也讲到这个问题，你比如说我们讲工会要"增三性、去四化"，那么这里头有一点就是协调劳动关系要直面一线职工，不能忽视低端产业的这些职工，所以我们讲这个小康社会一个都不能落下。习总书记在他的讲话当中也讲了这个问题，所以这个是我们工会要关注的，这是工会的责任。另外我们讲产业升级，除了全球产业链由低端迈向中高端，那么还有一个培育世界级的先进的制造业集群，是产业集聚和产业集群。产业集聚就像我们现在讲的上海自贸区，中国目前大概有11个，最近海南提出一个自由贸易港，就是说你同意产业所有的企业聚集在一个区域，将来是不同的产业，可能形成一个有机的整体，形成一个产业的集聚到集群，中国的产业未来是这样一个发展的模式。这个给工会的建设也提出了新的问题，你面对这样一个产业的变化、企业的组合以及产业之间的组合，工会的组织结构和组织建制，那要适应这样一个变化进行创新。因为工会的建设，它是随着企业随着劳动关系走的，我们过去讲——哪里有劳动关系哪里就应当有工会。劳动关系存在于企业、扩展于产业，当不同的产业甚至生产性质完全不同的这些产业聚集在一起，工会的组织建制、组织结构会发生变化，我们现在还是一些地方工会，产业工会按照原来的两大组织系统，但是你要细分，细分适应产业集群和产业集聚，工会的组织建设在建制上要创新。创新不是意味着多元，而是要适应这样一个中国的产业结构的变化，适应这样一个比如我们自由贸易港，可能还会有新的一些产业的类型出现，那么你工会的这个组织建制相应地要适应这样一个变化，否则你职工在哪里，你跟不上，你工作会断，中断就会受到影响，这是第一个，就是我们讲的第一个问题，就是供给侧改革。第二个就是工会，我们要研究一个新的问题。进入新时代，新的问题是新一轮的工业革命，学界也有称为第四次工业革命。关于这个的描述，不同的学界也有不同的说法，但大多认同的是德国的工业4.0。很多国家都关注这个，它是2013年在德国汉诺威举办的工业博览会上由德国一些企业率先提出，就是作为德国要振兴它的制造业提出一个德国的工业4.0，实际上与此同时像美国、英国、日本也相继提出了自己本国的关于制造业、关于它的这个新一轮的产业革命的一些提法，我们中国提出了叫中国制造2025。这些提法现在都不是国际标准，都是这些国家要抢占一个制高点，就是瞄准现在的这个产业的这样一个变化要有一种战略的眼光，要有一种先机。目前我们是处在这样的一个阶段，那么新一轮的工业革命会对这个产业甚至对深层次的工会劳动关系带来很多你可能难以预料的新的变化，工业革命它的核心是AI，就是我们讲的人工智能，它综合第一次、第二次工业革命，甚至第三次工业革命可能就形成一个智慧工厂，现在你看我们像上海有的地方提出"智慧社会""智慧政府"，包括我们讲的这个"市政管理"，它就是"互联网+"、大数据、云计算这样的一些手段可能还会出现新的，所以在这个过程当中就出现了一些新的挑战。你比如说这些AI普及以后，可能会替代一些岗位，但同时会创造一些新的岗位。你看现在我们农村那个喷洒农药，包括去年上海的快递分拣，快递在邮局的分拣完全是自动化，而且错误率非常低，就我们讲的这个机器人分拣、智慧交通，你像我们交通现在是很拥堵，就是光靠这个交警疏通。我们讲智慧交通，这个它身后的方方面面，生产、销售、流通、服务、社会管理。工会要思考这个问题，所以我们现在也做工会的"互联网+"，要适应这样的一个过程，全总现在我们也开始关注，一些地方工会也开始做，现在就怎么样把这些资源统合起来，解决我们的信息孤岛问题，都在做、都在思考，那么它一方面是对原有的一些岗位的替代，但同时它会创造一些新的岗位，就目前人们看的好像是这个并不是很悲观，但是问题在哪呢？适应AI的发展就仍然是一个劳动者的劳动技能、操作技能，包括它的新的职业素养，或者我们讲的专业技术提升问题对教育提出了新的要求，所以工会在这方面应该说要应对这样的一个挑战。这个显然是和工会是密切相关的。那么第三个就是全球治理，全球治理在进入新时代呢，工会是要参与。全球治理涉及国际劳动立法、涉及贸易，贸易背后实际上是劳工问题（这个我今天不举例子，例子非常多）。一个轮胎特保案，你们再回顾一下这个案例的背后，当时美国的钢铁工会联合会给美国总统奥巴马施压，就是贸易战的背后涉及劳资关系问题。特朗普说是美国优先，他实际上也是考虑就业问题，对中国进行施压，就是他用一种贸易战，附加一些高额关税，目的还是这个，到后面还是有很多涉及就业劳资关系问题，这都是全球治理当中出现的。全球化你是参与者，还是一个单边主义？现在中美之间仍然在继续进行这场谈判，所以这种就是说你反全球化，实际上是两败俱伤的单边主义，最后我们讲受到伤害的还是劳动者。这里还有一个问题是全球治理当中就是我们讲的三大攻坚战，其中有一个叫作环境治理环保问题，这也是全球面临的一个或者是国际社会面临的共性问题——全球治理。你现在看这个碳排放，这个奥巴马之后特别是特朗普上台要退出巴黎协定，三大协定都是来之不易的，从里约宣言，到京都议定书，再到巴黎协定历经多年，而这个特朗普一夜之间要退出，这个是各国面对的共性问题，这个全球治理涉及环保问题，既然我们签署了协议就意味着我们对国际社会做出承诺——就是你GDP的增长和碳排放它是有一个比例关系，就是你需要多少年，我们的这个碳排放达到一个什么样的标准，所以低碳绿色循环的这个经济带来一个新的问题就是仍然是企业转型问题，那么在这个过程当中涉及劳动者的问题，包括处理一些僵尸企业，所以你看分析这个全球治理的很多的问题和工会有关系。"一带一路"我们出去之后也是这样，也会面临很多新的劳资问题，所以我们全总也参与通过"一带一路"这样的一个平台，各国之间通过这样的一个在"一带一路"的共建过程当中包括利益共享过程当中，那么也有一个劳资关系包括涉及就业、涉及工资、涉及保障包括最低的基本生活保障这些问题和工会是密切相关的。当然全球治理我们还有其他的一些问题比如反恐的问题，中国又是个多民族的国家，粮食问题、疾病甚至战争包括一些自然资源，比如纯净水，所以进入新时代工会的视野就要拓展到这样的一些领域，因为劳动者和职工是息息相关的。第四，产业工人队伍建设，这也是进入新时代我们需要做的意向工作。关于产业工人队伍的建设，2017年，就是去年，4月14日中央下发了《新时代产业工人队伍建设改革方案》，这个方案涉及面广，它提出的指导思想我是赞成的。四句话，产业工人政治上保证、制度上落实、素质上提高、权益上维护。这个是继承了原来的没有变。现在的问题是这四句话怎么去落地、怎么去细化，这是我们要做的一项工作。所以中央也在不断地出台一些政策，涉及产业工人的一些劳动报酬问题、奖励问题，包括我们讲的大国工匠，包括产业工人的这种除了物质，包括政治荣誉、精神鼓励、社会弘扬劳模精神，这个都是我们要做的。那么在这些方面上海应该说是走在前列——有些经验，最近我看到2017年上海出台的《关于推进新时期上海产业工人队伍建设改革的实施意见》，这个方案我看了以后认为还是有新意的，有些你比如大国工匠，它有上海的标准，那什么叫大国？那省一级是什么样的标准？上海有一个制定的标准包括相应的奖励，包括工会在这个涉及弘扬劳模精神，包括大国工匠的培养，包括职工权益的维护，所以这个方案还是有新意的。这项工作是目前我们要做的，所以党中央在十九大之后对这项工作高度重视，在抓这项工作，因为你这个工人阶级，产业工人是主体，产业工人是主力。恩格斯早年写的《英国工人阶级状况》讲产业工人是工人运动、工人阶级的核心，所以我想除了产业工人，还包括一些农民工，包括二代农民工、三代农民工，那么我想这四个方面都是进入新时代的工会和这个包括劳动关系协调过程当中不能回避的，这些都需要我们去思考、去做一些严判、去探索，同时找出我们的实现的路径，这个一方面需要借鉴其他国家，但更重要的还是要从我们自己的国情出发向前去探索，这是我回答您提出的这个问题。

问：在您看来，中国劳动关系学院校史可追溯到哪个时期？中国劳动关系学院在历史上对中国公益事业做出哪些贡献？

答：我们这所学院呢，应该说有着很悠久的历史，也有着深厚的历史积淀。2015年我牵头一个课题组围绕着这个学院的校史做过专题研究，当然这项研究是有一些难度的。它的主要的难点在什么地方？就是要挖掘历史的一些资料，那么包括一些访谈，包括一些实地的调研以及要到保存相关的文献的一些研究所或者资料室去,应该说这项工作还是比较艰苦的。那么从我们现在所掌握的一些资料,包括通过我们访谈,那么这个课题组应该说形成了一个初步的报告。学院的校史,可以这么说,如果要追溯历史,通常认为我们学校是从1949年9月在天津挂牌成立中华全国总工会干部学校开始的。但全国总工会干部学校在成立的时候应该说它这个基础,它是有着一些背景,它不是凭空而来的,所以要追溯,要往前数,要看到就是这样一个历史脉络,要找到这个学校发展的一些雏形,那么和它后续的发展一定要有一些关联,它是一个持续的过程,同时又为后来的发展提供了一个基础,所以我们后来在这个研究报告当中就是以这个延安桥儿沟(为起点)。在1939年的3月,当时在延安以抗日军政大学二大队为基础成立延安工人学校(也称中央工人学校),这是1939年的3月。当时校长是由张浩(林育英)兼任,延安工人学校政治部主任是宋侃夫,他们都是中国工运的前辈。那么校史如果再往前追溯可以追溯到1937年秋党在陕西三原斗口镇创办的"战时青年短训班",之后于1938年初转至陕西泾阳县云阳镇,在安吴堡举办了安吴堡青训班,后在青训班内设立职工连后又发展成为一个职工大队。因为当时是在抗战时期,来自一些敌占区包括各个城市的一些工人,包括一些青年,奔赴延安,所以我们党内也通过这个安吴堡青训班特别后来设置了职工大队培养一批工运的骨干,那么安吴堡的这个青训班的职工大队后来又并入了延安的抗日军政大学。抗大在第四期又把这个原来安吴堡青训班的职工大队并入抗大里边成立的叫抗大的第二大队。实际上这个第二大队也主要是培养工运的一些骨干、党的一些后备干部,延安工人学校就是在这个抗日军政大学二大队的基础上改名为延安工人学校,所以在我们这个课题初步的研究中提供了这么一个线索,这样追溯它可以追溯到安吴堡青训班职工大队到后来的这个抗日军政大学,到延安工人学校。延安工人学校于1939年5月举行开学典礼,但是仅仅几个月之后,中央决定将陕北公学、延安鲁艺、延安工人学校,还有安吴堡青训班的一部分组成华北联合大学迁往华北。华北联大后来也有一些变化,因为当时在一个战争年代特别是抗日战争进入最艰苦的这个阶段,我们又是在抗日根据地,所以它的发展几经变化,后来在1946年,在华北晋察冀地区以华北联大作为基础,成立晋察冀边区行政干部学校。这个晋察冀行政干部学校到后来解放前夕,在1949年二三月间又组建改称华北职工干部学校，那么这个华北职工干部学校后来就成为在天津成立中华全国总会干部学校的基础。所以这段历史往前追溯就可以一直追溯到这个安吴堡青训班，后来经过不断的辗转的发展，薪火相传最后一直到这个天津成立的全国总工会干部学校。1954年由天津又迁至北京。那么我们现在这个校史实际上就从1949年在天津挂牌成立的全国总工会干部学校算起，2019年又是我们校庆的一个节点。追溯这个历史它有这么一个过程，这个在我们的研究报告当中都有初步的描述，但我觉得这段历史还应该进一步去挖掘，进一步去考证，进一步去梳理，然后把这个历史能够描绘得更加清晰。这个学校应该说要讲贡献，我觉得这个可以这么说，就是为我们党培养了一大批工运的骨干，实际上也是为我们党的这个干部队伍的建设提供了这样的一个基础，特别是我们新中国成立以后这批干部成为新中国工运战线的骨干力量。所以党的七届二中全会提出要全心全意依靠工人阶级，进城以后面向发展工业需要这个工会，在中国的工业化的建设过程当中需要工会包括通过工会组织职工，那么这就需要干部，我们党也急需这样一批力量，所以应该说我们这个干校在历史发展过程当中，它最大的贡献就是为党培养了一大批工运的骨干，培养了一支从事工业、从事新中国建设的干部队伍，这是它最大的贡献。

问： 1984年以后，学校改建为中国工运学院，开始成人学历的教育，您如何看待这些变化？

答： 我觉得这个变化第一就是说我们实现了1984年由全国总工会干部学校改名为中国工运学院。在这个学院更名之前，我是1982年来到这个学校，当时我们的这个教育的主要任务就是工会干部的培训和轮训。1984年改为中国工运学院，实际上最大的意义它首先就是工会系统开启了自主的学历教育，在当时这个是重要的一步。你想我们经过"文革"，教育实际上中断了很多年，我们工会干部也是这样。所以办成人的学历教育，当时大专的学历教育，这个应该说对当时一大批中青年工会干部在学历教育上，他们是急需的。通过我们自主办学的学历教育首先是解决了一大批工会干部对学历的这样一种要求，这是从第一个层面来看。它的意义还在于1984年我们改为中国工运学院，我们开始了学科专业建设。这个和过去相比，就是我们的这个办学在专业和课程的建设方面，应该说通过成人的学历教育实际上就进入了高等教育。因为高等教育它分为成人教育，分为普通的学历教育,那么我们这个专业的建设进入高等教育的建设这样一个领域,我记得改为中国工运学院以后我们过去叫作教研室,特别是我1982年来学校,当时我印象最深的六个教研室,工会建设、工运史、哲学、政治经济学、科社,还有一个企业管理,那后来开始建系,我所在的工会建设教研室改为工会学系。同时我们创建了劳动保护系、劳动法学系,就是开始推进学院的这个学科建设,就是系的这种专业化建设,就融入了高等教育的这样一个专业发展的主流,这应该说是迈出了很重要的一步。同时在师资队伍的建设上、在课程体系的建设方面应该说得到了进一步的深化,这个应该说是为后来我们学院的学科专业建设打下了一个良好的基础,也是我们面向学历教育迈出了很关键的一步,这是刚才您提到的我们在第一次更名转制时的一个发展。这里头还有一个就是带动我们学科的建设。比如工会学提上日程,过去工会建设教研室重点是讲授业务课,大多为一些讲座,而工会学就开始探索形成工会的系统理论,使之作为一门专业、作为一门学科,有这样一种学科专业的意识。所以工会学我记得在80年代中期适应中国工运学院的成立在学科建设这方面迈出了很重要的一步。那么这个学科还分很多的专业,比如说工会职工代表大会,这个工会的劳动法律,包括工会的劳动竞赛,就是我们讲的群众生产,包括工会的一些经济技术创新、劳动保护,包括社会保障,它在工会学的这个体系建设过程当中一些专业的走向更加明晰。我参与了工会学这个专业或者叫这个课程的建设,在我们图书馆还有《工会学》这本书,其中有我参写的两章,在这个过程当中我觉得我们学院在学科建设当中可以说迈出了很关键的一步。

问:今年4月30号,习近平总书记给我们学校劳模班的同学回信在社会上引起了强烈的反响,您能不能回忆一下劳模班整个办学的历程以及简单地阐述它的意义。

答:劳模的学历教育可追溯至20世纪90年代初,为的是弘扬劳模精神,培养大批的各行各业的劳动模范。因为我们很多劳模是一线的工人,应该说他们的学历层次不是很高,特别是一线的生产工人这样的全国性的劳模或者是五一劳动奖章获得者,所以党中央对劳模的培养是非常重视的。当时全总的一些领导还有中组部、教育部(国家教委)也都高度关注,那么也是释放了一些政策。就这样我们学校借助这个政策开办了劳模的学历教育,当时劳模班我记得还是从专科层次开始培养我们一线的劳模，主要教授一些基础文化知识、有关经济社会发展和涉及改革开放的基本理论与经济政策、法律知识等。在这些方面为劳模来办学，同时全总给劳模设立了劳模基金，减轻一些劳模上学过程当中的经济负担，包括在招生培养的过程当中提供了很多的条件，特别是劳模毕业以后呢——我记得好像中组部当时还有一些专门的规定，毕业以后按照干部的待遇，这个应该说我们是全国为数不多的一直坚持下来的，2003年我们向普通本科转制之后，办成了劳模的本科班。这个传统一直坚持下来。这个劳模班在创立的时候，我本人还参与了一些课程包括给劳模授课，在教学、交流的同时，我们的劳模也给我们其他一些学历班包括工会的一些短训班开设讲座，这个对整个学校的办学特别是怎么样来培育挖掘弘扬我们这所学校的传统和特色很有意义，我觉得这项工作我们一直把它坚持下来，也是我们这所学校的一个特色，也是一个品牌。所以今年"五一"劳动节前习总书记给劳模班的这个回信，给他们一个很大的鼓励，因为我们在十九大以后中国经济社会的整个发展，我们仍然要弘扬劳模精神，劳模作为引领社会风气的典型，过去我们有这些传统，在各行各业它成为一种标杆，成为一种正能量，我觉得我们这个社会是非常需要的，特别在市场经济这样的一个新的历史条件下，这项工作我们也是一直把它坚持下来了。

问：2003年中国工运学院转制成为普通本科院校并命名为中国劳动关系学院，您认为意义何在？

答：这个意义我归纳了这么三点，它的第一个意义是为国家培养特殊人才，就是工会和劳动关系领域的一些专业人才。那么普通本科的这个创办应该说是一个很好的起点，就是适应这个市场化的改革，劳动关系和工会工作的这个领域不断地拓宽了，我们国家需要大批这方面的专门人才，所以它适应国家对人才的这种特殊的需求——契合这样的一种需求，那么这个转折过程当中应该说是在人才培养方面，这个对我们这个国家来说，特别是对劳动关系工会领域的特殊人才培养来说具有非常重要的意义，就是培养了一些劳动关系领域工会工作领域高端的人才，就是打下了一个良好的基础。同时我觉得我们有一个本科作为起点，在这个起点之上，我们逐渐地把我们的工会和劳动关系这种专门人才的培养能够提升到一个专业人才的水平，比如说我们的一些专业硕士，未来我们可能还有一些博士，就是这些高端人才，这也是符合我们中国经济社会向前发展，在这个领域对人才的培养的这些需求，我们说要高层次或者高端的这种人才需求，对我们学校来说这种转制契合这种需求，而且是一种特殊人才。这个特色就是人才的这种特色，它契合国家的这种需求。这个我觉得是很重要的。同时我们学校在工会劳动关系领域办学的这个特色，我始终还是这样去（理解），转为普通本科的这个学历教育之后呢，工会和劳动关系这个特色，我们一定不能偏离这样的一个基本发展，不能偏离这个着力点和着眼点——就是一定要有特色，这个也是我们这所学校未来发展有后发优势所在。现在大学我们提出叫"双一流"建设，我们可能在一些综合性的学科上和其他的一些走在前列的，像北大、清华这个"双一流"建设过程当中的一些综合性大学相比，不处于优势，但是在这个工会劳动关系领域我们是可以有后发优势，也是我们提升"双一流"大学建设的一个切入点，也是我们在这个点上、这个特色建设方面能够有所作为的、有所发展的，也是能够按照"双一流"建设的这个要求去不断地努力，最后能够有一个新的面貌，所以这一点我觉得我们转制之后这个意义要从一个未来发展来看它是很有意义，这是一点。2003年转为普通本科，我们改制升格为中国劳动关系学院。它的第二个意义就是我们的学科专业建设，这个能够使我们整个学校的学科专业建设更快地融入我们中国的高等教育发展的主流，同时能够通过这样一个发展来带动我们的科研包括图书馆建设、师资队伍建设，包括我们整个管理和服务契合高等教育发展的规律，符合高等教育发展的规范，甚至包括我们的一些领导体制、管理方式，这个是从原来我们一个成人院校走向普通本科的教育（来讲的）。除了我前面讲到的这个学历层次的不断提高，有了这个本科的建设点，专业硕士的建设点，将来我们可能还会在一些特色专业上去发展我们的博士点，所以这个就带动了我们的整个学科专业建设朝着这个方向去努力。第三个意义就是我还是这么认为，工会干部培训是我们这所学院的一个重中之重，所以我们转制之后进入普通本科的教育，我们的这些学科专业建设，那么它能凭借着普通高等教育进入这个快车道，在我们专业学科建设和师资队伍建设的进程当中为工会干部培训提供强有力的支撑，包括我们的师资，包括我们的专业课程，包括我们的实践的领域，所以这个是为我们的工会干部教育打下一个良好的基础。所以工会干部培训和有特色的学历教育应该相辅相成、相互支撑。所以这是转制，我认为对我们工会干部教育是有益的，能够把这个工会干部教育不断地提升到一个新的水平。这是我刚才简要地回答您提出的这个转制的意义。

问：您认为学院是否有必要积极促进全国工会学研究会以及中国工会·劳动关系论坛等学术组织的不断发展？

答：我认为是非常有意义的。全国工会学研究会的活动起步于1983年。但在1983年还没有工会学研究会的称谓，当年第一届年会叫作"全国工会理论教学研讨会"，后来在此基础上成立了全国工会学研究会，它是适应于向中国工运学院转制和创立工会学，后来就把其活动纳入全国工会学研究会年会，但是它的前身是全国工会理论教学研讨会。那么第一届年会是1983年，就在我们学院召开。从那时开始一直延续到现在，全国工会学研究会应该说它也是功不可没的，这个学会我觉得一定要持之以恒不断地去坚持，而且这个研究会除了我们的一些学术交流，它还有一个很重要的功能就是除了中国劳动关系学院，还有很多我们的地方的工会院校，通过这个工会学研究会这个年会大家在一起来交流，特别是工会干部教育，包括一些重大的工会和劳动关系理论的学术交流，所以劳动关系凭借着我们学院、凭借这样的一个平台，实际上也是来带动地方院校，在工会干部教育、工运理论研究上起一个带动、协调的作用，这样的一个作用，相互之间的交流。所以我觉得劳动关系学院作为全总直属的一所全国唯一的普通本科院校，它对地方院校应该是具有这样的一个责任、担当，通过这样一个交流平台，对地方院校的建设也是很有意义的。当然，我们的这个中国工会·劳动关系论坛也是这样，我认为应该每年坚持下来，当然这个论坛现在不局限于我们工会院校系统，它吸纳了关注工会劳动关系这个领域的其他的一些普通本科院校包括一些研究机构，所以我也参加了几届，有很多的创新的成果。同时我希望这样一个论坛能够吸收一些学生参加，所以我们大学的这个人才培养，除我们这个课程以外就是大学生，包括研究生他的科研也要通过这样的一些平台来带动起来，来不断提升他们的这种科研能力，来扩大他们这种研究的视野，所以这个论坛是非常有意义的。所以我觉得除了这个全国工会学研究会、中国工会·劳动关系论坛，我们还可以采取很多的其他的形式，丰富我们的学术论坛。

问：您如何看待工会干部培训工作当中这个中国劳动关系学院的使命以及地位？

答：工会干部培训的这个教育作为我们学院的使命，它的地位是不容动摇的。不仅如此，我们应该坚持这样一个基本的理念或者叫指导思想，同时我认为全总也应该始终坚持不动摇，就是把工会干部教育作为我们学院的一个非常重要的政治责任、政治任务，这项工作应该是把它持之以恒地坚持下来——不动摇。我们现在的问题就是怎么样把这项工作做好。我前面也讲到这个问题，第一还是师资队伍建设。第二就是课程体系建设。就是怎么样能够解决现在这样一个中国经济社会改革开放不断出现的新的问题。新的领域不断地拓展，工会劳动关系面临很多亟待解决的问题。我们的师资队伍如何在这样一种形势之下承担起工会干部培训这样一个使命，这个对我们师资队伍建设提出了要求，所以学院应该在师资队伍建设上下大力气。围绕着我们当前工会的诸多问题，通过我们系列的讲座来把工会干部的培训任务完成好，使我们的这个工会干部通过培训理论和实际的结合，启发思路、增强信心，在这方面能够发挥我们的优势。所以一个是师资队伍建设，这是我们学院要持之以恒做的。第二就是课程体系建设，课程体系建设也是这样。因为随着时间的推移，这些课程要不断地与时俱进，研究新的情况、研究新的问题。我前面讲到的，比如说第四次工业革命供给侧结构性改革，包括农民工问题，包括三大攻坚战，前面讲到精准扶贫包括这个环境治理甚至于包括我们未来可能遇到全球治理的问题、"一带一路"的问题、劳动立法的新的形势要立法的问题，包括劳动关系的一些新的变化，所以师资队伍和课程体系建设至关重要。

问：进入新时代，适应新的世情、国情，您认为中国劳动关系学院在哪些方面应该有所作为、有所创新呢？

答：这个问题问得特别好！这个是我在考虑的问题，就是我们进入新时代，适应新的这个世情国情，学院应该在哪些方面有所作为。作为一所高校，特别是我们有着悠久传统的这样的一所学院，你比如说我们讲提升教育质量、提升我们的管理水平，实际上在我们实际工作当中，它是要始终坚持，它不可能是一蹴而就的，可以说这是一个永恒的话题。但是进入新时代，作为学院的发展，有一些问题我觉得还需要进一步梳理，比如我们提出供给侧改革、"三去一降一补"。作为劳动关系学院也是这样，在"十三五"时期，我们的学院未来的发展，我觉得还是要在基本的办学的定位、办学的格局上，有所为、有所不为——要聚焦我们的特色，就是说我们这所大学的特色究竟是什么？就像我们写一篇文章有它的主题词，这主题词无非是劳动、工会、劳动关系，这是我们这个大学的立校之本，围绕着我们的特色，我们的基本的着眼点也是我们未来发展必须要拓展的领域。因此这个办学格局我们要进行一些梳理，哪一些要继续把它深化，哪一些要考虑该放就放。这就有一个人、财、物、地，这些综合性的一些资源，我们要有一个长远的发展眼光，要根据现有的一些资源和未来我们可能具备的一些条件聚焦特色办学，这个问题我也和很多老师包括我们学院的和一些周边的同志曾经交流过。我是这么看：第一就是我们仍然要打造高层次、高水平的工会干部教育，这就是我讲的我们的基本使命——作为全国总工会直属的一所院校，我们通过工会干部的培训教育，使工会干部这支队伍能够成为推进党和国家中心工作的强有力的一种生命力，这是第一点。第二，我们这个办学还有一个特色就是劳模教育，劳模的学历教育要坚持下来。我觉得我们学校未来发展，如果条件成熟我呼吁能够成立劳动模范学院。这是我们的特色也是我们的一个品牌，也是人无我有，我们能够在这方面有所作为的一个很重要的点，所以这是第二个方面。第三，我觉得还是要围绕着工会劳动关系这个专业领域，推进普通本科的特色的专业建设，这是在本科教育的基础之上，我们的学历教育能否上层次的关键。我们现在有专业硕士点，将来我们力争在特色的专业建设、特色的人才培养上能够有硕士点、博士点，能够去培养一些高端的国家所需要的人才。我们在这方面是有潜力的，我们经过那么多年的发展，我们这个学科是有积淀的，所以我觉得我们转制之后，就是有所为、有所不为，这是我们可以做的。这有一个对现有的专业的梳理问题，现有的专业，包括我们的专业方向。我们有本科，可能还有一些大专层次的教育，这是一个梳理。专业不在多，我们按照现有的生师比，我们现有的这几大块的培训任务，因为我们有干部培训、劳模教育，我们还面向香港和澳门搞一些培训，我们可能还要"送教上门"，我们还有本科教育，就是要梳理一下。学历教育不一定面很大，但是集中在一些有特色的现有的专业基础之上，如果能够再进行一些集中，整合这个专业，能够聚焦在一些特色专业方面，这个也符合"双一流"建设的一个发展方向，这是第三个。那么第四块就是我们推进这个科研，包括我们的劳动关系的智库建设，能够使劳动关系学院在科研方面，特别是围绕国内工会劳动关系这方面的理论研究、政策研究，能够在这一方面成为有影响力的一所学校。它不仅为全总，也为我们这个国家，在这个领域能够提供一些具有前瞻性、具有指导性的理论包括政策的研究的依据和基础，我们在这方面也是有一些条件的。总而言之，我就觉得我们要聚焦工会干部教育、劳模教育、有特色的一些学历教育，而且是要逐渐走到一些高端层次。我不觉得劳模本科办得规模越大越好，甚至可以压缩，提升到专业硕士，包括博士点，就是我们在学历教育上，聚焦在工会劳动关系。另外还有我们讲的科研，这样学校它就可以在现有的人、财、物、地基础之上有一个长远的发展，把它规划好，这个学院会有一些后发优势是其他高校所不可能代替的，是人无我有，人有我可以做得更强的。我们在这方面是有优势的，这是我对学校办学的一些思考。当然现在国家也倡导一些职业教育，我倒觉得全国总工会如果有条件可以专门地比如说让我们筹建一所专门面向职业教育的学校，因为现在我们学院的办学类型比较多，比如本科教育、干部培训、职业教育这些人才的培养它是不同规格的，同时这里头专业错综复杂，专业又决定了师资队伍的一个结构，如果我们面铺得很宽，各种类型拥挤在一起，我们很难保证教育质量，比如说我们的师资，要应对不同类型的课程，他肯定没有那么多的精力，所以需要解决聚焦的问题。这就需要一个梳理，就是对学院办学的定位、办学的格局以及未来的这个发展，我们讲特色是社会需要的，而且这个特色是可持续的，就围绕这个领域来重新进行一个梳理思考。我们不期望它能够一夜之间来解决这个问题，但是要有这种意识引导学校在这些方面走到前列、走到"双一流"的行列当中，这是我的一些想法。

问：感谢李教授，在百忙当中接受我们的邀请，给我们提供一场知识的盛宴，谢谢您。

访谈手记

李德齐教授是我的老领导，不仅因为他曾是劳动关系学院的校长，还因为他直接分管图书馆的工作。在我来图书馆之前，我觉得校长是一个远离我们普通教师的神秘的存在，等到我通过竞聘担任图书馆馆长以后，由于工作的关系与李教授接触得就比较多一些了。李教授在我心目中的印象就由原来主席台上作报告的形象，变成了很多次促膝长谈时的长者形象。我们除了谈工作，还谈生活。他了解我孩子上几年级了，我父母的身体情况；我也了解他在新疆的生活经历，以及家中九十多岁老父亲的点点滴滴。李教授退休后，尽管我们不常见面了，但是电话中、短信中的联络还是不断的。由领导与下属的关系变为单纯的长者与晚辈的关系，甚至朋友之间的关系，这一变化很是奇妙。

这次访谈，采访者本来安排的不是我。由于原定的采访者因工作原因临时决定不能参加访谈，组织者安排我来担任采访者，我便很愉快地接受了这一任务。采访大纲在前期李教授就已经和原定的采访者确定好了，我只是作为一个提问者，或者说一个"道具"，配合李教授完成整个采访。由于专业背景的原因，我对李教授所研究的领域知之甚少，不过通过这次访谈，我学到了很多，尤其让我更充分地了解了李教授的治学经历、治学方法。

可以看出，李教授对自己所研究的领域有非常深的感情，也有着很多将治学视为谋生手段的学者所不具备的使命感。他在求学阶段就已经确立了自己的治学方向，在其后34年的职业生涯中，李教授坚持向书本学，在实践中学，向老学者学，为教学、研究打下了坚实的基础。通过了解李教授的治学生涯，我们既看到了学术研究的薪火相传，也看到了学术研究的继往开来与后出转精。

李教授非常注重学者的国际视野，他自学了英语，并能够和国外学者用英语无障碍地交流。他充分利用赴国外进修、交流的机会，了解中国与域外市场经济国家的劳资关系和工会活动在不同制度体制、历史传统、理论支撑、运作方式背景下存在的差异。通过比较研究的方法，一是不断跟踪研究前沿，二是寻找可资借鉴的地方，三是思考如何走自己的路。可见，"拿来"的最终目的，还是落脚在"如何走好自己的路"上。他山之石，可以攻玉，回看整个中国学术史，通过借鉴，丰富和强大自己，体现了中国学术宏大的格局，也是中国学术数千年来不绝如缕、生生不息的原因所在。另外，交流是双通道的，我们在主动借鉴的同时，还要勇于展示自己。这正是目前我们所缺乏的，"躲进小楼成一统"固然不可以，"取舍由我不由他"也是不够的，还要勇于站在世界舞台的聚光灯下，充分展示自己，并以宽广的胸怀，接纳来自各方的不同的声音。我们现在提倡"四个自信"，我觉得"文化自信"应该包含"学术自信"。李教授在对外交流的过程中，非常注意主动宣传自己，讲好中国故事。李教授在访谈中回忆了2007年他去印度参加的一次国际学术交流活动，他总结道："面对持不同政见的工会，不仅无需躲避，还应敢于靠近主动宣传自己。"这正是学术自信的体现，学术不辩不明，在文明的辩论中，我们会收获理解，也会获取尊重。

李教授尽管已经退休，但是在学术研究上，却退而不休，仍在不断调整自己的研究视野，适应不断变化的现实需求。进入新时代以后，李教授总结了我国劳动关系和工会工作领域的八个研究热点，显示了他敏锐的学术洞察力，以及示来者以轨辙，但开风气不为师的学术气度。青年学者沿着这些指引，一定会收获满满。

今年清明节期间，李教授在返乡祭拜亲人的途中，仍不忘打来电话，确认采访稿定稿的时间，他的严谨也是值得青年学者好好学习的。

陈莹口述访谈录

访谈时间：2018 年 9 月 26 日
访谈地点：中国劳动关系学院图书馆古籍室
受 访 者：陈　莹（中国劳动关系学院退休教授）
采 访 者：任国友（中国劳动关系学院安全工程系教师）
整 理 者：陈　莹（中国劳动关系学院退休教授）
　　　　　任国友（中国劳动关系学院安全工程系教师）

受访者简介

陈莹，女，1966 年毕业于北京石油学院（现中国石油大学）炼油工程专业。1967～1981 年先后在石油一厂与燕山石化公司从事工程技术工作；1981 年起在北京化工学院（现为北京化工大学）任教，1985 年调入中国工运学院（现为中国劳动关系学院）任教，劳动保护系教授。2003 年退休。曾任全国总工会劳动保护顾问组成员。曾讲授工业防火防爆、劳动安全卫生法规、劳动安全卫生管理及工会与劳动保护、职业安全卫生等课程；编著及主编的图书主要有《工会劳动保护简明教程》、《安全卫生权益维护》、《工业火灾爆炸事故预防》、《化学危险品生产单位安全培训教程》（第一、二版）、《企业基本安全生产条件》、《危险化学品生产企业安全生产条件》等；撰写并发表的论文主要有《工会是劳动保护工作的重要力量》《"维权"是工会劳动保护工作的出发点及切入点》《对职业安全卫生立法的思考》《职业安全卫生工作需要"工人参与"》等二十余篇。

中国工运学院 30 余年工作回顾

问：您好！陈莹老师，非常欢迎您来参加工运学者访谈。下面我介绍一下陈莹教授。

陈莹，中国劳动关系学院原劳动保护系的教授，是中国工会劳动保护和劳动领域的知名专家，我院劳动保护专业的创建人之一。

1985 年在"一穷二白"的建系初期，在"没有讲义自编，没有条件也要办专业"的情况下，参与创建了当时国内为数不多的劳动保护专业，实现了当年招生。

陈老师几十年如一日，致力于中国劳动保护和职业安全卫生理论与实践研究，是我国"职业安全卫生法"首倡者之一。多年来致力于职业安全卫生和工会劳动保护理论等方面的研究，呼吁建立包括"职工参与"的职业安全卫生工作"三方机制"并且亲身投入"职工参与"的实践及推动工作。如今已近耄耋之年的陈莹教授仍在为中国工会劳动保护事业和教书育人而努力。

非常开心，今天能请到您。中国劳动关系学院原名叫中国工运学院，是中国劳动（包括劳动保护）学科的发源地。我 2006 年来到学院的时候，就跟您一起探讨过关于劳动保护和劳动法的问题。今天再跟您做一个交流。

从劳动保护专业到安全工程学院

问：我想问的第一个问题：您作为我院劳动保护专业创建人之一，在当时办学条件很简陋、师资力量不足、没有讲义和实验条件的情况下，创办劳动保护专业，对学院发展有什么样的重要意义？您能详细介绍一下当时的情况吗？

答：好的。我是 1985 年 1 月调到咱们学校来的。咱们学校原来是 1949 年在天津成立的全国总工会干部学校，1984 年改为学历教育的学校——中国工运学院。当时的背景就是打倒了"四人帮"，"十年浩劫"结束了。全国人民不管是哪行哪业，年老年少，人人都想把这十年的损失弥补回来，咱们学校也不例外。校领导、老师们都在想办法，尽快把学校的专业建设起来，1985年9月14日，院长办公会议决定：成立工会学系、劳动保护系。经过努力，1985年招了两个专业，是成人大专：一个是工会学专业，毫无疑义，这是咱们学校的镇院之宝，是学校的基础；另一个就是劳动保护管理专业。

大家可能奇怪，为什么劳动保护管理专业能够首批招生？这主要是有两位同志的大力推动。一位是当时全国总工会劳动保护部部长张存恩同志，另一位是从北京市劳动保护研究所调来的冯肇瑞先生。他们两位都曾经在全总干校建校初期开办的工会劳动保护培训班学习过。全总干校成立初期主要工作是围绕劳动科学的建立开展工会干部培训。教员是谁呢？是苏联专家。苏联专家当时讲授四门课程：工资、福利、劳动保险和劳动保护。其中劳动保护因为涉及技术方面的问题：要讲物理、化学等基础知识，所以培训时间比较长。张存恩和冯肇瑞都是这个培训班的学员。当时的翻译是后来的中共中央委员、中央统战部部长阎明复同志。咱们校史馆里头还有他们班的合影，苏联专家与学员的合影，我参观校史馆时看到过。

1984年学校改制为中国工运学院，开展学历教育。张部长非常积极，找到冯先生商量，一定要把这个专业办起来，为推动工会劳动保护事业做点事情，冯先生动员我来的时候就这么对我讲的。当时我在北京化工学院教书，也是很犹豫，是冯先生的诚恳打动了我，而且考虑到学校离我父亲家近一点，便于照顾，这样我就来了。来的时候冯先生说，咱们马上就要招生，9月要开学。任务非常重，什么都没有。只有4位老师：冯肇瑞先生是我国安全系统工程理论的奠基者之一，"文革"前曾在化工部安全处工作过；嵇敬文先生是冯先生在劳动保护研究所的同事，研究通风除尘的专家，现在他90岁了，还健在；王一平老师是当时的北京经济学院即现在的首都经贸大学安全工程系毕业生，科班出身。而我毕业于北京石油学院炼油工程专业，先在工厂工作，后到北京化工学院跨学科讲授"化工技术经济"，到这里来又面对一个跨学科专业，对于劳动保护什么都不懂。当时我们4个人要搞一个专业，9月份就要招生。而且那时候没有成人全国统考，要学校自主招生，任务真是很繁重。但大家劲头儿很高，总算将劳动保护管理专业建立起来了。

问：您能介绍一下当时咱们劳动保护专业是怎么一步步发展起来的？

答：当时就是这样。首先制定培养目标、课程设置、教学计划及各科教学大纲等。此外还有一系列问题：基础课、专业基础课和专业课十几门，我们一共就4个人，师资问题怎么解决？实验室要不要？因为物理、化学都是有实验的。在这种情况下，大家确实做了很多的工作。

我们应对的办法是：努力发挥自身最大潜力，争取兄弟院校的支援。咱们学校条件比较好，西边是首都师范大学，南边是北京轻工学院（现在的商学院），某些基础课和专业基础课可以解决，至于专业课，得到了北京经济学院安工系和北京市劳保所等单位大力支持。上面有全总的支持，学校领导的支持……就这样，大家克服了重重困难，完成了各项开学的准备工作。学校组织了自主招生：工会学专业一个班50名学员；劳动保护专业一个班30名学员。第一届学生基本上是工会干部，还有很多是劳动模范，都是素质比较高的。咱们专业学员来自祖国天南海北，最大的36岁，最小的20岁出头。

问：第一次招生以后，咱们这个劳动保护教学就步入正轨了吗？

答：是逐步地、基本上正常吧。遇到问题想办法解决就是了。

第一届学员1987年顺利毕业。2017年是毕业30周年，首届劳动保护专业毕业班回母校。几乎全部回来了，他们中除一位病逝、一位失联外，一直保持着联系。这次返校30位同学回来23位，全国各地来的，最远是云南。刘丽红副院长和系领导都参加了他们的座谈会。在会上他们对当时的教学是很满意的。回忆起来还记得很清楚：教机械制图的是理工大学的副教授，图画得非常漂亮；教电工课的是轻工学院的老师，讲课很棒；专业课更不用说了，老师主要是北京经济学院（首都经贸大学）安全工程系的。1958年他们学校在国内第一个设立安全工程专业。如教电气安全的杨有启老师，教机械安全的孙桂林老师，都是当时顶尖的。杨老师是1959年清华大学电机系毕业的，他是国内电气安全学科的鼻祖；咱们的冯肇瑞先生是我国安全系统工程奠基人之一，讲授安全系统工程。职业卫生由劳动保护研究所的张家志老师授课，一位女老师，职业卫生方面的专家……你想想这水平有多高，是吧？学生们都说那些老师太厉害了。这次回来同学非常想见见他们，遗憾的是他们都已经八九十岁了，基本上行动不便，有的都不在世了。

第一届毕业生是 1987 年毕业，工会学系一个班和咱们劳保系一个班，当时的毕业照我们都还留着。谁来了？全国总工会主席倪志福来了，副主席罗干同志来了，全总主管部门领导也来了，这在以后历届毕业生的毕业照里是绝无仅有的。因为这批学生不但是咱们学校学历教育首届毕业生，而且是全总系统学历教育的首届毕业生，对于全总干部教育发展的意义非常大。

1987 年全总领导与劳动保护管理系首届毕业班学员合影

问：真是不容易！我听您介绍，在那时实验室啊，讲义啊，什么都没有，办起专业来真的不容易！

答：是不容易。应该说按现在标准是不够正规的，要按照现在教育部对学科的管理，根本就不合格，不可能开设。但是在那时我们还是做到了。

问：后来情况如何？听说遇到了一些困难？

答：是这样的。咱们学校开始办成人大专，初期学生都是从工会干部里头挑选，各省总工会推荐，除 1985 年是通过学校自主招生招上来的外，从 1986 年起就开始全国成人高考统考了。统考比较严格，况且是理工科，对成年人来说比较困难，尽管后期可以招收一些高考落榜生等，但录取的学生还是越来越少，一直延续到 1995 年，只招到 10 个学生，其中有 4 位是青海油田的，一块儿来的。

问：遇到这样的境况，是怎么处理的呢？

答：那年学校将教学楼一层教员休息室改作教室，直到毕业。后来孙中范院长说：以后不招够 15 人，就不办班了。已录取的学生或者在学校里改学别的专业，或者弃权。所以坚持了 10 届，到 1996 年咱们系就没有再办成人大专班了。成人大专班 10 届共 211 名毕业生。据我了解，毕业后他们中相当一部分留在工会系统做劳动保护工作。比如曾经有陕西省总工会劳动保护部部长，西安市总工会、杭州市总工会和株洲市总工会劳动保护部部长，北京市矿务局工会的劳动保护部部长，等等，都是咱们系的毕业生。这次返校的毕业生说，他们有了大专文凭，对后来的工作、生活起了很大的作用，等于提高了一个层次，人生跳了一个台阶，没有这个文凭解决不了。所以非常感谢母校。

问：当时大专学历还是很重要的。

答：是很重要。可是很遗憾，就是从 1996 年开始我们就不招生了，但学校还保留劳动保护专业，这是学校领导的高瞻远瞩！

简单说一下这个情况。学校还要保留劳动保护专业，那怎么维持劳保系的运作呢？于是决定在 1997 年开始在系里增办两个高等职业教育专业，是财会专业和旅游专业。首先要建两个教研室，需要各找一名学术带头人。旅游专业找的是程新造老师，一位男同志，北京旅游学院第一届毕业生。毕业后一直做英语导游，后来年龄渐大觉得太累，就到咱们学校来了。来后我们还聘任了他原来的系主任，后来旅游学院副院长，再后来国家旅游局干部管理学院院长王教授（不记得名字了）做咱们系兼职教授。还在北京旅游学院招了两名应届毕业生，其中一名叫吕莉，现在是咱们学校高职学院旅游专业的副教授了，听说讲课挺好的。财会专业教研室是从中央民族大学招来付娟副教授做教研室主任。还从北京财经学院应届毕业生中招来张燕，现在也是咱们学校的副教授了。来参加试讲时有好几个小姑娘，但只取了她一个人。才一个，怎么办？后来我想外地的财经大学毕业生行不行？给各个学校挨个打电话，打到江西财经大学的时候，说他们有一个很好的毕业生，是系学生会主席，叫任小平，他们推荐他。正好学校孙院长在江西南昌红都机械厂出差，请孙院长面试后，就把任小平要来了。他的能力确实比较强,讲课反映不错。

问:那不是咱们高职学院的两个专业吗?

答:是的,但开始都是咱们系最先搞起来的。我告诉你当时招生怎么做的,孙院长很重视生源,财会专业招生一点问题没有,旅游怎么保证能招上生呢?据旅游学院老师介绍:在江苏省长江沿岸,从南京到上海之间,镇江、扬州、常州、无锡、南通等市办了一系列旅游职业高中。他们的学生有可能愿意深造,你们可以联系一下。1996年冬天,我住在江苏省总工会招待所,一个学校一个学校去跑。记得雪特大,到无锡那雪深得能没脚面。有的学校看不起我们学校,最热心的是扬州旅游学校,还有南通的,他们觉得这是一个很好的机会,又能到北京念大专,肯定有学生愿意来。这两个学校,毕业班同学基本就报满了。孙院长还不放心,要求我们系到江苏参加录取。过去咱们学校录取是由各省总工会组织部干部帮助录取的。这一年录取时院长把我派去了,跟省总组织部同志一起到招生现场当场录取,那时候不是电脑录取,招生人员当场录取。就这样保证了生源。

问:听说咱们系还办过"专业证书"班?

答:是啊。在这以前,我们做过很多努力,例如1997年跟中国船舶总公司合办"专业证书"班,共有23名学员。那个班学员都是各大造船厂的人,包括江南造船厂、大连造船厂等,都是造航母的那些厂。他们的一些安全管理干部,只是中专、技校学历,有工作经验,但没有大专学历评不上工程师,提不上去。一年里全讲专业课。中船总公司方面认为效果不错,很满意。结业式上,他们的人事司司长说,咱们这是"黄埔"第一期,明年接着办。

建国家大剧院时,一天晚上江南造船厂的一位学员,姓朱,给我打电话。他说:"我们厂在这里参加大剧院施工,焊接大剧院的圆顶,我做安全监理工作!"我问他:"你们在我们学校学的有用吗?"他说:"当然有用了,我要没有那大专文凭,哪能做这个工作啊?现在我是工程师了,没问题了!"确实对他们有用,我也很高兴。不知道现在造航母他们有没有参加,可能现在那些人都退休了吧。

问:我觉得咱们这个办学经历,这个过程对后来安全工程专业的发展有一定启发!

答：我想这个"专业证书"班，如果要继续办下去，咱们系当年也能继续办下去。本来我们挺高兴的，没想到第二年，1998年，政府体制改革了，中国船舶总公司拆成了两个公司，这个梦就破碎了。

就这样，虽然做了很多努力，最后还是把劳动保护系给弄"没"了，这是1999年的事。

问：请介绍一下当时的情况。

答：1999年3月全院聘任时决定，由于劳动保护专业长期招不够学生，咱们系就给撤销，暂时撤销了。

我想是因为人们对安全工程专业那时候还不理解，愿意学的考不上，考试过关的不愿意学，很多人都学热门专业去了，像计算机、企业管理、金融什么的。

但是劳动保护教研室还保留，这是学校的远见。劳动保护专业不能没有啊，即使招不上生，教研室也要保留，这样一个态度，确实是高瞻远瞩。

问：这种情况"转折"是在什么时候？

答：转折点在2002年。咱们学校由成人大专转变成招普通高中毕业生的普通高校，这样招生就比较容易了。生源一解决，师资问题是可以解决的。

在这种情况下就是逐步地"转向"，这个专业就从"劳动保护管理"逐步变成"安全工程""职业安全卫生"了。

问：是这样的。2011年2月国务院学位委员会在新修订《学位授予和人才培养学科目录（2011年）》中，将安全科学与工程列为一级学科。这实际上是为我们安全科学工程学的跨越式发展，为我们安全工程本科教育提供了难得的发展机遇。

答：2002年先招了三年制普通大专（教育部要求：普本大专理工科必须三年制），然后2004年或是2005年就开始招本科生了，按照教育部制定的本科专业目录改叫安全工程专业了，各方面都要比大专提高了一大步。

现在咱们系发展很快，由1985年4位老师发展到25位老师，包括4名教辅、21名老师，是吧？现在有特聘教授、教授、副教授、讲师、助教几个层次。很多老师都是博士。当年我们那时候每年招30人都很困难，最少时只有10个人。现在有安全工程、公共安全管理、职业卫生三个专业，每年招170多人！

还先后成立了安全科学与管理研究所和安全与职业卫生工程研究所，学历教育层次进入MPA硕士学位。

由于提出"安全发展"，对生产安全的要求越来越高。对安全科学、安全工程方面人才的需求越来越大！现在咱们系毕业生就业相对比较容易，特别是男生，听说有人手里拿着好几个offer可以挑，这在咱们学校其他专业恐怕未必都能做到。

问：咱们安全工程专业近几年就业率在校内一直名列前茅，特别是专业对口率是最好的。

答：考研也挺多的，是吧？

问：我们现在考研率都在25%以上。

答：还有一些考公务员、出国深造……这跟我们那时候真是不可同日而语，咱系发展得这么快，我真是很高兴！可以说我们那时候是颗种子，现在已经开始开花了，也希望全系持续发展，逐渐成长为一棵大树，结出丰硕的果实！

问：通过刚才我们交流的，可以说在咱们系初创那些年，也是办学最困难的时期。经过学校各方和全系教职工的努力，为如今安工系的蓬勃发展奠定了基础。

答：可以这么说吧！总之是大家共同努力的结果！根据全总对学校"内设机构"调整的批复，从2019年2月起安全工程系升级为安全工程学院，提高、发展令人期待。

关于教学和管理工作

问：从1987年开始，您先后担任过劳动保护系的副主任、主任、党总支书记，任职直到1999年，有12年之久。能否介绍一下您在教学和管理方面的体会？

答：先说说管理吧，教学一会儿再说。

我在化工学院的时候也是参与了管理工程系的创建，最初也是只有4个人，因而冯肇瑞先生一再动员我来。冯先生人非常好，工作上他放手让我去做，出了问题不推卸责任，他承担，这点我是非常敬佩的。所以在他手下干活我没有什么顾虑，是放开来干。包括课程设置、教学大纲什么的，全都是大家讨论后我来执笔。1987年正式任命了咱们系的领导班子，系主任冯先生，总支书记曾德伟还是兼管学生的系副主任，我是负责教学的系副主任。这时才算真正成立了"劳动保护管理系"。

这样算到1999年，我干了12年管理工作。做总支书记和系主任工作，我有几个基本的理念。第一个理念：不是管理而是服务。不是说我要管老师，而是为大家服务。第二个理念：对所有老师要一碗水端平，公平公正。第三个理念：多干不多取。这个指什么？有一段时间是让系里"创收"：要挣钱、分钱。系主任为"创收"要花费较大精力。那个时候主要就是办班吧。利用工作关系，找各省工会主席和劳保部长，给他们办工会劳动保护培训班。从联系讲课老师到安排学员住房等等，基本上是我在策划和运作，其他老师帮着做。我来分配各人工作，但是不管账，由系里曾德伟老师和系秘等人管账。最后的收益按"人头"平分。就是这么三条原则：第一，是服务不是管理；第二，一碗水端平，尽量公平；第三，多干不多取。是不是完全做到了不敢说，但是我是尽力在这么做。

此外我还力所能及为大家做了一些事情。系里每年组织春游和秋游，有两个暑假组织大家去外地玩。第一次是去烟台，是找山东省总工会，省总又找到烟台总工会，由人家给安排的。我们是先坐公交车从北京到天津，再从天津坐船到烟台。咱们系女老师比较多，大部分都带着孩子，最小的王一平的孩子当时才两岁多。大家玩得很尽兴。住在烟台市工会招待所，他们给我们很多帮助，如接送，联系去蓬莱、威海……很周到。大家每天白天游玩，吃完晚饭，大人散步聊天，孩子在院子里跑，气氛非常好。第二年去的承德，通过同学关系，住在24军招待所，他们为我们出游提供了很多的方便。招待所前面就是练兵场，晚上小孩就在练兵场上玩儿，家长坐在看台上聊天，都很高兴。去烟台时还有几位外系老师参加，有人说你们系像个大家庭似的。

问：咱们系现在提出一个口号叫"和谐安工"，您对安工系风的认识是什么？

答：那时我没提过什么口号，但我是努力这么做的。

问：就是能够很好地跟老师处理好关系。

答：有时老师生活方面有些困难或要求，像房子问题等等，我也是尽我所能地帮忙争取。当然自己能力很有限,主要还是依靠学校来解决。

问:请再谈谈学生管理吧。

答:管理学生应该是严与爱相结合。那时咱们系总支书记是曾德伟老师,还有教学秘书是张仁淳老师,她是北大毕业生,工作非常认真负责。我们的观点很一致,就是对学生既要严格也要关爱,学习与纪律上要严格,生活上要关爱。

严格要求,要坚持原则,可以举两个例子。一个是在成人大专后期,学校可以招一些个高考落榜生,有一位学生是财会专业的,父亲是某自治区总工会组织部长。他们班还有一位学生,父亲是某省会市总工会的领导。两人年纪较小,不爱念书,常一起玩,还喝酒。结果一位4门不及格应该退学;另一位3门不及格要留级。当时的班主任邓文平老师非常负责,真是像"母亲"一样,关心他们,盯着他们。可是也不能老盯着啊,还得靠自己。知道孩子要退学后,父亲单位的一位女干部和父亲本人先后来北京出差,找到我说这件事,能不能不退学留在班里或转个专业?他不喜欢这个专业,可否转到法律专业?我说要能转法律专业,我不反对。孩子毕竟年龄小,念点书没坏处,但如果留在我们系则必须退学。如果对他不处理,对其他同学也没法处理。我还建议让孩子回家去念书,他年龄小明年还可以考大学嘛。我们也有孩子,对他一点偏见都没有,孩子不是坏孩子,就是自制力比较差,在父母身边对他的督促教育可能会更好一些。最后他退学了,另一位留级了,此后班上学习风气有了很大改善。

另一个例子是在劳模本科班。我教过第一届劳模班。学员中有的是国家级、省级或行业的劳模和先进工作者,素质都很好,但学业基础参差不齐。我和系里主管教学副主任崔国璋老师(后几届是他教的)商量后意见一致:只有学习上实在有困难的,适当地"放",其他人"不放"。当时班上有一位某钢铁公司的全国劳模,学习很努力,同学们也经常帮助他,就是基础比较差,考试即使分数差一点我就"放过去"了。另一位学生很能干、很活跃,热心参加集体文体活动等,可能因此对学习有些影响,期末考试不及格要补考。听说他现在工作挺好的,不知他是否能理解当年老师的"苦心"?!

对学生除了严格还要关爱。也可以举两个例子。一个是在1989年春夏之交时的事。对当时学生游行支持不支持,制止不制止……上级没有任何的指示。咱们学校党委书记、院长也不知道该怎么办。当时书记和院长把各系书记、主任都召集到办公室，问大家：对学生的游行采取什么态度？后来一致意见是：因为上面没有任何指示，咱们学校对学生游行不支持不反对，更不组织。此外学生游行要保证安全，回来有饭吃，有澡洗。那时学校锅炉房只在周二、周五烧，就这两天能洗澡。但这时游行回来有饭吃，有澡洗。一天我到学生宿舍去，看到有位岁数比较大的同学把床单撕了写了一条大横幅，意思是工人有罢工的自由之类，我严肃地说这标语你不能拿出去，他听从了。原则的东西还得把握。后来重庆有一家工厂人员来外调，是我们系一位1989届毕业生的单位。可能这位学生回单位后说过当时他去天安门的事，被人举报了，结果单位来外调问这人有什么问题。当时是曾书记和我两人接待的，我们说当时学校里没有任何一名学生有问题，没处理过任何学生，写了书面证明。这也是对学生的保护吧。

另一个例子是在2005年，是三年制大专班学生的事。我教他们班工会与劳动保护课。期末考试后的一天我到学生宿舍发还作业，看到一个男生宿舍里挤着一堆人，原来是班里有位同学的哥哥在昆明确诊是肝癌。因肿瘤在肝中叶，手术太危险，当地医院不敢做，第二天要来北京求医，大家在商量去哪个医院。我让他们先等等，我想想看有没有更合适的医院。后来我请一位从医的初中同学帮忙，想办法请到他表姐夫（著名肝外科专家）免费为病人做了手术……非常成功（据说最后只是收了一万多元医院费用）。后来我了解到这位同学家在云南山区，父亲早逝，母亲一个人养大了三个男孩，都上了大专，很不容易。现在哥哥的总公司在昆明，两个弟弟在四川都有分公司，主要做抗震救灾复建方面的建筑工程。

问："教书育人"实际上体现了老师对学生的严格要求和生活上的关照。

答：还有一点。不收任何在校学生的东西，这一点我是坚持的。有一位扬州旅游学校毕业的女生考上旅游专业，母亲送女儿入学，送给我一包床上几件套，那时候还比较少见。我说她已经入学了，任何东西我不能收，婉言谢绝了。还有一位黑龙江的学生，寒假开学时给我带了两只山鸡，他说这不是毒死的，是枪打的，你看弹眼还有呢。这个我退不了，不收就糟蹋了。给钱他不要，只好放暑假时买些东西托同学转交他带回家。这种事情张仁淳老师可能遇到的更多。在校时张老师对同学们多有帮助，寒暑假回校时同学们给她带些特产。有一个泸州市的学生给她带来两瓶最好的泸州大曲,张老师也是本着这个原则来处理的。在校的学生东西一律不收,这点是应该坚持的。

问: 现在谈谈教学吧。我院作为一所工会特色的行业院校,多年来安全工程系一直坚持工会劳动保护专业的特色。有一门课叫作"工会与劳动保护",应该说是劳动保护专业的特色课,培养劳动保护专业人才的核心骨干课程。这么多年您一直坚持不懈地在为学生上课,无论写讲义还是在学术方面耕耘,我有这么一个问题,就是您认为开设这门工会与劳动保护课程,对劳动保护人才培养有哪些作用?

答: 咱们是工会的院校,虽然现在叫劳动关系学院,还是全国总工会所属最高学府。我想咱们学校的特色,就是"工会学"和"劳动关系"这两个学科。这两个学科应该是一流的,只有这样学校在全国高校里才能立足,与人民大学等学校比肩。咱们系工会劳动保护这块儿呢,也应该坚持。现在系里很多老师是原来安全工程和职业卫生专业的博士和教授,但作为咱们学校的老师,对于劳动关系、工会、劳动保护这些内容应该有所了解,学生也应该有所了解。

我开始讲工会劳动保护管理,只是"安全管理"的一章,后来考虑能不能扩展到一门专业特色课,"工会劳动保护"课程是全国独一份,其他学校绝对没有。作为一门"特色课"是在普通大专那时候开始讲授的。一门课要三十几个学时,就我的学识来说只讲工会劳动保护撑不起来。大学我是学炼油工程的,毕业后在石油化工厂做了14年工程技术工作,后来在化工学院讲授化工技术经济,过去对于工会劳动保护一无所知。来到咱们学校后逐渐认识到工会劳动保护必须有所作为,而且可以有所作为。这门课要回答两个问题,第一个问题是工会为什么要做劳动保护工作,这就涉及工会的性质、职责、职能等一系列问题,要把工会基本知识讲透。然后怎么开展劳动保护工作,这是第二个问题,这门课主要就是讲授这两个方面。所以我把这门课的名称加了个字,叫作"工会与劳动保护"。为了开这门课,我确实下了很多功夫。我原来不了解工会学,也不了解劳动关系,为此曾经听了整整一个学期徐晓军教授给劳模班讲授的"工会学"课。基本一堂课没缺,即使因为有事不能上课了,都是向同学借笔记来抄,全部补上。还听了霍起迈老师的"法学基础"课,至于劳动法、劳动关系这些，是买了几本书自学的。在此基础上开出这门课。讲授"工会与劳动保护"分为八个专题，有点像"拼盘"，包括"世界工会的起源""中国工会的产生""劳动关系概述""中国工会的性质""劳动关系与工会""中国工会的权利与义务、基本职责和社会职能""企业职工民主管理与工会"以及"工会劳动保护工作"。通过这门课程的学习，学生们对于工会为什么要参与职业安全卫生，工会怎么样开展劳动保护工作，可以有一个比较全面、比较清晰的认识。

因此建议咱们系里有兴趣的老师可以去听听与工会学、劳动关系学等有关的课程，这在咱们学校里是近水楼台。我的亲身体会，觉得非常有帮助。

问：听了您的这个介绍，我觉得工会与劳动保护这门课的确很重要！此外，您在教学中是如何实现理论知识和实践环节的有效结合的？因为这门课除了工会及劳动保护基本理论知识，还与生产实践有密切关系。对吧？

答：谈教学中理论与实践结合的问题，得从成人大专时期说起。咱们原来是干部培训学校，在成人大专初期几届学生，仍然延续"享受"了干部培训时的一些优越条件。如：学校提供资金，每个班都有一次外出实习的机会。在确定参观学习地点时一般是依靠当地总工会，有时也依靠我在石化系统工作时的关系。我们曾经去过山西大同矿务局、太原钢铁公司、大连石油七厂、湖南岳阳巴陵石化公司等，使同学们起码对工厂有一些实际体验而不只是书本概念。后来条件稍微差一些，还是争取在北京下厂。在门头沟北京矿务局所属煤矿下过两次矿井，我和系里一些老师，如王一平、李璐老师等都跟着同学们一起下矿井，大家都很受教育。后来考虑到安全问题，改去参观位于门头沟的煤炭部职业病（煤尘肺）研究所。研究所与尘肺病人疗养院在一起。所长邢国长是沈阳中国医科大学解放初期毕业生。毕业后他下决心研究煤尘肺，研究了一辈子，是咱们国家第一代研究煤尘肺病的专家，我非常敬佩他。邢先生亲自带我们参观，还在食堂和我们一起吃了简单的午餐。他说我有接班人了，非常高兴。我们看到尘肺病的切片标本都是黑的。后来又到疗养区，听一位病人说身体真难受；有的人躺着喘不过气来，得跪着睡觉；还说以前有人受不了在后山上跳下自杀……这对同学的教育，比听一堂课要深刻多了。还曾通过北京市总工会介绍,参观过几次北京吉普车公司。公司前身是北京汽车制造厂,1984年和美国克莱斯勒汽车公司合资,是北京市第一个合资公司,生产北京吉普。厂工会是北京市工会劳动保护的先进单位,工会主席给大家介绍劳动保护工作方面经验,还领着大家参观了整车的流水线。此外还去过长辛店二七车辆厂,生产东风火车头的。我们参观了铸造、锻造等车间,使同学们对大工业生产有一些感性认识,也很受教育。最后还让我们到即将出厂的火车头上面照了相。很可惜现在没有这些条件了。

大学毕业后我在石化工厂工作了14年(从倒班工人到技术员、工程师),对我帮助很大。我想这不光是技术方面、知识与能力方面,还有一个对工人的感情方面。可以说,如果没有这14年我是教不了现在的课程的。我想如果有条件,安全工程系的老师和学生都应该到工厂去看看。不知道这么想对不对?

问:我觉得是这样,就是说咱们系青年教师多,一个是一般老师不具备工会劳动保护学科背景,对工会产生历史不是很了解,另一个就是我们老师在这个教学的过程当中,您觉得他在这一方面要加强哪些教学基本功?

答:我的想法是,作为老师知识面要宽一些。咱们学校担负着培训工会干部的任务,教师应该对工会、劳动关系等有基本的认识。这都是很接地气的,需要多接触社会实际和生产实际,非常必要。

这一点我有亲身体验。退休后有机会和浙江省总工会劳保部同志们一起做工会"主动参与"职业安全卫生的项目。从2004年起至2008年,4年中去了十余次浙江,有时一次长达十余天。除了在大型培训班讲的几次课,未取分文,也算是个志愿者吧。与省总的同志一起去过很多企业,从民营上市大公司到村镇"作坊",了解了很多情况,交了很多朋友,很有收获,很高兴。

系里老师特别是职业安全卫生研究所的老师,是否可以在这方面下点功夫?第一你可以去听课,在学校里是近水楼台;第二图书馆里有很多书;第三,如果有科研项目有经费,可以下去调研。求得各级工会的帮助到基层去,到厂里去。另外,现在各种媒体对职业安全卫生方面的报道比较多,比较开放、透明。我比较关心这方面的信息,在职时自费订了一些报纸,做了一些剪报,有几个牛皮纸口袋。如2015年天津港"8·12"火灾爆炸事故等,就剪了一大堆。

很期待咱们系今后加强对"职业安全卫生""工会劳动保护"方面的研究,恢复这方面的课程。这是我的一点希望。

思考与收获

问:这是另一个话题,咱们先说职业安全卫生方面的问题。我特别荣幸,在2006年来到学院的时候,就跟您探讨了劳动安全卫生一体化立法问题。当时谈话后我写了一个讲义,您给提了很多意见。

答:那是什么课?

问:"职业安全卫生法",当时我和孟燕华老师讲,现在也讲。

答:你们写的书我已经买了,也看了。谢谢你们的努力!

问:职业安全卫生法与劳动法,与整个劳动关系体系到底是怎么样?外界没有资料,所以当时我借鉴了很多资料,包括您给我的资料。我了解您一直是职业安全卫生立法的倡议者和呼吁者,但2001年,中国就出现了职业病防治法和安全生产法两法分立的局面。您能回忆一下当时的立法情况吗?

答:好的。因为要做这个访谈,我将这些年对这些问题的思考以及发表的文章归纳梳理了一下,下面做一简要介绍。

对职业安全卫生立法的思考主要是在1999年以后,劳动保护系暂停了,系主任卸任了。我主动要求到了学报编辑部。在那里我坐班,完成学报领导安排的各项工作。其余时间在办公室里做一些学习与思考,算是科研吧。

在科研方面我有三篇文章算是比较有代表性、有影响的。

第一篇文章是2001年在咱们学校学报上发表的《维权是工会劳动保护工作的出发点和切入点》,《人大复印报刊资料》曾编入。文章主要论述了三个论点:一是"维护职工权益是工会的基本职责"。二是"获得劳动安全卫生保护是职工的基本权利",将《劳动法》、《安全生产法》和《职业病防治法》中规定的劳动者安全卫生权利进行了梳理,归纳成6项权利(后来扩展为10项权利)。三是职业安全卫生工作需要"工会介入以及工人参与"。大约是2005年或2006年,《工人日报》一位记者来采访,我对她讲了上述三方面内容,重点讲了工人的10项权利,临走时她拿去了我的一些文稿。这之后有一天孙院长在办公楼楼道里碰见我,他给我晃了晃手里的报纸说:"我看见你的文章了,题目好呀,陈莹!"这时我才知道:文章不是以我的名义发表的,而是这位记者以采访形式,用的是稿子里的内容——主要是劳动保护10项权利。文章占一个版面的下半边。文章标题挺大的字:《获得劳动保护是工人的权利》,非常醒目!后来《劳动保护》杂志也摘登了,还是《获得劳动保护是工人的权利》,篇幅不太长,内容就是这10项权利。就这样,可能在社会上有些影响。

第二篇文章是《对职业安全卫生立法的思考》,2007年分3期发表在《现代职业安全》杂志上。我是在2000年前后开始关注并思考职业安全卫生立法问题的,从那时起我就开始酝酿这篇文章。虽然其间发表过,也在研讨会上发表过,但直到现在我还认为它是"未定稿",有时还在想它……

下面请容许我简单回顾一下。

我开始对职业安全卫生立法的思考基于两件事。

第一件事是在1998年。当年9月我参加了全总一个劳动关系考察团去加拿大,共15天。考察地点主要在安大略省。安大略省是加拿大最大、工业最发达也是中小工业企业最多的省。加拿大是个联邦制国家,各省可以独自立法。对于劳动关系涉及的几个方面,每一个方面先由安大略省劳动部官员做介绍,再去参观一些工厂。职业安全卫生也是用半天时间听了劳动部官员介绍并解答提问,我听了有收获。部里有很多有关这方面内容的小册子,可以随便取,我拿了四五本。其中最重要的一本是《安大略省职业安全卫生法释义(指南)》,内容非常详尽。回来后就试着将全文翻译出来,算是解剖一只"麻雀"。对于我可以说是"职业安全卫生法律"的启蒙,启发和帮助很大。

问:您自学的英语吗?

答:是啊,我是学俄语出身。1979年中央电视台"电大"开了一门英语单科课程,老师是北京大学郑培蒂副教授。当时我在燕化曙光厂工作,厂里很支持,我和一些人就利用工作之余学了3个学期,每学期一次考试,最后获得"结业证书",学习了基本语法和基本词汇,算是打下英语基础。后来就是自学,主要方向是"英译中",开始是买了几本《英汉对照科普文选》,后来是找些英语资料,自己硬着头皮翻译,不懂就问人。

这次我将《安大略省职业安全卫生法释义（指南）》全文 2 万多字都译成中文了，也算是一次"英译中练习"吧。

问：这本小册子给您哪些启发呢？

答：的确给我很大启发。对《职业安全卫生法》的基本内容有了一个比较完整、清晰的了解：第一，"职业安全卫生法规的宗旨是保护工人在劳动生产中的安全和健康"，非常明确；第二，企业职业安全卫生工作需要劳资合作，而且法条规定明显倾向于工人；第三，上述两点运行有机制的保证：工厂中要成立"职业安全卫生联合委员会（或联合小组）"。

此外，印象深刻的一点是：法律条款内容具体，可操作性强。这也是咱们国内法所不及的。

第二件事是在 2000 年 11 月。当时《安全生产法征求意见稿（第 10 稿）》发到全总，需要回复。

先介绍一下背景材料：《安全生产法》从起草到颁布历经 20 余年。1981 年 3 月原国家劳动总局牵头组织起草《劳动保护法（草案）》；1996 年 4 月原劳动部将正在起草过程中的《安全生产法》与《劳动安全卫生条例（草案）》、《职业病防治条例（草案）》三合一，形成《劳动安全卫生法（草案）》；1998 年原国家经贸委继承原劳动部的工作，组织起草了《职业安全法（草案）》。2000 年底，国家经贸委在《职业安全法（草案）》的基础上做好修改工作，改名为《安全生产法（草案）》；2002 年 6 月 29 日《安全生产法》由中华人民共和国主席令第 70 号公布，自 2002 年 11 月 1 日起实施。

当时全总劳动保护部部长张成富把我找去了，委托我代为起草对"第 10 稿的修改建议"。我们俩商量重点写两点："三方机制"和"工人参与"。他还给我提了一个问题："安全生产"和"劳动保护"有什么区别？这给我很大启发，使思考更加深入。

我在"代拟稿"中提出："安全生产"与"劳动保护"是两个领域不同而又有联系的概念，前者属于经济领域，而后者属于劳动关系领域。劳动保护法与安全卫生法的宗旨、适用范围和运行机制均有不同。基于此提出了几点修改建议……①

---

① "代拟稿"交上去后的情况我一无所知。——受访者注

这以后约在 2001 年我就开始酝酿、起草文章了。开始分两篇文章来写，就是《职业安全卫生法势在必行》与《职业卫生法的立法设想》，后来将内容合为一篇《职业安全卫生立法思考》。因当时《职业病防治法》和《安全生产法》刚刚出台，没有刊物愿意发表，直到 2007 年由一份民办杂志《现代职业安全》发表。发表后我还在继续思考、修改……2009 年 12 月在劳动关系学科一些单位合办的"中国职业安全卫生立法研讨会"上宣读过。我特别要说到一点：这些年间，我曾参加过多次关于修改《安全生产法》和关于职业安全卫生立法的小型研讨会，有幸认识了北京大学、清华大学及中国政法大学等校的一些劳动法学专家、教授，从他们那里学到了许多（知识），真是受益匪浅，这越发增强了我呼吁"职业安全卫生立法"的信念，并据此对文稿修改过多次。

《职业安全卫生立法思考》这篇万字文章的主要内容是：

一、对"职业安全卫生"概念内涵的理解

二、目前中国尚无一部真正意义上的职业安全卫生法

首先明确《职业安全卫生法》的定位——属于劳动（劳工）法律体系；然后从法律名称的概念、立法宗旨、适用范围、涉及的法条内容、有无"政府、雇主组织和工人组织"三方协调机制以及有无对劳动安全卫生工作的劳动监察等几个方面论述，得出结论是目前中国尚无一部真正意义上的职业安全卫生法。

三、"安全卫生法"和"职业安全卫生法"的主要差异及原因分析

（一）理念与立法宗旨的差异——"安全生产（着眼于生产的安全）"还是"职业安全卫生（着眼于劳动者的安全健康）"

（二）推动职业安全卫生工作运行机制的差异——有无"政府、雇主组织和工人组织"三方协调机制

（三）试分析存在差异的原因

从生产力和社会发展水平的影响、经济体制转型的影响以及"部门立法"的影响三方面进行分析。

四、几点建议

（一）立法方面

包括：创造条件，制定《职业安全卫生（基本）法》，回归劳动法律体系和调整、重建职业安全卫生管理体制及监察体制两个方面。

（二）建立职业安全卫生政府、用人单位、职工（工会）三方协调体制

（三）开展对"职业安全卫生"立法、体制、机制等重大问题的调查、研究、讨论

问：现在咱们有两部法律，一是《职业病防治法（2011 年修正）》，第三条增加了"职业病防治工作……建立用人单位负责、行政机关监管、行业自律、职工参与和社会监督的机制，实行分类管理、综合治理"。还有那个《安全生产法（2014 年修正）》，第三条也增加了"安全生产工作应当……建立生产经营单位负责、职工参与、政府监管、行业自律和社会监督的机制"。

您这么多年一直在不同场合讲课，或者是交流的场合，特别是一些重大的学术会议上，多次呼吁强调职工参与，您认为"职工参与"这四个字的重要性体现在哪一方面？对我们的企业的职业安全卫生工作有什么样的意义？

答：的确，近年来我在职业安全卫生（或安全生产）工作中呼吁及推行"职工参与"（"工人参与"）是做了一些努力：在培训和参加研讨会时大声疾呼；撰写了几篇文章；全程参与了浙江省总工会"工会主动参与职业安全卫生工作"项目。

《职业安全卫生工作需要"工人参与"——介绍浙江省"企业工会主动参与职业安全卫生工作"的探索与实践》这篇文章先是在 2013 年秋一次国际研讨会上宣读，得到与会者的反响与肯定，并于 2014 年初在《中国安全生产》杂志（国家安监局主办）上刊登。可以说是我在"职工参与"方面的总结，也就是我前面提到的第三篇代表性论文。

简而言之，这些年来我在学术上的收获或说成果，第一项是提出关于劳动者劳动保护 10 项权利以及工会必须介入职业安全卫生工作；第二项就是职业安全立法的思考与倡议；第三个是对职工参与的呼吁和推动。这三项都是有关联的、递进的。

下面简要介绍一下我对"职工参与"的一些思考与收获。

国际劳工组织有关"职业安全卫生"的各项劳工公约中对于"工人参与"均有明确规定要求。这是由于"'工人参与'是国际劳工组织的一个基本原则，因为从事作业的工人通过生产活动本身获得的实际经验，往往

最有利于他们确定危害和找出解决的办法"①。世界各国职业安全卫生工作中,"工人参与"也是题中应有之义。

咱们国内也一直重视在安全生产、劳动保护工作中发挥群众监督作用,并有"机制"保证:

1983年11月,国务院办公厅发文明确规定:"在安全生产上,实行国家监察、行政管理、群众(工会组织)监督相结合的制度";1993年7月12日国务院《关于加强安全生产工作的通知》规定:"在发展社会主义市场经济过程中,各有关部门和单位要强化搞好安全生产的职责,实行企业负责、行业管理、国家监察、群众监督的安全生产管理体制";2004年1月9日国务院颁发的《关于进一步加强安全生产工作的决定》中提出,"努力构建'政府统一领导,部门依法监管,企业全面负责,群众监督参与,全社会广泛支持'的安全生产工作格局"。但实际情况并不尽如人意。

毋庸讳言,当前我国安全生产形势尽管日趋好转,但依然严峻,基础依然薄弱。导致这种状况的原因是多方面的,其中法律赋予职工群众的相关权利没有很好落实,职工群众在职业安全卫生工作中的能动作用以及与之相联系的工会组织作用没有得到充分发挥,应是其中重要的原因之一。

我陆续发表的几篇文章中对"职工参与"的必要性和重要性的思考与表达是逐渐加深的,文章主题都是一个:"企业职业安全卫生工作需要职工的参与,职工群众既是生产建设的主力军,也是职业安全卫生工作的主力军。不依靠广大职工群众,没有他们的参与,职业安全卫生是绝对搞不好的。"并对此论点分别从安全原理、劳动关系理论以及企业民主监督理论几个方面进行了论证。

对于"职工参与"和"工会参与"的关系,我的基本观点是:"工会参与和工人参与是一个有机整体。一方面,工会参与的实质是工人参与,工人参与是工会参与的基础;另一方面,作为工人参与的组织者、指导者和推动者,工会的参与是工人参与的保障。"

问:有了观点,写了文章。除了宣传呼吁,您是怎么推动的呢?听说您和浙江省总工会一道做了一个工会"主动参与"职业安全卫生工作的项

---

① 《2007年国际劳工组织世界安全生产与健康日报告》,《中国安全生产报》2007年5月10日。

目，可否介绍一下？

答：从 2001 年起我在全总举办的每年一次的"工会劳动保护干部培训班"以及其他工会劳动保护培训班讲课，最后总是要介绍"联合安全卫生委员会"（简称"联合委员会"）。并说你们谁愿意试？哪怕一个企业愿意试，我都愿意无偿提供帮助，和你们一块做。2002 年的培训课后浙江省总工会劳动保护部部长钟洪江找到我说：我们正在寻找这个"东西"（指"联合委员会"）。他们那里私企、民企特别多呀，需要寻找新机制。后来他到我家看了小册子和译文，临走时还将小册子借去复印，说回去再看。2003 年暑假，全总劳动保护代表大会在南京举行，我们俩都参加了。一天晚饭后我与钟洪江谈到半夜 2 点多，为什么？他没有把握呀，搞这么大的动静，到底成不成啊？我说我也没把握，但是我想即使联合委员会不起作用，顶多是摆设、白忙一场，不会有什么副作用、反作用。后来他们起草了一个文件"工会主动参与劳动安全卫生工作"（简称"主动参与"工作），打算搞试点。文件发给我，我提出问题和修改建议发回去由他们拍板……从那之后，他们每年都邀请我到浙江参会、讨论、调研，把我当作劳动保护部的"编外人员"，大家一起讨论、商议一起做，合作很愉快。

问：可否介绍一下"主动参与"工作的主要内容。

答："主动参与"就是探索工会在中小企业主要是非公有制企业中，依法组织工人参与本单位安全卫生工作的民主管理与民主监督，建立一种"参与—协商—监督"的企业工会劳动保护监督机制。其所追求的目标是企业、职工和政府"三赢"。

工作内容是：工会推动在企业中组建"联合委员会"（工人委员至少一半，双方各一名主席）。运作方法是 20 个字："查找隐患、平等协商、签订协议、跟踪落实、持续改进。"这 5 个环节是有机整体，其中查找隐患是前提，平等协商是核心，签订协议是保证，跟踪落实是关键，持续改进是目的。

推动这项工作的基本方法是：动员；确定试点单位；工会干部下到基层、企业调研指导；发现典型及时总结经验；交流经验再动员……像水波一样，一波波展开……在这个过程中，全省涌现出一批好典型。如义乌市总工会、后来成为中国企业 500 强的"海亮集团"、最基层的慈溪市金堂村工会等一批好典型，其中有很多非常生动的事例。

"主动参与"工作自始至终得到全总劳动保护部的支持与指导。张成富部长和几位副部长曾多次参加调研，出席动员、推广会，他们认为这项工作是中小民营企业工会劳动保护工作的新路子。

2017年9月，全国总工会在义乌市召开了"主动参与"工作推广现场会。全总张鸣岐副主席及国家安监局副局长梁嘉琨出席。各省总工会副主席及劳动保护部部长都来参加。会上有浙江省总工会、金华市总工会等十余个单位交流了开展"主动参与"工作经验和体会。

经过几年实践，"主动参与"工作取得了"党政支持、企业欢迎、职工拥护、工会有为"的效果。改善了企业，特别是大量中小型非公有制企业的职业安全卫生状况；推动了企业建立自我约束、自我完善的安全卫生管理机制；提高了企业职工的安全卫生素质；强化了工会劳动保护工作；增强了工会的影响力和凝聚力；提高了职工的民主参与意识，促进了企业劳动关系的和谐发展。

总结会上国家安监局梁嘉琨副局长讲话，他充分肯定了浙江工会"主动参与"的经验，就是全员参与、持续改进。并说"主动参与"确实是我们安全工作中的一项治本之策。

问：看来做工会劳动保护工作真是很不容易啊，尤其基层，他们难度最大，要吃透上面的精神，还得服务下面的职工，搞的活动还得贴近职工实际。

答：你说得很对！在浙江省，看到很多基层工会干部真是兢兢业业在为职工（主要是农民工）办实事。我很敬佩他们！

问：我注意到近年来修订的《安全生产法》和《职业病防治法》中已经有"职工参与"的内容了。您能简要说一下吗？

答：2001年、2002年相继颁布的《职业病防治法》和《安全生产法》均没有关于"运行机制"的内容。

10年后，2011年修订的《职业病防治法》第三条增加了"职业病防治工作……建立用人单位负责、行政机关监管、行业自律、职工参与和社会监督的机制，实行分类管理、综合治理"。

后来修订《安全生产法》时"开门立法"，2012年6月4日于互联网上公布了《安全生产法修正草案（征求意见稿）》公开征求意见。第三条修改为"安全生产工作坚持安全第一、预防为主、综合治理的方针，强化和落实生产经营单位的主体责任,建立生产经营单位负责、政府监管、行业自律、群众参与和社会监督的机制"。

"征求意见稿"在社会上引起较大反响。我也用电子邮件发去了"对《安全生产法修正草案(征求意见稿)》的思考与建议"。其要点为:预防职业伤害问题涉及企业管理和社会管理(权益保护)两大领域。基于目前我国没有《职业安全卫生法》的现实,《安全生产法》应当遵循"以人为本"的科学发展观,立法宗旨兼顾经济发展与社会进步两个方面,且在法律条款上体现出来:"《安全生产法》立足'以人为本',应突出体现在:'为了职工群众、依靠职工群众(工会)'。获得安全卫生保护是职工的权利,维护职工合法权益是工会的职责,企业安全卫生工作需要职工的参与和监督,工会是职工参与、监督的推动者、组织者和指导者。"

对"征求意见稿"的反馈得到立法部门的重视与认真对待。这充分体现在2014年修订的《安全生产法》第三条中:"安全生产工作应当以人为本,坚持安全发展,坚持安全第一、预防为主、综合治理的方针,强化和落实生产经营单位的主体责任,建立生产经营单位负责、职工参与、政府监管、行业自律和社会监督的机制。"对《征求意见稿》第三条内容做了重大修改:一是将"群众参与"改为"职业参与";二是将"职工参与"从机制中的第四位提前至第二位。

看到颁布的《安全生产法(2014年修正)》后,特别是第三条内容的修改,对比"征求意见稿"可以看出:最后定稿时充分体现了社会的共识,使我感到十分欣慰。

问:最后一个话题,就是2019年中国劳动关系学院就要迎来70年校庆,您对学院办学的建议有哪些?尤其对我们安全工程系教师有哪些殷切希望?

答:我还是那个希望。最近为迎接70周年校庆,学校提出要"特、精、尖",其中"特"就是"中国特色、劳动特色、工会特色",这非常好!

咱们安全工程学院,工会劳动保护这部分不能丢,而且要加强,这是学院的特色,也是咱们的职责和任务。要深入研究工会劳动保护的理论,讲好工会劳动保护课程。找机会多下去,先从调研开始,发现好的经验,咱们当个宣传员,总结、介绍和推广;发现存在的问题,帮助他们一起寻求解决方法。

最后，我衷心期待着安工学院在职业安全卫生和工会劳动保护理论研究与实践上早出成果，多出成果！

问：非常感谢您！

答：别客气！谢谢你的采访！

访谈手记

2018年9月27日上午，经过近5个月的准备，中国工运文库"口述史"项目组对陈莹教授的访谈如期进行。访谈拍摄在图书馆三楼进行，2个多小时的访谈使我对陈老师有了全新的认识。

总体印象：劳动情怀深厚的教书匠、学者

陈莹，女，中国劳动关系学院劳动保护系教授，原系副主任、主任、党总支书记，中国工会劳动保护和劳动法领域的知名专家，是我院劳动保护专业创建者之一。1985年，在"一穷二白"的建系初期，在"没有讲义自编，没有条件也要办专业"的情况下，创建了当时国内为数不多的劳动保护专业，实现了当年招生。陈老师三十年如一日致力于中国劳动保护及职业安全卫生理论与实践研究，是我国"职业安全卫生法"首倡者之一。多年来致力于职业安全卫生工作（劳动保护）建立"企业、职工、政府三方机制"及"职工参与"的研究、实践与推动。如今，已近耄耋之年的陈莹教授仍在为推动中国工会劳动保护事业和教书育人做着积极贡献。2018年9月，陈老师接受乔健主任的邀请，担任劳动关系专业的职业安全卫生课程的主讲。从接受课程教学任务开始，陈老师重新编写了自己多年的教学讲义，从新闻媒体、报纸、劳动保护期刊中重新收集了大量鲜活的案例，充实到讲义中。同时，查阅了大量的专业书籍，甚至将我主编的《职业安全卫生概论》也买到家中研读，在口述史专家会上，我与陈老师见面时，她还提及此事，并指出了书中的优点和不足之处。2017年2月13日，中国劳动关系学院第一次将"劳动情怀深厚"的高素质应用型人才培养目标写入《中国劳动关系学院"十三五"发展规划》，我校也成了第一个将"劳动情怀深厚"写入人才培养目标的高校，也正是因为有一批像陈莹教授那样深怀劳动情怀的劳动专家的多年耕耘，才有了今天欣欣向荣的劳动教育。

初次相识：2006 年亲邀家中研讨教学大纲，成为我教学工作的引路人

2005 年 12 月 31 日，我正式从东北石油大学调入学校，担任安全工程系基础教研室副主任，承担了石油化工安全、安全心理学、大学生安全文化、事故调查与案例分析、职业安全卫生等 5 门课程，其中令我最头疼的课是"职业安全卫生"课程，因我来校之前从来没接触过。为了能讲好课，我四处打听，终于有人告诉我陈莹老师讲过，就要了她的电话号码。我心里有些嘀咕：打电话，一旦陈老师拒绝了怎么办？我怀着忐忑不安的心情拨通了电话，陈老师听了我的来意，不仅没有拒绝，还邀请我到家中做客。在近 3 个小时的家中面对面交流过程中，陈老师没有任何大咖的架子，而是耐心地将中国职业安全卫生和劳动保护发展史给我梳理了一遍，使我第一次接触"职业安全卫生"课程就从学术源头和企业安全实践两个维度得到陈老师的点拨，茅塞顿开。同时，陈老师将花了多年心血写的教学大纲交给我，还密密麻麻地加了许多批注，并指出今后教学中的重点和需要加强的内容，使我受益终身，成为我安全工程专业教学工作起步的引路人。

再次相邀：2008 年亲邀家中畅谈劳动保护科研，成为我工会科研的导师

2008 年，是我调入学校的第三年，在参与完成孟燕华教授主持的"工会在安全生产中的作用与角色"院级课题后，我对工会劳动保护科研方向产生了浓厚兴趣。但由于对基层工会劳动保护工作了解不多，我再次打通了陈莹老师的电话，说出了我的想法，陈老师再次邀请我到家做客。在近 4 个多小时的学术思想交流过程中，陈老师客观指出了中国加强工会劳动保护科研工作的紧迫性、必要性，以及工会劳动保护领域科研薄弱方向，使我一下子意识到今后在劳动保护上应该做点什么。有了这次交流，我本人也下定决心把工会劳动保护作为一个明确的科研方向。这次交流，为我编写《工会劳动保护实用全书》《工会劳动保护监督员工作指南》等 6 本学术著作和开展相关科研项目研究奠定了坚实基础。也想借这次口述史采访之机，感谢陈老师提供的相关学术资料和热心帮助。可以说，陈老师是带我进入工会劳动保护领域的科研导师！

"职工参与"入法：我一定要说出的陈老师的"秘密"

陈老师一直是职业安全卫生立法的倡议者与呼吁者，但 2001 年中国却出现了《中华人民共和国职业病防治法》和《中华人民共和国安全生产法》两法分立的格局。借此文稿，我想说一个陈老师的"秘密"：陈莹教授提出的"职工参与"建议先后被写入《中华人民共和国职业病防治法》和《中华人民共和国安全生产法》中。2011年12月31日，第十一届全国人民代表大会常务委员会第二十四次会议通过《关于修改〈中华人民共和国职业病防治法〉的决定》，其中将"职工参与"四个字写入《中华人民共和国职业病防治法》第三条，即职业病防治工作坚持预防为主、防治结合的方针，建立用人单位负责、行政机关监管、行业自律、职工参与和社会监督的机制，实行分类管理、综合治理；2014年8月31日，第十二届全国人民代表大会常务委员会第十次会议通过《关于修改〈中华人民共和国安全生产法〉的决定》，其中将"职工参与"四个字写入《中华人民共和国安全生产法》第三条，即安全生产工作应当以人为本，坚持安全发展，坚持安全第一、预防为主、综合治理的方针，强化和落实生产经营单位的主体责任，建立生产经营单位负责、职工参与、政府监管、行业自律和社会监督的机制。2011年以来，我在讲授"职业安全卫生法律法规"课程时，每次讲到《职业病防治法》和《安全生产法》相关条款时都提及"职工参与"的学术来源，讲述陈莹教授在劳动立法上的重要贡献。

最后，非常开心作为陈莹教授的访谈人，自己又经历了一次与陈莹教授面对面交流的机会，是我人生难得的宝贵财富！

冯建威口述访谈录

访谈时间：2018 年 11 月 1 日
访谈地点：中国劳动关系学院图书馆古籍室
受访者：冯建威（中国劳动关系学院退休教授）
采访者：何爱敏（中国劳动关系学院 2017 级硕士研究生）
整理者：冯建威（中国劳动关系学院退休教授）
何爱敏（中国劳动关系学院 2017 级硕士研究生）
刘　甲（中国劳动关系学院 2017 级硕士研究生）

受访者简介

冯建威，中国劳动关系学院原党委副书记。1951 年参加中国人民解放军，入北京炮兵学校学习，1954 年毕业于指挥专业，获优秀学员称号，留校任兵器教员，后调往南京炮兵学院继续任教，因学习和教学工作成绩突出多次立功受奖。1979 年转业到地方工作，调至中华全国总工会干部学校，任经济学教员，教授政治经济学和劳动经济学（主要是社会保障学），曾任政治经济学教研室主任和劳动经济系主任，中国劳动学会社会保险研究分会副会长和劳动科学教学研究分会副会长。曾参与国家级、部委级以及国际有关社会保障的多项科研课题，因在经济学尤其在社会保障学领域具有较高的学术造诣和突出贡献，荣获国务院颁发的"政府特殊津贴"。

问：大家好，这里是工运文库"口述史"项目组，今天有幸请到冯建威先生。冯教授，中共党员，中国劳动关系学院原党委副书记，享受国务院政府特殊津贴,主要研究政治经济学、劳动经济学和社会保障学,曾任中国劳动学会社会保险研究分会副会长,劳动科学教学研究分会副会长。自 1979 年调入中华全国总工会干部学校任教以来,已经在劳动经济和社会保障领域深耕近 40 载,著述颇丰。作为研究者也作为亲历者,冯先生经历了中国劳动经济和社会保障制度建立、发展、改革的全过程。今天就借着中国工运文库口述史项目的实施,和冯老师聊一聊他的求学、治学之路,将这些宝贵的历史财富记录下来,以馈后人。

冯先生,您 1935 年出生于河北滦县,经历了抗日战争和解放战争,可以说是在隆隆炮火中成长起来的。那种环境是现在这些学生无法想象的,请问在那段危险艰苦的岁月中,有没有什么特殊的经历让您终身难忘?这些经历对您人生观和价值观的构建起到了什么样的作用?

答:我生于 1935 年,在 1945 年之前的十岁阶段,也即我的幼年和少年时期完全是生活在日本侵略者的侵略暴行当中。我目睹了日本军国主义者对中国人民的残害掠夺与对中国社会发展的阻碍和破坏。这里边我印象最深的有三点。第一个印象深的就是日本帝国主义者对中国人民的残害。我出生在一个四等的小火车站,这个火车站人口并不多,但是日本鬼子却有一个中队的驻军,他们在距离这个火车站南方一里多的地方设置了一个杀人场。在这个杀人场,每一个柱子上都可以绑一个人。他们经常把在扫荡中抓捕的八路军和一些无辜的老百姓绑在柱子上,或者用刺刀挑死,或者让狼狗把他们的胸腔扒开、肚子扒开,然后把他们杀死!还有在我们家窗前,他们把抓来的八路军和无辜的百姓压杠子灌凉水,每天都可以听到惨叫声。我的祖母就是因为这种惨叫声的刺激,大病了一场。除此之外,我们还经常看到日本兵对来车站办事做买卖的人随意抓捕,随意毒打。这是日本帝国主义者对我们中国人民的残杀!第二个印象很深的就是日本帝国主义者对中国社会财富的疯狂掠夺。我们的家乡处在冀东,在开滦煤矿市区的郊区。开滦煤矿,原来是英国人开采的,煤质极其优越,用明火就可以把煤炭点着。日本鬼子为了支持它的战争行为,每天从这里要运走四到五列车皮的煤炭,每一列车有 50 节车厢,每一节车厢可装载 50 吨煤炭。那么一天的话,它大概就可以运走 10000 吨煤。八年的侵华期间运走了 3000 万吨到 3600 万吨的优质煤炭,从秦皇岛或者营口运到日本,支持它的战争行为。平常日本鬼子吃的粮食和用的物资,也都是从中国的农村或城市掠夺的，这就不必细说了。第三个印象深的就是对中国社会发展的破坏和阻碍。我们冀东地区是一个物产非常丰富的地区，盛产经济作物花生、桑条等等。因此在冀东地区的一些城镇，开办了大量的货站商号。所谓货站就是把农村的经济作物收购上来，然后经过粗加工、初步加工，运到城市里进行售卖，有的还运到国外，进行国际贸易。每个车站上都有许多货站商号，像我出生的这样一个小车站，四等车站，竟然有十来家货站，都是从事花生的粗加工、桑条的粗加工以及其他农副产品的加工和运输的。

但是自从日本鬼子在这里驻军以后，由于它对中国人民的残害，很多人不敢到车站来做买卖了，因此逐渐地大部分货站停业、关门了。周围的经济作物农产品也就不能够再运销外地，更不必说运销国外进行商业贸易，他们的店员就都失业了。一般商号的经营者和店员都是周围农村的人，那么商号倒闭关门之后，他们又回到农村，继续从事农业生产，以农业生产来保障他们的生活。本来这些商业代表了我们中国资本主义商业相当程度的发展，日本鬼子侵华之后，把我们这种资本主义商业的发展给阻断了。一直到1945年日本投降之后，这些买卖才逐渐恢复。所以说日本帝国主义的侵略不是帮助了中国，而是对中国社会的发展进行了极大的破坏和阻断，这是我印象最深刻的。总之，在我的少年时期，在日本帝国主义者的铁蹄之下，生活是既痛苦又恐怖，所以我没齿难忘。

还有另外一方面的深刻感受，就是我们共产党八路军领导的抗日战争，我觉得这也给我留下了非常深刻的印象。日本帝国主义者侵略中国的时候，它所占领的只是铁路沿线的狭窄地带。距离铁路沿线十几里外，就是共产党八路军的根据地，是我们的天下。我见证了共产党八路军所领导的抗日活动在这八年期间如火如荼地开展。我印象最深刻的就是，我们共产党八路军在铁路沿线炸火车破坏铁路的抗日行为！我曾经看到过，也感受到我们抗日军民对日本帝国主义的打击，在我家南方一里多的地方，就是铁路，曾经历过两次炸火车，炸火车以后，我们的八路军和抗日群众就把火车上的东西尽可能快地运走了。

还有一次是炸票车（客车），这些抗日行为不但得到了当地老百姓的支援和拥护，而且沉重地打击了日本帝国主义者的侵略气焰。但是他们也进行了疯狂的报复。有时发生了炸火车的事故以后，在铁路上有很多翻倒的列车，周围的群众有的时候远远地围观，日本鬼子去了以后就用机枪对围观的群众进行扫射，我们村里有两个老百姓就被打死了。

总之，在这八年期间，我看到了我们共产党八路军领导抗日的英勇行为，同时我也感受到了，也知道了我们的蒋委员长早就不在这儿抗日了，而是跑到西南大后方躲起来了。总之，在幼年时期，我亲历了日本帝国主义者对中国极其残忍的侵略，看到了我们共产党八路军英勇的抗日行为，也看到了国民党消极抗日甚至逃跑的行为。这是幼年时期我深深的感受，虽然年龄小，但是我对这些事情有着深刻的记忆。尤其是在1942年的深冬季节，日本鬼子到我们村里来扫荡的时候，把所有老百姓都赶到大街上，然后用刺刀背在每个人的脑袋上或轻或重地击打，当时我也在场。挨了打之后，很多孩子都哭了。这些亲身的经历至今印象都是非常深刻的。

问：可以看出抗日战争那段艰难的岁月对冯老师产生了很大影响，您对经历的一切至今都历历在目，讲得很生动，也很愤慨。新中国成立以后，您就光荣地参了军，这应该是影响您一生的一个重大转折，当时征兵应该是非常严格的，您是怎样争取到这样宝贵的机会呢？

答：我是在1951年抗美援朝战争期间参军的，那时国内的战争已经基本结束，当时中国与所谓的以美国为首的联合国军正在朝鲜进行战争。抗美援朝的时候，国家为了加强国防建设，建设现代化正规化的人民军队，保家卫国，号召青年知识分子加入军校。当时我是参加军干校，不是服兵役，当时还没有兵役制，参军就是参加军干校，就是现在所说的军官学校。当时参加军干校也比较简单，先是个人报名，由学校党组织和团组织联合审查，然后由军校招生的工作人员进行审查，审查合格以后就可以入伍了。我是在1951年7月10号进入了中国人民解放军的炮兵干部学校。

问：您在北京炮兵学院毕业后留校任教，您在军校学习期间学的是什么专业？留校任教以后又从事哪方面的研究和教学呢？

答：我进入军校，没有更多的考试，报名批准，就入学了。入学以后，进行了文化程度摸底考试，主要是考数学。因为炮兵的技术特点就是涉及很多计算，所以要考虑数学的底子，然后根据数学底子的不同程度进行编队，我被编入了军事队，主要学习指挥。

问：您在1961年调到南京炮兵学院任教以后，研究方向有没有发生变化？

答：1954年，我从北京炮校毕业，因为毕业时我是优秀学员，立了三等功，所以毕业后就留校任教了。任教以后我当兵器教员，主要讲授火炮的使用、维修保养并负责其他的各种勤务。当时我们讲授、训练所用的火炮是咱们中国当时野战炮兵里边最大口径的火炮，152毫米。我到了南京炮校以后，专业没有变化，还是兵器教研。但是教学对象和所使用的武器都不是原来在北京炮校所能比的了，全都改成国产的了。这说明我们新中国成立以后经过十来年的努力，国民经济建设有了很大的发展。军工体系在很大程度上能够自力更生，能够制造自己的武器了。所以我到南京炮兵学院之后，专业没有变化，但是教学的对象有些变化。同时当时又面临着蒋介石叫嚣反攻大陆，所以我们在教学内容上比较关注台海局势的发展，武器的运用和指挥都要考虑到这个因素，同时还要考虑到美帝国主义对于台海战事的干预。所以我们在授课内容上没有变化，但是在关注方向上有所侧重。

问：冯老师您是1979年调入了全总干校，当时全总干校已经停办了十余年，刚刚恢复办学。您之前是在军校任教，一下子调到这样一所学校，会不会感觉有点水土不服，您调入全总干校之后有没有遇到特别大的困难？后来是怎么解决的呢？

答：从政策上讲，我是1979年由部队南京炮兵学院转业到全总干校，但是实际上，我在十年前，即1969年我就到了地方工作，这是因为在"文化大革命"当中，对于用人的标准，完全按照极"左"路线来执行。所以当时在极"左"路线的指导之下，部队有一大批人受到了不公正待遇，主要是各个军事领导机关的干部和军事院校的干部以及科研单位的干部，还有文艺团体的干部，这些干部应该说都是我们中国人民解放军的精英，都是知识分子。但是由于他们各个方面的条件包括家庭出身、本人的一些表现等都不符合极"左"路线的标准，所以这里边相当一部分人受到了不公正待遇，被剥夺军籍，取消干部级别，一撸到底，到地方上复原为工厂工人。我就是在1969年到了一个工厂。到1978年，中国共产党的十一届三中全会之后，党中央开始进行拨乱反正，平反冤假错案。我们也得到了平反。平反之后，我们又恢复了军籍，恢复原来的干部身份和级别，补发了工资，恢复了其他的待遇。这样，我就重新由部队转业到地方。这个时间点就是1979年，所以我是1979年离开军队的，但事实上我在1969

年即十年之前就到地方了。到地方以后，正好有一个机遇，那时候正是"文化大革命"时期，非常注重马克思主义理论学习。北京市总工会响应中央加强马列主义学习的要求，组织工人尤其是组织一部分有一定水平的工人来进行马列主义的学习，组成了一个马列主义理论培训班。从各个工厂抽调理论水平比较高的干部来参加理论培训，而我就在这个3000多人的工厂里面被挑中了。我就去参加学习，当时各个大学已经停课闹革命了，所以老师非常充足。因此把一些顶尖的马列主义的老师都调来讲课，主要是学习马克思主义经典原著。比如说《共产党宣言》《雇佣劳动与资本》，还有《政治经济学批判导言》。《资本论》是大部头的，这也要啃的。还有哲学方面的，就是《路德维希·费尔巴哈和德国古典哲学的终结》，这纯粹是唯物主义的著作，还有《社会主义从空想到科学的发展》。这些都是原著，都是原原本本地啃。所以这样的话，前前后后啃了4年多。从1971年，1972年下半年，从1972年到1976年，有4年多时间专门啃原著，大部头的就是《资本论》三卷。

所以我觉得这个学习经历非常有用！它一方面使我熟悉了马克思主义的最重要的一些基本理论，同时，也用马克思主义的世界观武装了头脑，这个武装，在我参加军校的1951年就已经打下了一定的基础，因为那时候刚入校进行政治思想教育，学习了政治常识，主要就是马克思主义一些简单的基本原理，还有我们的社会发展简史、军史和党史。所以那个时候打下了一定的基础。

那么这次进行专门的马列主义原著的学习，又进一步武装了头脑。我觉得这些东西对于我坚定马克思主义的信念，成为马克思主义的崇拜者，非常有作用，可以说有巨大的作用。所以到全总干校之后，我教政治理论应当说有了充足的准备。实际上我在来全总干校之前，已经在农机局的宣传部工作，并且在党校已经上了几年的课。所以我到了全总干校以后，并不感觉突然，困难也不大。

问：之前的学习已经给您来全总干校打下了很好的基础。1984年，全总干校更名为中国工运学院，并且在第二年开始成人教育，这个事件对咱们学校的发展也至关重要，您作为亲历者，能不能回忆一下当时的情况，还有一些重要的时间节点？

答：1984年，全总干校更名为中国工运学院，是一个很大的历史转折,可以说是我们中国工会理论教育的一个里程碑式事件。从此我们的工会理论教育进入了一个新的更高的发展阶段。它使我们工会的理论教育由少数高层次的培训,转换到正规的、系统的、普遍的学历教育。为了实现这种转换,我们大力地开展了多方面的工作,很多工作是很有创造性的、开辟性的。一个是进行了全新的专业设置。当时是陆续建立了几个系包括工会学系、经济管理系、劳动经济系、劳动保护系和劳动法学系,还有两个教研室,一个是马列理论教研室,还有一个是基础教研室。还有体育课,这都是翻天覆地的变化,原来全总干校没有这些系的设置。那么有了这些系的设置以后,就相应地进行了组织结构的调整和建设。要建立系,首先要有系的领导干部,还要有教研室的教学秘书这样的行政工作人员,所以要进行组织建设,这是第一方面。第二方面,就是专业设置,全面进行调整。因为有了这样一些系,我们的专业就得相应地进行设置,就要调配教员、准备一些资料,我觉得这些巨大的创造性的工作主要包括三个方面。

这三个方面,首先就是建立一个学校所必需的合格的师资队伍。当时师资主要来自三个方面,一个方面是从各个大学里调一些造诣比较高的老师;第二个方面就是1987年前后,我们从很多大学的研究生里面调了一大批人过来,现在他们都是学校各个系的领导干部,或者是学术带头人、骨干教师;第三个就是从社会上招聘了一批老师。这是第一个,建立合格的师资队伍。

第二个就是编写有质量的教材,当时抽调一些资深的有经验的老师,用3~4年的时间,把教材基本完成。这是第二个。

第三个就是大力搜集教学参考资料,并在各个系建立资料室,现在各个系资料室撤销了,没有了,都归到图书馆来了。除了在各系建资料室,我们还加大图书馆建设的力度。图书馆现在的规模超过原来很多倍了。但是在那时候,我们能专门地建立一个图书馆,而且能够调从事图书管理专业的人来组织这方面的工作已经是非常不容易了。

总之,师资、教材、教学参考资料三方面的工作,这都是创造性的工作。学校发展能有今天的成绩,我觉得当时这些人的努力功不可没。

问:对,现在这些老师都已经成为我们学校的骨干老师了。

答:骨干老师,学术带头人,对。

问：今年（2018年）4月30日习近平主席给我们学校劳模本科班回信，在社会各界引起了强烈的反响。中国工运学院第一期劳模本科班是在1992年9月开办的，当时您是学校的党委副书记、副院长，对劳模本科班的开办过程有更为深入的了解，您能否简单介绍一下劳模本科班从筹备到开班的过程？

答：劳模本科班的开办是我们工运理论教育的一件大事，受到了全总的高度重视，在全总下达任务之后，我们学校全力以赴把这个事情努力做好。因为当时我不具体负责这件事情的组织工作，所以谈不出更多具体的问题来，但是我可以概括地介绍，对劳模本科班，全校都给予了各个方面最优先的照顾，最好的人员，最好的教师！所以使他们能够高质量地毕业，我觉得这是我们学校非常光荣，也是我印象非常深刻的一件事情。

问：好的，下面想问一下您关于社会保险方面的问题。新中国成立以后，我国的社会保险制度从原来的以国家为责任主体、企业为责任主体，改为社会统筹和个人账户相结合的社会保险制度，而在这个制度刚起步的时候，有没有职工因为对这个制度不了解，产生抵触情绪？您能不能分享一两个典型的案例？

答：新中国成立之初所建立的是企业职工的劳动保险。那时候叫劳动保险，它是1951年拟定，1953年正式修正公布，到90年代初建立起来的。我们现在是社会保险，是企业职工的社会保险。劳动保险和社会保险有传承关系，有内在联系，但是由于时代不同，所面临的任务也不同，因此有明显的差别。差别主要体现在三个方面，第一个差别是资金来源不同。劳动保险的资金基本上是国家负担，就是从社会总产品当中扣除，也就是财政拨款；而社会保险的资金来源名义上是国家、企业和个人三方负担，但实质上主要是企业和个人负担，国家只是在资金运行困难的时候，起一个支持、解困的作用。所以国家不是经常性的负担者，而是最后的负担者，最后的责任者。经常性的负担者是企业和个人。第二个差别是享受待遇的条件不同。劳动保险享受的基本条件是只要是为社会提供了劳动，有一定的工作年限就可以享受保险。而新的社会保险享受的最基本、最突出的条件是缴费够多少年才能享受。所以是以缴费为前提，还是以劳动为前提，这是一个明显的享受条件的区别。第三个差别就是待遇标准。待遇标准，在劳动保险那边比较注重公平，而在社会保险这边相对来说更注重效率。劳动保险和社会保险虽然都有公平和效率这两个因素，但是它的分量和比例不太一样。前者更注重公平，后者比较注重效率，这也是一个很重要的不同。因此，在实行制度的时候，在实践当中，群众的反应就会有明显的差别。我们的养老保险，是实行社会统筹和个人账户相结合。养老保险是我们社会保险当中最庞大的部分，涉及人员最多，支付时间最长，支付资金规模最大，所以对全国影响最大的就是养老保险，它受到全社会的关注。那么我们这个制度是什么样的呢？我们这个制度实际上是一个社会互助和自我保障相结合的制度。

企业缴费，归了大堆，然后用这个大堆去支付大家的退休金，这是一个社会性的互助。而我们个人账户的养老金是归自己的，是不能够互助的，它是用于自我保障的。那么这两个比例是多大？这两个比例从理论上讲是2∶1，有关比例的理论问题我就不细说了，互助解决养老费用占2，个人自我保障占1。那就是说养老金的来源，1/3 是自己解决的，是属于自己的，剩下 2/3 是靠社会互助解决的。这个跟原来的劳动保险就有很大的不同，劳动保险是个人不缴费，完全靠国家。我们现在的社会保险是社会统筹和个人账户相结合，也叫"统账结合"。"统账结合"，有 1/3 要靠个人。这样从不缴费到缴费，个人缴费比例又比较高，这个 1/3 占多少呢？占本人工资的 8%。如果你一个月 3000 块钱工资，那么你 1 个月就得交 240 块钱，你要是一个月 5000 块钱工资，那你就得交 400 块钱，这就对个人生活有一定的影响了。

所以人们对此有反应。后来出现的断保和退保，根源也就在于此，就在于个人缴费影响了生活。工资越低，越受影响，工资越高呢，反而受影响不大，一个月他挣 2 万块钱，你让他拿 8%，他也不大在乎。一个月他挣两三千块钱，让他拿 8%，一二百块钱他就在乎了。所以后来的退保和断保的现象主要是因为个人不情愿缴费，尤其是自由职业者和一些农民工参保人员，他们是不愿意缴费的，这一直到现在仍然是个问题。究竟个人缴费多少才合适？是 2%、8% 还是 10%？当初在设计"统账结合"的养老保险改革方案的时候，曾经有人提出来个人最高要交 14%，劳动部提出来的是个人最低交 2%，最后折中到 8%，但 8% 也不是各方面都赞同，但是最后，领导拍板就这样子了。

问：对现行的社会保险制度，您认为有没有需要改进的地方？怎么改进?

答:自从我们的社会保险改革以来,在建立新制度这个问题上一直就有很多的不同意见,当然有不同意见是很正常的,各有各的道理!在我个人看来有几个问题是需要进一步解决的。

第一个问题,我觉得我们养老保险的双轨制需要进一步解决。双轨制主要就是企业职工的养老待遇低于机关和事业单位,企业职工对此反应很大。他们的呼声表面上是要并轨,实质上是要追求养老待遇的公平或者养老待遇的平衡。要消除这两个领域养老待遇悬殊的弊端,按照目前这种办法,我觉得很可能不行。目前采取了"削高就低"的办法,怎么削?采取同一比例的涨幅,比如说明年或者今年该调整养老金,养老金要提高了,那么机关事业单位用同一比例都调5%。那么高的就显得低了,低的也并不显得高,所以它显得"削高就低"。那么"削高就低"是什么呢?就是高的在那等着,让低的追上去,填平补齐。其实很难填平补齐,那个高的在那等着不动了,低的几年能够追上?企业这边一年提个一两百,这么追,可是实际上差距很大。机关事业单位的养老金一个月相当于企业事业单位养老金的一倍。至少有一倍,那边是6000元,这边3000元,你这3000元怎么规划,几年能追得上啊,等你追上了,你的制度没变,然后那边又拉开距离了,而且还引起了高的一边的不满意。你问问机关事业单位的满意吗?肯定也不满意,这边低的时候你提得挺慢,这么小步慢跑,一年提那么一二百块钱,要是3000块钱的差距,得多少年才能赶得上?所以我觉得这种"削高就低"小步慢跑的并轨方式恐怕不行。怎么办呢?那就得对我们现行的"统账结合"制度进行再改革,因为这行不通,差距那么大,企业不满意,所以我觉得必须实行再改革。

而改革是很麻烦的。首先,我们原来那个劳保条例,大家没有多大反应,那是怎么回事呢?那就是工人和干部这两类人。企业里边是工人和干部,机关里也是工人和干部,都实行24级工资制。从毛主席一直到24级干部,毛主席说我不要1级,这样的话他不要1级,谁敢要1级?于是从3级开始。毛主席、周总理、刘少奇都是3级。然后下边从4级开始排,这是干部。企业里边的干部也是24级,工人实行8级工资制,8级工资相当于18级干部,102块钱,大家都按照同一比例。那么退休,按照工资、按照工龄划分,比如说工龄10年以下的,退休时的工资就是最后一个月工资的60%；10~20年工龄的退休时的工资就是最后一个月工资的65%；20年以上工龄的退休时的工资是最后一个月工资的70%。无论是干部还是工人都是同一个比例，这种同一比例保证了公平，大家没多少意见，但是它有个前提条件，就是我们的工资是统一的，干部是24级，工人是8级。可是现在企业的工资五花八门，谁跟谁都不一样。像我们现在同一个部门的，干同样工作的工资也都不一样，所以我们没有统一工资标准。

所以这样就不好办了。所以我们必须在一定意义上要进一步规范工资制度。你不能这么乱啊，你光规定了一个最低工资，除了你不要低于最低工资，其他乱七八糟你自己爱怎么办就怎么办，这恐怕有问题，所以必须规范工资制度，要不然的话不好统一。除了规范工资制度，养老保险的制度也需要从资金来源入手，比较快地提高企业职工的养老待遇。

你不能想让驴儿跑，又不让驴儿吃草，那不行，你企业待遇低，那你就这么小步慢跑。但是你要大步快走呢，又没钱。这钱是从企业和职工个人那里拿的，那你就得提高他们两个的缴费率。现在企业已经是平均缴费19%~20%了，你要想提高工资，至少得涨10%，就得提高到30%的缴费率，那企业受不了，那个人也得提高，因为个人占1/3呢！所以对于个人而言，你要从8%提高到15%，或者是10%，那个人负担也重，也不干。

所以怎么办呢？那你必须得扩大资金来源渠道，说白了国家就得掏钱。国家不讲，也不想掏钱，你让驴儿跑，还不让驴儿吃草？不行。所以就必须进行社会保险制度改革，资金来源的改革下边再说。我觉得第一个应该改变的就是双轨制。这个问题必须进一步解决，继续解决的核心就是要解决待遇平衡问题。采取小步慢跑，"削高就低"不行。第二个就是"统账结合"的养老保险制度要降低个人的费率。个人费率刚才我说了断保和退保主要就是因为个人缴费群众不大接受。过去那养老保险、社会保险，个人是不需要缴费的，列宁说最好的保险是国家保险，个人不负担任何费用。但现在我们制造了另外一个理论，个人缴费才是最好的制度。这就很难说了，有的国家完全是国家养老，个人一分钱不交，医疗也是个人不缴费，那怎么解释？到底谁最好啊？我觉得个人缴费问题，可以维持现在个人缴费的制度，但是要降低费率。个人8%，我建议减一半，降低到4%，为什么这样呢？因为在90年代初设计养老保险改革方案的时候，我参加过讨论，劳动部提出来的是2%，我觉得这个有重要的参考价值。因为当时还有的提出来4%、14%的缴费率，当时把它们两方面的意见折中了，然后才来个8%。我觉得这种折中虽然是一种解决问题的办法，但是它并不见得符合群众的意愿，所以应当再往下降。再往下降，大降一下太多了，落差太大了，对于资金的运行有影响，就是钱不够，你收入那钱不够，影响太大，所以减一半是可以接受的。就是从8%降到4%，降低50%，这个可能群众也能接受，我们的养老保险基金运行缺口也不至于进一步加大。所以我觉得适当降低到4%是可以的。否则，退保和断保现象以及自由职业者不愿参保的问题还是不能解决。你降低一点，他个人掏腰包少了，他就可能愿意参加。至于没有单位的自由职业者，现在很多人都不参加。要自由职业者参保，养老、医疗、失业这三保必须捆绑在一起同时参加，不能只挑一个，只参加医疗不行，那既然捆绑在一起，那三个都要交费的话，那还是低一点好，便于接受。第三个就是要大力地开源节流，广筹保障基金，因为社会保障不只社会保险还有其他的保障，还有社会救济、社会福利、社会优抚。中国的社会保障制度包括社会保险、社会福利、社会救济和社会优抚这四大块。所以我提出来我们要大力地开源节流，广筹保障基金。

当前我们中国社会保障基金短缺，严重困扰着我们，很多事情不能办，不能做。比如说吧，我们群众呼声很高的，要实行免费医疗，住房也最好大部分免费提供，教育免费教育，养老那更要免费，这四大块呼声很高，但是我们都不好办，因为没钱。是不是真没钱呢？那下边再说。所以我们要广泛地筹集资金，广筹保障基金。当前我们社会保障涉及的很多民生难题都与此有关。

这些问题的解决都需要依赖资金。而在这方面我们的资金比较短缺，但是我们是不是真没钱，这就值得具体地分析研究。事实上我们有钱。所以我说第一个呢，我们要把非法流失和被掠夺的社会财富追回，用于充实保障基金。改革开放以来，我们中国的国民经济有很大的发展，创造了巨额的社会财富，但是这些巨额的社会财富并没有完全落在我们的国库和老百姓的手里，而是有一部分落在少数人的手里。有极少数的权贵和恶商勾结在一起，他们以极不正常的手段占有了相当大一部分的财富。所以在我们这个国民经济增长这么快，社会财富增加这么迅速的情况之下，我们的民生问题为什么这么捉襟见肘？这是非常值得深思的。深思就是要想办法把这些非法流失的钱追回来。非法流失的渠道，除了像×××和权贵勾结起来这样一些流失的方式，还有很多。最近大家都知道崔永元的事情，崔永元跟文艺界的那些偷税漏税的大户们恶斗起来了，这个恶斗是很有意义的。光一个范××偷税漏税就2.84个亿，这还没查清，查清以后还不知道有多少，所以文艺界这些大腕们，像冯××劝崔永元你不要管啦，这个水太深了，这是普遍现象。如果我们要把普遍现象拿来好好地查一查、追究，那得有多少钱呢？所以我们要把这些非法流失的社会财富追回来，充实社会保障基金，解决民生的难题。这是第一。

第二呢，就是要增加税种，扩大征税范围。充实保障基金，这个征税有很大的活动空间。首先我提出来要开征高档消费税。高档消费税就是凡购买高档汽车、高档化妆品、高档烟酒、高档宴席等高档消费，要规定强制高税率。第二个要开征超出基本居住需要的房产税。房产税嚷嚷了很多年，还是不敢征。普通群众住房，你向他征，那确实对他有很大的负担，但是对那些大富翁们征税，那是完全应该的，因为早就超出了基本的居住需求。所以要征他们的税，而且要征高额累进税。你在500万元以下的征多少？那1000万元以上征多少？2000万元征多少？应该有一个累进的额度。你跑到美国去买房了，只要你有中国国籍，那我也要想办法征你的税。现在我们有些文艺界的明星已经采取在中国挣钱、加入外国国籍的策略，那我也有办法追你，这是第二。为了消除社会上的贫富悬殊，以及收入的贫富悬殊，可能还有一些其他的办法我们还没想到，随着形势的发展还要增加税种、扩大征税范围。这是要把那些非法流失的社会财富追回来。

第三，我觉得应当适当地收缩对外经济援助。我们现在经济援助可是不少了，这大家反映比较多，中国虽然有很大的经济发展，但是我们现在仍然不能把我们自己定位为发达国家，我们还是一个发展中国家。我们离开城市，到农村去看看，我们还处于一种贫穷状态，绝对不是我们挥霍的那种作风所显现出来的整个社会的发达程度，所以我们还没到可以任意挥霍的地步。因此我们对外援助时，要心疼老百姓的血汗钱，不要那么大手大脚，当然必要的经济援助要保留。那些没有效果的或效果不好的经济援助，给了钱然后很快地就到美国那边骂我们去了，应当坚决停止。所以我们能省下钱来解决国内人民生活、民生的急需问题。这是第三个，适当收缩对外经济援助。

最后，要认真审视对外借款，尤其是对美国的借款，我们应当认真地审视以购买美国国债名义而有的借款。美国人现在借了那么多钱，20多万亿，也不还，也没有归还的日子。他们那优哉游哉地过他们的好日子，这些都是我们滴血奋斗出来的钱，这种情况不能再持续下去。所以我们要认真地审视我们对美国的借款，要尽快地收回本息，而且不再借。改革开放以来，美国几乎是无偿占有，不还，不就是无偿占有吗？没有归还日期，几乎是无偿占有中国人民的血汗钱，我做多少衬衣才有这么多钱，然后都让你拿走了。而且拿走之后，现在还说，它重建了中国，到底谁重建了谁啊，所以如果我以上说的这四方面的开源节流能够得以实现，哪怕能够大部分实现的话，那么我们这个保险基金会比现在充实得多，我们解决民生问题的活动余地就会大得多。所以我觉得我们的社会保障应当在这四方面做出一些动作来。

问：您刚才也提到了养老金与工龄，以及退休以后所拿的养老金的比例问题，您对延迟退休有什么建议和意见呢？

答：我觉得延迟退休还是有必要的。这个问题已经讨论很多年了，虽然意见有分歧，但是我觉得倾向性的意见还是要适当地延长。这个方向我觉得还是对的。但是不要搞一刀切，应当顺乎民意，区别对待，逐步推进，采取这样三个原则比较合适。为什么叫顺乎民意呢？现在我们讲退休，讲延长退休年龄，存在明显的两个阵营。一个阵营是普通体力劳动者，就是社会地位、工资地位都不太高的这样一些人，希望赶快退休。他赶快退休，就可以把养老金定下来有一个铁饭碗，否则他很容易失业，因为他的地位不高，文化程度也不高，技能也不高，所以很容易被炒鱿鱼。所以他就想在炒鱿鱼之前，我赶快拿到一个铁饭碗，所以他不愿意延长。但是一些知识分子，特别是高级知识分子，有高科技技能的人，他们对失业的顾虑不是很大，他们需要多做贡献。因为他们上了那么多年的学，你像博士，毕业都快30岁了，然后让他工作20多年，都不到30年就退休了，太可惜了，他们觉得延长退休能为社会多做些贡献。所以这两部分人就是对立的。前几年妇联的一些主席、副主席在那里呼吁要延长退休年龄，结果下边的女工们说话了，人家不满意了，说你们都是高级知识分子，你们要延长，我们普通劳动者不愿意延长，那只代表你们这些高级知识分子的意见。所以这个问题呢，要顺乎民意，不要采取"一刀切"的强制办法，要在政策上给予比较宽松的对待。这是一个原则，要充分尊重民意。第二个就是要区别人群，对待文化程度不高、科技技能比较低端的这些人，我们应当采取一个政策，对待高级知识分子，我们采取另外的政策，这个要区别对待。第三个就是要逐步实现，对知识分子和工人都可以趋向延长，但是要逐步实现。那么怎么区别、怎么逐步实现呢？我想工人这个群体里最普通的劳动者，目前他们大多数的愿望是暂时不延长。那么谁应该延长呢？工人里边的高级技师或者高级工可以延长。干部里边，我觉得主要就是知识分子们，特别是高级知识分子们，工程技术人员一般可以延长一年。高级工程技术人员就是相当于正副教授以上的这样一些人，我们还要执行1983年的规定，副教授可以延长到65岁，正教授可以延长到70岁，以及相当于正副教授的都这么办。

那么还有第三类高级知识分子，他有很高的学术造诣，对国内外都有重大影响。对这类人不规定退休年龄，一直到他死都可以工作。所以我觉得要是这样的话，一般的工程技术人员有职称的知识分子都延长一年，然后剩下的，按照副教授以上的分三类，都延长到65岁。这个80年代就已经这么做了，但是由于有一个制度的限制，所以落实不了。什么制度限制？就是我们评职称要下达指标。为什么下达指标？我们的职称是和工资挂钩的，它跟英国的剑桥大学评职称和工资不挂钩是不一样的。我们中国一给评定有职称了，马上就给钱。所以职称跟工资挂钩的话，财政必须能够负担得起，才能给你指标。你看我们学校一年给你几个有限的正教授名额和副教授名额，没有指标你就不能评。因此在我们中国这种人口多，僧多粥少的情况下，有10个人都可以评教授或者副教授了，结果指标只有那么两三个、三四个，够条件也不能评。所以这种情况下，你要延长退休年龄，大家都不高兴，别延长了，赶快把那萝卜拔出去，坑给我吧。所以要想落实延长退休年龄，必须改变职称评审制度。怎么改变？很简单，就像解放军评军衔那样子，年头够了，没有犯什么错误，晋级！没有指标下达说你这个团给你多少个中尉指标，给多少个上尉指标，给多少个校官指标，部队从来没下达过。我在部队的那个时候也有军衔，到1965年取消了。无论过去还是现在解放军的评衔、晋衔都没有指标，我们就应该这样。你学术水平够了，那就评吧。在过去，大学里聘教授、副教授，也没有教育部下指标！需要聘教授那就聘吧，所以我们应当彻底改变评审下达指标的评审制度，这样的话就把评审职称放开了，大家就都不看着那个萝卜坑了。所以延长退休年龄就能落实了。但是国家就是不愿意这么干，因为财政要掏钱，所以要控制你评多少教授、评多少副教授，我不想多给你钱，这就不好了。关于延长退休年龄，我大致就这么些看法。

问：冯老师，您退休以后依然没有停止学术研究，笔耕不辍，最近有什么研究成果将和我们见面，能否介绍一下？

答：谈不上有什么研究成果，我就是有些思考，主要是想建立一个普惠于底层人群的福利制度。这个制度呢，就是要建立城镇最低住房保障制度。社会保障第二大形式就是社会福利，现在社会福利里边有两个保障制度，一个就是城乡居民的最低生活保障制度。再一个就是形形色色的老年人的福利制度。这个我就不具体说了，比如说北京60岁以上的有免费公交卡，还有80岁以上的，一个月给100块钱。诸如此类各地都有很多五花八门的福利制度，总归起来就是老年人的福利制度，这就是社会福利里面的两大项。目前我建议再加一个更大的项目，就是城镇居民最低住房保障制度，这个制度普惠范围很大。我先讲一下这个思考的背景，为什么要建立这个制度呢？我简单地说，先扣个帽子，就是改革开放以来，我们的住房制度改革基本上是失败的。从上个世纪90年代初开始实行住房制度改革，主要就是住房商品化。这住房商品化怎么改呢？开头实行"提租促买"，就是你这个住房再不实行那种福利分房了，把住房作为福利，由国家无偿地分配给个人。要改变这个制度怎么办？就是要把住房当作商品来买卖，就是要住房商品化的改革。这改革起步就是要"提租促买"，你不是还想住公家的房子吗，那我就提租提得很高，高到让你觉得买了还行，还比较划算，要不我一年交这么多钱，几年就凑成一个买房的钱了。这就是"提租促买"。

接着实行准商品房买卖。准商品房就是经济适用房，就是把房子作为商品投到市场上去，但是考虑到老百姓收入比较低，所以实行低价的准市场价格来卖。在这个过程当中，实行了住房私有化，咱们学校的公有住房都卖给个人了。那么价格是什么呢？成本价，都很便宜。我们的住房商品化的前提就是住房的私有化，导致出现住房市场的资本化自由化的运作。结果由于房地产市场的投机性和住房私有化的这种资本的贪婪性，房地产市场的投机性恶性膨胀发展，房价在短期内就很高，这种高是怎么回事呢？房地产商，我们可以把他们称为房地产资本家们，他们为了实现暴利，跟政府联手。政府搞土地财政，卖土地，然后充实财政资金，于是把这个房价炒得很高。本来有一些比较符合实际的小步提租，然后准商品房、出售公房，这样一些有利于低收入老百姓的住房改革措施，都被高价房给冲击掉了。最后所有的住房需求者都被强逼到高价市场上去了，于是我们大多数普通百姓都买不起房了，那这住房制度改革起什么作用呢？大家都买不起房了，就是失败了。所以我说我们的住房制度改革基本上失败了，这就是我们提出建立住房最低保障制度的背景。现在有廉租房，我觉得可能我提出的这个制度跟廉租房有点类似，有廉租房租了，小年轻们都有房子住了，那个高端市场的价格很快就会下来。甚至于整个高价房地产市场就会坍塌掉。当然，恶房地产商们不愿意，那些拥戴土地财政的政府官员也不愿意，他们害怕房价下跌，他们两家要联手维持高房价。你看房地产商的房价刚一落，他就喊叫了，哎呀不得了了，快来救市啊。干吗救市？救什么市啊？就是让政府出面制止房价的下跌！如果我们这个最低住房保障制度出台以后，大家都不去买他的房了，他再喊叫也白搭。这是一种客观规律，你再也不能利用供求关系来抬高房价了，住房最低保障制度出台以后，大多数老百姓的住房需求可以得到明显的满足。

  最低住房保障制度可不是像现在廉租房就这么意思意思了。谁达到了这个制度的标准，你就得给他房，政府就得负责给他盖房。可见，这个制度本身具有一定的强制性。那么这个制度的轮廓是什么样子呢？我想大概包含这么几个方面，一个就是实施范围，实施范围就是谁进入这个最低保障对象的适用范围。一个是城镇常住或者是暂住人口，暂住必须有合法的暂住证。你不能够在全国范围内到处流动，今天在这儿搞一套房，明天到那儿租一套房子，这不行。你有暂住证，有合法的暂住证，那就可以让你在这有住房。这是第一个享受条件，就是城镇常住或暂住人口。第二个享受条件，首先满足三无人员的要求，无劳动能力、无收入来源、无依无靠。这些人你就得让他来享受，还有呢就是按照家庭人口，低于当地政府规定的最低住房面积的，可以来享受这个政策。这一制度的第三个内涵就是要最低保障住房的租金。关于租金的额度，专家们可以去研究确定，我认为首先确定最低保障住房的成本价格，乘上5%的折旧率，5%那就是20

年折旧。是吧？20×5，这不是 100 嘛，就是每年折旧 5%。这个 5% 除以 12 个月，那就是一个月租金，然后再加上管理费用，再加上适当的微利，它要没有微利也不行，没有微利运转它就出窟窿了，就没法堵上了。所以这第三部分就是租金。第四，最低保障住房的建设资金来源，政府负责，或者是委托商，然后从银行贷款，这样也可以。总之政府要负责，政府老想着最后来出台，或者老想交给市场去解决，交给市场，让你政府干什么呢？那市场也得有站在市场之上的这么一种力量才能调节啊，除了政府能调节市场，别人调节不了啊。你多大的资本家，他也调节不了市场，你别看他有那么多钱，他可以扰乱这个市场，在某种意义上可以左右市场，但是他调节不了，调节市场的只能是站在社会之上的国家政权才行。社会主义国家、资本主义国家都是这样的道理。所以政府负责资金，由住建部门负责管理，既然是国家来出资，那就得国家机构来管理，不要想逃避。所以由住建部门来管理，公安部门也就是公安户籍部门和街道办事部门协助，凡是要申办城镇最低保障住房的个人，要向有关方面缴纳一定的手续费用。人家那边劳动也要有物质基础，所以也要缴纳一定的费用，这费用就由住建部门统一管理。我想这个制度大概就是这样子，这只是我的一个想法，没有多么深入的制度方面的思考，大概就是这样子。

问：我们很期待冯教授的最低保障房制度能够被国家相关部门采纳，今天也感谢冯老师接受我们的访谈，谢谢。

访谈手记

2018 年 5 月底的一天，研究生处商维老师在 2017 级研究生的微信群里转发了"中国工运文库口述史访谈员招募"的文件。我看了之后，第一个想法是想参加，但觉得自己能力不够，怕胜任不了，就没敢报名。在微信群里大家报名也不积极，商老师做事认真细致，为此，还电话询问我情况，讲了参与此项工作的意义，问："为什么同学们都不积极参与呢？爱敏，你是怎么想的？"我就把自己的真实想法跟商老师说了。商老师听了之后，就给我建议能否跟其他同学合作，取长补短组一个小组，来完成这件事。我觉得这个方法可行，就联系了刘甲同学。商老师跟吕馆长沟通之后，觉得这种方式可行。2018 年 6 月 7 日，我们去了图书馆跟吕馆长见面交流后，签署了访谈员聘用协议及保密责任书，我们这个二人访谈小组就成立了。

为了能更好地完成访谈项目，我经常麻烦图书馆的孔洁老师，找他要一些关于口述史方面的资料及之前老师的访谈视频，反复观看。6月28日上午，吕馆长、郭馆长在老干部处召开了"访谈员和老专家"碰头会。会上给我们安排了第一个任务，就是访谈冯建威老师。会后我添加了冯建威老师的电话及微信，开始了我们的第一次口述史访谈任务。

首先，老干部处的领导给我们提供了冯建威老师的个人简历：冯建威教授，中国劳动关系学院原党委副书记。1951年参加中国人民解放军，入北京炮兵学校学习，1954年毕业于指挥专业，获优秀学员称号，留校任兵器教员，后调往南京炮兵学院继续任教，因学习和教学工作成绩突出多次立功受奖。1979年转业到地方工作，调至中华全国总工会干部学校，任经济学教员，教授政治经济学和劳动经济学（主要是社会保障学），曾任政治经济学教研室主任和劳动经济系主任，中国劳动学会所属社会保险研究分会副会长和劳动科学教学研究分会副会长，曾承担国家级和部委级以及国际合作有关社会保障的多项科研课题，因在经济学尤其在社会保障学领域具有较高的学术造诣和突出贡献，荣获国务院政府特殊津贴。看了冯建威老师的个人资料，我感觉能够参与这次访谈真的是我的荣幸，随后我通过网络及校园图书馆系统查询关于冯建威老师的个人资料及著述，发给刘甲同学，由他来写访谈提纲。8月初我们把访谈提纲用微信发给了冯老师："冯老师，这是我们初步拟的访谈提纲，您先看下，不合适的或者有您想讲的，我们再修改，我们也是第一次做口述史的访谈，您多提建议。"冯老师回复了我，并对口述史访谈的用意有些疑惑："小何，访谈用意是什么，建立或丰富校史？学者个人的经历——亦与丰富校史有关？对访谈学者是否有选择性？学术问题是否有回顾发展轨迹之意？或者注重其在发展中与职工群众的意愿和利益的联系？这些属访谈意图方面的问题，我不太清楚。"冯老师这一问，我也不知道怎么回答了，思考之后就把图书馆招募访谈员的通知发给了冯老师，通知上写了口述史访谈的用意。看完了招募通知，冯老师询问了我的身份：老师还是研究生？之后回复："小何，大致明白了，到时咱们基本就按你们的提纲交谈吧。"第一阶段的工作暂告一段落，接下来是冯老师的准备时间。

在此期间跟冯老师电话联系了几次，询问访谈准备的情况。到9月中旬，图书馆孔老师想确定访谈时间，我怕打电话影响冯老师，就给冯老师发微信询问情况："冯老师，在吗？图书馆老师想确定一下咱们的访谈时间，您看什么时候方便？"但是好几天没收到回复信息，我心里有点慌了，想着还是电话确认下吧，打电话才知道冯老师生病住院了，在医院手机没有网，没看到微信消息。听到冯老师生病的消息自己很难过，就没有提访谈时间的事情，只是询问了病情和访谈的准备情况。冯老师提到住院期间没有网络，没办法看微信上的访谈提纲，他想再好好准备下访谈的内容，就让我看看用什么方式把提纲发过去。我想了之后，就把访谈提纲编辑成短信的形式，一条一条发给了冯老师。10月中旬，冯老师给我发短信，说已经出院回家继续调养，可以跟图书馆老师商量安排访谈事宜了。跟孔老师沟通后，访谈安排在了11月1日。

访谈当天，冯老师提前到了图书馆的古籍阅览室，访谈中冯老师逻辑清晰、观点鲜明。冯老师虽已退休，但没有停止学术研究，访谈中提到了很多关于我国社会保障领域的新问题、新思路，使我们受益匪浅。

郝清桂口述访谈录

访谈时间：2018 年 11 月 5 日
访谈地点：中国劳动关系学院图书馆古籍室
受 访 者：郝清桂（中国劳动关系学院退休老师）
采 访 者：李　利（中国劳动关系学院 2017 级硕士研究生）
整 理 者：郝清桂（中国劳动关系学院退休老师）
　　　　　李　利（中国劳动关系学院 2017 级硕士研究生）
　　　　　赵腾飞（中国劳动关系学院 2017 级硕士研究生）

受访者简介

郝清桂，我国工会领域的资深专家，从事工会工作多年，在工会的治学、工作和育人方面做出了卓越的贡献。曾任教于中国劳动关系学院，担任全总干校的研究员和教员，研究工会领域前沿问题的同时，从事全总干校的干部培训和教学工作。著有《工会学概论》《工会学基础理论》《工会学》等专著。

问：大家好，我们现在来到工运口述史的录制现场，今天我们请到的嘉宾是郝清桂老师。郝老师是我国工会领域的资深专家，从事工会工作多年，在工会的治学、工作和育人方面做出了卓越的贡献。如今郝老师已是 95 岁高龄，仍在关心着工会领域的相关工作。那么今天就让我们一起来听听郝老师的故事。

郝老师，您好！您的个人经历中，除了在学校教学方面，还有没有其他的经历对您之后的工会研究工作有帮助呢？

答：我是1952年去天津全国总工会干部学校学习的，之前我不是做学校工作的，我是电报局的一名报务员。会到这个学校来学习，毕业了又留校当老师，自己是没有想到的。很偶然，但有一定的必然性，因为解放前我是搞地下党领导下的工运工作的，当时又是邮电产业的工会干部，熟悉工会工作，留下做学校工作是合适的，还能够接受。

1954年学校搬到北京，我被分配在工会建设教研室工作。开始阅读大量的有关工会的经典著作，研究问题，学习备课，编写教材，几年之后给普通班和专业班讲课，工作比较顺利，自己也有提高。

问：毫无疑问，这些经历为您之后从事工会教学研究工作打下了一个很好的基础和知识的积累，对吗？那么，您能跟我们说一说您在中国劳动关系学院那段时间学校是一种什么样的场景吗？

答：这个学校从建立至今，虽然经历过许多困难，但是经过努力，逐步发展壮大起来。从全总干校到中国工运学院，从工运学院到中国劳动关系学院，都是向着正规化高校方向发展，其硬件和软件都有质的变化，一年比一年强，一年一个样，这是有目共睹的！

问：老师我们注意到您编写了多部教材，也出版过几本书，而且有的书在当时影响比较大。问题是，为什么这些工会书籍都是集中在80年代出版的？那时是特殊时期吗？

答：是的，在中国工运学院有一个特殊情况：全国总工会"文革"后召开十九大，迅速恢复了全国各级工会组织。这些工会如何进行工作，迫切要求恢复工会干校培训干部。全总干校当务之急是迅速开学，筹办普通班，培训领导干部。那时，全总干校只有很少的老师，也没有能用的教材。我们想办法把原来的教师尽量找回来作为骨干，又从高校和社会吸收了一批新生力量。组织大家自己写讲稿，登台讲课，培养教师队伍，没有教材就印发讲稿给学员，并为学员指定马恩列斯有关工会的论述，并且将其摘编成册印发给学院自学使用。教员除讲课外要做好辅导、解答课堂问题。用这些传统做法还是可以解决一些问题的，但是我们必须组织力量编著教材。我是教研室主任，学校领导指定由我来负责组织写作，以我们学校老师为主力，还借调了几位省、市干校的老师参加。所以，《工会学》这本书不是几个人写的，是集思广益创作出来的。尽管这本书由于准备不足，存在很多缺陷，不完美。

问：看来，这几本著作是在这样一个特殊的情况下完成的，是在全国工会组织和工会干部逐步恢复正常秩序的状态下编写的，是很不容易的。那么您在编写这本书的过程中，有没有遇到困难呢？

答：当然，困难是很多的。首先是临时组织起来的写作班子很不整齐，水平低，没有专家指导。其次，是找不到可借鉴的范本，无可遵循，盲目性挺大，怕出问题。作为一本带有理论性质的著作，对有关理论问题既不能回避，更不能胡说，必须坚持正确的观点。再次，书应包括哪些内容，前后左右怎么安排？这部分我们学校写不了，因为全总各部的业务很多，我们不熟悉、不掌握情况，只能请全总各部来写，最后由我们统稿，负责文字修改。最后一个问题是，书交出版社公开发行，还是学校内部发行？由谁来批准？最后这个问题没一个人出来发话，我们只好先内部发给学员作为教材使用。后来，中国工人出版社把书要去了，实际上对社会公开了。《工会学》出版后，我先给全总送去20本。后来说20本不够，又要去几十本。全总各部参加了书的编写，按比例满足了他们的要求，结果是皆大欢喜，没有听到多少对书的批评。

全总各省、市工会干校，都订购了不少书作为教材或参考书发给他们的学员使用。除《工会学》这本书在工会内部使用和全国公开发行外，《工会学概论》《工会学理论基础》这两本书是外省出版社公开发行的。这两本书都是在《工会学》基础上编写的，实际上是《工会学》的缩编本。

我们还为省、市工会干校办了一期师资班，主要是培养省、市工会干校教员。来学习的有省、市干校的老师，也有老教师来进修的。这些老师是学怎么讲工会课，怎么写教材，他们都比较专业，对他们帮助更具体一些，允许他们听课时现场录音。

问：您做了多年工会教学研究工作，应该对工会和工会工作有较深的了解。工会是一个什么样的组织？应该怎么发挥作用呢？

答：工会是由党直接领导的，是党的助手。它也是联系党和职工群众的纽带。工会是群众组织。党领导工会，通过工会去联系群众。说工会是党的助手，就是因为工会是群众组织，它能帮助党联系群众。这是由工会的性质决定的。你看到王沪宁同志代表中央向工会十七大祝词了吗？他讲工会的三性：政治性、先进性、群众性。过去讲课是强调工会群众性的，这没有错,群众性是工会的根本性质。今后讲工会性质,除了群众性,还要讲它的政治性和先进性,三个性一同提出来才是全面的。讲工会课必须贯彻工会十七大精神,就应当按新提法把工会的三个性——政治性、先进性、群众性讲清楚。

第一,政治性,你得要分析为什么工会它有政治性,政治性当然是因为它是在党的领导下,按党的方针政策来做工作的。第二,先进性,过去我们不讲先进性。团组织有先进性吗?还有这个妇联的组织有先进性吗?看看青年团的,看看妇联的,如果它们两家都没讲,那这个工会先进性够琢磨一会儿的了,起码不能说它比青年团还先进。我们常说,选先进的青年培养为团员。而工会,谁都可以做会员。你不能说我找先进的工人,来培养做工会的会员,没听说过。第三,这个群众性好解释,是工人都可以参加。但是,我觉得它现在有新问题。公司工人都可以参加,那农民到城市去打工,那他变成工人了,那他既是农民又是工人。这个群众性也包括到城市打工的农民。可是,现在有很多人又回农村去了,他又变成了农民。那他这个农民可能还带着工会会员证,他参加工会了,他有工会会员证,他找县工会有事,县工会也不能不管他是吧?

问: 谢谢郝老师让我们对工会组织的性质有了更深刻的认识。那么最后一个问题,中国劳动关系学院即将迎来建校70周年,您对我们学校的办学以及学子们有什么建议吗?

答: 我离开学校好多年了,现在你们这个学员的情况我不太了解。你们现在恐怕都是大学毕业的。你们学历都比较高,这个对做研究工作、教学工作来说是很大的一个有利条件,不像我们那时候没什么学历。另外呢,你们处的这个时代跟我们很不一样。你们是习近平新时代,是很不简单的。你们这个时代,很多东西都明确了。像这个工会十七大召开了,为工会指明了方向,你工会怎么走?你未来要干什么事儿?你怎么干?这个现在特别清楚,跟我们那时候不一样,我们那时候不是很清楚的。所以说你们有很大的有利条件,但是作为工会老师的话,还是要深入基层。如果我们工会老师不深入基层,这课都讲不了。因为你不是工会干部,你也不了解工会。我们当时都是从工会干部岗位上来的,我们是工作过的。我来之前,是山东省邮电工会副主席,是从基层调上来的。那时候的基层工会也是解放以后我筹备的,我是委员。后来省上建立邮电工会,就把我调去任副主席了。在这个时候我被调到天津去学习。那时候我已经是工会干部了,而且是领导干部,我知道工会的很多情况了。我在这个学校是从工会干部到学生再到老师,你差一步,你不是工会干部,不了解工会,是很难的。所以第一步你们得深入下去,到基层去。我们那时候都经常跟工人们在一块同吃同住同劳动,帮他们干活。这些一线的实践经验,对教学和学习都是有帮助的。

其次呢,要和企业工会、其他各省市的工会之间保持联系,彼此熟悉。再一个呢,就是对上级也不能忽视。特别是全总的各个部门,我们也得找人家帮忙的。他们是做实际工作的,了解下边的工作,他们情况掌握得多。所以跟人家请教熟悉了以后,他们有些汇报会,会找你去一块儿听听,也可以和他们一块儿下去调研,有什么问题闹不清楚了,你也可以找他们,请他们帮忙解决这个问题。所以我希望,咱们要多跟上级联系、汇报,和各部门的关系要打通了。

问:所以您对我们的建议就是我们的教学和学习都一定要多调研,多下基层,一定要将教学研究和实践结合起来,包括与各级工会组织保持紧密的联系。感谢郝老师让我们对工会的发展有了更多的了解,今天的采访到此结束。谢谢!

访谈手记

2018年在商委老师的推荐下有幸成为一名图书馆访谈员,负责工运学者口述采访,我和李利一组,负责采访郝清桂老师。

刚接到任务时,内心有点小兴奋,也有点紧张,感觉是做了一件"史上留名"的大事。我和李利交流时,她也表示,这样的事情应该更认真更负责地去完成。然后我们商量着由我来收集资料、列访谈提纲,她负责对接老师和采访。

可没想到的是,在收集资料初期便遇到了难题。本以为像郝老师这样的大师,在知网随便搜搜,肯定会有大量的资料,结果啥也没有。我又打开百度搜索,结果搜到的都是什么拳师郝清桂、青岛扫地僧……我感觉自己打开的方式可能不对,再次搜索依旧如此。之前的信心被一盆凉水浇透,然后经询问才得知郝老师已经是95岁的高龄了,很多文章没有在网上刊登。整理心情，再次出发，只能用最笨的办法了——找人打听。其间图书馆的钟美老师也给了我极大的帮助，将她所知的资料都发给我，另外我还向我的导师赵健杰进行咨询，赵老师也极力地帮助我；我的小伙伴李利也通过她的关系各方面打探，最后在大家的努力下终于将访谈提纲写了出来。

接下来便是与郝老师本人联系了，没想到刚放下的心又悬了起来，图书馆提供的郝老师电话总是没人接，即使打通了也没人说话。李利同学也很是无奈，不过这难不倒认真的李利同学，她通过打探知道了郝老师的住址，于是便亲自登门拜访。他的女儿告诉我们："真抱歉，郝老师他听力不行啊，白天我们上班不在家时，有时电话响了他自己没法接。以后有事你可以下班后打电话来，我们在家。"之后都是先与郝老师的女儿沟通，再请她转告郝老师。郝老师的家人也十分配合我们的工作，多次强调"你有疑问的话让郝老师去学校跟你当面沟通，你贴着他的耳朵，大声点儿、慢点儿讲就行。没关系的，他就是听力不行，身体还算硬朗！"几次沟通后，将访谈的提纲确定了。可难题随之而来，郝老师听力有障碍，交流起来十分困难，那接下来的采访该如何进行？李利同学思考片刻后，便下定决心，无论如何要把这次采访圆满完成！她想着自己多付出、多跑腿没关系，一定要让采访效果好。于是她不厌其烦地去和郝老师交流沟通，她每次去都带上粗粗的笔和白纸，将内容写在纸上，然后将郝老师的意见整理归纳。如此反复，终于在采访之日到来之前完成了各种事项。采访期间令我们非常感动的是郝老师为了采访效果，怕听不到问题而耽误采访，便努力地记下访谈的问题顺序，这样便不会有太多的重复与停顿。这对于一位95岁高龄的老人来说是何等的不易，也让我们看到了郝老师身上的那一份认真、那一份执着。后来我们想到了一个办法，鉴于郝老师的特殊情况，我们决定在访谈时采用递纸条的方式进行，纸条上写有提问的问题。郝老师也觉得这是个不错的办法。可是，在访谈的当天，这个办法却被摄影师否定了，因为纸条在传递的过程中有声音，会影响录音的质量。我们很着急，但郝老师说："没事，就这样吧，不用紧张，我大概记得问题的顺序。"关键时刻，郝老师总能安抚我们不安的情绪，鼓励我们，他的话就像一颗定心丸，这样的前辈怎能不让人尊敬！

采访当天，郝老师衣着朴素，准时来到访谈室。由于之前的沟通充分，所以访谈过程很顺利。结束之后，郝老师颤巍巍地掏出他的工作证以及享受国务院政府特殊津贴的证书拍照留作资料时，一股历史厚重感扑面而来，这是穿越时空的心灵对话，是一代工会人砥砺奋进的有力佐证，是记录这段历史的异彩华章。当我们扶郝老师下楼后，看着他略显佝偻的身躯依然倔强地挺直，略显蹒跚的步伐依旧坚定……心中一种紧迫感袭来，同时感受到这份工作的意义与使命所在，我们一定得用加倍的努力去做好这份历史的记忆记录，让这种劳模、工匠精神流传下去！

黄河涛口述访谈录

访谈时间：2019年4月11日
访谈地点：中国劳动关系学院图书馆古籍室
受 访 者：黄河涛（中国劳动关系学院退休教授）
采 访 者：张琳琳（中国劳动关系学院2018级硕士研究生）
整 理 者：黄河涛（中国劳动关系学院退休教授）
　　　　　张琳琳（中国劳动关系学院2018级硕士研究生）

受访者简介

黄河涛，生于1949年1月，重庆市人。北京大学硕士研究生毕业。二级教授，享受国务院政府特殊津贴。

主要科研成果：主持了国家、省部级重点科研项目及中韩两国合作课题十多项，其著作《企业文化学概论》被评为"普通高等教育'十一五'国家级规划教材""2008年北京高等教育精品教材"等，出版或主编十多部著作、教材，发表论文130多篇，400多万字。

问：大家好，今天非常荣幸地请到了黄河涛教授来参加我们校庆70周年的访谈活动。黄河涛教授是国内最早参与企业文化研究的学者之一，也是国内最早进行企业文化策划和培训的专家。众所周知，企业文化是企业的管理文化，是企业的灵魂，是企业发展的不竭动力。相信通过今天的访谈，黄教授可以从理论上和实践上，给予我们很大的帮助。

非常感谢黄教授能够在百忙之中参与到我们的活动中。在您的《企业文化学概论》这本书的最后一章，我们看到您举的四个案例当中，其中有一个是联想企业的资产重组和企业文化变革案例。而联想转型的不成功归根结底是因为它企业文化的不支持。虽然我们一直说企业家文化不等同于企业文化，但其实在企业建立之初往往公司的一把手或者是这个企业的创始人的行事作风，以及他的用人机制都会对下面的员工产生影响，会潜移默化地成为企业文化。那么想请黄教授您谈一谈，企业文化在建立之初如何避免这样的建设错误？

答：联想应该说是咱们国家改革开放以来企业文化建设的先行者。但是联想在整个企业文化建设发展过程当中，也是充满着坎坷和逆境的。特别是进入21世纪以后，联想的企业文化又面临几个比较大的转变，尤其是它的企业文化战略。特别是收购美国IBM PC机以后，联想在战略发展上出现了一个重大转变。但是现在我们回过头来看，这里面也是有很多经验教训的。一个企业，特别是企业文化发展，应该说是企业的一个战略，所以对于企业文化的建设和布局，应该有战略的眼光，特别是作为一个像联想这样的企业。因为我们知道联想到现在为止，收购美国IBM PC机业务以后，应该说进展并不是很顺利，而且从业绩上来看，曾经是几度下滑，所以这里面的教训我觉得很深刻。总的来讲，企业在构建企业文化的时候，首先应该有战略眼光，就是说你的愿景是什么？企业愿景很重要。企业愿景在很大程度上取决于企业的战略目标，战略目标是什么？我们知道联想主要有两大业务，一个是制造业，还有一个就是服务，IT服务。那么联想在这两个领域里边，应该说一度举棋不定，到底是以制造业作为自己发展的重心，还是以IT服务业作为自己发展的重心。特别在收购了美国IBM PC机以后，它在这上面是犹豫了的。当时联想提出国际化战略多元化发展，但是它的愿景和战略目标并不是很明确。所以一度有两个老板，一个中国的，一个美国的。从这个角度来说，联想走了一定的弯路，最后还是取消了，基本上还是一个中国的老板。再一个就是联想在构建企业文化的时候，缺少企业的愿景和战略目标，或者说并不是很清晰。所以直到现在，联想没有自己的核心产品，没有核心产品就缺少核心竞争力。就是你到底是制造，还是IT服务？联想的制造基本上就是生产个人电脑和服务器，那么把美国的IBM PC业务拿过来以后，基本上是沿用了PC业务原有的这一套东西。所以它的业绩最后是下滑的，收购以后一直在下滑。那么这种下滑更模糊了联想在这两大领域的取舍。那么另一个很重要的教训，我就觉得，特别是现在我们来看中国的IT的发展，特别像华为这样的，之所以能够越做越大、越做越强，就在于它有自己的核心产品。中兴没有核心产品被美国卡了脖子了，那么联想实际上也是没有自己的核心产品，因为联想在某种程度上，它基本上是一个最后组装的业务。那么在服务行业里边，特别是它开创多元化战略以后，在PC的服务行业里，更是遇到了很大的阻碍，所以它基本上在这个领域是亏损的。因此联想在这个领域的发展更加举棋不定、动摇。导致后来它有一个大裁员，那么这个大裁员又影响了联想原有的企业文化。是什么内容呢，就是亲情文化，这让职工对联想的亲情文化进一步产生了怀疑和动摇。所以联想最后对自己的发展，等于自己给自己制造了很大的不确定性和阻力。因此从这个角度来看，我觉得作为企业发展来说最大的教训是首先要确立好自己的愿景和战略目标。用现在话讲就是初心很重要，你得忠于自己的初心。如果忘掉了自己的初心，实际上就是放弃了对于自己核心竞争力的追求。

问：忘掉初心会使企业在未来发展的过程中，受到来自内部或者外界的客观的一些阻碍，然后影响企业的自身发展。非常感谢黄教授，那么我们也知道在现代经济当中，中小型企业或者说小微企业是国家经济的重要组成部分，现在国家包括李克强总理在前两天的"两会"当中也是重点提到了发展中小型企业，要为它们拓宽发展渠道。而家族企业是中小型企业当中最普遍的组织形式，也是我国经济发展的一支劲旅，做出了很大的贡献。在全球化和经济飞速发展的年代，家族企业的生命周期受到了种种的限制，那想请黄教授您谈一谈家族企业如何进一步获得有效发展，从而重塑新的竞争优势。

答：这个家族企业确实是一个很重要的问题，因为现在我们提倡多元经济发展，提倡国有经济和私营经济，都要注重，都要重视。家族企业在中国经济中占有很大的比重，咱们85%以上的就业岗位都是由这些民营企业创造的。民营企业发展有一个重要的问题，我觉得就是如何选好管理人员的问题。也就是说家族企业，咱们过去有一句话叫什么？富不过三代，所以这实际上是对家族企业发展的一个考验。家族企业的发展壮大必须打破自身对自己的禁锢，就是要打破自己的天花板。说到底就是如何选择职业经理人员的问题，我觉得这个非常重要。你看最近孟晚舟这个事情，前不久任正非对媒体有一个讲话,被问到孟晚舟是不是要被培养成为他的接班人,他怎么回答的,他说孟晚舟永生永世也不会成为接班人。就是说任正非很看重这个问题。家族企业一般来讲后一辈可以继承上一辈的产业,顶多也是当董事长这个角色,但是真正的管理人员还得找那些专业的职业经理人。所以我觉得这个家族企业要打破发展的障碍、发展的禁锢,首要是选好管理人员。我觉得人才的选择,这是一个最重要的根本。你看像浙江我们知道有一个很著名的民营企业叫万向节,它的创始人是鲁冠球。鲁冠球我记得从80年代开始,从小企业到最后发展成为一个国际化企业,他对管理人员的选择是非常重视的。作为职业经理人,才能把企业管理好,把企业文化传承下去。那么你作为家族企业的一分子,你可以当董事长。但是选择总经理之类的具体管理人员,这个非常重要,我觉得这是关键。

问:所以说公司的管理人才必须是和公司没有像我们中国所说的这种亲情关系、裙带关系,尽可能让他比较客观公正地管理这个公司的业务。

答:对,当然这个也不是绝对的。如果家族成员具备专业的管理能力或者有这种眼光,能够打破自己家族的限制的话,也可以作为管理人员来使用。当然这还是不太容易,因为你本身有这种血缘关系,你不仅有组织关系,还有一种血缘关系,血缘关系有时候是不好打破的,这是亲情关系。所以这个问题吧,如果不打破这个界限是成功的少失败的多。

问:就像现在的这种情况,可能85%的民营企业当中就有90%是家族企业,但往往最后存活的运营超过十年的都应该算是比较长的周期了。

答:对,你看现在咱们民营企业占的比重越来越大。现在国内这几家做得比较大的,而且开始走向国际化的这些民营企业里,好像基本上还是选择职业经理人的比较多。而作为家族企业的创始人,你可以作为掌舵的,做董事长,但是具体的管理大权一般还是应该交出去。

问:那么我们知道现代人以及社会的生存发展也是离不开企业自身的持续发展完善。企业文化、企业文化建设已被我国的企业理论界所熟悉,而企业的审美文化相比较之前我们所说的企业文化建设,又提高了一个更高的档次,那么想请黄教授您谈一谈审美文化建设的重要意义。

答:其实我提出企业审美文化,是中国经济发展到一定阶段时,适应社会需求提出来的。因为我们知道在生产和消费领域里,我们现在越来越重视消费领域对生产的促进作用。那么消费作为人的一个基本的需求,到了一定程度以后，它肯定是要有变化的。在解决不了温饱问题的时候，生存是主要的，要生存首先是解决温饱，那么一旦突破了温饱水平以后，人民需求就高了。那就是说他不仅要吃饱，还要吃好，吃好同时还得玩好。所以从现在这几十年，我们国内改革开放40年的过程来看也是这样。那么我们当时提出审美文化的时候，实际上距今差不多有二十年了，那个时候我们改革开放有十来年了，我们更多的是从西方发达国家的经济发展和消费需求发展看出这么一个趋势。从西方这几个发达国家，美国、英国、法国、德国和日本来看，国民经济GDP人均超过1000美元以后，这个人的消费会发生一个很大的或者说一个根本性的变化。就是说从追求温饱追求物质，开始向追求精神需求发展，那么他就希望，不但希望自己的生活（水平）能够提高，而且希望自己在其他方面的需求也能够得到满足。所以我们审美需求主要是从精神发展超越物质发展这个角度提出来的。实际上我们现在审美发展也比较明显，你看现在特别是年青一代，实际上老一代这个也表现出来了。我们平时所说的追求名牌，也可以看成是精神需求的一个表现形式。现在有好多产品，你比如说我们脚上穿的耐克也好，还有其他品牌也好，品牌实际上是商品在实用属性之上增加的一个符号。商品有了这个符号它就有了不一样的含义，这个符号体现了人们超过了物质层面的追求，已经是精神层面的追求，因为它表明人的追求高了。当然这个产品它本身满足了基本的需求以外，它同时能满足人们在精神上的一些需求，所以这样的产品现在是越来越受到追捧和市场的欢迎。所以审美消费从根本上讲，就是当人的经济收入达到一定水平，或者说国家的经济发展达到一定层次以后，人们的需求发生了一个根本性的变化，这个变化就是说从物质需求开始向精神需求发展。那么作为生产方面来讲，现在我们提出的是供给方的改革，作为商品的供给方你得根据市场的需求来进行生产，要生产那些有效的产品。那么现在人们需求的改变就倒逼企业要推出这些有效的产品，不然你在市场上就失掉了自己的消费者，失掉了市场。

问：是的，现在我们常说拉动我国国内经济的三驾马车，消费、投资和出口。那么现在出口和投资我们已经达到饱和，可能更主要是放在刺激国内消费上。国家、地方都会出一系列的相关政策来刺激居民消费，然后以此来拉动国内的经济发展。那么从这方面来看，其实刺激了居民消费之后也就会像您刚刚说的，倒逼企业谋求发展，生产竞争力更强的这些产品。

答：像三驾马车里边，现在消费越来越成为一个重要的推动力。特别是像中国这么大的国家，经济发展还是要立足于国内消费。中国国内消费本身也是世界上最大的一个市场，而且现在我们 GDP 已经达到 1 万美元了。所以我们现在精神消费需求越来越多元化，精神需求包括体育、影视还有产品的设计这些方面表现越来越突出。

问：是的，就好像我们现在年轻人常说的生活需要仪式感，就是在同类产品的选择上，可能会更加注重这个产品给自身带来的体验感觉，然后在选择品牌上也会有所针对。再加上现在因为网络电商的发展，各类产品的流通更加透明、更加公开，各类产品的可选择性就更大。

答：对，你说的这个问题是这样，电商的发展更会使人们对于品牌，特别是名牌产品的追求显得更为突出了。因为人们看不见产品的生产过程，那么人们就认为，我就从名牌产品出发，名牌肯定是不错的产品。那么这样的话，消费品市场的发展在精神需求上、在审美需求上就更突出了。

问：是的，现在很多平台经常有一些品牌折扣活动，或者是通过海外直接代购这样类似的渠道，使得一些名牌产品或者原来我们所说的奢侈品，它的价格大大地降低。这样的话像之前原本只有价格竞争优势的质量稍微差一些的产品，它可能就更难以立足。对于企业的发展来说，可能不是说遇到瓶颈，而是遇到了致命性的问题。接下来想和黄教授您探讨一下劳资博弈这个问题。劳资博弈一直是市场经济条件下劳动关系主体双方利益分化的必然表现，工会作为劳动者合法权益的代言人和维护者，通过博弈制衡，实现劳动关系和和谐社会经济的科学发展。但是有人说基层工会劳动保护工作很难做，您认为地方工会劳动保护工作如何走出困境，那么它的出路在哪里，如何解决工作人员认识上的这些误区？

答：你问的这个问题确实是咱们工会一直需要解决，一直在寻求答案，或者说不好解决的一个问题。因为工会的目的嘛，从很大程度上讲就是追求劳动关系的和谐，形成劳动关系的平衡。这是工会的一个重要责任。那么劳动关系的平衡，劳动关系的和谐，又在很大程度上取决于如何处理好劳资关系。那么作为工会这一方，肯定要保护劳动者的利益，但是工会仅仅关心劳动者的利益，肯定是不够的。但是这个问题不好解决在哪儿？如果你工会连劳动者利益都不关心，那么这样的工会肯定是不受欢迎的。但是你只考虑劳动者这一方，又不够。那么同时你还得考虑到资本这一方，那么资本这一方谁来考虑？当然咱们说更多的应该是由政府来考虑这个问题，所以工会如何和政府协调关系，又会成为在中国这种特殊国情条件下，中国工会一个重要的任务。那么从这几十年改革开放来看，实际上我们在这个问题上一直在不断地探索。我们也经常到基层去搞一些调研。那么基层工会确实遇到最多的就是这个问题：怎么协调好劳动关系？我们知道在十几年前劳动法修改的时候，当时经过工会的努力，就曾经提出这个问题，提出什么？更大程度上保护好劳动者的利益。所以当时我们在建立社会保障体系的时候，基本上是一个什么格局？当时就是说建立了劳动者的社会保障体系，作为劳动者个人，每年应该从工资总额里边拿出8%，而企业要拿出20%。这一点当时争论很大，但是最终还是从劳动法上把它固定下来。但是很快就发现这里边有问题了，什么问题？就是企业的生产成本越来越高，或者说太高了，好多企业忍受不了了。所以后来这个问题又重新被提出来，也就是说企业如何降低企业的劳动成本。那么具体说就是，在构建职工社会保障体系的时候，企业到底拿出多大一块比较合适。所以现在咱们特别是这次"两会"，我看就明确提出来了，要把企业这一方的出资比例由过去的20%降到16%。实际上就是政府出面解决这个问题，因为这样的话，降低企业的生产成本，对企业的后续发展是一个推动。特别是现在随着经济全球化的发展，竞争越来越激烈，这两年美国与中国的贸易战，打得也是越来越升级了，特朗普大幅降低美国企业的税收，大幅降低美国企业的生产成本，那么如果我们不降的话，肯定就失掉这个机会了。所以这次"两会"把降税降成本作为咱们企业和国家的一个政策，从战略发展的角度提出来了。那么作为基层企业来讲，在处理劳资问题的时候，我就得考虑这个降税降成本了。具体来说，特别是前几年，很多企业每年劳资双方有个谈判——工资谈判，那么确定工资涨幅的时候，肯定要考虑这个问题了。国家降税，减轻企业的负担，这是一个出路。作为企业来讲，工资的提高保持在一个适当的水平，或者说合适的水平，那么这对企业和职工个人的发展都是有利的。怎么把持好这个尺度，这确实也是基层工会必须考虑的一个问题。

问：这可能是因为我们现在还是处于发展中国家这么一个特殊的历史阶段，到目前为止全国还有很多人口没有脱贫，没有解决基本的温饱问题以及生存问题。所以说工会处于企业当中的时候，不仅要维护我们工人的各种利益权利，还要考虑整个公司或者说企业整个的发展布局，可以说是小家服从大家。

答：也得有持续的发展，另外可持续性发展，必须把握这个。

问：只有可持续发展了，才会解决更多人的就业温饱问题。如果说企业经营不善或者成本过高，导致它的利润空间越来越小，那么一方面会导致企业无法继续经营生产，另一方面也打击了很多企业发展的积极性。国内的整个经济形势不好的话，其实对于我们员工自己来说也是很不好的一件事情，经济不景气导致失业率上升。

答：其实现在这个问题应该说也是很迫切和很明显的。你像西方发达国家，劳资矛盾实际上越来越激烈。法国到现在还没消停，"黄马甲运动"到现在还在搞，实际上就是因为劳资问题没解决好。其他西方国家也存在这个问题，当然我们国家也存在这个问题，关键是我们国家在解决这个问题的时候，政府出面，能够考虑到双方利益的情况来调解，建立一个双方之间的和谐关系，这个才是最主要的。

问：谢谢黄教授，我觉得这和您之前提出来的企业审美文化也是有很大的关系。审美文化我的理解是，不仅仅是给员工在经济上一定的劳动报酬，更多的可能也是对员工未来发展的一种规划。如果这个企业是一个有发展前景的公司，可以说给这个员工有很大的发展空间，有很明确的发展规划的话，相信即便是短时期内在经济上没有得到心中满意的那种回报，我认为这个员工也会在这个企业继续奉献下去。对于这种劳资博弈来说，不仅仅是利益上的冲突，我觉得资本家或者说企业家，他在建立企业的发展规划目标的时候，也应该将这些员工的这些发展远景都考虑进去，这样的话对于员工来说，除去利益这一部分，可以很容易地化解这部分的问题。

答：从根本上说员工的发展就是企业的发展，这是一致的。所以从这个角度上说，劳资关系的和谐更多是在追求劳资方面的一致性，求得一种共同发展。

问：谢谢黄教授，那么最后一个问题，今年是学院的70周年校庆，您对学院办学有哪些建议？对广大教师和学生有哪些殷切希望？

答：我是1983年到学校的，那时候学校还叫全国总工会干部学校。后来1984年大概是1984年底，1985年左右，学校就更名为中国工运学院，就是说当时我们基本上还是一个成人高校。那么到了2003年的时候，在中国工运学院基础上，又建立了中国劳动关系学院，就是把我们中国工会干部的培养和教育，纳入中国国民高等教育里边了。所以学校从建校这几十年实际上是跨了几个大的门槛，从一般的工会干部教育到成人高等教育再到普通国民高等教育，是这么一个过程，现在咱们又进了一步，研究生教育了。那么从学校这几十年的发展来看，确实我们也是不断地往高处走。今年就70周年了，我觉得在这个过程当中，如果回顾一下学校的发展，经验有，教训也有。在进入国民高等教育序列以后，我们学校如何既保持教育的层次，又发展自己的特色，这是一个需要考虑的问题。那么中国劳动关系学院，我觉得不管从哪个角度来说，劳动观的教育不能忘掉。一个是它符合我们这个学校的性质，其实从现在来讲也符合我们大学生这个思想和学习的实际。因为劳动观我觉得它既是我们中国劳动关系学院发展的一个特色，又有现在国民高等教育的普遍性。因为特别是现在的独生子女，在劳动观上我觉得是有缺陷的。当然我们说劳动观既包括体力劳动的还应该包括脑力劳动的。体力劳动这个好做，那么脑力劳动这个问题应该在今天的形势下，怎么样告诉这些独生子女，让他们也明白这个意思？现在总书记提出来，幸福是奋斗出来的，劳动创造幸福。所以说幸福不是等来的。劳动是产业，劳动创造财富，劳动创造幸福，我觉得现在应该给我们新的大学生树立这个观念。特别是我们在谈到劳动，在谈到脑力劳动的时候，怎么样发挥创造性的脑力劳动，这个非常重要，这也和我们现在提倡创新发展是一致的。我觉得学生现在也应该考虑这个问题了，突出我们中国劳动关系学院的特色，重视劳动观的教育。

问：习总书记在去年的全国教育大会上，再一次提出了全面发展德智体美劳。之前是没有劳动的，然后现在加上了劳动，可能要把劳动教育再一次放在和德智体美这样的教育并列的一个层面。

答：对，很有必要，而且这特别符合我们学校的办学特色，学校发展的性质。劳动观我觉得很重要，应该说劳动观在某种程度上也是我们学校立足的一个根本。

问：劳动观的建设可能是青少年成长发展过程中人生观、价值观的一种引领。

答：对，应该和年轻人的价值观联系起来，如何联系起来，关键就是怎么样追求更好的体现形式和教育方式，把它体现出来，这个是我们应该考虑的问题。

问：再一次感谢黄教授今天能够来参加我们的访谈。

访谈手记

经过近3个月的准备，2019年4月11日上午10点，中国工运文库"口述史"项目组对黄河涛教授的访谈如期进行了。拍摄组为黄教授化完妆后，黄教授走过来说："前期我们沟通得很顺畅，相信今天录制也会很顺利。"之前一直都是通过电话、邮箱和黄教授进行联系，虽然是第一次见面，但是黄教授的和蔼可亲，一下子缓解了我的紧张情绪。

我们作为录制第一组，很快到了采访时间，设备和机位调试完毕后，我们正式开始了录制。这是我第一次出镜访谈，内心十分紧张，坐在那里有些不知所措，提问时也不停地看"小抄"。而黄教授则充分地展示了大家风范，对每一个问题都是不疾不徐、娓娓道来，渐渐地就让我全身心地投入访谈中，自然地倾听起他的讲述。在录制过程中，黄教授还时不时地对我提出的问题表示赞许和鼓励，使我彻底忘却了紧张，从按照采访提纲提问转变为相互交流。

黄河涛教授，生于1949年1月，重庆人，北京大学文艺美学硕士研究生毕业，北京大学经济学院企业管理研究生课程班结业。中国劳动关系学院二级教授，享受国务院政府特殊津贴。1983年7月调入全国总工会干部学校。曾在工会学系、工运史系任课。曾于1990年6月在中央人民广播电台举办《企业文化》系列讲座。1988~1991年协助厉以宁教授编辑国内第一套"企业文化丛书"，并任丛书副主编。自1992年起参与了北京大学、中国企业文化研究会"企业文化培训"的讲授和北京同仁堂、北京蓝岛大厦、北京中关村管委会企业文化建设的策划。是国内最早参与企业文化研究的学者之一，也是国内最早进行企业文化策划和培训的专家，是中华人民共和国人力资源和社会保障部企业文化师国家职业标准的终审专家和企业文化师国家职业培训教材的主要撰写成员。

在中国工运文库"口述史"项目组确定由我和姜春帆负责对黄河涛教授进行访谈后，我们立即检索了黄教授的简历和主要著作。用两周的时间推敲拟定了三个方面的十个问题，这些问题涵盖了黄教授的个人经历、研究方向和目前工会工作的挑战和机遇等，成稿发给黄教授后很快就得到了回应，应该是出于对我们的尊重，黄教授并没有删减问题。经过讨论，我们最终和黄教授依照既定采访提纲如期进行访谈。

采访中，黄教授从"企业文化的研究与建设、企业审美文化建设与企业的发展、经济全球化与劳动关系重建"三个方面为我们讲授了如何打造优秀的企业文化和工会劳动保护工作应该如何走出困境，避免认识上的误区等问题。

关于企业在建立之初，如何避免建立企业文化的误区，黄教授以联想为例讲到，联想在整个企业文化建设发展过程当中，也是充满着坎坷和逆境的。特别是进入21世纪以后，联想的企业文化又面临几个比较大的转变，尤其是它的企业文化战略等。特别是收购美国IBM PC机以后，联想在战略发展上出现了一个重大转变。但是现在回过头来看，这里面也是有很多经验教训的。一个企业，特别是企业文化发展，应该说是企业的一个战略，所以对于企业文化的建设和布局，应该有战略的眼光，特别是像联想这样的企业，因为我们知道联想到现在为止，收购美国IBM PC机业务以后，应该说进展并不是很顺利。总的来讲，企业在构建企业文化的时候，首先应该有战略眼光，企业愿景很重要。企业愿景在很大程度上取决于企业的战略目标。联想主要有两大业务，一个是制造业，还有一个就是服务，IT服务。那么联想在这两个领域里，一度举棋不定：到底是以制造业作为自己发展的重心，还是以IT服务业作为自己发展的重心？所以直到现在，联想都没有自己的核心产品，没有核心产品就缺少核心竞争力。就是你到底是制造，还是IT服务？联想的制造基本上就是生产个人电脑和服务器，那么把美国的IBM PC业务拿过来以后，基本上是沿用了PC业务原有的这一套东西。所以它的业绩最后是下滑的，收购以后一直在下滑。那么这种下滑更模糊了联想在这两大领域里的取舍。所以从这个角度来看，最大的教训是：从企业发展来说，首先要确立自己的愿景和战略目标，用现在的话讲就是初心很重要，你得忠于自己的初心。如果忘掉了自己的初心，实际上就是放弃了对自己核心竞争力的追求。

关于家族企业如何进一步获得有效发展，黄教授说，家族企业是一个很重要的问题，因为特别是现在我们提倡多元经济发展的时候，提倡国有经济和私营经济都要重视这种状况下，家族企业在中国经济中占有很大的比重，我们85%以上的就业都是这些民营企业创造的。民营企业发展一个重要的问题就是如何选好管理人员的问题。家族企业的发展壮大必须打破自身的禁锢，就是要打破自己的天花板。说到底就是如何选择职业经理人员的问题。

通过这次访谈，黄教授对待学问一丝不苟的态度深深地感染了我们，身为劳关学子，我们不仅要将老师传授的知识内化于心，更应该将老师这种扎实、专业的做学问的态度外化于行，努力做一名合格的劳关学生，做一个对祖国、对社会有用的人才，用对社会的贡献回馈老师的谆谆教诲！

欧阳骏口述访谈录

访谈时间：2019 年 3 月 15 日
访谈地点：中国劳动关系学院图书馆古籍室
受 访 者：欧阳骏（中国劳动关系学院退休教授）
采 访 者：杨　丹（中国劳动关系学院 2018 级硕士研究生）
整 理 者：欧阳骏（中国劳动关系学院退休教授）
　　　　　杨　丹（中国劳动关系学院 2018 级硕士研究生）

受访者简介

欧阳骏，中国劳动关系学院干部培训部主任、教授，工会干部教育研究所所长。本科毕业于北京师范大学经济系，研究生毕业于北京师范大学研究生院，研究方向为国际共产主义运动。当前主要研究工会维护与民主管理的有关问题。1994 年和 2000 年先后出版专著《改革与工会》和《论维护》。1991 年起先后在各级公开出版物上发表 50 余篇工会工运方面的理论文章，主编 5 部工会教材，参与编写多部教材和专业书籍。

问：老师，今天特别高兴您能来参加我们的访谈，我了解了一下您的简历，我们都是师范大学毕业的，非常有幸能够邀请到您。我就您的研究方向读了您的著作，在知网上看了您的一些文章，我感觉您对工会工作的理解特别深刻。因为我也在工会工作，看到您的文章之后对工会有了比较系统全面的认识，那么今天就您的研究方向，想请教您一些问题。第一个想请教您如何看待跳到劳动关系领域去看工会？

答：这个问题应该说是整个工会理论和历史的一个起点，这个问题非常重要，搞清楚这个问题对于理解其他问题帮助非常大。在工会界一直以来有一个说法：真要理解和认识工会的话，必须跳出工会看工会。意思就是如果孤立静止地研究工会，那么工会的性质、地位、职能这些重大问题就不容易搞清楚，就连一些最简单的、最直接的、最表面的问题也很难搞清楚。工会到底是干什么的？20世纪80年代末90年代初的工会培训教育，一个培训班大约四个月。我们利用三四天的时间让学生讨论一个问题，那就是我们工会到底是干什么的？工会第一要务是什么？我记得大概在1989年，我参加一个班级讨论，讨论了三天总结出十几个答案，有的同学说维权是最主要的，有的同学说劳动竞赛是最主要的，还有一个主席居然说文体活动是最根本的，同学们互相辩论，互不相让。由此看来，学生们都是在孤立静止地研究问题。他们是站在工会里研究，先设计出一个工会来，然后再说工会到底是干什么的。真正的研究方法应该是从它的产生发展来研究。认识任何事物的本质，有一个非常简单的办法，那就是从产生到发展壮大的整个过程了解它。所以我们说跳出工会，跳到哪儿去？劳动关系，为什么？工会是劳动关系的产物。按照马克思的观点，工会怎样来的？实际很简单，有了资本主义，有了资本家和工人，有了二者的矛盾和冲突，工会就产生了。我们都知道资本主义，十四五世纪在欧洲产生，但刚产生时并没有工业无产阶级和工业资产阶级，那时都是手工业工人。工业革命后，资本主义真正在欧洲、在世界立足。18世纪工业革命到19世纪中期这100年，劳动生产率提高了150倍。但是马克思当时说，工业革命最大的成果不在于把生产力提高了150倍，而是在于它产生了两个新的阶级，一个是工业资产阶级，一个是工业无产阶级。工业资产阶级指的是大工业企业的老板，而不是手工作坊的老板。工业无产阶级指的是一个工厂里成百上千的工人。这两个阶级开创了历史的先河，尤其是无产阶级担负着创立一个新的社会主义社会的重大历史使命。所以马克思认为两个新阶级的产生意义重大，这是工业革命真正的成果。这两个阶级产生之后，矛盾冲突接踵而至。二者和平是不可能的，原因来自资本家的本性和他追求的目标。资本家追求利润最大化，他们利用两个手段，一是扩大生产，一是压低成本。而成本是什么？绝大部分是指工资，成本中一个为不变资本，指人工、工资，另一个为可变资本。所以，劳资之间发生冲突，主要来自资本主义的本质和目标。资本家追求利润，继而压低工人工资。最初阶段工人不维权，但是不断被压榨之后工人就会反抗，因此维权斗争开始得很早。

工会维权，实际始于工人维权。工人维护利益一般分为两个阶段。第一个阶段是消极维护，此阶段很大程度上损害了老板的利益，它表现为三种形式：怠工、破坏、流动。第一阶段发泄、报复后，工人很快总结经验转向积极维护——罢工。其特点是以损害老板的利益为手段，以谋求工人利益为目标。罢工和怠工的区别在于怠工表现为直接停工，而罢工者会预先声明或者事中声明，解释罢工原因，与老板谈条件。积极维护和消极维护的重大区别在于是否以群体性斗争为前提。一人罢工不会形成任何威胁，而一个分厂、一个车间或整个工厂工人都罢工对老板威胁非常大。老板或者妥协涨工资，抑或与之较量，工人罢工是群体性斗争，群体性斗争的一个必要条件就是集体组织。

那么怎么才能组织起来？比如二三十个工人罢工，也算是有组织，否则无法统一行动、统一步调。所以工人罢工的时候，一定要有比如罢工委员会、罢工领导小组等正式的或临时的组织，或有个纠察队，没有组织的罢工是不可能的。工人在实践中，一般利用罢工组织起来，完毕之后解散。后期总结起来，老板不仅害怕工人罢工，甚至对罢工组织也非常忌惮，组织后来干脆就不解散，以此震慑老板，所以罢工组织慢慢沉淀下来，最后成为工会。我们由此得出，工会是个什么性质的组织，它的主要任务是什么，它的职能是否一目了然？

从它的产生、从它的历史使命上看，工会是与老板斗争、维护工人利益的一种斗争工具，是一种斗争组织。这个组织来自劳动关系。你跳到这个领域看劳资之间发生矛盾和冲突，就很自然地看到工会的产生，这也是辩证法的一个基本理论。利用发展的、辩证的眼光看问题，从它产生到一步一步壮大，在这个过程中发现工会来自劳动关系。实际上，工会要维护职工权益，主要作用于劳动关系。我国1994年提出工会工作总体思路，当时尉健行同志说："维护职工合法权益，我们只要把基本职责抓住了，即维权是工会基本职责，抓住这个重点，客观上就服务了党政大局。"为什么？维护职工权益，客观上是协调劳动关系，进而促进社会稳定，推动经济发展。维护了职工权益，调动了职工积极性，推动了经济发展，党政大局就会稳定。我们现在存在误区，把维权和协调劳动关系当作两件事情看，认为第一项任务是维权，第二项任务是协调劳动关系，那就错了。两者是手段和目的的关系，内容和形式的关系，如果离开维护职工权益，工会就无法协调劳动关系。工会就是工人的代表，是站在工人立场上维护职工权益的。有很多矛盾冲突，都是一方造成的，老板为了追求利润最大化，就要不断地降低成本，老板和工人之间的冲突，都是由老板挑起的，工人没有责任。老板压榨工人、欺负工人、剥削工人，工人忍无可忍才会造反，所以协调劳动关系唯一的办法是维护工人利益。维护有三种（方式），事前、事中、事后。事前不会发生劳资关系的冲突和不稳定；事中矛盾冲突纠纷就停止了，维权本身是协调劳动关系，这是工会的一项重大的社会功能。我们主观上维护职工权益，客观上协调劳动关系，推动社会稳定和经济发展，就顺理成章了。这就是我们跳出工会，跳到劳动关系上引申出来的道理。

问：您认为资本主义的工会跟社会主义的工会有什么不同？

答：2005年，我国提出了"中国特色社会主义工会""中国特色社会主义工会发展道路"，简单来说就是依据中国工会的特点而提出的。特点本身就是对比出来的，中国工会是中国特色社会主义工会，与之相比较的分别是西方工会和传统计划体制下的工会。中国特色社会主义工会刚提出时共有七条准则，第二年压缩到五条，工会十五大扩展为八条，不论几条，最核心的就是体制，即共产党的领导。另一个就是工会的任务，即维护职工权益。总的来说，中国特色社会主义工会就是在党的领导下维护职工权益。研究中国工会历史，我们发现，计划体制下的工会只要求党的领导，不允许维权。维权就成了经济主义，不维权的话，工会就脱离群众，没有群众即使工会听党指挥，对群众影响也非常之小，也形成不了纽带桥梁支柱，没有了群众基础。因此我们保留党的领导，同时提出工会必须维护职工合法权益。

西方工会是英国工联在19世纪初提出的，当时只要求进行经济斗争，公平工作一天，拿公平工资一天。当时只搞经济斗争，不搞政治斗争，工人负责生产，资本家负责分配。工人不组织政治斗争，不和工人政党、共产党发生关系，也不组织革命，不组织社会主义。二战之后的社会民主党也是如此，意思就是只要经济斗争，不要政治斗争，不要共产党的领导。

工人要维护职工利益，但不要共产党，不要政治斗争，不要工人的长远政治利益。这样一来，只通过经济斗争来维护职工利益，实际是不可能的。资本主义是周期经济，它有低潮有高潮，萧条、复苏、高涨然后危机，循环往复。经济热的时候，工人罢工组织经济斗争，要求涨工资，老板就会惧怕员工。但是在经济下滑的时候，老板濒临破产，工人却要求罢工，老板则视而不见。由此看来，经济斗争也是有条件的。二战后的石油危机就出现了问题，加之全球化和2008年后的金融危机，西方经济不断滑坡，老板和企业都不景气，纷纷转移到落后国家，西方失业特别严重。当时西班牙失业率最高峰时达到50%以上，法国26岁以下的年轻人失业率达到将近30%。在此情况下，工人纷纷退出工会。现在西方工会进入了一个低谷期，工人需要工会维权，工会无法维权，工人就拒缴会费并退出了工会。现在西方入会率达到了有史以来最低点。

工会到底有用还是没用？马克思认为，工会当然有用，经济上升时期，工会组织工人进行经济斗争，维护了工人做人的起码的权利和尊严。如果不组织经济斗争，资本家会持续剥削工人，经济斗争是为了保证做人的起码的尊严和权利，这是工会的作用。但是马克思认为，在经济下降时期，工人在上升时期通过经济斗争所获得的权益都会一笔勾销。经济下降，企业裁员或破产，导致工人失业。马克思解释，经济上升时期通过组织工人进行经济斗争培养工人的积极意识、组织意识、斗争意识，到了经济斗争时期，要引导工人从经济斗争转向政治斗争。此刻要组织工人革命推翻资本家，解放并建立社会主义。上升时期开展培训，搞经济斗争，需要的是工会，决战时期就要执行，政治斗争需要政党，需要工人阶级政党，需要共产党，因此如果没有党的领导，肯定没出路。中国是在共产党领导下维护职工权益，我们要把长远利益、眼前利益、具体利益、根本利益结合起来维护工人利益，同时维护社会主义工人最根本的制度，推动经济稳定发展，使工人工资保持稳定增长。

问： 听完您的介绍，对事件的来龙去脉有了具体了解。那么您认为现在我国工会运行机制有哪些问题？

答： 这个机制我以前讲过，这是个依附性的问题。比如在非公企业，有人调侃说现在有一些工会实际变成了老板工会，工会主席就是老板任命的高管。这种情况下，工会除了维权什么都行。组织文体活动、劳动竞赛，都没问题，高管本身有这个权力。但是维权，在某种意义上，在某些问题上老板是会拒绝的。比如针对劳动保护的问题，员工根据《劳动法》，认为现在设施不够，需要增加开支，增加一些保护设施。但如果是高管管理工会的话，下级就不敢这样做，怕被降职甚至免职。行政上的依附决定了地位。所以这种依附性导致工会无法行使最基本职责。工会最核心最本质的就是维护职工权益，维护职工权益需要工会独立于行政。

我们现在讲，在党的领导下独立自主开展工作，如果做不到这一点，工会发挥的作用就会大打折扣。现在国有企业在一定程度上也有类似的问题，当然比非公企业要好一点。现在很多人凭个人关系，工会干部个人与书记、厂长关系不错，工作就会开展得比较好。但有时候碰到关系不太好，或者个别行政领导官僚主义比较严重时，工会的工作就要受到阻碍。因此，应通过立法等方式加强企业行政独立性，加强体制建设，加强保障工作。在面对你的监督对象和维护对象时要有底气站起来跟他说"不"，这样才能维护职工权益。

问：现在人工智能发展和推行比较迅猛，银行等行业也渐渐开始使用人工智能技术。随着互联网的发展，原始用工方式被打破，用工方式变得更加灵活，比如我在网上进行雇用，新型的用工方式或人工智能等会对劳动关系产生影响吗？或者说会不会影响工会在协调劳动关系中的作用？

答：这个问题比较新，也是近年越来越突出的问题。其实工会的理论，尤其工会的教学，教学内容本身都是研究成果，不像讲数学是有教材的，属于多年的研究成果，（工会教学）每讲一个问题，实际教学本身就是研究成果的发布。我们现在讲的问题，一般在两三年甚至更长的时间之后才会将之诉诸笔端。我们讲这些问题必须有大量的资料，必须得调研。我们培训部的老师，每年组织调研一次到两次，甚至更多。个人的调研，需要拨经费开展。因此调研老师一定是对下面的情况了解得非常透彻，单方面来讲会比较唯心。

这个问题从理论上讲，它是有可能的。如果站在老板的立场上看，我使用了更先进的机械设备和技术领域的设备，利用得越多，取代的人工就越多。从我个人角度来讲，为了降低成本的话，我会这么做。但如果这样做影响到了劳动关系和整个社会的稳定，作为国家来讲，作为全体公民整体立场利益的代表来讲，这样的做法会受到抑制。我们不是资本主义国家，资本主义国家的老板，政府就代表他们的利益，不会给他们施加压力。可我国不会这样，我们可能会有一些相应的措施，一是扩大生产规模。当时恩格斯就共产主义原理讲话时说，工作时间完全可以压缩，压缩两三个小时、一两个小时。经济发展给人民带来好处，一是物质利益，人们对物质利益的需要是有极限的。恩格斯讲到，人们的工作目的是养家糊口。真正成为人们爱好的有很多项目，其中有两个比较主要的，一是研究科研，二是艺术。将爱好和职业统一的现在有没有？当然有，但是绝大部分不是。恩格斯说以后要通过技术方式把人们为了糊口而进行的劳动压到最低线。物质财富极大涌流，电脑机器人代替人工，财富轻而易举就可得到。一个纺织厂原来得有3000工人，现在30个就够了。从理论上来讲，在资本主义国家私有制企业，科学技术的发展就意味着老百姓的灾难，越发展越厉害，越发展越痛苦，越发展越贫穷，而少数人越来越富，所以技术发展是两极分化的一个渊源。但在社会主义国家，我们有社会主义理论和原则限制，一是减少劳动时间，扩大生产规模，保证就业，利用技术就可以解决。如果不解决，就和社会主义基本制度发生冲突，这个我想是不会发生的。二是缩短用工时间。说到缩短用工时间，好多银行之前是采取轮休制，现在很多银行开始实行双休了，工资是不变的。所以这就体现出社会主义国家和资本主义国家的区别，增加休息日缩短工作时间，这体现出了我们国家的优越性。所以实际上我觉得这个问题可以回答大家的一些顾虑，我们现在将产业转型升级作为基本国策之一，但这个问题现阶段调研不够，不能发表正式的看法。下一步应该由学校组织，我当时在培训部时，每年都要一大笔经费，几十万元的调研经费，在这方面我们学校应该拿出比较权威的调查报告，我们是专门从事劳动关系研究的学院，我们应该责无旁贷地为国家做好参谋。

问：作为新经济形势下的劳动关系的一种研究，您认为当下工会机制存在哪些问题？工会应该怎么样去发展？现在群团组织的改革正在进行，您认为当下工会应怎样改革？

答：其实我觉得习总书记讲得非常清楚了，中国工会的改革方向就是"三性"：政治性、先进性、群众性，我们的改革就是不断强化这三个方面。我们现在提的比较新的和比较多的就是政治性，以前总认为工会就是一个群众组织，实际上我们中国的工会必须强调政治性。以前我们讲中国特色社会主义工会，讲党的领导，维护职工权益，认为党的领导是政治性的体现，维护职工权益就是我们群众性的体现，其实完全不能这样分。党的领导是政治性的体现，党领导工会维权更是政治性的体现，其实我们的政治性就来自党领导下的维权。我们看西方维护职工权益就是物质、利益、涨工资、缩短工时、改善劳动条件，中国工会也做这些，但是着眼点不在这。简单来说，维权本身就有政治性。维护职工权益是保护职工的利益，保护他的积极性。比如现在劳动者在企业中正常工作，遇到事情挫伤了积极性，那么就要通过协调关系，解决这个问题来保护其利益，恢复和保护其积极性。保护积极性需要两个东西推动，一是努力生产，二是努力学习和提高。现在的维权直接跟生产有关，我们保护职工的利益，保护职工的生产积极性，直接推动了建设社会主义现代化强国这一政治目标，保护了职工权益直接立足于建设社会主义现代化强国。保护职工积极性是为了提升学习技能的积极性，实现社会主义现代化强国和中华民族伟大复兴。我们有一个非常明显的短板，就是我们整个产业的工人队伍技术水平相对较低，一般发达国家技术工人在全部工人中的比重平均是30%，日本是40%，德国是50%，而中国不足5%。现在主要是在高端制造业、新兴产业、电子信息产业、能源化工、能源产业、新能源等产业中，要求职工队伍转型升级，因为我们一般工人很难胜任其中的岗位。所以我们现在维护职工利益，保证职工都拿出更高的热情，提高技术水平和创新能力，尽快地接近我们建设社会主义现代化强国所需要的水平。

维权，立足于政治目标建设社会主义现代化强国。维护职工权益协调劳动关系是为了社会的稳定和经济的发展，如果不维护职工权益，肆意让职工的权益受到损害，社会就会不稳定，就难以发展。所以工会把事前、事中、事后的问题解决了，劳动关系和谐了、社会稳定了，就维护了国家根本的政治利益。

维权，维护职工权益是为了维护什么？是为了维护共产党的权威。一般很难想到这方面。我们维护职工利益，职工才会信任工会。我们现在要做职工的娘家人，必须坚持给职工做好事，才会取得职工的信任。之后再组织号召什么，职工才会愿意听，才会努力生产。工会说要职工听党的话跟党走，引导职工走这条路。职工相信工会，所以才会履行职责，愿意听党的话跟党走。工会维权，不是一般的维权，是党领导下的维权。我们维护职工的利益，表面看是切身利益，实际是根本利益、长远利益、政治利益，所以这就是工会的政治性，这是我们的体制。我们的改革就要往这个方向走，我觉得这是最重要的一个方面。如果我们的工会干部、工会主席都有这种意识，提高自觉性，那么工会作用就会大大提高。

问：工会十七大报告当中，把工会的职能、维护职能作了进一步的补充完善，从原先的"维护职工合法权益"，又增加一句"竭诚服务职工群众"，对此您怎么看？

答：其实我觉得这个变化不是很大，我觉得这个维权本身就是服务职工，因为维权应该说是最核心的服务的一项内容，服务职工应该说范围更广一点，但是它的最主要的内容是维护职工权益。维权是最根本的服务，这个服务职工群众本身主要体现在维权上。当然这个服务职工比维权的范围更广一点，维权是面对侵害而言的，服务是我可以给职工增加利益。维权指的是在被侵害的情况之下恢复自身利益，或者说阻止侵害，保持利益原样。但是维权本身也是一种服务，而且在我们工会的整个服务中，维权是一个核心。所以我们把它放在前面，"维护职工权益，竭诚服务职工"。我就这么理解。

问：我的问题大概就这么多，今天特别感谢欧阳老师能接受我们的采访，对工会的相关问题介绍得特别深刻，今天受益匪浅，特别感谢欧阳老师。

访谈手记

欧阳骏，中国劳动关系学院干部培训部主任、教授，工会干部教育研究所所长。本科毕业于北京师范大学经济系，研究生毕业于北京师范大学研究生院，研究方向为国际共产主义运动。当前主要研究工会维护与民主管理的有关问题。1994年和2000年先后出版专著《改革与工会》和《论维护》。1991年起先后在各级公开出版物上发表50余篇工会工运方面的理论文章，主编5部工会教材，参与编写多部教材和专业书籍。

欧阳骏教授是我组第一位受访者，采访当天，我和小组成员在学校图书馆门口见到了欧阳骏老师，随后来到图书馆三楼做访谈准备。欧阳教授穿着深色外套，留着利落寸头，看上去年轻干练，并不像一位年近七十岁的老年人。

我们作了简短交流后,欧阳教授开始试镜和化妆,化妆期间欧阳教授和在场录制人员也进行沟通交谈,了解访谈录制的工作,这种气氛让人放松下来。我的同伴作为访谈记者,第一次采访有些紧张,欧阳教授对我们说:"放松心情,我接受过很多采访,遇到任何情况欧阳老师来处理。"听到欧阳老师的话语,我们瞬间轻松下来。在和欧阳教授交谈中我感受到欧阳教授是一位非常有责任心的学者,对工作认真负责。

在正式的采访中,针对近些年的工会改革重大事件、维护职工权益和增强民主管理等问题,欧阳教授多次强调,工会改革应该紧紧围绕工会的性质,即工会的所有工作要最大限度地维护职工的合法权益,为职工群众说话办事排忧解难。改革要体现出工会的工作制度、运行机制、管理制度和各级工会干部意识素质能力经验,以此来很好地体现工会的基本性质。改革过程中工会在实践运行中所出现的一些问题,也都会逐步缓解。

大约五十分钟后我们顺利地完成了采访任务,通过欧阳教授的讲述,我深刻感受到热爱教育的人把毕生精力奉献给教育事业的那种无私情感。从这次访谈中我了解到欧阳教授虽然退休了,但对工会事业的热爱和关注丝毫不减。

由于是第一次正式的采访,在开始之前要考虑怎么明确地提问,怎么让十五个预先准备的问题的提问和回答环节都连贯流畅,怎么打开欧阳骏老师的"话匣子"。我和小组成员通过观看优秀的访谈节目、查阅专业访谈教材找到了解决办法。事前我们将准备好的十五个问题打印出来,反复确认这些问题之间的逻辑是否正确。然后在采访前一天,我和小组成员预先演练,一方扮演受访嘉宾,一方扮演访谈员。采访过程中随时观察采访对象的表情、姿势等能反映他心理状态的细节,然后及时地调整思路,修改提问的方向和侧重点,以避免冷场,从而获得更多有价值的信息。

为了正确地引入话题并保证采访语言的简洁性和发音的标准性,我提前和欧阳骏老师做好沟通,将笔墨放在提问与回答中。在访谈中,每个问题都言简意赅地介绍一下采访主题,整个过程中争取用几句话概括地说一下,既让老师迅速理解问题,又能尽快引入我的正式采访。欧阳骏老师治学严谨,学识渊博,对我们提出的问题分析得深入浅出、显豁通透。

带有地方口音在采访过程中会显得不正规、不标准,我和另一位小组成员分别来自辽宁省和山西省，存在一定的地方口音。为了更好地展现采访效果，我们前期训练如何标准发音，我们利用课余时间到图书馆借阅了中国标准普通话练习辅导教材，利用几天的时间纠正发音。

从前期的准备问题和简短交流之中，我组人员感受到欧阳骏老师和蔼可亲、平易近人的性格。欧阳骏老师生活简单朴素，虽说年近七十岁，但衣着干练并且时尚简洁，从中我可以分析出他有很强的自律性并且心态很年轻。另外，我们前期也从图书馆老师的口中了解到欧阳教授的一些信息，通过别人的描述和评价使我的采访对象更加鲜活、更加立体，也更易于开展访谈。

欧阳骏老师是一位从事教学多年的资深教育学者，受邀参与过各类采访数十次，对此类专业学术采访更是经验丰富，因此并不存在采访的排斥情绪。另外，为了防止现场录像设备、录音设备等多种采访工具发生意外故障，我们同时带好了录音笔同程录音，这样对于当天的突发状况和可能遇到的风险也有一定的准备。

一个小时的采访任务顺利完成，这是非常珍贵的采访经历，在研究生期间能够参与一次访谈工作是不可多得的收获。通过此次采访工作，我体会到身为访谈员的不易。为了整个采访过程能顺利录制和访谈语言能流畅通顺，需要前期筹备人员、采访录制技术人员、采访记者、受访者和采访场地等多方充分地沟通。"台上一分钟，台下十年功"，此次访谈内容将在中国劳动关系学院图书馆的档案中作为电子采访资料长久保存，对我们这些参与者和见证者来说同样弥足珍贵。

武宗圣口述访谈录

访谈时间：2019年3月25日
访谈地点：中国劳动关系学院图书馆古籍室
受 访 者：武宗圣（中国劳动关系学院退休老师）
采 访 者：何爱敏（中国劳动关系学院2017级硕士研究生）
整 理 者：武宗圣（中国劳动关系学院退休老师）
　　　　　何爱敏（中国劳动关系学院2017级硕士研究生）
　　　　　刘　甲（中国劳动关系学院2017级硕士研究生）

受访者简介

武宗圣，1928年2月出生于沈阳（当时叫奉天市），于1949年9月参加革命工作，早在1950年3月就担任了沈阳市小学教育工会主席，后又担任沈阳市教育工会常委、组织部长。1951年4月进入全总干校第三期普通班学习，结业后留校任教。除了担任教学科研任务，还多次参与外事出访、接待工作。著有《工会基础理论》《怎样做一个工会会员》《职工民主管理概论》等。

问：武老师您好，首先问一下，您是1928年在东北出生，童年和少年时期都是在伪满洲国的统治下成长的。在那个日据的特殊时期，您是怎样萌发出进步思想，并一步一步走上革命道路的？

答：很难讲那时候接受进步思想。生长在日本统治底下，当时从咱们民族来讲，就是恨，民族的仇恨，因为我们国家被侵略，"满洲国"实际上是伪皇帝在给日本人做事儿。在这个情况下，老百姓身处水深火热当中，生活是很痛苦的。我出生不久就处在这个环境里，所以当时就是仇恨日本帝国。在日本高压下，学生对日本帝国主义的反抗是共同的，仇恨日本人。当时规定中国人不准吃大米、白面，只能吃粗粮（高粱面、玉米面、小米）。有的中国人吃大米饭吐在大街上，被日本宪兵发现就被抓进监狱，罪名是"国事犯"。中学一位老师突然不见了，不久听说是"思想犯"被抓，是"反满抗日"罪。我上的学校是培养小学教师的，不交学费，吃住不要钱，可是由于吃得不好、吃不饱，很多同学患夜盲症，学生生活在痛苦恐怖的环境中，当时写过一个顺口溜：

> 细雨绵
> 灯半残
> 窝头不饱半夜寒
> 辗转反侧盼明天
>
> 东风紧
> 沙尘扬
> 四野凋敝无春意
> 心惊胆战度时光
>
> 铁蹄下
> 受奴化
> 水深火热不堪言
> 何时苦尽展笑颜

这时的主要思想是脱离苦海，做个不被奴化的中国人，想祖国、盼光复。

我追求革命，萌发进步思想是在日本投降后。当时家乡来了地下党，在农村宣传共产党搞革命，当时民主联军到村中驻扎，宣传人民解放。不久，国民党军队来了，住在村里，他们抢老百姓的东西、强奸妇女，村里有三个妇女被奸污后自杀了。不久，国民党接收大员到沈阳，他们干尽了坏事，大搞"五子登科"（房子、票子、金子、女子、车子）。经过这种对比，大家思想变化很大，破除了"正统思想"（国民党是正牌）。当时百姓中流传着"想中央、盼中央，中央来了更遭殃"的歌谣。我认识到共产党是真正为老百姓着想的。

1948年沈阳解放，学校复课。在新老师、新教材、新生活的影响下，我的思想发生了巨变。在全新的课程、全新的理论、全新的思想影响下，感到自己要彻底改变，要对自己的思想进行大清理，要清理旧社会影响下的传统封建思想。1949年5月，我参加了新民主主义青年团，在党的教育下，1949年12月我被批准加入了中国共产党，成为一名党员。

问：在新中国成立初期，您就成为工会干部。当时我国工会的主要工作内容是什么呢？

答：解放后，我在沈阳师范学校学习了半年就毕业了。1949年9月被分配到沈阳市府北小学，当时校长对新师范的毕业学生很重视，让我担任小学六年级的班主任。当时市教育局试点搞"启发式"教学替代"填鸭式"教学，我们班作为新教学方法试点班之一。经过半年的努力，新教学方法有显著成效。在年终评选时，我被评为市小学教育工作者一等奖，获得一枚银质奖章。

1950年4月，沈阳市总工会在小学试建小学教育工作者工会，我被选为市小学教育工作者工会主席，脱离学校工作，到沈阳市总工会办公。同年9月，沈阳市筹建沈阳市教育工作者工会（包括大学、中学、小学、文艺工作者及出版印刷），我被评为常委，任教育工作者工会组织部长。

当时教育工会的主要工作是把各市属的大、中、小学校的教职工组织到工会中来，宣传工会的性质、作用、任务，宣传教育工作者是工人阶级的一部分，宣传工会是党联系群众的纽带，是行政的支柱，是教育职工的共产主义学校，号召教职员工通过工会来维护自己的利益。除宣传工作外，工会还组织经验交流和组织职工互助储金会。广大教职工对参加工会很热情，觉得自己是工人阶级很光荣。

问：1951年您进入全总干校第三期普通班学习，当时全总干校建校还不到两年，各方面都处在起步阶段，对学生的学习生活是怎么安排的？同学们的学习状态怎么样？

答：沈阳市教育工会成立以后，我工作了不到一年，1951年春被市总工会组织部选送到中华全国总工会干校第三期普通班学习。当时，刚做工会工作也不太懂工会，能到全国总工会干部学校学习，感到很荣幸。当时全总干校校长是李立三,副校长是狄子才、张云莹。学员大都是新做工会工作的同志,有省市地方工会的干部,有各产业工会的干部。

当时普通班学习课程有哲学、政治经济学、党史、国际工运史等,由学校各有关教研室负责讲课;工会工资工作、劳动保护工作、国际工作课程则由学校教研室老师讲课;工会实际工作课程,如工会组织工作、工会宣传教育工作、群众生产工作、劳动保险工作、工会财务工作、女工工作等由全总各有关部门相关负责人讲课。当时全总领导人如刘宁一、刘子久、杨之华、艾思奇、陈少敏等同志都来讲过课。

1951年春,同时有全国劳模短期培训班的学员和冬季抗美援朝的学员一起学文化课,当时学校的生活很有规律,学员住在原美国兵营内,睡的是木板床,吃的是大食堂。早晨起床铃响后,学员穿好衣服到室外列队,由班长带队跑步。课间休息做课间操,晚饭后玩排球、篮球,上晚自习,每周六晚有舞会,学员参与热情高,团结积极向上。

问:在全总干校学习期间您最难忘的事情是什么?

答:第三期普通班有个特殊情况,当时全国开展"三反"运动。但是学员在学校学习,对学校的情况不了解,学员之间也相互不了解,只参加过一些会。"三反"运动,学员只对原单位的情况进行揭发,至于个人有什么问题,就写材料给原单位进行交代。为了对学员进行"三反"教育,全总领导组织学员到基层参加"三反"运动。我们班由陈少敏同志带队去青岛纺织机械厂参加"三反"运动,到厂后边做些调查研究边和厂内工人积极分子交朋友,参加"三反"运动约3个月后返校,这是我最难忘的一件事。

问:毕业留校任教后您的主要研究方向是什么?取得了哪些成果?

答:1952年11月,全总干校第三期普通班学员毕业。在毕业典礼上,张云莹副校长宣布,国家进入大规模的经济建设时期,国家需要大量人才,学校从学员中选留一些人。我被学校留用,分配到工会建设教研室,研究工会组织建设。当时工会建设教研室下设组织组、宣传教育组、劳动保险生产组等,我被分配到组织组。当时主要工作就是建立工会课程的系统教材,这个教材必须包括马列主义有关工会运动的理论、党对工人运动的方针政策、国家建设对工会的要求、工会工作的方针任务和各项工会实际工作。

在工会课程的建设中，我的主要工作是研究编写工会工作教材，参加了《基层工会工作教材》《工会学讲义》的编写，之后还编写了《工会学概论》《工会民主管理概论》《工会组织建设概论》。为了编写教材，也写了一些论文：《试论社会主义国家中工会存在的客观基础》（曾被评为学院论文一等奖）、《浅谈工会参政、议政的实质》、《对工会维护职能的若干问题的认识》。围绕教材我也参与组织编写了一些参考书：《马克思恩格斯论工会》《革命导师论工会》《列宁斯大林论工会》《工会建设课程学习文件选编》等。另外，还应中国工人出版社邀约编写了《工会积极分子》教材中的《怎样做一个工会会员》。

工会教研室的老师们，前排右三为武宗圣

问：1972 年起您先后调到全总大批判组、工会章程修改组、清责组工作过，后来还参加了工会九大的筹备。工会九大召开之际，正值中央粉碎"四人帮"，是一次拨乱反正的大会。请您简单回忆一下当时会议召开的情况。

答：1972 年，我从全总河南五七干校调回全总大批判组，当时正值全总清理工会十七年的问题和总结经验教训，到大批判组开始翻十七年的资料，编写《工会十七年大事记》。开始不久，全总老领导顾大椿、陈宇、李春明三位同志去天津第二毛纺织厂考察，需要一个年轻同志照顾，我被派一同前往，一个多月考察后回全总。1972年秋季批判"工会修正主义路线回潮"，我又重新回全总河南五七干校，边生产劳动边批判"工会修正主义路线回潮"。1975年2月，全总筹备工会九大，我再次被调回全总，分配到工会章程修改组，开始随全总领导到山西等地方工会征求工会章程修改意见。1976年5月受全总领导委派，参加周恩来总理批示的"七四八工程"，编写中国工会方面的主题词表。"七四八工程"是国家开展的计算机汉字信息处理系统工程。当时由北京市图书馆牵头，组织有关方面分工负责编主题词，要全总负责编工会方面的主题词，全总组织几位同志编写，我是其中之一。当时唐山地震波及北京，北京地区各单位开展抗震活动，我们编主题词的一些同志因有其他任务走了，最后只有我一个人整理主题词。历时三个多月，完成了这项工作。该词表获得国家科技进步二等奖，参加工作的人员获荣誉奖。

工会筹备九大工作，首先是从各地工人造反派中选些人来全总，准备当领导人，有上海市金祖敏、天津市蔡树梅和辽宁的王景升。1976年10月7日，党中央逮捕了"四人帮"。金祖敏当时被称为"小四人帮"，同时被捕。全总组成清查组，不久，蔡树梅、王景升都回原地，全总撤销清查组。

1978年5月，工会九大筹备工作重新开展，工会在清除"四人帮"之后，工作很顺利。1978年10月，工会九大胜利召开，选出了新领导班子，总结了建国后十七年工会的经验教训，进行了工会工作的拨乱反正。肯定工会十七年的成绩，指明工会的工作方向。记得大会代表讨论批判了"工会消亡论"，对工会的"工团主义""经济主义"拨乱反正，使广大工会工作者感到工会不是是非之地，工会工作不是可有可无，而是大有可为，前途光明，清除了在"大鸣大放"时工会危机论、工会消亡论形成的笑话。

问：上世纪80年代您多次参加外事活动，考察国外工会发展情况，并向非洲等地区工会代表团讲授中国工会工作。通过对比，您认为我国工会发展的优势在哪些方面？

答：我参加外事活动不多，履历上写的那几件事情，实际上时间很短。一次是随李生林院长到民主德国，另外还有两次为国外工会介绍中国工会工作。1984年5月，由李生林院长带队，和全总国际部同志一同参加访问了民主德国高等工会学校，主要目的是开展友好活动，学习他们的办学经验。通过交流活动，让他们感受到中国工会在企业中开展职工代表大会的民主管理活动，是企业中工会维护职工利益、参与企业管理、协调企业中工会与行政关系的有效形式。

1985年2月，接待坦桑尼亚和塞舌尔工会代表团；1986年4月，接待贝宁、刚果、布隆迪、多哥等工会代表团。这两次都是由全总国际部同志带来，我给他们介绍中国工会工作，交谈不多。从接待中感到应该多找机会，加强国际工会之间的交流，增进友谊、相互学习。可惜两次都没有更多的交流。多交流既可以增进友谊，又可以学习人家的经验。

陪李生林院长访问民主德国，左一为武宗圣

问：1984年全总干校更名为中国工运学院，这是中国劳动关系学院发展过程中的重要事件。您当时已经调回学校，在工会教研室任职，作为本次重要改革的亲历者，您对此有什么深刻的印象？

答：1984年，全总干校更名为中国工运学院，这是我校发展过程中的重要事件，当时感受最深的是学校从训练班走上正规化的大专院校。倪志福在工会九大后来我校，他讲要办好训练班，训练好工会干部。学校改名为中国工运学院以后，从局限于培训工会人才转变为一般大专院校，不再局限于工会干部培训。从不定期的训练班成为正规化的院校，逐步建立起正规院校的制度、系统化的教材。办学指导思想也发生了变化，从培训工会干部到培养国家建设所需要的人才，培养服务于社会主义建设的人才。特别是改为中国劳动关系学院以后，学校办学的眼界更宽了，是劳动者学习的学府。这表明学校的人才培养，既不局限于工会工作的人才，也包括社会主义建设的人才。学校的建设发展也有自己的重点，围绕工会、劳动关系开展相关的教学研究工作，使劳动关系更和谐，使劳动者能发挥更大的作用，为社会主义建设发挥更大的作用。特别是学院提出把我校建设成高素质应用人才培养基地，工会干部培训的最高学府，劳动关系和工会领域研究的高端智库，这是多么振奋人心！

问：作为资深的研究学者，您曾对工会的维护职能有过深入的研究。当前，中国特色社会主义已经进入新时代，在这个背景下，您对工会维护职能有没有新的理解？能不能和我们交流一下？

答：工会的维护职能是非常重要的一件事情，但是要真正做好这个工作确实很复杂，它牵扯到各方面的关系，和党的关系、和政府的关系。我曾对工会的维护职能做过探讨，我认为自己理解不深，但这个问题是工会干部工作中的重大问题，要时刻注意。维护职工群众利益是工会工作者时刻不能忘记的大事。工会维护职工群众利益的活动有个大前提，首先，我们国家是维护广大人民利益的民主政权，中国共产党是由工人阶级先进分子组成的。党和政府都维护广大职工群众的利益，只不过党和政府是从广大人民群众的利益着想，是从总体上考虑人民群众的利益，既考虑目前也考虑长远。为此，工会维护职工群众的利益，必须在党的领导下，积极贯彻党的主张，积极贯彻执行国家的政策法令。在企业中，工会要在党的领导下协同企业行政共同维护职工群众的利益，要善于通过职工代表大会协商解决职工群众的利益纠纷，通过法律咨询参与协调工作。不管用什么方法都要处理好与党、与行政、与职工群众三方面的关系，讲大局，讲协调基础上的维护。

对当前企业中工会维护职工利益的情况我不太了解，但在我校老楼改造工作中，发现农民工的问题较多。在有些企业转产中，职工利益问题比较多，私营小店铺中的问题也比较多。小微企业怎么办？国家最终的规定是什么，国家有时还不规定。你比如学校施工队的一些包工，那些工人能按国家规定获得工作之前和包工头约好的那些利益吗？很困难。我问他们防暑降温费有没有，他们说没有；我问他们有吃饭的规定吗，他们说没规定。我说国家规定防暑降温费按时发，他们说他们没有，已经来这里工作了，没有就没有吧，认了。这都关系到他们的切身利益。这些问题怎么处理？这类问题还有很多。

我退休30多年了，只能回忆退休前的学校工作情况。我认为，我校是全国总工会直属的一所高校，学校的教学工作离不开工会的建设问题，为此，学校教学工作要紧紧同全总工作联系，尽可能参加全总的一些重要活动。全总几次筹备工会代表大会的工作、编写《全总十七年大事记》、三次党组扩大会议的检查等工作，我都有不同程度的参与，这对我帮助很大，对我编写工会课程教材和讲课都很有益。再就是讲工会课不能局限于工会，要放眼全国发展的新形势，社会主义新时期任务的要求，课程必须紧跟党的重大决策，不能离开大局。最后是讲课必须理论联系实际。为此，做教员的要尽可能找机会深入基层工会调查研究，在学员中调查研究也是非常重要的。要虚心听取学员的意见，向学员学习。此外，积极参与教学、科研、研讨会等。

访谈手记

2019新的一年，有2018MPA的加入，为访谈员的队伍注入了新的血液，图书馆方面也安排新的老师——刘老师来负责这个项目。刘老师把大家召集到一个微信群开始安排新的访谈任务了。虽然我已经完成了一位老师的访谈工作，但是自己对口述史的访谈工作理解不太透彻。就在这时，钟美老师在群里发来了好消息："各位亲爱的同学，近期我们会邀请口述史访谈工作方面的专家给大家进行一个培训，时间暂定于2019年1月17日13：30~17：00。届时，请各位在京同学尽量留出时间参加。"看到这个消息，我喜出望外，这真是及时雨啊。培训当天我早早地去了图书馆报告厅，认真听老师的讲课内容，通过这次培训发现之前访谈存在的问题和不足。首先，第一次的访谈只做到了访谈提纲—访谈—逐字稿，没有做整理稿和访谈手记。其次，最初对口述史访谈的工作流程不是很清楚，简单地认为是对某位学者的访问，参加完培训让我进一步了解了口述史的相关内容，对口述史有了深入了解。对于访谈技巧，访谈前、中、后的注意事项更为清晰，为今后做好这项工作指明了方向。

我们组访谈的第二位老师是武宗圣老师。武宗圣先生1928年2月出生于沈阳（当时叫奉天市），于1949年9月参加革命工作，早在1950年3月就担任了沈阳市小学教育工会主席，后又担任沈阳市教育工会常委、组织部长。1951年4月进入全总干校第三期普通班学习，结业后留校任教。除了担任教学科研任务，还多次参与外事出访、接待工作。著有《工会基础理论》《怎样做一个工会会员》《职工民主管理概论》等。看完武宗圣老师的简介，第一感觉是武宗圣老师都90多岁了，做口述史的访谈会不会有困难？钟美老师把武宗圣老师的资料发给我时，就一再地嘱咐我们，武宗圣老师年纪大了，要注意访谈的时间，不要太长，初拟提纲的时候就要考虑好时间问题。再就是联系武宗圣老师的时候，也要注意时间，不要打扰到武宗圣老师的休息。根据钟美老师的安排，第一次跟武宗圣老师联系，我选择了上午10点。我给武宗圣老师打了个电话，简单介绍了一下我自己，并说了口述史访谈的相关内容。访谈提纲拟好后，考虑老师年纪大了，估计不用微信和邮箱，我就把访谈提纲字体改大，打印出来，准备给武宗圣老师送过去。我准备好了材料，给武宗圣老师打了电话，询问了家里的门牌号，来到了武宗圣老师家，见到了武宗圣老师。他的精神面貌很难与90多岁的老人画上等号，他身材高大腰板挺直，一头银发下双目炯炯有神，跟之前想象中的完全不同。我把打印好的访谈提纲给了武宗圣老师，因为他家有客人，怕打扰到，简单聊了几句就出来了。认识武宗圣老师之后，在校园里经常能遇见，之后的交流基本是在校园里见面聊的。3月初，武宗圣老师做好了访谈准备工作。武老师做事认真细致，把访谈的内容都一一写了下来。由于年纪大了，没有用电脑，全部是手写的，近10页的内容，太不容易了。图书馆老师要我们商定访谈的具体时间，由于我自己身体的原因，不能如期进行，心里很愧疚，最终访谈安排在了3月底。3月25日访谈顺利进行，在访谈过程中武宗圣老师对我们提出的问题一一作了解答。访谈之后的一些工作，有的需要武宗圣老师确认和提供资料，他都是带着资料来我们办公室。每次武老师都说："我没事就过来了。"非常感谢武宗圣老师的理解与支持。

两次访谈让我受益匪浅，在此，感谢研究生处商老师和钟美老师的鼓励和支持。可以说这次访谈是挑战自我、激发潜能，不仅让我获得了宝贵的经验，也为我生命中增添了一些新的符号和色彩。

赵健杰口述访谈录

访谈时间：2019 年 3 月 25 日
访谈地点：中国劳动关系学院图书馆古籍室
受 访 者：赵健杰（中国劳动关系学院教授）
采 访 者：高雅晴（中国劳动关系学院 2017 级硕士研究生）
整 理 者：赵健杰（中国劳动关系学院教授）
　　　　　高雅晴（中国劳动关系学院 2017 级硕士研究生）

受访者简介

赵健杰，1954 年 12 月出生，硕士研究生导师，全国高校文科学报研究会常务理事，全国高职成高学报研究会理事长。1986 年毕业于中国人民大学研究生院，同年分配到中国工运学院学报编辑部，参与学报创刊。1988 年取得中级职称，任中国工运学院学报编辑部主任。1992 年任学报编辑部副总编辑，1993 年被评为副编审。1998 年被评为编审，2000 年任学报编辑部总编辑。曾多次荣获全总机关和学院先进工作者、优秀共产党员等荣誉，荣获中国社会科学学报学会评定的"学报事业突出贡献奖"、全国高校文科学报研究会评定的 30 年编龄的"玉笔奖"。2000 年下半年被中央组织部借调，从事"工人阶级先进性与党的先锋队性质"课题研究。

赵健杰长期从事工会理论、劳动关系理论和编辑学研究，独立主持并完成全国总工会重点委托课题十余项；主要参与国家社科基金资助项目 3 项。著有《反思求真集》《编辑主体：能动的精神生产者——学报编辑主体性研究》等多部学术专著，主编《经济全球化与中国劳动关系重建》

《劳动关系·劳动者·劳权——当代中国的劳动问题》《编辑理性与期刊发展》《学报编辑学研究》等多部学术专著,译著有《人学世界》。在《求是》、《光明日报》、《中国社会科学报》、《工人日报》、《中国人民大学学报》、《中国劳动关系学院学报》、《中国工运》等报刊发表学术论文110多篇,其中有20余篇分别被《新华文摘》、《中国社会科学文摘》、《高等学校文科学报文摘》、《工人日报》和《中国人民大学复印报刊资料》之《工会工作》、《工人组织与活动》、《劳动经济与劳动关系》、《出版业》等全文转载或转摘。

(一)《中国劳动关系学院学报》的创刊与推动

中国劳动关系学院(原中国工运学院)是中国劳动学科的发源地,《中国劳动关系学院学报》(原《工会理论与实践》)是中华全国总工会主管、中国劳动关系学院主办的研究劳动关系和工会领域的理论与实践问题的学术性期刊。自1992年起,《中国劳动关系学院学报》连续六次入选北大核心期刊,两次入选南大核心期刊(扩展版)(CSSCI),多次被全国高校文科学报研究会评为"百强学报"。

问: 您作为我院学报主要创刊人之一,在当时办学条件简陋、师资力量不足的条件下,创刊学报对学院发展有什么样的重大意义,请您介绍一下当时的情况。

答: 上个世纪80年代,我们国家改革开放刚刚拉开了大幕,在那个时候,我们学校也更名为中国工运学院。有一种流传说法,就是大凡名校,必然有名师、名著、名刊。由此可见,刊物在整个学校的建设当中具有非常重要的学术地位。刊物作为反映学校科研和教学质量的一个重要窗口,它所展示的是整个学校的学术风貌。基于这种情况,我1986年从中国人民大学研究生毕业以后,就分配到咱们学院了。正好当时我们赶上了学院开始筹备《中国工运学院学报》的创刊。赶上这个对我来说是一个很幸运的事情。当时在筹备创刊的过程中,我们也遇到很多实际的问题。因为我们都不是学工会专业的,所以对工会也不是特别清楚。于是我们一边创刊、一边学习。我原来是学哲学专业,学哲学原理的。后来在创刊当中我也在不断地看一些工会理论方面的书。经过我们的艰苦筹备和准备,在全总和学院的关怀下，国家新闻出版署正式批复了，这个刊物终于在1987年上半年正式创刊。当时创刊条件还是比较艰苦的，印刷还是铅与火，就是用铅字来印刷，每次排字都是手工排版。现在进入光电时代，进入数字化时代了，可以用激光照排，用计算机排版，这在那个时候是不可想象的。那时候排版有时字都倒过来了，现在我们根本没有倒过来的字。所以在出第一期的时候，我们非常郑重，我记得是连续校了七稿，保证了刊物的质量。

刊物创刊以后，我们对它的定位是：宣传马克思主义工运思想，另外，及时反映改革开放以来中国工会发展的基本情况。所以它是创刊于改革大潮当中，同时那时候正好是解放思想潮流汹涌澎湃的时候，所以我们人人都在解放思想。作为创刊人一定要及时反映改革开放以后中国工会在发展中遇到哪些挑战、哪些问题，尤其是工会在维护职工合法权益方面的问题。所以我们都在尽心尽力地做。当时我们有几个比较好的栏目，一个是"工会理论研究"，一个是"改革中的工会工作"。这个刊物和一般刊物不一样，一方面有理论，同时理论和实践又结合得非常紧密。当时我们还是比较年轻，有一股干劲，有工作热情，经过这些年不断地努力，刊物延续发展下来，一直到现在，创刊已经30多年了。

最初的办刊条件比较艰苦，比如说校对，我们要骑自行车到很远的地方，取校样回来，一个字一个字地看，不能出错别字。七校，你想想跑了多少趟，看了多少字。在办工运理论刊物过程中，我们也是逐渐地摸索，不断地学习。因为不懂工会理论和劳动关系理论，办这个刊物你就是个门外汉，你只能是等稿子来了以后，把一把关，看看有没有错别字。至于里面的思想、内容你是根本没有能力做出正确判断的。所以那时候我就觉得，反正在我思想当中也萌生了，学习是一个不断的过程。既要学习编辑学的理论，也要学习马克思主义的基本理论，尤其是马克思主义的工会学说。还要关注改革开放中的工会工作实践出现的一系列的新问题。伴随着刊物的成长、发展和进步，我自己也在不断地成长。因此非常感谢能够有这样一种机会，让我投身于中国工运事业，尤其是工会理论研究领域。当时大致的情况就是这样。

问：关于马克思理论工运思想，您能多说两句吗？

答：马克思写那些著作主要是为了什么？为了无产阶级彻底地解放，为这个伟大、壮丽的事业服务的。他的著作体现出他对当时的无产阶级及其处境的关心。他的很多著作，对当时资产阶级压榨无产阶级的现象进行了无情的批判，而且这种批判是一针见血的。比如，他在早期著作《1844年经济学哲学手稿》中提出了"劳动的异化"。"劳动异化理论"的思想在当时是非常深刻的，尽管在他晚期的著作中不再用"异化"这个词，但"异化"的思想还是非常犀利的。劳动者在资本主义条件下的劳动是"异化的劳动"，就是说，工人们为资本家建造了宫殿，自己却住着草房，他们为资本家提供了一个非常好的商品，自己却在吃糠咽菜。所以种种都表现了马克思对于无产阶级当时悲惨处境的同情。后来马克思在《资本论》中，对资本的分析达到了高峰。他首先从"商品二重性"到"劳动的二重性"开始分析，提出了"劳动的价值论"，提出了"剩余价值论"。这实际上就揭露了资本主义剥削工人的全部秘密。所以他的一些思想一直是指导我们进行工人阶级理论研究的一个强大的思想武器。

我们现在研究工人阶级问题、研究劳动关系问题，仍然要继承马克思主义一些研究的方法论。尽管时代不同了，但是有些基本原理，尤其他的研究方法，我们还可以借鉴。因此，我现在也还经常运用马克思主义的研究方法来看待现在的一些劳动关系问题。当然了，现在劳动关系和资本主义条件下的劳动关系是有天壤之别了，因为我们是社会主义制度下的劳动关系，它和资本主义条件下的劳动关系还是不一样的。

问：您能回忆一下与您一起创刊的同事吗？他们在学报建设中有什么突出的贡献呢？

答：和我在一起的同事有很多，其中有些是前辈。我刚来时，还是血气方刚的一个小伙子，三十（岁）多一点。记得当时我们第一任主编叫邱兆祥，副主编叫何生。何生是个老同志了，他在学校待了很多年了，对工会、劳动关系尤其是工会理论包括工会的一些政策，他是非常熟悉的。他也乐于帮助我们新来的同志，我从他那儿学了很多东西。新来的邱兆祥主编，是从一家刊物来的，来了以后对我们年轻人也寄予了厚望。另外，当时我们编辑部一共五个人，大家在一起都很快乐，同时也感觉到自己肩上的担子是很重的，因为毕竟这是一个刊物。

作为工会方面的刊物，它的要求和别的刊物不一样。对它的要求是什么呢？第一就是政治方面，要求政治质量。一定要把好政治关，不能说一些违背政治原则的东西，一旦刊物有了这个东西以后，恐怕就是一票否决。另外刊物不能出现错别字,出现错别字的话,我个人认为,实际上是对刊物所固有价值的一种有形的磨损。那么你看看,这个刊物是这样的,白纸黑字铁证如山。刊物出现了几个错别字的话,别人马上能看出来,证明你什么?证明你的工作不认真。所以我们的老主编邱兆祥先生一直在强调,大家一定多看看,一定要多看看。一般情况下,现在的刊物按照正规来说是"三审三校",三校一般就最后一校了,最后总编看一遍,再审校一遍就行了。我们的第一期刊物出版的时候是七校,千万不能出错,千万不能出现错别字,所以足以看出要求特别严格。初期,我们这几个人配合得还是不错的,把刊物全部很顺利地完成了。我记得当时为了锻炼我,让我单独到木樨地一带的一个部长楼,去采访李立三的夫人李莎。我们也有一个访谈录。李莎是一个俄罗斯老太太,当时在北京外国语学院是一个老教授,通过采访了解到李莎在苏联那段时间的遭遇、与李立三如何结合以及后来受到什么冲击等等这些事。所以从那我也看出,领导比较放心让我去做。我研究生毕业,刚走上这个岗位,就安排我去采访一个重要的人物,这给我印象是比较深刻的。另外,还让我去承担一些老同志的文章的修改工作。和这些老同志交往时,有的甚至都结成了忘年交。有一个老同志,他在学校也是个理论权威。但是我那时候看到一些问题,直言不讳地就给他讲出来,他从另外一个角度说,你提得太好了。后来他很信任我,我们之间就结成一种忘年交了。徐松林教授,当时是我们学院一个教授,也是一个权威。后来他在重新修订《工会与辩证法》这本书的时候,特意让我写了增加的一编,一编有四章,这四章,都让我来编写。他给我提供的这个机遇一下子让我从原来哲学的角度转入工会研究上去了,从此以后就一发不可收拾了。还有些老同志,因为我们这个主编换得比较勤,邱兆祥调走以后,后来何生也退了。那么我们又换了第二任主编叫安万章。安万章虽然待的时间比较短,但是那个时候把我提拔成编辑部主任,他就把很多重要的事情,关于编辑部的一些管理,尤其是编辑一些业务全都让我来处理。这也促使我不断地成长。在他之后是余士雄,余士雄教授是从商务印书馆调来的,最初做图书馆馆长,后来调到学报编辑部当总编辑。我们配合得也非常愉快,尤其是1992年,1992年我提了副总编以后,主要和他合作。他退休后,冯建威党委副书记来兼学报编辑部主编,我们配合得也非常好。从他那里我也学到了很多基本原理,比如大数原则、社会保障等到底是什么。搞这个刊物不仅有工会理论，还有劳动问题，劳动问题涉及面很广，凡是和劳动有关系的一些学科都涉及了。比如说劳动保险、社会保障、劳动工资、劳动就业、劳动法、劳动经济、劳动社会学等学科都涉及了。所以我们这个刊物是比较特殊的，专业性很强，专业的指向性也非常强。我和他们合作都受益匪浅，明白了很多关于劳动问题的道理。后来马子富教授任总编，我们合作了一年时间。最后是佟建寅教授，当时他是党委办公室主任兼学报总编，我是副主编，又调了一个副主编，叫何布峰，何布峰也曾是我们图书馆的一任馆长。我和何布峰在一起合作了好像是八年时间，合作得非常愉快，他本身感到很愉快，我也感到很愉快，我们编辑部也很快乐，大家在一起合作，氛围非常和谐。以至于最后我们就在想，我们的编辑部到底要建成一个什么样的编辑部呢？第一是学习型的编辑部，第二是和谐型的编辑部，第三是研究型的编辑部。这个理念的形成与何老师是有直接关系的，其他同事也都是非常不错的，他们都为我们学报的发展做出了贡献。

问：能够请您介绍一下学报创刊的后续发展情况吗？

答：后续发展，1987年正式出刊，当时是彭真给我们题的词。后来再改为《工会理论与实践》，宋任穷题的词。说来都是老革命家了，他们对我们的刊物都给予了无微不至的关怀，也希望这个刊物确实能够发挥自己的作用。这个刊物发展是这样的，首先我有个想法，作为一个刊物的策划者，或者是一个刊物的主编、副主编，你应该有一个基本的办刊思路——精品办刊。精品办刊，就一定要一丝不苟地，从选题开始，要层层把关。

我后来把精品办刊概括为，首先把好五个关口，一个是选题质量关。选题是一个刊物开始运作，编辑一些文章的逻辑起点。你编什么就是回答了选什么题的问题。选题不准的话，那么这是什么呢？事倍功半。选题非常准确、非常科学、非常合理，叫事半功倍。我一直在探讨选题的问题，在编辑学理论当中，我写了一些编辑学的文章。我对选题是非常重视的，因为它是一个逻辑的起点。所谓逻辑起点，我编什么，这就从一开始确定了选题的地位，是一个选题的质量关。选题是否合理、选题是否得当、选题是否科学，都取决于什么呢？作为主编或副主编，他要具备选题的眼光，这是第一点。第二点是政治质量关。政治质量对一个学报来讲是非常重要的。关系到你这个学报整个的政治方向，我们办刊为谁服务？我们办刊给谁看？尤其是在上个世纪 80 年代，当时有什么资产阶级自由化的思想，打着"解放思想"的旗号，他们纷纷地跳出来讲什么工会独立、淡化党对工会的领导、淡化工人阶级等等这些思潮。在这个有点动荡的时候，我们坚守了政治质量关这块阵地。我们知道这块阵地是党领导下的工会学术理论的阵地，我们如果不把好这个阵地的话，一旦失守了，那后果是不堪设想的。所以当时我们收到不少这样的稿子，你比如说，有人提出了："这是我解放思想的理论成果。"那么标题名字是什么呢？《论工会独立》，明明白白地讲"工会独立，不要什么党的领导"，总是把西方的工会的模式套用在中国的工会上。"你不独立，你还接受这个、接受那个领导，你就没有力量"，用这套歪理邪说。但是这些东西，不管你出自谁的手，在政治质量关面前，我们六亲不认！只要违背了四项基本原则，违背了党的办刊方针的话，名气再大的稿子，我都拒之门外。后来，有些学报就为此付出了非常惨重的政治代价，比如说被整改，关门一年。我不说哪个学报了、哪个刊物了，我们周围就有这样的。当时，我们就一直有一种如履薄冰的感觉，但是我们很坦然地走过去了，很坚定地走过去了。就是不允许我们的学报有任何违反党的方针、违反四项基本原则的文章在里面出现。把好政治质量关，坚持党对工会领导也体现在我们刊物当中了。这么多年来，我们还没有一篇文章出现政治问题，这和我们办刊方针是息息相关的，这是个坚守的过程，坚守这块理论的阵地。第三是学术质量关。学术质量关和政治质量关之间的界限一定要厘清，什么是学术问题，什么是政治问题，这两者不能混为一谈。如果混为一谈的话，你把政治问题当成学术问题，这就坏了。你把学术问题当作政治问题了，也是不可取的，所以这个要求我们什么？我们办刊人要有很高的鉴别眼光，比如说，有人就讲，说你要编出一些好文章，你编辑必须有的时候要高于作者，否则的话你就不可能编出一个高质量的学术文章，尤其是学术性非常高的文章。我们办刊这么多年来，也推出了很多高质量的学术文章。其中有些文章尽管是十多年以前发表的，但现在它对于我们学报的影响因子仍然在起作用，人们在学术方面还在引用。所以学术质量和政治质量第一个不能混为一谈，第二个必须厘清学术问题就是学术问题，也不能当成政治问题。当然了，政治问题也不能把它归结为学术问题。两者有非常明显的分界线，这一点非常重要。所以学术质量有自己的标准，这是第三个关。第四关就是文字质量。就是你编出的文章,首先要通顺,要流畅。比如,你编辑的文章的文字有用倒装句的,需要修改,一个是作者修改,如果作者实在修改不出来,那我们的责任编辑就要担负起这个责任了。所以在文字质量上,我们付出了很大的精力。文字质量还有一个重要的问题就是错别字的问题。绝不能让错别字像个苍蝇一样趴在一张白纸上,那个太显眼了。所以说我就把它定义为:错别字的出现是对刊物所固有的学术价值的一个极大的有形的磨损。一个刊物都很好,文章都非常好,但里边出几个错别字,就大煞风景。所以我们要求我们的编辑,一定要长一双慧眼。在每一校的时候,都要认认真真地看,认认真真地读。我们第一代主编邱兆祥老师就说,"到了第三校、第四校了,再读一读",还要我们读一读。所以后来我们就有一种职业的习惯,你比如说看什么东西,错别字我们一下就能看到。这是一种什么?一种职业的本能、职业的习惯,也是职业造就我们对于错别字的一种敏感性。我们对于错别字的控制标准是万分之一以下,就是一万个字里边,你最好是不要出现一个(错别)字。所以不能够出现错别字,而且不能够出现病句,病句更可怕。有人可能外语学多了,惯用倒装句了。但我们的刊物毕竟不是使用外语,所以我们需要用符合我们中国人汉语表达习惯的语言来进行表述。第五关是学术规范关。学术规范关,像一个关口,现在也增加了更多的内容了。首先是形式规范。学报一开始没有摘要、关键词、参考文献,后来看新闻出版署有要求了,我们就积极探索,也大胆地往外推。不会写摘要,我们就学习怎么写摘要。摘要和提要是什么关系?这两者是完全不一样的。比如说,我们写摘要,到现在很多人很多作者不会写摘要。摘要是以第三者,从客观的角度,以第三人称来写,就是客观地概括你这篇文章讲的是什么。那么提要就不一样了。它可以以第一人称,可以出现一些评价性语言,摘要是不能出现的。还有什么呢?关键词keywords,关键词怎么提炼?关键词有几个,比如说三个到五个。有些作者不会提炼,我们帮助作者来提炼,他把这个关键词一弄弄了十几个,这就不叫关键词了。所以我们也首先要求编辑要掌握这些东西,没有这个是不行的,现在都有统一的标准了。第三个就是参考文献。参考文献要求什么?要求我们在研究,尤其在从事学术研究当中有自律。我参考谁的文章,那么我就原原本本地写下来,而且这里有一个合理借鉴。你不能这一篇文章全参考别人的,那就不是合理借鉴了,等于抄袭了，也可以说是一种变相抄袭。我们看到过这样的文章，这段是一个人说的，那段是另一个人说的，就是没有他自己说的。所以我们说让编辑要掌握这个标准，尤其我在把关当中也要掌握这个，而且它里面有很多，比如说专著是什么形式列出的，参考文献的格式是什么？报纸、期刊，还有网络、论文集等等这些都是有严格的格式和标准的，所以我们让每个编辑必须掌握。那么作为本人，我必须精通的。后来又出现了查重问题，这里涉及学术伦理、学术道德的问题。曾经有一篇文章，甚至抄袭达到了百分之六十多，中国知网返回来以后我们才知道。最后我们下决心要进行查重，虽然给我们增加了一项工作，也是很烦琐、很费时间的。但是我们觉得是非常必要的。因为你登的文章如果重复率都在百分之四十、五十，那就没有什么价值了。我们的要求和中国人民大学学报的要求是一样的，标准是一样的，要低于百分之十，到现在我们仍然是这么坚持的。所以关于查重的问题，你看现在有很多这样的笑话了，翟天临读博士后去了，有人问他中国知网是什么东西，他居然连中国知网都不知道。所以人家一查，说他是个假的，是冒牌的，后来果然是个假的。那么一个学报如果真出现这问题，对于学报本身也是一个很大的损失了。所以我们那时候形成了一个非常好的工作机制，把好五大关口。

后来发展是这样的，1992年，北京大学图书馆评核心期刊，就是北京大学核心期刊要目总览，第一版我们就入选了。当时入选的是两个方面，是劳动经济类的核心期刊和工运类的核心期刊。当时是每四年评一次，到了1996年第二次评的时候，把它合并了一下。合并了一下就是说你不能一下占两个核心期刊，就把我们评为工运类全国中文核心期刊，而且我们是第一名。当时工运类核心期刊一共有四家，我们是第一，第二是《中国工运》，第三是《中国工人》，第四是《上海工运》。到2000年的时候，又进行了一个合并，把工青妇一些期刊都放在中国政治类。中国政治类显然标准更高了，中国政治类就我们一家入选。2004年我们又进一步，还是在中国政治类再次入选，2008年入选，2011年继续入选，其中还有两次入选了CSSCI，就是南大的C刊叫扩展版，还有几次武大又出了一个叫RCCSE，扩展版一直到A刊，A-是扩展版，A刊就是正式的核心期刊，这就是整个的发展过程。那么这个发展过程，像我们这样的学校，学报入选核心期刊实际上对于我们学校乃至于对全国的工会理论研究都是很好的一个平台。因为在全国的工运理论刊物当中,最后保留核心期刊的就我们一家,所以这个核心期刊对于促进整个工运理论研究发挥了很大的作用。我们这一路走来,四次被全国高校文科学术研究会评为百强学报。我们的工会理论研究叫"名栏",被评为"名栏"。这些都是在全体编辑人员的共同努力下取得的成果,说起来还是比较自豪的。

问:您从1986年起参与学报创刊,1988年开始担任学报编辑部主任、副总编辑,2000年任总编辑,直到2014年12月,再加上返聘三年,从事编辑工作共31年。您能否介绍一下您的心路历程、感悟及体会,您认为一位优秀的编辑应该具备哪些条件呢?

答:这说起来,从1986年来到学校,开始筹备创刊,一直到2015年1月退休,后来又返聘了三年,还是让我当主编、总编辑,实际上我的编辑生涯30多年了。可以这样讲,现在回过头来看,我这个职业生涯就做了一件事,就是办学报,可以说把我这一生都献给学报事业了。在学报的发展建设当中,我应该是一个老兵了。心路历程是这样的,我这个人工作上还是比较踏实的,让我做什么我就做什么,一定把这事做好。就是你要做,必须把它做好。你要么就不做,要么就把它做好。学报它是一个什么样的工作呢?是一个奉献性的工作。有人说,学报用这样一个比喻:为他人作嫁衣,甘愿为他人作嫁衣。过去的一些老编辑做了一辈子编辑,编而不述、编而不著,就是给别人改稿子。作为新一代的编辑,我一边做一边有自己的著述。整个过程,一个是要求有奉献精神。当时还没有什么责任编辑在后面署名的权利,不管什么稿子,没有责任编辑。后来有责任编辑了,这篇文章是我的编辑成果,它一旦被转载了,责任编辑是我,以前没有这个。把我一些智慧,把我对一些问题的看法融入这篇文章当中,但是我不能署我自己的名,不能改着改着把我的名署上去了,这是很不道德的。所以这个完全是把自己的智慧奉献给作者了。后来,干了一辈子编辑的我写了一部编辑学的专著:《编辑主体:能动的精神生产者——学报编辑主体性研究》。我著述什么呢?就著述编辑本身的主体性。编辑主体性实际上是编辑哲学,不是说一些编辑的具体业务怎么做,把它罗列上去,不是这样的。我完全从主体性出发,来探讨什么?探讨编辑者、作者和读者三者之间的利益关系,这种关系我提出一个双向的关系。这种双向的关系是什么样的关系呢?我最后把它概括为,双向的利益关系,是利益交往的关系。那么当然了,这种利益交互关系都是互相的,包括编辑的价值观、编辑的道德观、编辑的编辑观,里面都涉及了,都是从他主体性的角度来界定的。就是我把对整个编辑生涯的全部感悟上升到一种理性认识,通过我的笔把它完整地表达出来了。它是一个学术专著,但是也确实是我心路历程的一个表达。对于编辑工作一定要有一个深刻的认识,为什么叫精神生产者?所谓的精神生产者,不是说你来了篇稿子我照编就行了。那是个什么,只是一个传声筒。我应该是什么,是看着你的稿子有我的评价,我这一辈子就是评价别人的文章,一篇文章能不能用,首先能用是基于什么样的理由,不能用基于什么样的理由,这本身就是一种学术评价。那么这种学术评价要求编辑一定要独具慧眼,背后是你的编辑理性在起作用,同时要有奉献精神。编辑应该把一篇文章雕琢成一个精品,使它发挥它固有的那种学术价值,使他人能够从文章中得到启示,能够共同分享学术成果。你如果做不好编辑工作的话,那你这个编辑就是不合格、不称职的。所以有奉献精神是对于编辑的一个最起码的伦理要求。凡是编辑都应当能坐得住,能看得下去,而且能够改得动,让他人文章锦上添花,而不是釜底抽薪。一篇文章有问题,我可以千方百计地和作者商量,最后绝对让它锦上添花。另外一方面,我个人觉得除了你要编,还要避免像老一代编辑那样"编而不著、编而不述"。在上个世纪,有人曾经在高校学报这个领域提出一个非常好的理念,非常响亮的口号叫"编辑学者化"。当时在讨论这个问题的时候,有人说是不是编辑都成学者了?后来我写了一篇文章《论编辑学者化》,我怎么论呢?编辑要以学者化的标准来要求自己,而不是说你必须成为学者。你有可能成为学者,你有可能不能成为学者,但是你都必须具备这样一种眼光,要按照学者化的标准来要求自己。这种要求是首先你要付出,不能应付每一期每一篇论文,编编抄抄就完事了。同时你要研究。你比如说《中国劳动关系学院学报》,对于编辑的要求是很高的,一方面要懂得工会和劳动关系的理论,懂得一些劳动科学和劳动的问题,还要探讨编辑学的理论。编辑工作有自己的规律,抓住了规律性上升到理性就是编辑学。所以对于编辑来说,它比其他专业要"博",同时"博"当中,不是点到为止,而是在"博"当中还要"专"。有时候编辑是万金油,什么都懂一点,但那是不行的,不能浅尝辄止,必须在某一问题上有深入的、独到的研究。我当时就很注意这一点。我来到学校,学报创刊以后，一方面踏踏实实地做好编辑工作，我这颗心是又平静又躁动，躁动什么？我必须在学术上有所成就，否则的话我这个编辑是当不好的。如果你不能够高于作者的话，你就编不出好文章。人家拿了一篇文章，那文章很深，你看都看不懂，你怎么编辑，你就没有资格，也没有能力，也没有权利去编辑这篇文章。所以在第一个工会理论的著作上，当时我是参与了徐松林教授负责的《工会与辩证法（修订本）》的编写。我从哲学方法论的角度，对整个工会的理论进行了研究，包括工会的性质和工会的地位。比如说工会地位问题，有人说工会地位那是在什么体制当中，在哪个位置？当时我提出工会的地位是一个关系范畴，它是一个关系，而不是某一个固定僵死的位置。比如工会的职能的问题，工会十一大提出了工会职能，第一次提出"四项职能"，后来又把维护职能问题上升为基本职能。那么这一点上，我在书中提出来把这"四项职能"看成一个系统，是相互联系的一个系统，具有内在的逻辑联系。哪个是主哪个是次？工会十一大把它并列了，大家就认为在方法论上这是欠缺的，当时我就把维护职能突出来了，后来工会理论研究的实践证明了我当时的看法是对的。那么"四项职能"之间是什么关系？哪个职能是最基本的？后来我就在这本书中提出工会的维护既是目的也是手段，其他三项职能只不过是为了达到这个目的的手段而已，而且这些手段的范畴，对于目的范畴，它们之间还有远近的差别，远近的距离。把它看成一个系统，对于工会的职能，就看得更清楚了，这个问题从理论上就能理解得比较透彻了。还有地位职能和其他的一些问题也是如此，因此关于工会理论研究必须有自己独到的认识。只有这样才能在编辑过程中看出别人在工会理论研究当中有哪些缺点。1994年，我和常凯教授又共同研究了劳动关系课题。当时劳动关系问题在我们国家还没有像现在表现得这么突出，因为那时是刚刚改革当中。我们那时候坐了两年的冷板凳，通过研究，出了一本专著叫《劳动关系·劳动者·劳权——当代中国劳动问题》，可以说是中国劳动关系理论的开山之作。所以有时候常凯见到我还这么讲："咱们这本书中的一种理论预设或者理论的结论，到现在仍然不过时。"那完全是从逻辑上的演绎推出的结论。同时可以看出来，理论的前瞻性，太棒了！后来我又研究法律，依法维护职工合法权益。我们现在都在提倡依照劳动法、劳动合同法等法律作为法律武器。但是，法律是维护劳动关系的最后一个程序，要高于它的应该是伦理。后来在研究当中我就发现了伦理问题，伦理是不是研究劳动关系的一个方向？这个问题我从1996年开始研究，从一个企业层面开始往上提升，最后提升到整个社会层面。我在讲课当中也讲到过，但是迟迟没有下笔。一直到2006年，在澳门讲课的时候，用了一个月时间终于把它写出来了，后来和黄河涛教授共同合作写了一部《经济全球化与中国劳动关系重建》。后来我关于伦理调整基本思想的文章在我们学报发表以后，它的引用率很高。为了加强我们学报的建设，我的文章，我认为好的文章，我谁都不给，我就在学报发表，提高学报转载量。到现在为止，我在学报发的文章，《新华文摘》转载过，《中国社会科学文摘》转载过，还有《中国人民大学复印报刊资料》的《工会工作》《劳动经济与劳动关系》都转载过，到现在有20多篇全文转载或转摘，都给我们学报提供了一个数据的支撑。因此我的好文章谁都不给，就给学报。包括我去年写的关于劳动美的文章，当时也有其他期刊，像河南的有些核心期刊就跟我要稿，但是我想来想去还是给学报。这篇文章是关于劳动美的问题，发表的时候16000多字，写的时候写了2万多字，后来被《中国人民大学复印报刊资料》全文转载，被《中国社会科学文摘》也转载了。所以这就是在给咱们学报提升层次方面添砖加瓦，因为我是个学报人，所以我的好文章我就给学报，我不给别人。现在我还正在准备从价值论的角度来研究工会，在工会理论研究当中，这是一个空白点。我已经写出了一篇研究性的调研报告，也已经发表了，我想再进一步地探讨。所以在这个编辑当中，还要写，还要思考，只有这样才是一个合格的编辑。编而不著、编而不述的编辑不是一个合格的编辑。所以作为编辑来说，有学术的要求，有职业道德的要求，有方方面面的要求，其中最重要的是什么？有职业道德，你充其量就是一辈子老黄牛，默默无闻。我做编辑人，我还要做什么？我还要在实现编辑学者化当中迈开我的步伐，实现我的突破。所以在学术理论方面也要有自己的一席之地。这是我三十多年一个心路历程。

问：您认为在学报的建设中，最关键的问题是什么？您对学报未来发展有哪些构思与畅想？

答：关于学报，最关键的问题就是定位。如果从纯业务的角度来讲，学报要有个定位。根据我这些年的经验来看，过去我们叫学报，其实学报是综合性的，什么都登，这在编辑当中是很不利的，我们应该走专业化期刊发展道路。所以，我们学报主要登载有关劳动问题、劳动关系问题、工人阶级的问题、职工问题和工会问题等方面的文章。实际上这些在整个大学科当中是小众。比如说，经济学当中劳动经济学是一个很小很小的范围，在法学当中劳动法学也很小，工会就更不用提了，本来我们所处专业领域的视野就比较狭窄。如果学报再登一些其他乱七八糟的东西，都登就都不是精品了，就冲淡了主攻的方向。所以学报将来的发展要走专业化道路。过去因为照顾到很多老师，什么都登。什么教改的文章，怎么教外语、怎么教体育、怎么教数学等都往里登。登到最后，30 篇文章，有几篇文章是工会理论、劳动关系方面的被转载被引用，其他基本上不是精品。这样你的分母特别大，所以你的影响因子就很小。一定要走专业化期刊道路，现在很多大学学报也开始意识到这一点了，开始收缩防线，收缩它的领域，把一些其他东西放出去不登了，专登学校几个主流专业方面的文章。现在我们的新主编杨晓智教授正在做这个。另外文章强调什么？过去文章一般来说就强调，作为学术理论文章 3000 字以上，现在不这么要求了，要有长文章，一般在 1 万字以上。这样分母小了，学报影响因子就大了，影响力就大了，所以这也是发展的一个路径。

另外原来有关系稿，不好杜绝，现在我们开始搞双向匿名评审，我们现任主编杨晓智教授，他也很有魄力，实行双向匿名评审。过去我们一直想搞，但没有条件。现在我们的校长非常支持，给予很大的帮助。双向匿名评审，就是说杜绝关系稿。反正你文章来了以后我也不知道你是谁，那么我作为一个评委，我就根据你文章质量来提出，第一个是用还是不用？用，要大改还是小改？大改改到哪里，小改修改在哪里？这一套程序是非常好的，也非常科学。虽然麻烦一点，但是这确实杜绝了关系稿。还有一点，就是我们要培养自己的作者队伍。巧妇难为无米之炊，这我深切体会到了。我们现在面对的一些作者，很多是工会主席。基层的工会主席投来的文章都是经验总结、工作报告，那哪叫文章，都差不多一样，既没有理论，也没有高度，也没有学术价值，所以这样的文章你肯定不能用。所以我们有目的来发现新人，扶持新人，来加强我们自己作者队伍的建设，我觉得这个也是非常重要的。所以将来我们的学报要这样做，现在其他学校也都在这么做。现在已经可以看到很多学校对学报的支持力度大，不是一般的大，像新疆的师范大学等，它这几年就一下打了个翻身仗，我们都感觉到，原来默默无闻，一下子影响因子那么高，它都采取这些方法。当然了，这里边对于作者有没有激励作用，这体现在稿酬方面，凭啥给你投，所以稿酬也要提高标准。因此学报的发展，第一个走专业化的道路，第二个培养自己的助手队伍，第三个就是要搞双向匿名评审，注意影响因子，有目的地提高影响因子。

对一篇文章，首先作为主编对这篇文章要有一个价值期待，这篇文章发了以后能不能被转载，能被哪些刊物转载，如果在《中国社会科学文摘》上转载，它这个权重就不一样了，在《新华文摘》转载权重也不一样。当然了，《中国人民大学复印报刊资料》转载也非常好。我们现在也在保持每期至少有两篇甚至更多篇被转载，作为学报主编，一定要注意这些数据。在你面前的就不是一篇文章了，而是文章后面的数据，它对于学报影响有多大，你不说这一点，还是稀里糊涂就往上弄，就往上怼，那是不行的。一定要看到这篇文章价值体现在哪里，体现在数据上。所以主编、总编辑应该有这种眼光，价值体现在数据对于学报层次提升的支撑上。这是我们所关注的，尤其是你要想创 C 刊，你就要注意他引率的问题，最高的是别人引用你，不要自己吹，我这文章有多好，人家引用不引用你，人家在写论文当中引用你了，证明你这篇文章确实有学术价值。其实还有很多很多可以继续提升刊物质量的路径，这是我的一些切身的体验。

（二）课程教学与育人心得

问：这些年您一直坚持不懈地站在三尺讲台上为学生授课，您能否回忆一下，在教学和教学管理中，如何严格要求自己和如何严格要求学生呢？优秀的高校教师应具备什么样的素质和能力呢？

答：我的本职工作是编辑，我的身份包括我的职称是编审。关于教学方面，我觉得在一个高校里头，你不要闭门在那编文章，你应该到课堂上去。当时我就有这种感受，当给学生讲课的时候，有时学生给你提的问题会促使你进行进一步的思考，这叫触类旁通、举一反三，所以教学相长。我记得第一次给本科生讲课是好多年前，完全是救急。还有七天时间，要给两个班上课，地点在涿州，讲马克思主义哲学原理，我还没备课，没有老师上，我就去了。我上了一学期，下午讲一个班，第二天上午又讲一个班。对马克思主义哲学原理我是很熟,但怎么能够让当时的一些"80后"学生接受自己呢?后来我就想,如果按照马克思主义哲学教材照本宣科,他们肯定不愿意听,在讲课当中一定要有所创新使他们愿意听。第一课我怎么讲的?第一课我跟他们讲,你们一定要自学书本,基本原理我给他们都划好了,一定要好好学基本原理。我主要讲的是什么?就是我要回答一个问题:为什么说马克思主义哲学是对一切旧哲学的一个革命?这个革命达到辩证唯物主义、历史唯物主义一个最高峰。怎么来理解这个问题?一般对于学生来讲,光背书、光在那儿看,永远无法理解这个问题。后来我就想个办法,我首先从哲学史给他们讲,因为我自己有这个体验,一开始学完原理以后也不明白是怎么回事,但是一旦讲到了哲学史,从哲学史当中来看待马克思主义哲学的发展,就会理解它的诞生、发展确实在整个哲学领域引起了一场革命!从哲学史,首先从西方哲学史,从古希腊、古罗马、中世纪的一直到大陆唯理论、英国经验论,一直到启蒙,到德国的思辨哲学,最后到马克思主义哲学。中国哲学,我先从群经之首的《易经》开始讲,学生特别感兴趣,易经,爻辞啊,怎么看卦,它体现了哪些辩证法的思想。这一讲实际上把课讲活了,包括老子的《道德经》一直往后演,到魏晋玄学,还有唐代的佛学,一直到宋明理学,到最后讲到孙中山的生元说,整个的过程,最后一比较,还是马克思主义哲学高明。讲的过程当中,实际上也普及了很多哲学史的知识,他们也真觉得这样一学学活了,再来理解马克思主义的物质观、认识论、辩证法和历史唯物主义,很快就能理解到了,因为有这样一个过程。以至于最后考完试了,有的学生就给我提出:"赵老师咱们学院有没有哲学系?我想学哲学专业。"到这个程度,我就觉得很欣慰,这就是教学相长。另外就是说在教学中,教师本身要对教学方法有一个探索,有一个"悟"的过程,有些比较聪明的老师一边教,一边能够有所悟,不断地改进自己的教学方法,那么这个教学它是成功的。如果就是照本宣科的话,我们也遇到过。我当学生的时候遇到过这样的老师,到最后他让你背,死记硬背,背完以后,过了几年啥都不知道了,所以教学需要有一个悟的过程,这是对于教本科生的。另外我觉得我很多的精力投入对工会干部的专业培训中。现在我还活跃在培训讲台上,就我个人来理解,给大学生、研究生讲课真的不是特别难,学生基本是接受。但给这些工会干部讲课,其实是最难的。因为什么?第一他们有一个长处，实践经验比你丰富得多。另外现在我们工会干部队伍和以往不能同日而语了，很多硕士生包括博士生都进入工会干部队伍了，专业化、素质水平不断提高。所以理论上他们也是很有水平的，尤其给地市级的那些主席们讲课，为了让他们能够从你的讲课当中觉得老师讲得好、很有收获，你就必须做什么呢？一个是要时时刻刻不断地学习，学什么？把知识学活了，而且要求什么你就要学什么。比如说工会十七大召开以后，你立即得学工会十七大，它的基本精神是什么？这个和科研又紧密联系起来，如果你科研跟不上，你就无法理解工会十七大。比如十七大报告当中三部分，和以前报告不一样了。它把习近平总书记关于工人阶级和工会工作的重要论述作为第二部分，这是灵魂部分，是指导新时代工会工作的一个行动的指南。那么你必须把它吃透了。2018年1月，咱们向兵校长申请了一个专项课题，就是习近平新时代中国特色社会主义思想对工会理论和实践的指导作用。这个课题也让我来参与，后来一个总报告是我写的，就是研究这个问题。所以这个问题你如果不研究的话，你在很短时间内就拿不出这课。但是我研究了，研究透彻了，我把基本思想做了一个重新概括，原来是十个部分，现在变成八个部分，基本上十七大报告也是八个坚持。那么在讲的时候，你就深有体会，很有心得。讲也不是照本宣科，你要有大量的案例，那案例的出处是什么呢？是调查研究。所以除了编好学报，还要去下边搞调研。对于讲好工会干部这一课，需要有大量的精力投入调查研究当中，否则的话，你说的话不接地气。所以我就这样想，这么多年来，现在有七八年时间了，一方面从事课题研究，同时去下边搞深入的调查研究。调查研究什么呢？到企业最基层，和企业最基层的工人，包括一些工会干部聊天，来调查研究。在调查研究这一点上我们做了很多的工作，如果有些企业工会做得特别好，经验特别好，但是他们苦于没有提炼、没有理论研究的能力，甚至连孤芳自赏都做不到，也没人帮他们总结，我们就帮他们总结，提炼提高。同时我们写这个东西不是一般的调查报告，我们是调查型的研究报告。研究报告写出来一般就是七八千字，但是在文章的最后一定要从理论上把它升华，提出学术方面的一些理论问题，包括反思性的问题。我一贯重视反思，reflection，这个太重要了。这个反思一定要写好，必须把它发表，发表以后再拿回来给工会干部讲，他们听了以后会说你提出的理论真的是对这个问题有思考。同时你要对这个问题有理论高度，不仅要有很浓的学术色彩，而且要接地气。对，你接地气，所以这些工会干部特别喜欢这样的课，而不是纯粹的照本宣科那种理论，从理论到理论，人听了以后是要睡觉的。还有完全实践经验的堆积也不行，全是把实践经验都堆那了，堆那以后听完课了，他们一看笔记，啥都没给他们，老师什么都没给他们。所以得要求什么？这个理论和实践的结合就体现在这里了。所以我觉得，上接天、下接地。接地气是实践，往上走是你的感悟你的理论，一个理论只要和实践结合起来以后，工会干部是非常欢迎的。所以我觉得，作为一个好的老师，首先一定要把理论与实践的关系处理好，这我深切体会到了，而且很受益。这方面，我现在还在坚持，这种研究性的报告已经发了十几篇，将来可能发到20多篇，就把它结集成册，准备出一本书。所以我觉得这特别好，比如在有时候他们自己都想象不到。有一次我到南通市的崇川区工会，因为南通市总工会和我们学报关系特别好，他们每年订我们很多的刊物。崇川区总工会主席让我到他们那去搞搞调研，他坚持建设"楼宇工会"，"楼宇工会"就是一个大楼建工会，服务于楼宇经济和从事楼宇经济建设的劳动者，它是两个维护。在调研当中我就感觉到他的一系列理念的提出，尤其是工会的价值观的提出，包括制度文化，它的物质层面的文化，我说这是个文化。后来我从文化的角度写了一篇研究报告，当时主席就说，"我还没有真正地理解这个文化，这居然是个文化"。我说坚持下去不就是文化了吗？你坚持多少年了？十几年了，形成的那些东西就是文化。所以楼宇工会文化，从文化的角度来看工会，那么层次就更高了。所以这些年，我也一直在讲，我们工会一个是推进企业文化，一个是推进职工文化建设，同时我们不能忘了工会文化的存在。那么就像这样的文章都是开拓性的，比如说，对于企业文化和职工文化的问题，有的时候也说企业文化是囊括了、蕴含职工文化，我觉得不对。企业文化、职工文化两者之间是有相对的独立性的，企业文化不能等同于职工文化，职工文化也不能等同于企业文化。我曾经主持全国总工会的一个重点委托课题，就是要研究企业文化与职工文化之间的关系问题。在研究当中我就体会到了，当然我有研究的对象，比如说富士康，它也标榜自己有企业文化，那么在这种调研当中，在这个研究当中，我就发现富士康的企业文化不是一个好的企业文化，它追求的不是卓越，不是人性化的，它没有人性化。所以我觉得不能一说企业文化就认为它就是先进的代名词、卓越的同义语,那是不对的,企业文化也有好有赖。那么职工文化和企业文化之间到底是什么关系?它们之间应该是紧密联系的,是相互独立的两种文化形态。

我最后探讨到,劳动关系矛盾,最根本的也是最基本的是经济利益矛盾,两者之间的利益取向是不一样的,一个是利润最大化,一个是工资收入最大化。还有其他的,比如伦理根源。伦理根源就是老板不守信用,拖欠工资这些都属于不守信用的,应该受到道德上的谴责。除了伦理根源,还有文化根源。那么文化根源是什么?就是当企业文化当中的核心企业价值观,同职工文化当中的职工的价值观两者发生冲突的时候,这就是引发劳动关系矛盾最深刻的文化根源。我在这个文章当中都提出来了。所以就像这些,我们必须经常深入基层去了解、去观察,你才能够有这样一种感悟,否则的话你提不出新的思想、新的东西。比如关于劳动美的问题,干部培训部主任何布峰老师建议我去给工会干部讲"中国梦·劳动美"这一课。这课是个理论课,"中国梦·劳动美"不太好讲,但后来我还是接下来了。我经过艰苦备课、调研,后来讲了几节课,逐渐形成劳动美的研究思路。你看不讲课你就不会形成这样一个非常有意义的课题,你就不会形成自己的一些感悟。前年的国庆节我记得是八天假,原来我一直想写研究劳动美问题的文章,于是就利用八天假期时间,我在家坐了八天,写出了2万多字的一个关于劳动美的理论反思。后来在咱学报发表了,2018年第一期,发表的时候是16000多字,是比较长的文章。在文中我提出劳动美实际上是我们劳动者的一个价值目标,一个价值取向。当前各个基层工会都在以"中国梦与劳动美"为主题搞活动,但没有一篇理论文章。劳动美仅仅作为一个口号,我觉得这个有点浅薄了。工会搞劳动美,首先要理解什么是劳动美。所以这个促使我又重新回到了马克思,从马克思劳动实践创造美这个最基本的马克思主义的一个美学理论的基点出发来探讨劳动创造美,当然也涉及很多深奥的理论问题,这美学文章写起来真的是非常困难,比哲学文章还要抽象。我提出了工人阶级真的劳动、善的劳动、美的劳动。美的劳动应该是建立在真和善统一基础上的劳动。工人阶级劳动,一旦实现了真的劳动、善的劳动和美的劳动高度一致的话,它就实现了劳动的自由。所以从一系列的观点出发,最后提出一个最基本的观点,就是说工会要以劳动美作为一个积极的价值引领,引领什么呢?把整个的工人阶级引领到、把劳动美这个理念提升到国家发展的战略高度，这才是它应有的高度。比如党的十九大提出的两个阶段目标，2035年要基本实现现代化，到2050年建成富强、民主、文明、和谐还要加一个"美丽"的现代化的强国。为什么加个"美丽"？它和我们这个国家发展的新理念——绿色发展是直接联系的。三大攻坚战当中有一个污染防治，所以这都是和它有联系的。社会主义现代化强国有多种规定，缺一不可，其中包括"美丽"。"美丽"，首先你要防治污染，工人阶级要以自己美的劳动来建设大美中国，建设美丽中国。这才是我们劳动美最高的价值取向，这才是它应有的战略地位。所以我在这个研究当中就提出这一点了。

我觉得一个好的老师，一要有责任心，要有职业精神、职业道德感，真正一心朴实地为学生着想。另外你自己本身一定要对一些理论问题有自己的独到见解，必须下功夫。上班时，我是早上6点钟起床，以后就开始写字，写到8点多钟去上班，那时当主编。现在退休了，我可以随时去写，随时写随时思考，有的时候有什么新想法了就用手机把它记下来。所以说，还是做有心人。因为我有一个强烈的目标就是一定要把课讲好，我一定要给学生以必要的一种启示，有益的启示，而不是我讲完了以后，他们什么印象都没有，这不是一个教师所愿意看到的。还有，在学术上要对自己有要求，一定要有自己的学术造诣。现在学校搞劳动教育，实际上有关劳动教育，我在2009年就发过一篇文章，那时《光明日报》也来探讨，想把劳动科学作为一级学科进行申请，那些大腕们包括蔡昉等很多名家都去谈了，用了一个版面。当时看了以后，我就马上想到他们有的提法还是比较窄一点，我就按我的理解写了一篇《劳动科学建构论纲》。这个文章不算太长，9000多字，用时很短，两个大半天就把它写出来了，之后被《新华文摘》转载了。现在学校搞劳动教育，让劳动教育课程化，课程化想到劳动科学，想搞劳动科学概论之类的，想让我在这方面多出些力，咱是老骥伏枥，志在千里。虽然老了，还是可以贡献点智力的，那么为什么会出现这种情况？当时我为啥一下能把它写出来？我觉得平时积累也非常重要，因为在上个世纪90年代中期，1995年和1996年，我和彭恒军教授（现在全总，原科研处处长）主编了一本《劳动科学词典》。我们当时就把劳动科学做了一个系统的分类，包括第一个层面的、第二个层面的、工具层面的，我们都做过分类，就有了积累。所以当时马上就能写出那篇文章,现在要再讲劳动教育的学科化我就有了一定的基础了。

问:您作为一位长期在工会理论、劳动关系理论和编辑学领域研究的知名教授,您对现在从事相关专业的青年教师寄予什么希望?他们应该在哪些方面强化教学基本功?

答:我谈不上知名教授,只是写了点字,说了些话。我想根据我自己的整个的职业生涯,我有一些话要告诉青年教师。第一个,不管你是学什么专业的,你到了这个学校,你一定要学习工会理论,学习劳动关系理论。因为当初我们也不是科班出身,工会学和劳动关系专业也没有,我学的是哲学。我1986年来咱们学校,1988年我就开始能够写出自己的第一篇文章,我参与了《辩证法与工会》的写作,从那以后一下子就深入进去了。我觉得现在有一些青年教师来学校几年以后,仍然在劳动关系理论和工会理论外边转,讲的话还是外行话。说这些,我不是针对哪一个教师,这样就是几年一晃就过去了,所以我经常给新来的年轻的教师一些忠告,是什么呢?结合你自己的本专业,运用你本专业的方法论优势,选择一个切入点,把它切入工会理论研究当中,或者是劳动关系理论研究当中,包括一些劳动问题的研究当中。我们所研究的对象,你说它很窄,其实劳动是每个人的第一需要;说它宽,它是非常宽的,每个人都和这有关系。你长期对这个不管不问,还是按照你原来的专业路径走下去,那么十年八年以后别人已经成了这方面专家了,你还啥也不是。所以我觉得在这一点浪费时间是非常可惜的。职业生涯就这么几十年,一晃就过去了,你还是在外边转,说的话还是外行话。真的,有时候你调研的时候,你就发现有些年轻教师他还不懂,一提问题,我说你先别说这个问题,你一提以后别人会说你怎么提问题,还是说外行话,写的东西还是外行的东西。这个问题不是问题了,他还说是问题,那别人就要笑他了,尤其到下面调研的时候。所以一定要找到切入点,不管你学什么专业,你都有你自己的专业知识,专业知识和工会和劳动关系结合起来那是非常好的。比如你学心理学的,你就应该研究什么呢?研究劳动的心理学,职工的心理学,包括有些企业现在推广的EAP,这都是和心理有关系的。实际上心理调适在某种情况下,对于职工人格的正常生长是非常重要的。比如社会学有劳动社会学,经济学有劳动经济学,我们都可以从这些角度深入进去。还有,学人口学的有劳动人口学,你可以研究劳动人口。我们现在刘易斯拐点已经来了，老龄化了，现在的年轻人不愿意生了，将来确实出现劳动力匮乏了，那么现在劳动人口金字塔成什么形状了？通过劳动人口学的研究，我们就可以预测很多东西，这都是科学。我们曾经也算创了一个学科，刚来学校不到四年时间，我和学校其他老师一起出了一本《职工人口学》。那时讲到了劳动人口的迁移，后来农民工大规模地迁移，那这种迁移改变了整个中国的社会结构，改变了整个的流动性。一有这个流动性，整个社会就有朝气了。过去的城乡二元对立，整个社会就死水一潭。正是由于农民不经意地、自己主观上想出去挣钱，但是整个作为一个群体来说是无意识的，通过劳动力的人口流动，使整个社会充满了朝气。《职工人口学》如果现在继续拓展开来，继续深入研究，这也是一门学科，我觉得都是非常好的。希望年轻的教师，早点介入工会、劳动关系这一点，不能老说外行话，不能老当看客，应该深入进去，来进行研究。另外，当然了，现在的时代有时也比较浮躁。在教书育人当中，作为年轻老师首先要知道自己是做什么的，尤其对学生，一定要尽到自己作为一个教师的责任。教师应该是学生做人的一个表率，所以在这方面，在每一个环节，不能不负责任，尤其是你是为人表率，你不能失范。所以我觉得教师在培养合格的社会主义的建设者、接班人这方面肩负重任，一定要把这个作为自己毕生的一个追求，培养几个好学生，那对于教师来说是最大的一个工作成果了。

问：您认为作为学生应该具备哪些基本素质，您对学生们又有哪些好的学习建议呢？

答：对于学生是这样的，学生他是来学习的。进入大学学习，首先就是，老生常谈吧，你学习，给谁学？肯定是为自己学习，给自己学，要学本领。将来要面临激烈的就业竞争，如果你本领不强，没有学到真东西的话，你将来怎么就业，没有真实的本领将来吃苦的是自己，学习纯粹是从你自己的切身利益着想，我觉得这一点是非常重要的。为祖国而学，为祖国的富强而学，这是一个更高的目标。首先要好好学习，端正学习态度，现在学校是劳动教育，德、智、体、美、劳全面发展，培养合格的社会主义建设者和接班人。学生要严格按照这五个方面来要求自己。现在学生，尤其是在大学扩招以后，学生人数多了，质量参差不齐了。你看我当年，我是1979年考上大学的，那时候上大学有一种什么？按照我的体会，一个是十年，耽误了我们十年，十年对我们来说那是文化荒漠，一下子考上大学了，进了大学读书，我们那时候就是整天不是在图书馆就是在教室，就是三点一线。那个时候的学习目的非常明确，一定要把失去的时间补回来，所以那个时候如饥似渴地学习。所以学习精神挺重要的。得吃那个苦，现在大学生进了大学以后，因为他经过了高中的一段拼搏，觉得到了大学以后就可以放松一下自己了，但是大学就短短四年一晃就过去了，一混就过去了。所以大学四年太容易混了，你混了以后，你什么都不是，就是个混子。所以我觉得，现在的大学生，我就是想跟他们说什么，一定要抓紧时间，提高自己的本领。总书记一直在讲本领的问题，你不要像总书记讲的那样本领不足，本领落后，本领恐慌。那么一到本领恐慌的时候，要知识没知识，要能力没能力，那你说你将来能干什么，你还要啃老吗？现实当中确实有很多学生毕业以后什么也不是，找不着工作就啃老，那是很悲哀的。现在年轻学生有这么好的学习条件，为什么不好好学习呢？我们学校为每一个研究生配一个导师还配一个副导师，两个导师负责一个学生，这可以说是全国高校当中、研究生院当中没有过的。我就跟学生说，你们一定要对得起导师啊，我们对你是要精雕细琢。琢，把你琢成玉。有这么好的条件，咱们学校现在办学条件也越来越好了，所以学生到学校以后，一定要端正学习态度。你不是给别人学的，是给你自己学的。面对将来激烈的就业竞争，你有什么本事能力在就业竞争当中获得胜利，能站住脚？所以端正学习态度这一点对学生来说很重要。还有一个，你看当初我考上大学，考上大学那天我父母给我提出要求，大学毕业不是终点，你还得考研究生。那时候考研究生太难了，所以大学毕业以后，我就积极地考研究生。现在的学生也应该有这种志向，大学毕业以后还应该继续深造，有一个连续的不断的学习和提高的过程。而不是说大学毕业了到此为止吧，混个毕业证，混是混不出人样的。我们要做一个栋梁之材，不能做一个劈柴，这一点太重要了。这是我对现在大学生的一些忠告吧。

还有大学生在学习当中，要学会学习方法。记得我上大学的时候，不知道大学怎么学习，上一届（78级）学长告诉我，把厚的书读薄了，你就掌握了全部知识了。后来我就体会到了，确实是这样的。那么上大学有人问我了，你大学本科是读哲学的，研究生学哲学的，你学了这么多哲学，这么多知识你体会是什么？你学到什么了？我最后想一想用两个字高度概括：方法。我讲的方法和他们所理解的方法肯定是不一样的，实际上就是方法。学习有学习的方法，研究有研究的方法，学的就是方法，那么作为大学生要养成良好的学习习惯，同时一定要掌握学习方法和今后的研究方法，观察事物的立场、观点和方法，这个是特别重要的，否则你学习失败，就没有掌握到你学习的真谛。

问：关于您刚刚说的学习方法，我感觉比较抽象，您能举些例子吗？

答：比如说工会。我在研究工会当中，总书记讲过工会的重点工作和全面工作要高度统一起来，总书记讲了这就是个辩证法啊。学了辩证法以后，我从日常工作当中一些很具体的现象当中一下看到它的本质了。本质是什么？它是一个辩证的关系。工会工作处处充满了辩证法。比如说，尊重工会工作的规律和发挥工会工作者主体能动性的关系。尊重规律的同时我发挥自己主体能动性，这是一个辩证关系，这就是个方法。如果你没有用辩证法来看这个，你就看不到这个关系。再比如说现在我们总书记一直在强调，党政军民学，东西南北中，党是领导一切的。在历次的工会讲话当中，他都提党领导工会，党要加强改进对工会的领导，工会要自觉接受党的领导。团结职工群众，带领职工群众坚定不移跟党走。那么你看这个有什么关系？当然有关系了，也是一对最重要的辩证关系，就是工会自觉接受党的领导与工会依法、依章程独立自主地创造性地开展工作的辩证关系。一方面接受党领导，同时我还有什么？按照自己的规律，按照有关的法律、规章、章程要独立自主地、创造性地开展工作。党的领导要体现在哪里？就体现在支持你这么干，你不能光喊口号，你还必须发挥你自己应有的作用，你必须依法、依章程独立自主地按照工会的规律开展工作，这就是一对辩证关系。所以这个辩证关系太多了，工会工作充满了辩证法，所以一般的方法论和具体的方法，我们都可以找到它，然后灵活地运用它，如果你不会运用它，等于你就没有掌握方法的真谛，所以这个非常重要。学习有学习的方法，研究问题有研究问题的方法，观察问题有观察问题的方法，为什么我能看出这个问题，别人看不出这个问题呢？比如我再说一个，在工会系统当中有一些很有特色的经验性的一种表述、一种语言叫"身在工会干工会，跳出工会看工会"。你看这话很有哲理，别人看就是这样了，它就是一种现象，我说现象直观的本质怎么直观？就是说身在工会干工会，你必须干好它。跳出工会再看工会，我又加了一句，回到工会创工会，这是什么关系？别人看不出来啊，那么经过我自己用研究方法来观察，这就是一个辩证关系，什么关系？首先，身在工会干工会，是工会工作者对自己所从事的神圣的职业的一个高度的自我肯定。那么跳出工会再看工会呢，跳出工会再看工会要求你从一个客观的角度跳出工会看工会，有哪些优点，还有哪些不足，哪些可以发扬光大，哪些需要改进。这叫什么？叫辩证的否定。大家知道辩证否定它不是绝对否定，是辩证的否定，哲学叫扬弃，扬弃就是说有些东西是可以保留的，好的保留，有些东西是需要改进的。你看，跳出工会看工会很符合辩证法。我加了一句，回到工会创工会，有了一个辩证的否定知道工会有哪些需要改进的地方，再回到工会以后，这是一个更高级的自我肯定了，你肯定创新工会工作。那么整个的过程是什么，是否定之否定，所以到最后是一个更高级的自我肯定了。经过否定阶段，经过辩证否定阶段，就是一个更高级的肯定即否定之否定阶段，这很符合辩证法。再比如说"有为就有位，有位更要有为"，工会里边老讲这话，我又加一句"无位也要有为"。什么叫"位"？就是你开展工作的一个必要的条件，就是地位问题。"为"是什么？是你开展工作的一个主体能动性的表现，一个实践表现。"无位也要有为"，就是现在我可能是刚进入工会，我是一个普通的工会干部，我可能没有什么地位，但是只要你站在这个岗位上，职责要求你必须有所作为，而且要大有作为。那么这个我们都可以从一个方法的角度来看里边反映的是些什么问题。

（三）理论研究与课题研究

问：您曾在2000年下半年被中央组织部借调，从事工人阶级先进性与党的先锋队性质课题研究，并且长期从事工会理论、劳动关系理论和编辑学研究，独立主持并完成全国总工会重点委托课题十余项，主要参与国家社科基金资助项目三项。

您认为在您进行理论研究与课题研究过程中，最大的困难是什么？如何应对与解决呢？

答：党的十六大召开前夕，中组部把我调过去了，调去后当时参加了17个大的课题。中组部的第一课题组，主要是为党的十六大报告服务。我那时候体验到了肩上任务是很重的，也体会到了党的代表大会的报告每一个字后边都是有客观的事实作为依据的，不是说我随便写出来的。关于工人阶级先进性与党的先锋队性质的课题，我所在中组部参与的课题组，半年的时间走了很多的地方，每个研究都有一个具体要求，中组部领导要求说："你从全总来，你要跳出工会，从党的立场上看工会。"当时这个课题给我最大的困惑是什么呢？是"当代工人阶级先进性表现在哪里"？我们看到，中国的工人阶级有几个阶段有不同的表述。工人阶级队伍也发生很大的变化，刚刚解放的时候，我们的工人阶级主要是蓝领，产业工人队伍。到改革开放以后，我们的工人阶级队伍改变了高度的同质化。同质，质量的质，高度同质化就形成了一个分化。当时小平同志把知识分子也纳入工人阶级当中了，成为工人阶级队伍的一个重要组成部分。你说工人阶级的先进性，过去的产业工人的先进性，在革命战争年代、在新中国成立以后体现得淋漓尽致。那么知识分子作为工人阶级有知识这一块，它的先进性表现也非常突出。后来再提到农民工也成为工人阶级的重要组成部分，甚至成为现在产业工人的主体力量了。农民工脱胎于农民，脱胎于农村，他是农民，而且当时那表述是什么？是亦工亦农，后来在研究一个课题当中，我们就把它做了一个概念界定，不叫农民工，因为农民工带有身份歧视的意义，我们把它叫做新型工资劳动者。新型工资劳动者和普通的传统的工资劳动者是不一样的，流动性强，农忙时候要回去干农活，闲的时候回来。所以他对自己作为工人的自身的身份认同也不是那么强烈，甚至都不知道工会是干什么的，不知道怎么参加工会，没有这种意识。随着这些年的发展，我们农民工队伍的素质确实也越来越高了，老一代农民工逐渐退出了历史舞台，新生代的农民工也逐渐成为产业工人的一个主体力量。那么工人阶级先进性体现在哪里？后来我也承担全总的一个课题，我写了篇文章，就考虑从哪个角度来看待工人阶级的整体。如果说结论在先的话，这个课题研究就没有意义了，工人阶级就有先进性，体现在哪里？它就体现在先进性，等于同义反复了，也违反了逻辑规定。那么在我们分析传统的产业工人队伍具有先进性、知识分子具有先进性以后，在面对农民工的时候，必须一个群体一个群体地进行分析，这样才能够把它集合起来，它的先进性我们才能够了然于胸。对于工人阶级中的农民工这一块，我当时也是想了很多，单纯地看农民工个体，先进性体现在哪里，看不出有什么先进性。后来我终于找到了一个衡量农民工先进性的标准，就是对于社会现代化建设事业是否起到推动作用，这就是它的先进性。我们看到，农民工在整个的打工过程当中确实起到了一个推动的作用。我们很多的苦、累、脏、险、差的工作都要农民工来承担，他们确实为我们现代化事业付出了极大的努力，甚至承担了我们改革很多的成本，低工资而且有的时候权益还得不到保障。所以我觉得他们的奉献精神也体现在这里，从这个角度讲，最后还是一个研究方法问题。

还有，看待一个问题一定要用发展的眼光看，不要看现实，要看它未来的发展。如果没有发展眼光，就现实论现实，一个是不能深入，而且可能你就研究不下去了。农民工问题我们要看到什么？要看到他们的变化而且在不断地变化。现在我们农民工自身的素质不断提高，现在越来越承担重要责任了，所以我们现在提出一个产业工人队伍建设与改革的方案，这是问题倒逼出来的。农民工成为产业工人队伍的主体力量，那么他现实怎样呢？现在我们进行的供给侧结构性改革，"三去一降一补"。补短板，包括我们的科技短板，各种各样的短板，其中最大的短板就是人力资源短板，就是专业人才短板，现在往往也不能适应这种需要了。所以从发展的角度，我们能发现很多的问题，不限于那些摆在外表的短板，其实最终还是由人的因素来决定的，产业工人队伍中农民工主体力量短板现在是需要补齐的。所以我觉得，研究一定要遵从研究规律。作为工会理论研究者，一个社会的责任也是时代的责任，就需要不断地丰富和发展工会自身的理论。我们工会有时候提出一个理念，但在理论上没有进行深入探讨，首先在逻辑上没有界定概念。比如说，工会十六大和工会十七大都提出了要让全体职工实现体面劳动、舒心工作、全面发展，这是很好的理念。我记得有些人在谈论时说，舒心工作就是体面劳动，我觉得不对。体面劳动排在第一位，然后是舒心工作，最后是全面发展。体面劳动应该是一个舶来品，实际上就是满足职工的权益、权利，包括就业权、工资分配权和社会保护权等等。它是最基本的，怎么能和职工的舒心工作相提并论呢？后来我提出，职工舒心工作一定是建立在实现了体面劳动的基础之上的，职工的一种主观的劳动感受。主观的劳动感受首先包括和谐的劳动关系、人际关系和协作关系，还有职工无后顾之忧、法律上的保障和权益上的实现等方面。当然全面发展更高了，它直接涉及什么？职工在劳动当中能够实现全面发展，涉及职工劳动者是目的范畴还是工具范畴。这直接关系到社会主义劳动的基本性质问题，应该是目的范畴。所以劳动者在劳动当中要实现全面发展，这是唯一的目的，我们不能为生产而生产，为劳动而劳动，最终要实现劳动者在劳动中自由、幸福，所以劳动幸福论和劳动自由论都是可以成立的。这次总书记也提出，维护职工是基本职责，服务职工也是基本职责。什么是维护呢？原来我们提出过一个中国特色社会主义工会维权观，那我们能不能再提出一个中国特色社会主义工会维护观呢？它要大于维权观的外延，维权只是单向度的，维护职工利益，维护观还要包括维护大局，维护企业，这是维护观。那么服务，服务怎么来界定？有没有一个中国特色社会主义工会服务观？我们怎么来规定它？服务和维护这两个基本职责之间是什么关系？这都需要从理论上来厘清，不能马马虎虎的，一定要从概念上、从原理上把它弄清楚。所以我们的研究还要善于发现，一些实践问题当中的理论问题和理论问题当中的亟待解决的重大问题，这都是重大问题，也直接关系到中国特色社会主义工会发展道路的内涵如何丰富，外延如何拓展。那八个坚持现在显然已经涵盖不了新时代中国特色社会主义工会发展道路所遇到的一些理论实践问题了，它需要丰富和完善。所以我们必须还要善于发现问题，以问题为导向，以问题作为一个切入点，不是问题的话，无病呻吟，必须有强力的问题意识，那么问题确立，我们下一步就以此方向来不断地深入进行研究。

问： 2019年中国劳动关系学院迎来了70年校庆，您对学院办学的建议有哪些？对广大教师有哪些殷切希望，对我们学生又有哪些寄语？

答： 今年是一个不平凡的年份，迎来建校70周年，也迎来共和国70华诞，所以这两个喜事，是国家的，也是我们学校的。作为学校的一员，我衷心祝福我们的学院将来越办越好。学校现在办学方向也非常明确，总书记给咱们劳模本科班回信以后，引起了整个社会的关注。所以学院的社会影响力越来越大了，社会知名度也越来越大了。教育部部长陈宝生来了以后，就讲到我们学校将来要走小精专的道路，小精专肯定是规模比较小，不能和也不需要和像北大、人大那么大规模的学校来比。精专主要还体现在学科设置上，一些专业设置上要有特色。所以现在学校也在进行改革，我这也听说要调整，首先一定要突出我们的办学特色。我们有其他学校没有的，比如说工会专业的，劳动关系专业的。一定要突出特色，这是一个方面。还有就是，我希望加强相关的教材建设。没有教材的话，课就开不了，尤其在劳动教育这方面，我们学校现在也有一个宏大的志愿，建设劳动科学，劳动科学涉及很多种具体的学科，这就需要在教材建设当中投入大量的人力、物力、财力，要举全校之力。比如说劳动经济学、劳动美学、劳动伦理学、劳动哲学、劳动社会学、劳动心理学、劳动卫生学（包括劳动保护学）等等这些大学科都需要建立起来，有我们学校自己叫得响的，有权威的，这就是在理论上很先进的一个教材，因此教材很重要，要加强教材建设。第二要加强教师队伍建设。教师队伍建设也是很关键的，很多教师不是从事这个工作的，不是从事这个专业研究的，一定也要改，要转变观念，尽快投入到工会理论、劳动关系理论的学习研究中来，同自己专业结合起来。否则的话你只能当看客，在外边转，深入不下去，要和专业水乳交融，而不能是油和水的关系，老浮在上面，一定要深入下去。学校现在来了很多年轻教师，他们有朝气，所以一定要对他们进行正确的引导，让他们在各个学科上，尤其是和劳动结合的学科上，投入更多的思考和更多的精力，努力出更多的研究成果。

对学生来说，我觉得学生到了学校以后，首先要坚定自己的专业方向，学校方面通过自己的教学教材、教学方法的改革，同时要让学生能够喜欢这个专业，所以对教师教学方面及各方面的素质提出更高的要求。对于学生来说，要利用宝贵的学习时间，不要荒废。我觉得我一直在怀念过去的大学生活，所以一直想写这样一篇文章，进入了这个学校，我应该以作为学校的学生为荣。怎么为荣？那时刚上大学，我们都发校徽，戴个校徽搁这街上一走，特别高兴，特别骄傲。现在就觉得发也没人戴了。我想我们现在应该恢复戴校徽的制度，作为中国劳动关系学院的学生，你就应该戴着校徽。我在人大上学时，本科生戴着白色校徽，研究生戴橘红色校徽，往这一走，人家一看是人大的研究生，自己感觉到非常骄傲。所以我觉得学校管理这方面要有要求，要树立这种荣誉感，这种荣誉感很大程度上来源于这个校徽。这个学校不是一般学校，建校70周年了，最早可以追溯到延安时期，它也是很多党和国家老一辈的革命家都关心过的。去年（2018年）总书记又给我们学校回信了，这学校有自己的光荣传统，我们要把它发扬光大。学生一定要有一种荣誉感，有了荣誉感以后在学习上感受就不一样了。在新时代，学校发展有自己的规律，同时要借鉴其他一些名牌大学的做法。比如说，要充分发挥挖掘和发挥老教师的潜力、老教师的作用。因为老教师在学校一辈子了，在理论上有所建树，在教学上有丰富的经验，对于老教师学校应该给予高度的关注。如果他们还可以上课或者带着研究生，包括带一些青年教师，学校这方面应该解放思想，充分发挥老教师的余热。如果不关注老教师，就是比较可惜、比较遗憾了，所以我觉得这方面建议学校发挥老教师的一些作用，经常召集一些老教授搞搞座谈，或者是有些具体的一些建议等都是可以的。他们有自己一些什么想法，或者包括有些什么科研方面的，可以借助于他们去做。也可以顾问形式，甚至他们也可以身体力行直接去做，把这些资源都用上，毕竟学校现在教师资源不是那么太丰富，还是缺老师的。所以我觉得学校应该关注一下老教师，发挥他们的作用。

问：今天的访问到此结束，感谢赵健杰老师接受我们项目的访问。谢谢大家！

访谈手记

这是我第一次参加中国工运学者访谈项目。最初的时候因为从未接触过类似的访谈项目而内心很忐忑，但是通过此次访谈，我从中收获到了很多。在访谈正式开始前，图书馆项目组的老师给我们每位访谈员分配不同的老师，我们需要对被访问的老师有一定深入的了解，要知道他们的学术背景、研究的领域、专著和论文的发表情况等内容。这样我们才能够写出比较好的、有逻辑思路的访谈提纲并围绕着提纲进行访问。

我访问的是赵健杰老师。在研究生一年级的时候，赵健杰老师就给我们上过关于论文专题写作的课程，所以我对赵老师有一定的了解。图书馆的刘钟美老师还给我发了关于赵健杰老师的专家简介，同时我自己也在学校网站和图书馆网站上进行了关于赵老师的新闻和著作文献的相关搜索。随着我阅读到赵老师所写的更多论文和著作，我更能深刻地感受到作为一名学者背后所承载的那份重量。也因此，有这样一个机会去访问赵健杰老师，我感觉非常荣幸。

赵健杰老师出生于1954年，任全国高校文科学报研究会常务理事，全国高职成高学报研究会理事长。1986年毕业于中国人民大学研究生院。同年分配到中国工运学院学报编辑部，参与学报创刊。1988年取得中级职称，任中国工运学院学报编辑部主任。1992年任学报编辑部副总编辑，

1993年被评为副编审。1998年被评为编审，2000年任学报编辑部总编辑。曾多次荣获全总机关和学院先进工作者、优秀党员等荣誉，荣获中国社会科学学报学会评定的"学报事业突出贡献奖"、全国高校文科学报研究会评定的30年编龄的"玉笔奖"。2000年下半年被中央组织部借调，从事"工人阶级先进性与党的先锋队性质"课题研究。长期从事工会理论、劳动关系理论和编辑学研究，独立主持并完成全国总工会重点委托课题十余项；主要参与国家社科基金资助项目3项。著有《反思求真集》、《经济全球化与中国劳动关系重建》和《编辑主体：能动的精神生产者——学报编辑主体性研究》等多部学术专著，译著有《人学世界》。在《求是》、《光明日报》、《中国社会科学报》、《工人日报》、《中国人民大学学报》、《中国劳动关系学院学报》和《中国工运》等报刊发表学术论文100多篇，有20余篇分别被《新华文摘》、《中国社会科学文摘》、《高等学校文科学报文摘》、中国人民大学复印报刊资料之《工会工作》《工人组织与活动》《劳动经济与劳动关系》《出版业》等转载。

2019年3月24日下午，在图书馆古籍室内，通过对赵老师将近三个小时的采访，我收获颇丰。访问开始时，我面对镜头，对赵健杰老师进行了一个较为简短的专家介绍，然后进行访问。访问的主题主要分为三大块：一是围绕《中国劳动关系学院学报》的创刊与推动；二是围绕赵老师的课程教学与育人心得；三是关于赵老师个人的学术理论研究与课题研究。在我的眼里，赵老师和善、健谈，是一位理论功底与实践经验都过硬的学者。在访问的过程中，赵老师与我分享着他的人生经历与经验。对于我来说，这一次访问，不仅仅是知识上的收获，更多的是精神上的收获。

赵老师于1986年从中国人民大学研究生毕业以后就来到中国劳动关系学院。那时，学院开始筹备《中国工运学院学报》（后改为《中国劳动关系学院学报》）的创刊，老师本专业并不是对口的工会专业。让我印象深刻的是，赵老师是在创刊的过程中不断地学习有关工会方面的知识，让自己本专业的哲学与工会结合起来。刊物创刊后，将刊物定位为宣传马克思主义工运思想。那时，条件艰苦，不像现在科技发达很多事情可以通过电脑完成。赵老师说，那时还是通过铅字来印刷，通过手工来排版。刊物的质量也需要通过反复地斟酌和校对来保证。在赵老师讲述关于学报创刊与发展的过程中，我明白了在当时艰苦的条件下，学者们、前辈们是如何通过一步一步地扎实稳打、艰苦努力慢慢地将学报办起来。后来学报还连续六次入选北大核心期刊，两次入选南大核心期刊（扩展版），多次被全国高校文科学报研究会评为"百强学报"。

在课程教学与育人心得方面，赵老师对青年学者和在校学生就其学习和发展都给出了诚挚建议。对于青年学者，是要将自身理论与实践经验进行结合。专业不是研究劳动关系或者工会领域的，可以将自己本专业的内容与劳动关系或者工会进行结合，进行跨学科、交叉学科的研究。对于学子们来说，进入大学，首先是要好好学习、端正学习态度、强化专业本领，运用恰当的学习方法，掌握观察事物的立场、观点、角度、方法等。对于学生来说，这些是非常重要的。在赵老师的分享过程中，我也在反思我自己，是否做到赵老师所说的这些。

最后的部分，赵老师与我分享了关于在理论研究与课题研究中遇到的一些困难，并分享了关于解决问题的一些方法和经验。实事求是，用发展的眼光看问题，并且不断地进行深入的思考。

虽然这次对赵老师进行了将近三个小时的采访，但感觉时间很快地就过去了，有一种意犹未尽的感受。能够有这样一个机会聆听前辈学者对工会、对教学工作的看法，分享人生经验，真是一件很幸福的事情。由衷地感谢赵老师和图书馆项目组的各位老师的支持和帮助。

吴亚平口述访谈录

访谈时间：2019 年 4 月 28 日
访谈地点：中国劳动关系学院图书馆古籍室
受 访 者：吴亚平（中国劳动关系学院退休教授）
采 访 者：刘　甲（中国劳动关系学院 2017 级硕士研究生）
整 理 者：吴亚平（中国劳动关系学院退休教授）
　　　　　刘　甲（中国劳动关系学院 2017 级硕士研究生）

受访者简介：

吴亚平，女，中国劳动关系学院工会学院教授，法学硕士。1982 年 1 月本科毕业于江西师范大学，1987 年研究生毕业于北京师范大学，2004 年获"全国三八红旗手"荣誉称号。研究方向：工会理论与工会工作实务。承担的主要课程有：工会学原理、工会法、工会自身建设、劳动合同法、劳动争议处理、职工民主管理、女职工权益保护等。独立主编或撰写的著作或教材有：《工会组织建设概论》《女职工劳动权益保护》《怎样当好职工代表》《工会法实例教程》等。参与主编或撰写的著作和教材有：《劳动处理教程》（主编之一）、《新建企业工会工作实用教材》（副主编之一）、《中国职工状况——内部结构及相互关系》、《向市场经济过渡中的工会工作》、《邓小平工人阶级和工会思想研究》、《社会主义市场经济与工会》、《基层工会干部简明读本》、《劳动关系·劳动者·劳权》、《向社会主义市场经济转变时期的工会理论纲要与述评》、《新编工会学》、《工会干部培训教材》、《工会基础理论概论》、《中国劳动关系概论》等。在《中国劳动关系学院学报》《工人日报》《中国社会保障报》《工会理论与实践》《辽宁工运》《浙江工运》等报刊上发表论文 80 余篇，研究成果涉及整个工会领域，包括中国工人运动史、向市场经济转变过程中劳动关系的变化对工会的影响、非公有制企业工会组织的建立、社会主义市场经济条件下的工会自身建设和改革，以及工会的基本职责和维权使命等各个方面。

问：吴亚平教授，曾任中国劳动关系学院工会学系工会教研室主任、工会学系主任，2004 年获得"全国三八红旗手"荣誉称号。1987 年毕业分配至中国劳动关系学院任教至今，主要承担硕士研究生、普通本科生、劳模本科生和全国工会干部培训等课程。独立主编或撰写了《工会组织建设概论》《女职工劳动权益保护》等著作和教材，参与主编或撰写《劳动处理教程》《新建企业工会工作实用教材》等多部著作和教材。在《中国劳动关系学院学报》《工人日报》《中国社会保障报》《工会理论与实践》等报刊上发表论文 80 余篇，研究成果涉及整个工会领域，包括中国工人运动史、向市场经济转变过程中劳动关系的变化对工会的影响、非公有制企业工会组织的建立、社会主义市场经济条件下的工会自身建设和改革，以及工会的基本职责和维权使命等各个方面。今天的中国工运文库口述史项目组就特别邀请到了吴亚平教授和我们一起聊一聊她的求学、治学之路，也跟大家分享一下她丰硕的学术研究成果。

吴教授，您是在 1977 年冬恢复高考后的第一次招生考试中金榜题名的，据统计，1977 年的高考全国有 570 万人报考，录取 27 万人，竞争可谓异常激烈。现在回想起当时紧张的复习备考，您有没有什么特别深刻的记忆？

答：那记忆是太深刻了。我上小学四年级时就开始了"文化大革命"，后来又下乡插队、招工进厂，几乎没读到什么书。1977 年 10 月恢复高考的消息传开后，大家都在找高考的复习材料，最抢手的是当时的高中课本，导致一时"洛阳纸贵"。还好我妈妈是中学老师，给我找来了全套的高中课本。当时复习的时间不到两个月，除了上班、吃饭、睡觉，其他的时间就用来复习功课。考试结束以后，自我感觉录取希望渺茫。尤其是数学，大部分的题我都不会做，估计最多只能得到 30 多分。因此便打算继续努力补习，然后参加 1978 年高考。当我收到大学录取通知的时候真是有点喜出望外。要知道，文科专业报考的人多，录取的名额少，是真正的百里挑一！

问：进入大学之后，同学们的学习状态怎么样？

答：进入大学后，同学们的学习状态可以用"如饥似渴"来描述。当时我们想的就是"把失去的时间补回来"，学校的图书馆、阅览室每天座无虚席，经常阅览室一开门，就要排队抢座，用书包、课本为其他同学占座。如果图书馆实在没有座位，同学们也会到教室学习，一般都要学习到教室关灯才回宿舍就寝。那个时候大学生的学习状态，非常值得现在的学生学习。

问：当时您的同学年龄相差应该比较大，有的甚至已经结婚生子，大家是怎么克服种种困难，保持良好的学习热情的呢？

答：当时我们班上一共47个人，年龄最大的32岁，最小的只有20岁。最大和最小的年龄差了一轮。我在班里还算是年龄偏小的。同学们来自各行各业，有工人、农民、退伍军人、民办教师，人数最多的是插队知青，占了一半以上。记得我们的组长桂思成来学习的时候，孩子刚刚出世。我的同学贺国民则是家里农活的顶梁柱，到农忙的时候匆匆地请假赶回去播种、收割，然后再匆匆赶回学校上课。尽管艰苦，但并未影响同学们的学习热情，大家如饥似渴地学习知识，都想把失去的时间尽量地补回来。

问：1985年您又考入北京师范大学法政所读研，当时您已经在江西宜春师范学校工作了3年，是什么原因让您有了继续深造的想法呢？

答：一个原因是还想多读点儿书。我大学毕业时，班上有五位同学考上了研究生，那时候研究生的录取人数还极少。毕业后又陆续有多位同学考上研究生继续深造。这对我有较大的影响和鼓舞。

另一个重要原因是解决家庭问题。我1983年结婚，当时先生正在北京中国社会科学院研究生院读研究生。暑假来北京探亲时，北京良好的人文环境和宽容的文化氛围深深地吸引着我，促使我再拼搏一次，争取考上北京，在北京安家。

问：1987年您研究生毕业分配到中国工运学院任教，当时您承担了哪些课程的教学任务？作为一名法学硕士，对工会的相关知识应该还是会有一定的陌生感，您是怎样迅速地转换角色，投入授课和科研中的呢？

答：1987年毕业来到中国工运学院，被分配在工运史系，主讲中国工人运动史。我在北京师范大学法政所（当时叫马列所）读研时学的是中共党史专业。党史归属于政治学，而政治学又归属于法学，所以拿的是法学硕士的学位。而中国工运史和中共党史有很大的关联度，再加上我虽然是刚刚研究生毕业，但我也在江西宜春师范学院做了三年多的中专教师，有做教师的经验。再加上当时还有股青春的热情和冲动，不断地学习书本知识，向老教师学习，所以陌生感并不十分强烈。

问：您是哪一年开始承担劳模本科班的教学任务的？

答：1992年，学院开始办劳模本科班时，我还是一位只有5年教龄的青年教师，教学经验不足，不敢也没有资格担任劳模班任课教师，只承担了92级劳模毕业论文指导工作。在学院领导和前辈老教师的鼓励和帮助下，从93级开始，我有幸成为劳模班授课教师，并且连续为劳模班授课26年、26届，直到今天。

劳模本科班学生虽为"本科生"，但与其他应届毕业进入大学的本科生相比有明显不同。一是他们大都获有"全国劳动模范""全国五一劳动奖章"等荣誉称号，工作踏实能干，工作经验丰富，多是"身怀绝技"，有超强的实践能力、动手能力。二是劳模学生多来自生产一线，文化基础相对较差，学历又各不相同，既有中专、大专生，也有初中、高中生。他们的年龄也参差不齐，年长者有的已年过五十，年轻的二十出头。三是劳模本科班学员又都深知学习机会的宝贵，他们求知若渴，学习非常认真，其认真好学的精神比一般本科生更加突出。这些情况要求我们在教学中必须注意劳模学员的特点，"因材施教"。这也激励着我们不断学习，摸索和积累经验，改进教学，努力将这些"特殊"学员培养成既有丰富的工作实践能力又有良好的工会与劳动关系理论修养的优秀人才。

问：2003年，中国工运学院转制升格为普通高等院校，并更名为中国劳动关系学院，这是学校历史上的一件大事，您作为骨干教师，在这个过程中参与了哪方面的工作，有没有什么事情给您留下特别深刻的印象？

答：从成人高校转制为普通高校，由中国工运学院更名为中国劳动关系学院，这是我们学校发展的又一个重大阶梯。学校的改制是一个浩大的工程，作为一名教职员工，对学校发展的顶层设计，只是提提意见和建议。作为一名工会理论教研室主任，我和教研室的同事们反复讨论，一遍又一遍地制订和修改教学大纲、教学计划。作为一名教师，最重要的是要保质保量地上好每一节课。记得当时学校的系部在增加，专业课也在增加，教师人手根本不够。我承担着大专班、普通本科班、劳模本科班的课程教学，还承担工会干部的培训课程，寒、暑假则去基层工会搞调研。那几年我每年工作量都大大超标，教学效果也不错，多次被评为学院"十佳教师""工会干部培训优秀任课教师"，2004年荣获"全国三八红旗手"荣誉称号。

当时全总对学院的改制和工会的发展非常重视。印象比较深的是有一次王兆国主席把学院领导和我们几个搞工会研究的教师请到他的办公室，听我们每一个人发表意见，谈了一上午。谈话结束以后，我们想和兆国主席合张影，他愉快地接受了，还特别善解人意地让他的秘书给我们分别和他合影。

问：当前中国经济发展进入新常态，小微企业面临一定的经营压力，加之互联网经济的迅猛发展，新业态就业人员大量增加，给工会工作的顺利开展带来一定的挑战。在这种情况下，您认为工会应该如何定位，怎么才能更好地服务广大劳动者？

答：我国企业从数量上看，中小企业占据了绝大多数，尤其是私营企业中，小微型企业居多。这些企业规模不大，资金不多，抗风险能力也不高，面临着经济压力，这是不争的事实。但是对于企业劳动关系的另一方职工来讲，压力就更大，直接面临就业压力、生活压力。而互联网经济发展所带来的新业态，还需要进一步深入地进行调查和科学研究。但无论如何，工会代表和维护劳动者权益的身份和职责不会变，协调劳动关系的任务不会变。

问：现在社会上有一种声音，认为在企业经营普遍遭遇困境的时期，应该减少对劳动者合法权益的保护，首先要保证经济发展的平稳过渡，对此您有什么看法？

答：这种说法有点本末倒置。应该说，越是在经济下行时期越要保护好劳动者的合法权益，这样才能促使经济发展平稳过渡。因为经济下行受影响最大的是职工，直接影响到他们的就业和家庭生活。

合法权益是劳动者权益的底线，这个底线不能突破。一旦突破底线经济发展是不可能平稳的。企业经营困难的主要原因并不是企业劳动者的合法权益即人力成本过高,人力成本只占企业经营成本的很少一部分。企业解困的着眼点应该放在减税、减费、加强企业内部管理上,而不是在劳动者的合法权益上打主意。当然,我们有些职工愿与企业同甘苦共命运,自愿捐出自己的工资,甚至捐出自己的财产来帮助企业渡过难关,这是值得提倡和鼓励的。但这和减少对劳动者合法权益的保护以保证经济平稳过渡是两码事。

问:我国工会从2008年开始推行工资集体协商,时至今日仍有部分企业的工资集体协商流于形式,实际效果不尽如人意,对于这个问题您有什么解决的方法和建议?

答:工资集体协商没达到应有的效果,其中一个重要因素是我国的工资集体协商主要是在企业层面推行。在国有企业,工资分配形式、工资收入水平等工资分配制度并不是企业内部的劳动关系双方能协商决定的。而在非公企业,90%为中小微型企业,在这样的企业去开展工资协商,面临的最大问题是"三不":企业行政不愿谈,工会干部或职工代表不敢谈和不会谈。

对不愿谈的问题我们可以通过立法来解决,对不会谈的问题我们可以通过加大工会干部的培训力度来解决,而对不敢谈的问题如何解决?企业实行党政一肩挑的领导体制,企业工会在党委的领导下开展工作,不敢谈的背后是体制问题。在现行的体制下,推行行业性工资集体协商是工资集体协商的发展方向。

行业工资集体协商弥补了企业工资集体协商的缺陷,其好处是抓住了行业共性问题,超越了企业边界,双方地位对等,协商更有实效。同一个行业的生产模式、工资水平、工时标准、职业安全卫生条件等方面存在一定的共性,通过行业工资集体协商的形式,可以制定出相对稳定、合理、有连续性的行业用工标准。这样做不仅有利于保护劳动者合法权益,也有利于促进行业内企业的发展。

但从当前的实际情况看,推行行业性工资集体协商还面临一些问题,需要一步一步加以完善。第一,开展行业性工资集体协商需要有行业工会和行业雇主组织作为主体,我国的行业工会和行业雇主组织尚不健全。第二,行业性工资集体协商的内容和程序都比企业工资集体协商复杂得多,这对工会和行业协会都提出了更高的要求。第三,行业工资集体协商需要搭建和完善相应的平台和相应的法律法规。

问：工会十七大报告提出，要坚持中国特色社会主义工会发展道路。那么，中国特色社会主义工会发展道路特殊在哪里？中国工会与其他市场经济国家工会有哪些不同？

答：工会十七大报告指出，"中国特色社会主义工会发展道路是中国特色社会主义道路的重要组成部分，深刻反映了中国工会的性质和特点，符合我国国情和历史发展趋势"。中国特色社会主义工会发展道路是我们一直在探索的问题，它至少有这么几个特点。

第一是党对工会的领导。中国共产党的领导是中国特色社会主义工会最本质特征，中国工会与外国工会的不同是中国工会明确表示接受中国共产党领导，坚持在中国共产党领导下独立自主地开展工作。而在西方多党轮流执政的情况下，工会虽与党派有一些联系，但从总体上看工会是被排除在政治体制外的。工会和党的紧密关系保证了中国工会活动的政治方向。

第二是统一的组织体制。中国工会组织体制与西方工会最大不同是一元化结构特征。我国法律规定，全国建立统一的中华全国总工会。不属于全国总工会系统的工会组织没有合法地位。而在资本主义国家，大多奉行工会多元化。我国实行一元化的工会体制，是由我国的国情决定的。中国工会的这种统一的组织系统，能最大限度地把工人群众组织起来，这对于团结和集中工人阶级的力量具有重要的意义。

第三是工会的基本职责。中国工会的基本职责是维护职工合法权益，但工会在维护职工合法权益的时候，还要考虑到全国人民的总体利益，考虑到企业的发展。工会维护的主要方式是代表职工与企业、事业单位行政方面进行集体协商，签订集体合同并监督执行。中国工会不主张以罢工等维权方式来解决劳动争议。

问：在当前经济增速放缓、结构调整的背景下，社会矛盾和劳动关系矛盾显现，职工群体性事件增多，事件的规模呈现扩大趋势。工会在处理职工群体性事件中的身份和策略是什么？如何处理维权和维稳的关系？

答：近几年来，维护社会稳定成为热门话题。从表象上看，职工群体性事件的频发，增加了社会的不稳定。但是如果进行更深层次的追问，职工群体性事件为什么会发生？其根源何在？如何使职工群体性事件少发生或者不发生？这才是研究解决职工群体性事件问题的根本。对社会上发生的职工群体性事件，工会不能回避，必须面对。工会在职工群体性事件的处理中应把握以下几点。

第一，高举维权旗帜，把维权与维稳结合起来，这是工会的立脚点。维权是维稳的基础，只有维护好职工合法权益，保障他们的正当权益不受侵犯，劳动关系才能和谐，社会才能稳定。工会维护社会稳定要通过维护职工权益来实现，维护职工权益是工会维护社会稳定的手段和途径。因此对工会来讲，维权是第一位的。如果我们不去代表和维护职工合法权益，而是一味地强调维稳，头痛医头，脚痛医脚，那就会摁下葫芦浮起瓢，达不到稳定的目的，甚至还可能会导致职工群体性事件出现蔓延趋势。

第二，要及时报告，明确身份，代表职工，反映诉求。当职工群体性事件发生后，工会要在第一时间向党委报告，提出解决问题的意见和主张，争取党组织的领导和支持。深入职工群众，明确职工代表的身份，了解他们的意愿，将职工群众的意见和要求进行归纳和梳理，及时向有关部门反映。对职工群众提出的合理的要求，要代表职工与企业行政进行协商、谈判，督促加以解决。对职工提出的部分不合理要求，工会也不应该简单粗暴地指责批评，应通过摆事实、讲道理，劝说职工收回自己的不合理要求。

第三，预防为主，重在建制。工会参与职工群体性事件的处理不能头痛医头，脚痛医脚，要关口前移，把重点放在预防上。要加强工会建设，发挥工会作用，真正落实工资集体协商制度，建立职工民主管理制度，发挥职代会作用，建立和完善集体劳动争议处理制度。在立法层面上，推动劳动关系法治化建设，将工会在平衡劳动关系中发挥重要作用的两个机制，即职工民主管理机制和平等协商机制尽快纳入立法程序，提上立法议程。

问：谢谢吴教授就工会相关问题给我们带来的精彩解答。

访谈手记

2019年4月28日上午9点30分，经过近3个月的准备，中国工运文库"口述史"项目组对吴亚平教授的访谈如期进行。访谈拍摄非常顺利，连外请的摄制组负责人都说，这是中国工运文库"口述史"项目拍摄以来最顺利的一次，其间连一次 NG 都没有。顺利的背后，是吴亚平教授对访谈的精心准备和从教三十余年丰富的经验积累，更是敬业精神、工匠精神的直接表现。

吴亚平教授曾任中国劳动关系学院工会学系工会教研室主任，工会学系主任，2004 年获得"全国三八红旗手"荣誉称号，如今已经光荣退休。自 1987 年毕业分配至中国劳动关系学院任教至今，吴亚平教授主要承担了硕士研究生、普通本科生、劳模本科生的教学工作和全国工会干部培训工作，独立主编或撰写了《工会组织建设概论》《女职工劳动权益保护》等著作和教材，参与主编或撰写了《新建企业工会工作实用教材》等多部著作和教材。在《中国劳动关系学院学报》《工人日报》《中国社会保障报》《工会理论与实践》等报刊上发表论文 80 余篇，研究成果涉及整个工会领域，包括中国工人运动史向市场经济转变过程中劳动关系的变化对工会的影响、非公有制企业工会组织的建立、社会主义市场经济条件下的工会自身建设和变革，以及工会的基本职责和维权使命等各个方面，是一位名副其实的"工会专家"。

作为中国劳动关系学院在读研究生，我也有幸听过吴亚平教授主讲的"工会基础理论"和"劳动争议处理实务"两门课程。吴教授授课的最大特点是深入浅出、随讲随练，既能让学生牢记每一个知识点，又不会让我们感受到任何的枯燥乏味。在吴教授的课堂上，同学们全都踊跃地参与讨论，积极回答问题，甚至在课间休息时间同学们还聚在一起讨论课堂内容，自主学习的热情被充分激发。吴教授的课堂还有一个特点，就是不准看手机。吴教授会在第一节课就立下一个规矩：每节课的前 40 分钟绝对不允许在课堂上拿出手机，如果大家能遵守，剩下的 5 分钟时间就留给大家自由刷手机。在这个信息爆炸的社会，学生们早已习惯了一边上课一边隔几分钟刷一次手机，突然要遵守这个规定，难免有些不适应。一开始真的是有点抓耳挠腮，浑身不舒服，总想偷偷地看一眼手机。但几节课下来，适应了这个节奏之后，所有人又都觉得这个规定真好，拒绝了手机的打扰，大家在课堂上完全集中了精神，学习效率大大提高。后来，大家甚至会因为专注于听讲而忘了每节课还有 5 分钟的刷手机时间。

这次中国工运文库"口述史"项目组确定由我和何爱敏负责对吴亚平

教授进行访谈后，我们立即检索了吴教授的简历和主要著作，用一周的时间推敲拟定了10个问题。这些问题涵盖了吴亚平教授的个人经历和时代背景、学院发展过程中的重大事件和目前工会工作的挑战和机遇等方面。把问题发送给吴教授后很快就收到了回应，应该是出于对我们的尊重，吴教授并没有删减问题，而是谦虚地提出了2个备选问题，经过讨论，我们最终和吴教授确定了11个访谈问题。

　　三天后，我们就收到了吴亚平教授发来的访谈问题回答提纲，一打开就不由地赞叹吴教授真是认真、敬业！整个文档不但对访谈问题进行了细致的回答，还排了版，添加了照片，甚至可以直接拿来当访谈整理稿。

　　访谈录制当天，吴亚平教授提前10分钟就来到了位于图书馆三楼的录制地点。当得知录制之前还要请专业化妆师化妆时，她笑言自己平时从不化妆，突然要化妆还有些不适应，让我们颇觉有趣。在调试完设备和机位时，吴教授看到我准备的"小抄"，还开玩笑问我，为什么我可以拿着"小抄"录制，而她却要把所有的内容都记下来，这一方面是开个玩笑缓解下录制前的紧张情绪，另一方面也反映出吴亚平教授一丝不苟、认真负责的敬业精神。

　　设备和机位调试完后，我们正式开始了录制。由于这是我第一次出镜访谈，难免有些紧张，坐在那里总觉有些别扭，提问时也忍不住不停地看"小抄"。而吴亚平教授则充分地展示了大家风范，对每一个问题都是不疾不徐、娓娓道来，整体表现和她在课堂上几无差别，渐渐地就让我全身心地投入访谈中，自然地倾听起她的讲述。在录制过程中，吴亚平教授还时不时地对我提出的问题表示赞许和鼓励，使我彻底忘却了紧张，在提问时甚至可以临时加入几句访谈提纲中没有的话语。最终我们仅用了一个小时左右的时间就完成了访谈的录制，得到了现场录制人员和观摩同学的一致好评。本以为录制就可以顺利结束了，吴亚平教授又提出其中一个问题她觉得没有解答透彻，想要补录一段，又一次用实际行动表现了自己一贯坚持的严谨作风。

　　时至今日，距访谈录制已经半月有余，但回忆起当时的情景，仍感觉历历在目，从中获益良多。当下，中国特色社会主义已经进入新时代，我国工会工作也面临着诸多新机遇和新挑战，这就需要广大工会工作者牢记工作使命、明确工作方向、提高工作能力，才能更好地为广大职工服务。

工会的工作使命和工作方向已经在党领导下的群团改革中得到再次明确，而工会干部的工作能力则需要不断地提升。正是有了吴亚平教授这样勤恳负责、授课有方的教师，才能将提升工会干部的工作能力落到实处。他们不但一直在一线授课，培养了大批优秀的工会干部，还取得了丰硕的科研成果，提炼了各级工会的实践经验，丰富了工会工作的理论基础，推动了我国工运事业的蓬勃发展。虽然吴亚平教授已经退休，但她仍然选择继续站上讲台，将她半生积累的学识散播给大学生、劳模和广大工会干部，祝愿她永远健康，让更多的人进入她的课堂，在获取知识的同时体会到其中的乐趣。

崔生祥口述访谈录

访谈时间：2019年4月28日
访谈地点：中国劳动关系学院图书馆古籍室
受 访 者：崔生祥（中国劳动关系学院退休教授）
采 访 者：王　玉（中国劳动关系学院2018级硕士研究生）
整 理 者：崔生祥（中国劳动关系学院退休教授）
　　　　　王　玉（中国劳动关系学院2018级硕士研究生）

受访者简介：

崔生祥，中国劳动关系学院经济管理系原主任，二级教授。全国优秀教师。商务部《WTO经济导刊》专家组成员、企业社会责任发展中心首席专家、北京市委讲师团特聘教授、国家电网高培中心特聘教授、全国职工素质建设工程首批特聘专家。

研究方向：宏观经济、企业管理、工会理论与实践、习近平新时代中国特色社会主义思想、班组管理、工会领导科学与艺术等。

问：今天我们请到了崔教授，崔教授曾是中国劳动关系学院经济管理系主任，二级教授，全国优秀教师。现在我们就开始正式访谈。我们都知道近几年全国各级工会都在开展群团改革工作，那么请问崔教授，在群团改革和工会改革的大背景下，您是如何看待改革对我国职工队伍的影响的呢？

答：这些年中央在群团改革方面连续召开两次重要的会议，在会议的基础之上专门召开了群团改革的座谈会。我记得第一次群团改革工作会议过程中，中共中央政治局常委全都参加了。此会议之前，还以国务院的名义，八部委联合发布了关于构建中国特色和谐劳动关系的文件。由此看来，中央对这项工作是非常重视的。仔细分析原因，这些年随着我们国家改革开放的不断深化，产业结构、劳动力结构和分配结构各个方面都发生了一些巨大的变化，这些变化致使我们在前进过程中出现了新的问题。而这些问题如果得不到有效解决，不仅我们国家难以做到协调稳定地发展，甚至共产党的执政基础都要打折扣，因此中央加大对群团改革的支持力度。我相信在中央的重视下，各个群团组织在改革过程当中会迅速出台一些有效的维护职工合法权益的举措，在实践中所出现的一些问题，也都会逐步缓解。所以你刚才所谈到的群团改革对我国职工队伍会构成一些什么样的影响，我个人的理解就是从总的趋势和发展的大局以及方向来看，这是一种逐步变好的态势。

问：您认为我们职工队伍的变化是怎样影响到工会领导机关的运行的？

答：全国第一本《工会领导学》是我写的，而且在学校授课过程中，我也专门开设过"工会领导科学"的课程，其中包括"如何当好一名优秀的工会主席""工会领导科学""工会领导艺术"。你刚才谈的这个问题，我早年所写的一篇文章中就谈到过工会运行机制的一些变化和改革。我们谈的工会领导，实际上是指工会领导者、被领导者和领导环境这三大要素相互作用的动态过程。在这三大要素共同作用的动态过程中，身为工会领导者，上自中华全国总工会的主要领导，下至各个企事业单位的工会领导，都必须认清楚一个问题，就是在构成工会领导三大要素的过程当中，一定要摆正自己的位置。所谓摆正自己的位置，就是要明确地认识到工会领导环境是能动的、活跃的、多变的，而且基本上是不可控的。

问：关于三大要素，您能再谈得具体些吗？

答：好。三大要素是指工会领导者、被领导者和工会领导环境。所谓工会领导就是这三大要素相互作用的动态过程。身为工会领导者，他首先要认清楚在三大要素所构建的动态过程中，环境是能动的、活跃的、多变的，而且是不可控的。就被领导者而言，工会的基本性质决定了工会要全心全意维护职工的合法权益。如果只是片面地要求被领导者和广大职工群众适应现有工会现有的工作方式，也是有悖工会组织的基本性质的。那么三大要素中唯一能变的就是工会领导者自身。因此我们提出，正是因为改革开放过程当中所出现的一些新情况、新问题，迫使我们各级工会领导者一定要眼睛向内，苦练内功。只有不断健全工会的领导机制，健全工会的管理制度，使我们工会各级领导者能够真正走到职工队伍中，替广大的职工群众排忧解难，维护好职工的合法权益，才能最终适应形势对我们所提出的要求和变化。

问：这些新形势新变化又是怎么样影响到了工会领导的方式和艺术呢？

答：这个讲起来比较复杂。记得我在讲领导科学的过程中，曾经引用过钱学森的一段话，钱学森谈到领导艺术时说："领导艺术是一种离开了数学领域的才能，它能从大量复杂的事物中找到最重要最有决定性意义的东西。"我在讲课过程中也列举过很多名人名言，比如民国时期著名报人梁厚甫曾经讲："领导就是要在领导过程中既遵循广大的民意，又遵守科学的客观规律。群众的意见是领导人应该受到的教育，而客观存在的规律是群众应该受到的教育。少数服从多数是解决切身利害的办法，而多数服从客观规律是解决传统观念的办法，领导就是要在这两者之间找到一个矛盾合理解决的调节点。"这个点找到了才会提高才能、提高自身的领导艺术，这句话不易理解。转而言之则是中央所提出的："各级工会领导者要在改革和错综复杂的过程中处理好发展的速度，改革的力度，以及广大职工群众能够承受的程度以及诸如此类的相关问题。"换句话说，从科学客观的规律角度讲，我们制定的各种改革的方案和改革的方式，广大职工群众如果缺乏一定的心理承受能力和经济承受能力，那么即便出台的这项政策再无懈可击，也不会被广大职工群众欢迎。反过来讲，身为领导者也不能一味地去满足职工所提出的各种需求，因为有些需求在短期内看是合理的，从长期来看有可能违背科学的客观规律。所以如何把发展的速度、改革的力度、职工队伍稳定的程度和广大职工群众接受程度几者之间有机结合在一起，实际上是一件很困难的事情。因此，这需要各级工会领导者不断地加强学习，不断地研究新情况新问题，不断地深入职工群众，审时度势，才能在实践中较好地处理类似的关系。

问：您的学术论文中有一篇文章《从不均衡走向均衡——构建和谐的

劳动关系》,您认为怎样才能构建和谐的劳动关系,使我国劳动关系从不均衡阶段走到均衡阶段?

答:这个问题学术性较强,前些年我写文章专门论述过。中央提出构建社会主义和谐社会,和谐社会的基础就是稳定和谐的劳动关系,如果没有一个稳定和谐的劳动关系,那么构建所谓社会主义和谐社会便无从谈起。我们国家在协调劳动关系方面,共经历过几个不同的过程。首先在高度集中的计划体制时期,当时无所谓真正的劳动关系,计划经济条件下的劳动关系我们把它定义为一种绝对均衡基础上的相对的不均衡。那时的劳动关系并不是一种真正的劳动关系。职工身份以及用工方式等都是通过国家主管部门和行政部门安排并以此来维系社会的稳定,我们将它定义为绝对均衡基础上的相对的不均衡。1978年党的十一届三中全会,拉开了改革开放的帷幕,随后又引进了市场经济。现在我国基本经济形态定位为社会主义市场经济。出现了多种所有制共存的局面,在原有的、全民所有制和集体所有制外还产生了外商投资企业、民营企业、私营企业等新兴的经济体。这样所有制结构的变化使我国劳动关系发生了巨大变化,我们可以把在此过程中出现的问题和其运行的轨迹看作绝对不均衡基础上的相对均衡。绝对不均衡基础之上的相对均衡需要经历这样一个过程,当然这并不是我们的最终目标,我们最终所追求的目标是劳动关系绝对与相对均衡的有机统一,这要经过漫长的时期,在此期间我们有很多工作要做,而且不光需要企业做工作。政府方面要构建一种什么样的社会机制来解决我国东部和西部、沿海和内地以及不同社会层级之间贫富差距大的问题?在我们推动经济社会发展的过程中,如何清除腐败?如何避免两极分化的问题?如何保证职工权益?如何使整个社会的运行保持一种公平公正公开的运行状态?随着我们经济和社会的发展,使广大员工实实在在感受到改革和开放的满足感和获得感,要做的工作相当多。总而言之,大趋势是不会变的,这需要我们做很多的工作,这些工作在我的学术论文中也都有所提及,今天短短的半个小时的访谈是难以穷尽的。

问:为构建和谐的劳动关系,您认为要怎样做好基层的工会主席,请从工会主席这方面谈一谈。

答:做好工会主席,这里有几个问题必须注意。首先工会主席与党政一把手、党政领导定位是不同的。我个人理解,第一,工会的性质决定了工会的所有工作根本出发点和最终的落脚点是为广大职工群众说话办事和排忧解难。如果这个问题在思想上没有明确的意识，在工作中就会体现出更多的行政化、机关化和官僚化。因此，做好工会主席，首先要深入职工群众之中，为职工群众排忧解难，这是最根本的。第二，面对当前错综复杂的环境和经济形势，身为工会主席一定要加强学习，要不断地提升自身的素质，要深入职工群众中调查研究新问题，要在理论创新的基础之上逐渐地实现制度创新和工作创新。如果没有这种品格和素质，很难做好工会工作。第三，在工会自身改革和建设方面，要加强制度建设，加强运行机制建设。要建立约束和激励兼容机制，进而提升工会主席的综合素质。我在讲课中陈述过这样一个观点："在市场经济条件下，作为一个合格和称职的工会干部，就其知识结构和素质结构而言，一定要成为一种X型人才。"英文大写的X，这一撇代表一个相对独立的专业，而且有一定的专业造诣，这一捺也代表一个相对独立的专业，有一定的专业造诣，这两门专业存在一个融会贯通的结合点，以此有效地指导工作实践。这一撇具体指经济和管理知识，在市场经济条件下所有涉及职工权益的问题，都发生在经济和管理当中。身为工会主席，如果不懂经济、不懂得管理，那么就很难维护职工的合法权益，更不要说源头参与。一捺是指法律，用法律作为支撑和保证。市场经济条件下对于职工权益的根本保护，要求我们必须拿起法律武器。我们仅从知识结构和专业结构角度提出了这个X型的人才理论。由此可见，身为工会主席，真正把这件工作干好，其难度、艺术性和科学性丝毫也不低于党委书记和厂长。群众工作相对自由，但群众工作中的一些规律，要求工会主席不断提升自身素质。这是我个人对市场经济条件下如何当好工会主席的一些浅见。

问：我们谈完了如何做好基层的工会主席，那么下一个问题就想问问您如何做好一个基层的职工代表呢？

答：如何做好基层职工代表和如何做好一个称职的工会主席，两者之间有很多相似之处。职工代表若想履行职责和行使权利，主要体现在企业职代会中。身为一名职工代表，首先要明确职工代表的权利和义务、职责和权限。其次广大职工群众基于信赖才把你选为职工代表，希望你为广大职工群众说话办事，排忧解难，要急广大职工群众之所急，想广大职工群众之所想。因此，职代会之前，职工代表要通过各种形式深入职工群众中,理解职工群众所思所想所愿所求,做深入细致的调查工作,收集调查资料,对资料进行分析,去粗取精,去伪存真,由此及彼,由表及里,然后将职工普遍问题体现在职代会提交的议案中。在议案中,将其作为职代会非常重要的内容提出来,议案通过以后还要在执行过程中做好监督工作,在执行过程中不断跟踪反馈,并向有关部门提出建设性意见和相关诉求。身为一个职工代表,他要很好地履行职责,要让职代会这个企业民主管理最基本、最重要的形式发挥自己的作用。

问:您认为企业竞争力和企业发展的关系是什么呢?

答:企业发展的核心就是企业竞争力,这并不是企业一般的竞争力,是企业的核心竞争力。企业的核心竞争力决定了企业的发展。不同企业的核心竞争力是不一样的。而且核心竞争力还有一个特点,这是金钱买不来的。如果想通过挖人来提高企业自身的核心竞争力,这也是做不到的。企业竞争力是企业在长期发展过程当中所形成的能够凝聚企业核心发展的一种最需要、最重要的力量。我们考察一下中外不同的企业,它们之所以能够有长足的发展,其实正是因为这些企业具备了一种核心竞争能力。这两者之间可以说是有着非常紧密的连带关系,如果没有核心竞争力,企业不会有长期发展,它走到一定阶段、一定程度之后必然会垮下来。

问:我们刚才谈了关于企业竞争力的问题,在我们现在社会发展的阶段,如何增强企业社会管理的能力?

答:社会管理是谁的职能?是政府的职能,政府主要做的事情就是社会管理。企业作为经济组织,它的主要目的是赢利。中央非常重视社会管理,在胡锦涛担任总书记时期提出社会管理和社会管理创新。我们国家地域广阔且人口众多,在改革发展过程当中出现的各种问题也会比较多。如果仅靠政府一些职能管理部门去抓所谓的社会管理是难以穷尽的。从另一个角度来说,这些年我们企业在发展过程中逐渐提出企业可持续发展、绿色发展以及企业社会责任等一些问题。2005年,我参与了欧盟一个关于企业社会责任研究的项目,这是我国各学术机构和学术组织与欧盟联合首次进行的企业社会责任管理的研究和推广的项目。当然从社会责任角度来讲,企业在不断促进自身发展、推动国家经济建设的同时,毫无疑问地也应履行和承担一定社会责任。现在社会主义市场经济就其主旨而言,只要在坚持社会主义的前提下,就要充分发挥市场对资源配置的决定性作用。

但市场在配置资源的过程中会出现大量的外部性问题，这些外部性问题会造成不经济的现象，而这种不经济的现象，无论是对社会还是对职工都具有一定伤害。从经济学角度来说，外部性现象就是比如企业生产这批产品需要制订合同，根据这个合同制订我们的生产计划。但是企业一些内部的员工和企业以外的人员并没有参与合同的订立和计划。那么这种合同和计划在实际实施过程中，就有可能给没有参与合同订立的第三方带来一些有利或不利的影响。在经济学当中我们把有利的影响叫作外部经济，把不利的影响叫外部不经济。外部不经济是我们要极力避免的现象。这样的现象有很多，比如一家纺织印染企业为了促进企业的发展，为了赚取更多利润，为了企业内部员工提高收入，在企业生产过程当中造成大量的污染，而这种污染对社会对环境会造成极大破坏，这是市场经济天然的缺陷。正是因为这种缺陷，包括欧盟和许多发达国家的一些企业很早就提出企业社会责任这一概念。企业社会责任从广义上讲涵括社会管理的内容。绕了这么一大圈我们理解了社会管理本身不是企业的职能，而主要是政府跟国家机构的职能。与此同时，我国地大物博，人口众多，在改革开放过程中会出现很多新情况和新问题，比如经济发展不均衡的问题，社会分配不公和两极分化的问题，网络表达诉求方式多样化的问题，以及种种理想和不理想的问题。这些问题就决定了国家机关和政府有关部门一定要加强社会管理创新，但是仅靠政府部门，这项工作难以穷尽。因此，从履行社会责任这个角度来讲，企业当仁不让也应站在自身角度加入社会管理创新行列当中，仅从这个角度和层面分析，这需要企业做很多工作。

问：我再问您下一个问题，我们现在都在说走中国特色的社会主义道路，那么要形成中国特色的公司治理结构，您认为这应该是怎么样的一种治理结构？

答：这个问题也很学术，我写过这方面的一些文章。我本人所学专业是工业经济和企业管理，曾长期在学校担任经济管理系主任，我的专业方向也都是经济学和企业管理。从公司治理角度来说，这要从系统理论角度加以论述。公司治理本身就是一个系统理论的产物。所谓公司治理，就是把纵向的财产负责关系和横向的职权限定关系统一在一个有机体中。这个有机体通过要素结构，连接结构运行机制可以充分地保障所有者的权益，同时能够提高广大经营者的经营自主权，还能有效地激发广大职工群众的积极性、智慧和创造力,从而提高公司的整体功能,这是我们所追求的合理的公司治理结构的目标。由于引用了系统的概念,因此公司治理就要符合社会人工系统的一些基本特征。社会人工系统有一个非常重要的特点,即整体大于局部之和,也就是一加一不一定等于二,一加一有可能等于三、等于四。因为整体不等于局部之和。我们所要的是一加一大于二。这是社会人工系统非常重要的特点。我们认为企业内部比较合理的架构是党政工三套班子,但是我们发现一加一再加一,绝对不等于三,而是有可能等于五、可能等于十,甚至等于二十、等于三十。如果我们的公司治理出现了问题,那就是整体小于局部之和,或甚至等于零、等于负值。另外一个重要的特点是指社会人工系统,它的整体功能取决于整个机构的运行机制和结构特性。这套系统怎样组成?这套结构通过何种方式运行?我在给学生讲课时打过这样一个比方,将四个可靠性程度为0.9的元器件以串联方式连接在一起,其总的可靠性程度是0.64。如果我把四个可靠性为0.9的元器件以并联的方式连在一起,它最后总的可靠性程度是0.9999。因此我们发现,构成系统的各个要素连接结构不一样,最后整体功能也是不一样的。马云掌握阿里巴巴公司股权的百分之几,而任正非掌握公司股权不到百分之一,但任正非却可以牢牢地掌握和控制着公司的方向,就是因为二者结构不一样。在结构不一样的情况下,一套较好的运行机制就保证了中央所提出的公司治理结构一定是产权清晰的、权责明确的、结构合理的、运行有序的、自上而下的财产负责关系和横向的职权限定关系。将这些因素有机地构成在一个统一体既能够保障所有者的权益,又能够充分调动经营者的经营自主权,还能有效地提高广大职工群众积极性、智慧和创造力,从而极大地提高公司和企业运行的总体功能。我个人认为,一个合理的公司治理结构,应该是达到这样的一种效果,但是难度很大。

问:我们都知道企业里有民主管理制度,那么您是如何看待企业的民主管理制度与职工董事和监事的作用的?

答:民主管理,包括职工代表大会,这是我们国家企业管理中非常重要的一项制度。这项制度可以追溯到第二次国内革命战争时期,当时中央最高的权力机构就是由三个人组成,所以叫"三人团",这三个人分别是博古、李德和周恩来,这三个人在中央军事的最高领导决策层决定军事重大事务。根据地的一些企业也仿照中央的制度,建立了所谓的"三人团",

由厂长、支部书记和工会主席共同研究决定和处理企业的一些重大问题，这其中就包含民主管理色彩。到抗日战争时期，"三人团"演变成厂务会议。到了中国革命即将胜利的时期，又变成工厂管理委员会。在1956年中共八大以后，中央提出全国学习解放军，军队的一些管理体制也被学习过来变成了党委领导下的两制，即党委领导下的厂长负责制和党委领导下的职工代表大会制，这都是我们国家企业民主管理的历史沿革。在经济发展和社会变迁中，新制度总是内生于旧制度之中。任何一个国家、一个企业，在改革过程当中都应当坚持从历史中传承下来的且被事实所证明的有效制度，而不应该采取否定的态度。民主管理作为我们国家企业管理一项非常重要的制度，在调动职工积极性、激发智慧创造力以及保证职工权益方面起到了一种不可或缺的非常重要的作用。我们当前所要做的是根据形势任务的要求和外在环境的变化，不断研究和探索民主管理的新形式。把这项工作做得更好，其重要性跟重要程度都是不言而喻的。

问：现今我们都在进行群团组织的改革，尤其是对于工会的改革，那么您认为工会改革未来应"剑指何方"？

答：工会的改革其实是一个复杂的大课题，但就其内在的精华，所谓"剑指何方"其实也是很明确的。这要从工会的性质说起，这就涉及工会的性质是什么。中国劳动关系学院是专门培训工会干部的，我给很多的工会主席讲过课，我问他们："工会的性质是什么？"有很多人答不上来。工会的性质其实就是一句话，工会是工人阶级的群众组织。工会是集阶级性和群众性于一身的社会政治组织。阶级性是群众性基础上的阶级性，群众性是阶级范围内的群众性，这就决定了工会的基本职责和主要工作就是一定要千方百计地维护职工的合法权益。如果身为工会，最终却不能维护职工的合法权益，这样的工会根本就没有存在的必要。因此工会改革，我认为应该紧紧围绕工会的性质，即我们的所有工作要最大限度地维护职工的合法权益，为职工群众说话办事排忧解难。如果这个问题解决了，并且很好地体现了我们的工作制度和运行机制、管理制度和各级工会干部的意识、素质能力、经验以及解决问题的方式，那么就能很好地彰显工会的基本性质。工会必须最大限度地维护职工的合法权益，要为广大职工群众排忧解难说话办事，而不能行政化，不能机关化，不能官僚化，也不能程式化，因为这些都是有悖工会组织的基本性质的。性质决定初心，现在我们都讲"不忘初心,方得始终",所以如果问工会改革"剑指何方",我个人认为,就要在这个问题上有所作为,这是我对这个问题的看法。

问:今天我们的访谈就告一段落,非常感谢崔教授精彩的口述。

答:谢谢大家。

访谈手记

崔生祥教授是我的第一位受访者,他是中国劳动关系学院经济管理系原主任、二级教授、全国优秀教师,商务部《WTO经济导刊》专家组成员、企业社会责任发展中心首席专家、北京市委讲师团特聘教授、国家电网高培中心特聘教授、全国职工素质建设工程首批特聘专家。采访一位拥有诸多社会头衔和教育经历的学者,对于我来说还是很有压力的。

采访当天,我们约好在学校图书馆门口会合见面,随即到图书馆三楼做访谈准备。崔教授迈着轻便的步伐如约而至。崔教授留着利落寸头,穿着夹克外套,手里还拿着一本书,显得很是年轻干练,并不像一位年近七十岁的老人。在图书馆楼下见到崔教授之后,我们进行了简短交流。崔教授对我说:"不要紧张,放轻松,我们就正常地按照采访大纲一步步地走就可以。年轻人做事都很积极上进,相信我们的访谈合作会圆满成功的。这是我前几年出的一本书《学海撷英》赠予你,年轻人多学习知识总是没错的。扉页我签了名字,价值不菲。哈哈!要留存好哦。"我赶紧接过书表示感谢,并答应崔教授一定用心留存。崔教授幽默的话语和人格魅力,使我心里那份紧张和焦急都消失了。我们随后开始试镜和化妆,化妆期间崔教授和在场录制人员也沟通交谈,了解访谈录制的工作,这个气氛让人放松下来、想要倾听。交谈中感受到崔教授是一位非常有责任心的学者,对工作极其认真负责。

正式的采访开始之前进行化妆和试镜工作,摄像人员对崔老师说:"听您的声音和讲授方式很熟悉,您是上个月参与过什么授课吗?"崔老师说:"是的,上个月北京市政府还邀请我到他们那给他们讲过课,讲怎样提升领导干部个人魅力的主题。对于提升领导干部个人能力和魅力方面,我前些年做过这方面论文研究,所以还能给他们讲一讲。"摄像人员说:"原来是这样,怪不得呢,我也是参与了您说的那次录像工作,就觉得对您似曾相识。"听到录制人员和崔老师轻松交谈的话语，采访前的紧张情绪烟消云散。

在访谈前期的沟通中，我的深刻感受之一就是前辈学者谦虚、平和。多年的积累，其实已经使他的学术造诣很高。但崔老师的研究从来没有故步自封，他本人在研究中与理论界、实务界的学术交流非常丰富而深入。作为资深的教育学者，崔老师多年来经历过很多场采访。虽然崔老师已经退休，但仍活跃在社会上，是一位很有影响力的学者，退休后受聘于北京市政府机构，为众多在职人员讲授工会课程，因此对于此次的本校采访工作更是信手拈来。崔老师整场采访一气呵成，采访中，针对近些年的工作改革重大事件，崔教授多次强调工会改革应该紧紧围绕工会的性质，即工会的所有工作要最大限度地维护职工的合法权益，为职工群众说话办事排忧解难。改革要体现出工会的工作制度和运行机制、管理制度和各级工会干部意识素质能力经验，以此来很好地体现工会的基本性质。身为工会必须最大限度地维护职工的合法权益，要为广大职工群众排忧解难、说话办事，而不能行政化，不能机关化，不能官僚化，也不能程式化，因为这些都是有悖工会组织的基本性质。性质决定初心，现在国家都在讲"不忘初心，方得始终"，相信工会也会秉承初心。而国家层面会迅速出台一些有效的维护职工合法权益的举措，在实践运行中所出现的一些问题也都会逐步缓解。

为了提升个人采访水准，我前期观看了优秀的访谈节目，例如《鲁豫有约》《朗读者》等，也查阅了专业访谈教材。事先我会先准备好若干问题，反复确认这些问题之间的逻辑是否正确。在和崔老师校对之后，确认了最后的十个采访问题。在具体采访时，根据采访对象的表情、姿势等能反映他心理状态的细节，及时地调整思路，修改我提问的方向，以此避免冷场。同时尽量用标准的普通话对采访者提问，争取让采访顺利进行。

前期的准备过程中，我将校对后的十个提问问题打印出来，手写开场词，使其顺利连接到十个问题中，并将十个问题分成三大类别，使整个采访有模块性和完整性。在我的访谈中，每篇都会大概介绍一下采访的事件或主题，但是我争取用几句话概括表达清楚。

对采访者的整体定位，会使采访对象更加鲜活、更加立体，利于减轻采访者的排斥心理。事实证明只有事前做好充分的准备工作才能够抓住问题的核心，在采访过程中排除干扰，提高采访的质量和效率，确保采访活动能够深入进行。我和崔老师是通过微信沟通相关事项并约定采访日期的，通过采访当天见面的交流，我可以感受到崔老师是一位心态很年轻并且极具个人魅力的学者。崔老师生活朴素、性格开朗、做事干练并且极具自律性，虽说年近七十岁，但衣着干练并且时尚简洁。除了认真了解受访者的性格和工作等情况，我还准备了电脑、手机和录音设备等多种采访工具，用以应对采访现场可能出现的突发状况。作为采访记者，我提前打印好采访提纲，并且背熟采访问题。只有做好充分的准备，才能在采访的第一时间赢得受访者的好感，拉近与受访者的距离。

在写这篇访谈手记过程中，我自己其实是底气不足的，因为我看到的、听到的、了解到的崔老师的精深学问和高尚人格，只是那么一小部分，无法展现一个真正的学者的全部思想与求索。崔老师的整场讲述颇有见地，娓娓道来，大约一个小时的采访时间过得非常快。通过采访和崔教授的讲述，我深刻感受到教育者把毕生精力奉献给了教育事业的一种无私情感，以及他对工会事业的热爱、关心和关注。我明白了教育者是给人指点迷津并带来温暖的人。

田凯荣口述访谈录

访谈时间：2019 年 4 月 29 日
访谈地点：中国劳动关系学院图书馆古籍室
受 访 者：田凯荣（中国劳动关系学院退休教授）
采 访 者：杨丹（中国劳动关系学院 2018 级硕士研究生）
整 理 者：杨丹（中国劳动关系学院 2018 级硕士研究生）

受访者简介：

田凯荣，1937 年 10 月出生，山东省文登人。教授，中共党员。1960 年考入北京大学政治学系。1980 年 1 月起在中国劳动关系学院（时称中华全国总工会干部学校）任教，先后担任理论部和对外经济贸易系主任。曾多次被评为先进工作者和"十佳教师"。1994 年被中华全国总工会授予"全国工会干部教育优秀教师"称号。从教 20 多年来，撰写和主编了《政治经济学原理》《马克思主义哲学原理》《社会主义市场经济》等 30 余部著作，发表了《在治理整顿中求得经济的稳定发展》《试论增强企业活力的根本出路》等 50 余篇论文，共发表学术成果 600 余万字。1984 年被评为讲师，1987 年被评为副教授，1991 年晋升为教授，2000 年获国务院政府特殊津贴。

问：田老师您好，非常感谢您百忙之中来参加我们的访谈。之前您给过一些您的资料，我看到您的履历特别丰富。您 1960 年就已经入学北大。看了您的那本书之后，我觉得您的经历对我们现在年轻人有很大启发，所以我想请问您能否跟我们分享一下您学习和工作的一些经历，让我们这些后辈能向您学习？

答：好的，可以。我现在84岁，1960年考到北京大学，那个时候叫政治系，后来改成国政系了，后来又改成国际关系学院了。1960年入学，入学时正是困难时期。因为1958~1960年，用毛泽东的话说那是天灾人祸。那个时候不管怎么样学习还是很重要的，还是应该好好学习。我是农村来的，我要好好学习，将来报效祖国，这不是说大话，真就是这样的，要报效祖国。1965年毕业，我被分配到国防大学即解放军政治学院，工作安排好了我就被派到长春16军当兵锻炼。那个时候，政委是王焕祥，军长是汪洋，到了16军我就和战士一起摸爬滚打、打坑道。

打坑道、挖战壕的训练让我的身体和思想得到了巨大的收获。后来响应党中央的号召，到了河南五七干校。五七干校实际上就是劳改农场。到那儿我适应得还不错，负责种菜，是菜园班的班长，每天光着大膀子，穿个大裤衩子，挑大粪种菜。我受得了这个苦，农村出身的什么活都干过，他们有的被派到山上去打石子、开矿。但是晚上还得挨斗，坐"喷气式"，斗我是因为我犯了方向路线错误，具体是因为我们跟着我们组织的头头走。1968年到的五七干校。1971年在林彪出事前一个月，如果我再坚持一个月，就是革命派了，1971年9月林彪就摔死了。后来指给我两个方向，第一不脱军装。如果想不脱军装就到塔城，我查了查，塔城靠近苏联，在新疆边上，这是不脱军装的条件。第二脱军装。哪来哪去，就是当时你在哪入的伍就回到哪，这就是转业了。我说我到烟台，不行，你是北京入伍的没有给你办到烟台的权力，于是我就回到了北京，在北京量具刃具厂工作。后来这段还可以，到了量具刃具厂，因为他们一看我是北大毕业的，厂里的干部们想学原著，我就给厂子一百多个干部每个礼拜讲一次原著。我讲的原著有《共产党宣言》和恩格斯的《论权威》，后来又讲哲学，马克思、恩格斯、费尔巴哈和德国古典哲学的注解。我让他们先看，看了半天什么也看不懂，后来我一讲他们都知道了是怎么回事。比如《论权威》，两个人组成的社会也得有一个权威，有一个说了算，何况中国14亿人口，更得有核心。用今天的话说，我们坚持以习近平同志为核心的党中央的领导，他们就是权威，他们就是核心。没有核心，什么事儿也办不成。我们需要以党为核心，都得有核心力。你看那个《鲁滨逊漂流记》。那个鲁滨逊船翻了,抓到一块板漂到一个小岛上,那个小岛上正好有一个土著人叫礼拜五。礼拜五就说,你听我的还是我听你的?那个礼拜五的意思是说他说了算还是鲁滨逊说了算。这个幻想小说说明一个问题,两人组成的社会也得有一个核心,没有核心两个人整天吵架,什么事儿也干不成。所以今天我们14亿人口有核心,这个核心就是以习近平同志为核心的党中央的领导,必须有这个,没有这个什么事儿都干不成。国家在以习近平同志为核心的党中央领导下,是不断发展的。我看政府工作报告,去年的国内生产总值达到90万亿元人民币,合13.65万亿美元,是世界第二大经济体。2019年GDP将达到100万亿元人民币。GDP等于国民生产总值减去国外的净收入,也就是最终产品的价值加劳务的总和就是国民生产总值,包括我们在非洲挣的钱,再减掉在国外的净收入,比如说我儿子在俄罗斯挣的钱算国民生产总值,但是不算国内生产总值,这就是说我们国家总共有多少财富,最终它们的价值是多少。

我们国家有这么多财富,这个挺好的,经济发展了,人们生活水平提高了。就当前的经济来说。中国的经济发展,实际完成6.6%,6.6%的增长速度。李克强讲,今年(2019年)要达到6%～6.5%。我是学经济的,中国现在的情况挺好的,李克强讲了6%～6.5%。我想照着6%～6.5%的速度,靠着投资、外贸、消费三驾马车的拉动,中国经济至少还能发展15年。原来是外贸投资消费,我们现在是转型消费,你不能老是买缝纫机、买自行车。习近平提出供给侧结构性改革,要在新的基础上提倡新的消费能力,拉动经济增长。消费不仅是个人的问题也是国家的问题。

问:所以就现在咱们国家这种经济形势,您认为,在当前的形势下应该怎么样去促进经济的发展?

答:李克强的报告确定了两个重点,一个是,通过《外商投资法》。商法太复杂了,现在合成一个法。这个《外商投资法》,就比较简化了。简化之后对我们国家经济发展、对外商都有好处。促进经济发展的一个方面是要吸引外资。第二个方面,就是减税降费。企业的税要减,大幅地减,个人工资所得税也在减。比如说他挣一万块钱,国家原来规定个税起征点是3500元,现在起征点是5000元,现在又可以从六个方面专项附加扣除,扣除附加项后的5000元以上再缴税。看病的问题(大病)、上学的问题、住房的问题、养老的问题等附加项方面有支出的都可以减税。企业也是要减费降税,降费就是让企业有更充足的资金来发展。国家方面,中央的三公经费在减少,政府过紧日子,人民过好日子,促进经济发展。促进经济发展还要加大治理三个目标。第一是精准扶贫,打好三大攻坚战。实在不能脱贫了,怎么办?搬迁。另外,关于钱,比如说你是支部书记,钱到你手了,你就得一个方面一个方面地真诚地精准扶贫到真正贫困的人头上。2020年全国全面建成小康,这是打好三大攻坚战的第一个攻坚战。第二个攻坚战,就是防范金融风险。不要让老百姓的钱都打水漂了。防止金融风险,金融风险了会通货膨胀,你挣的钱都没用了。咱们国家不会这样,习近平、李克强特别注意防范金融风险。国务院副总理刘鹤,河北昌黎人,哈佛大学毕业。他懂金融,和美国谈判他是中方牵头人,智库小组有刘鹤,还有财政部部长刘昆和周小川的接班人——易纲。这三个人都是学金融的,都有防范金融风险的能力和办法。第三大攻坚战是污染防治——治理环境污染。习近平讲富强民主文明和谐,完了还得加个美丽的中国。那么你发展经济,提高人民的生活水平,归根结底是人民要有获得感,要过上美好的生活,就包括天是蓝蓝的,水是清清的,树是绿绿的。绿水青山就是金山银山。排污了可以举报,可以获得奖励。这是打好第三大攻坚战。中央还提出做到"四个坚持"。第一坚持"四个自信",因为中国要发展,必须走有中国特色的社会主义道路,四个自信就是道路自信、理论自信、制度自信、文化自信。中国特色社会主义道路是正确的,走这条道路,中国才会走向繁荣富强。第二坚持"四个意识",中国发展必须坚持四个意识,即政治意识、核心意识、大局意识、看齐意识。我认为核心意识是关键,必须有核心。刚才讲了,有了核心中国的经济才能有前进的方向。有学生问我什么是民主集中制?民主集中制就是四个方面,少数服从多数,下级服从上级,个人服从组织,全党服从中央。第三坚持"两个维护",即坚决维护习近平总书记党中央的核心、全党的核心地位,坚决维护党中央权威和集中统一领导。第四,坚持对外开放。一定要搞好对外开放,习近平就"一带一路"建设讲了,必须坚持对外开放。他提了五个"通":政策沟通、设施联通、资金融通、民心相通,还有贸易畅通。我们发展对外关系,不是要搞"我输你赢""我赢你输",是要世界共赢,是要建设世界命运共同体,这使中国得到世界各国人民的拥护,让世界人民都过上美好的生活。这个政策是对的,从长远来看,只有世界人民都过好了,世界才能和平。中国不搞霸权,但是我们老祖宗留的领土,一寸都不能丢。我们不去侵略别人,但是我们自己的领土一定要留住。所以,我就想,千山万水已走过,跋山涉水再出发,攻坚克难,保持定力。不管我们在前进的道路上遇到多大的风险,遇到多大的风浪,在习近平的领导下,承载着14亿人口的航船,总能绕过暗礁,排除万难,乘风破浪,胜利前进,一定会到达胜利的彼岸!

问:您讲得非常精彩!您是学经济学的,也是研究经济学的,那您觉得从政治经济学的角度,如何解决中国现在改革、发展还有经济转型中的一些问题?

答:我在劳动关系学院,可以说是讲了一辈子"政治经济学"。我给你的名片上写的是经济学教授,其实我们叫"政治经济学",在经济学上加个政治,其实也是中国特色。就是中国的经济,中国的社会主义道路,必须是确立党的领导,不能搞西方的自由市场经济。我们是在党的领导下发展社会主义经济体制。所以咱们的政策应该是宏观政策要稳,宏观不能变来变去的。宏观政策要稳,产业政策要准,微观政策要活。货币多了,造成通货膨胀,人民币贬值,人民币贬值对我们的出口有好处,但是对进口没好处。但是我们不能搞人民币贬值,所以我们采取积极的财政政策和稳健的货币政策。微观政策要活,要根据市场经济的情况随时调整。微观政策要活,改革政策要实,社会政策要托底,要保证人民的生活,要托底。不管人民哪个方面的需要,都要保证人民的需要,要使社会稳定,我们的发展是这样子的。习近平讲要继续深化改革,这是对的。改革是动力,发展是目的,稳定是条件。所以我们要把改革的力度、发展的速度和人民可承受的程度结合起来,要继续改革,不改革没有出路。但我想改革不会是一帆风顺的,因为国际关系中有很多不确定的因素,有很多干扰,有很多反对我们的声音。包括"一带一路",也有很多反对的声音。今天(2019年4月29日)早上听的新闻,吉布提总理说,别人不用说三道四的,我们自己感觉我们没有陷入债务危机;巴基斯坦总理也说,我们也没有陷入债务危机,中国是可信赖的朋友;还有白俄罗斯总统卢卡申科、塞尔维亚总统和捷克总统等都这样讲。我们中国不像有的国家搞单边主义,我们搞多边主义。我们想的是世界人民,不是搞中国单边伟大,是要世界命运共同体都伟大,全世界都享幸福,大家都得好,都得过上好日子。所以我讲了，要继续改革，这是对的。继续扩大改革开放，要搞好知识产权保护。知识产权保护不是说我们没有的强迫他们转让知识产权，但是在双方同意的前提下转让是可以的，我们不搞强制转让。我们自己要去创新，去年我们进口最多的不是石油、不是天然气，是芯片，花费2700亿美元，合一万多亿元人民币。芯片是手机、电脑、飞机的核心技术，目前对我们来说芯片还是一个短板。我到中关村去调研，了解到我们能发展，我们也不是没有，我们有，但是规模不大。我们一定要研究芯片，把芯片做好做强，做大做实，这是解决我们技术的核心部分。所以习近平讲，我们要补短板，使我们的经济振兴，全面复兴。全面复兴分了两个阶段，现在是2019年，到2020年全面建成小康社会。从2020年到2035年是第一个阶段，到2035年基本实现社会主义现代化。第二个阶段，从2035年到2050年，就是建国100周年，建党100周年是全面建成小康社会，建国100周年是全面建成社会主义现代化强国。到那时不仅在GDP上超过美国，其他的方面也赶上、超过美国。2050年这是长远目标，像你们年轻人都能赶上，我争取赶上第一个阶段2035年。我看到《参考消息》说到2035年将建成四艘核动力航母，美国现在是11艘核动力航母。到2050年，从经济、知识、科技全面赶上、超过美国，这是一个宏伟的目标。我想中国人民一定有志气，中国人民是聪明的。前面我也讲了，在以习近平同志为核心的党中央的领导下，不管遇到什么风浪，不管遇到什么阻力，我们都能克服困难，都能胜利地前进。我是有信心的，中国，加油！

我是唯物主义者，习近平讲有的干部不信马列信鬼神，不信真理信金钱。唯物主义者认为，社会存在决定社会意识，物质是第一性，意识是第二性，但意识对物质有反作用。别迷信、别相信那些东西，贪官整天拜神拜鬼的，没用。只有自己每天好好的，好好做人，好好地为人民服务，这才是正道。开大门，走正道才是做人的真理。

问：今天的访谈确实让我们受益良多，而且在您讲的这个党课当中，确实是又加强了我的政治意识。今天向您学了特别多的东西，不管是在学习还是工作当中，都应注重培养自己的党性，培养自己的政治意识。

答：人的一生信仰共产党得有党性。我给学生讲《共产党宣言》时说，一个幽灵，两个不可避免，三个消灭，四个坚持。我在北大第一节课学《共产党宣言》，当时季羡林讲文学，是我们那个专业的教授。他说学

《共产党宣言》，看不懂没关系硬着头皮看。翻开书，第一句话我记得非常清楚，"一个幽灵，共产主义的幽灵，在欧洲游荡"。我在想什么幽灵？马克思诞辰200周年，《共产党宣言》发表170周年，习近平号召共产党人要学习《共产党宣言》，一个幽灵就是一个共产党人要坚持共产主义方向。两个不可避免，一个不可避免是资本主义的灭亡是不可避免的，另一个是共产主义的胜利是不可避免的，要相信这个。所以共产党人要相信社会主义、共产主义胜利是不可避免的，社会的发展是从低级到高级，原始主义社会被奴隶社会所代替，那是历史的进步。那么奴隶社会又被封建社会所取代，也是历史的进步。封建社会被资本主义社会代替，也是历史的进步，历史发展的长河总是指向共产主义。有人说共产主义是虚无缥缈的，共产主义是空想的，西方叫乌托邦，叫空想。我说共产主义不是空想，是实实在在的规律，规律是任何人不可改变的。共产主义能够实现，咱俩这么坐着，共产主义永远不可能实现。得靠人民的奋斗，通过人民的奋斗共产主义是可以实现的。在以习近平同志为核心的党中央的领导下，通过14亿人的奋斗，我想共产主义是能够实现的。我想起入党的时候有一句话"要为共产主义事业奋斗终身"，这不是空话，不是空洞的口号，是实实在在的，每个人都要这样做，共产主义一定能够实现。

问：特别感谢您今天的分享，我想不管是我还是听到您访谈的这些观众，都会把您对年轻人的这些谆谆嘱托，真正践行到自己的学习和工作当中。

访谈手记

一 访谈过程简介

非常荣幸能够接到图书馆老师安排的访谈任务，让我在访谈中收获颇丰。作为中国劳动关系学院70周年校庆的献礼，访谈工作被给予高度重视。4月中旬开始第二学期的学习之际，我被安排采访学校德高望重的田凯荣教授。田教授今年已经82岁高龄，但是思维活跃、和蔼可亲。初次联系后因为田教授不方便使用电脑邮件等传送文件，我特意去拜访了田教授。田教授非常热情，并给了我一份他手写的简介和他们北大毕业班的一本书——《五十年前北大一个班》。拜访结束之后我便回去认真准备访谈提纲。访谈提纲围绕田教授的专业、研究方向、论文学术成果等展开，并根据与田老师的沟通，合理调整访谈的时间和内容。整个前期工作准备得比较充分，时间安排合理，老师提供的资料也非常全面。待访谈提纲确定后，与田老师、图书馆老师最后敲定访谈时间，并根据访谈要求做好相关准备工作。

二 田老师的个人风格以及生活习惯

经过与田老师访谈前的联系、沟通，访谈中的交谈，访谈后的沟通联系，我被田老师的个人魅力深深感染。在生活习惯方面，田教授是非常简朴的。拜访的那天中午，老师做的野菜团子和红薯，饮食非常清淡健康。他热情地招呼我坐下，并邀请一起吃饭。他说他不喜欢大鱼大肉，就喜欢吃一些健康清淡的食品，日常生活中也不吃保健品等商家极力宣传的一些食物。在运动方面，田教授坦言，他每天会在早上4点半起床，去学校的操场慢跑、单杠练习大约两个半小时之久，6点50分，锻炼完毕，回家洗漱吃早餐。如此自律的习惯，以及十年如一日的早起坚持，让我们这些"80后""90后"深感惭愧，老一辈的学者给我们树立了极好的榜样，他们是标杆、是旗帜，引导我们不断前行。

三 田老师敏捷的思维以及较高的党性修养

田教授的思维是非常敏捷的，他坚持"脑子不用就锈了"。每天坚持学习、坚持思考，从而让自己拥有了敏捷的思维、渊博的知识和严谨的逻辑思维能力。在日常生活学习之余，田教授常被邀请去讲授党课，并广泛获得一致好评。田教授与时俱进，能把最新的政治理论和思想以清晰的逻辑和朴实的语言讲述出来，是一名不可多得的党课讲授者。面对当前的经济形势，田教授坦言，新中国成立70年来，特别是改革开放40年来，在中国共产党的坚强领导和中国人民持续不懈的努力下，我国从一个积贫积弱的低收入国家跃升为上中等收入国家，取得了举世瞩目的成就。2018年，我国经济总量跨过90万亿元大关，人均GDP接近1万美元，6.6%的经济增长速度在世界位居前列，对世界经济增长贡献率在30%左右。现在，我国是世界第二大经济体、制造业第一大国、货物贸易第一大国、外汇储备第一大国，实现了全人类有史以来最大规模的减贫。

当前，我国经济的突出优势是韧性好、潜力足、回旋余地大，这些优势叠加放大的效应也非常明显。基于这一优势，面临全球经济下行和国际贸易有所放缓、外部经济环境总体趋紧、国内经济结构性矛盾比较突出、经济下行压力犹存的大环境，今年一季度，我国国民经济运行依然实现了总体平稳、稳中有进的发展态势，经济数据好于预期，开局良好。GDP增长6.4%，居民消费价格上涨1.8%，城镇新增就业324万人，外汇储备连续保持在3万亿美元以上。4月以来，国际货币基金组织、花旗银行、摩根大通等国外金融机构纷纷上调对中国经济的预期预判，对中国经济前景表示乐观。这充分说明，"中国经济是一片大海，而不是一个小池塘"，"狂风骤雨可以掀翻小池塘，但不能掀翻大海"。韧性好、潜力足、回旋余地大的优势，使我们有底气，更有信心，保持定力、坚守底线，努力做好自己的事，不断巩固经济持续向好的态势。在谈到工资方面，田教授坦言自己的工资一直在涨，感激党和国家给予的幸福生活。

四 田老师所传达的生活态度和精神

不得不说，老一辈学者身上有很多需要我们年轻人学习的东西，他们是从困难时期过来的，并且见证了新中国的成立以及新中国的发展历程。至今，他们身上依然闪耀着爱党爱国、勤俭节约、顽强奋斗的高尚品质。几次见到田老师，他都穿着朴素的衣服。他们身上闪耀着很多这个时代缺少的东西，他们才是这个时代的榜样和力量，他们值得年青一辈好好学习。

五 总结启发

再次感谢图书馆老师给予的这次机会，让我有幸能与如此德高望重的老师进行多次交流。整个访谈过程我受益良多，我希望通过这样的访谈活动，能让更多的人了解我们的老师，学习我们老师身上的品质精神，将我们的工运事业发展壮大。同时我希望自己能为母校70周年校庆尽自己的绵薄之力，希望母校越来越好！

最后特别感谢田老师参加访谈，特别感谢图书馆老师的辛苦指导和录制！谢谢亲爱的老师们，你们辛苦了！

陈宏涛口述访谈录

访谈时间：2019 年 4 月 29 日
访谈地点：中国劳动关系学院图书馆古籍室
受 访 者：陈宏涛（中国劳动关系学院退休老师）
采 访 者：孔祥成（中国劳动关系学院 2017 级硕士研究生）
整 理 者：陈宏涛（中国劳动关系学院退休老师）
　　　　　孔祥成（中国劳动关系学院 2017 级硕士研究生）

受访者简介：

　　陈宏涛，1941 年 6 月出生，中国劳动关系学院副教授，曾获"个人先进""十佳教师"等荣誉称号。1964 年首都师范大学毕业后在北京第三师范学校教学；1981 年调入中国劳动关系学院（时称中华全国总工会干部学校），负责组建国际工运教研室和编写教材工作，先后在行政处和经管处工作；1987 年辞去经管处工作，重回教研室继续国际工人运动史教学工作；1998 年在本校英桥学院（原职教系）教授中国旅游地理、导游基础和北京史等课程；2001 年 6 月退休后继续在原岗位担任教学工作；2004 年彻底退休。参与于文霞老师主编的《国际工人运动史》、熊子云老师主编的《当代国际工人运动史》、梁初鸿等主编的《社会主义百科要览》等著作编著工作，发表 2 篇论文并获奖。

　　问：陈宏涛老师您好，我是中国劳动关系学院 2017 级研究生孔祥成。今天邀请您做的这次工运学者口述采访，将为 70 周年校庆献礼。感谢您在百忙之中抽出时间参与访谈。我们将共同完成采访工作,非常感谢您。

来学院之前,您从事什么工作?是什么样的契机,让您来到我们学院教学呢?

答:我是1981年应聘调到学院,之前在北京第三师范从事世界史教学工作。谈起契机,那是一次偶然的机会,我从大学同学那得知全总干校(学院的前身)正在全市招聘教师的信息,我就带了一份简历来学院应聘。当时接待我的是刘国栋老师。当被问及为什么愿意到这来工作的时候,我就开诚布公地跟他说,主要是为了解决住房问题。然而刘国栋老师表示对这个问题做不了主,随后谈了一些与应聘调入相关的事情。最后刘国栋老师说:"这样吧,陈老师您先回去等我们通知。"我回去后,等了几天接到了学院的通知,被告知要参加考核,考核通过并被录用以后,住房问题也能解决。于是我就按照通知前去参加考核,考了整整一天。考核结束后几天,我收到通过考核并被正式录用的信息,住房问题也能解决。这是件好事,可是原单位不放我离开,因为当时42岁的我是学院的教学骨干,而且我在北京市还小有名气,也进修过全国教师师范学院的公开课。在这之后经过半年的努力,征得学院领导和北京市教育局人事处的同意,我最终被原单位放行,来到学院。在这半年的时间里,我还应聘过北京公安大学(现中国人民公安大学)。当时接待我的老师看了我的简历,当场回复我不需要参加考试直接录取,还可以解决住房问题,还带我去看房子。通过对比,发现公安大学那里的交通不方便我的夫人、孩子工作、上学。最后我选择了这(中国劳动关系学院)。

问:您初来学院的时候,学院名称是全总干校,当时学院是一种什么状态呢?

答:我刚来学院时,学院全称是中华全国总工会干部学校,正处于从成人普通学校向成人高校转变过程中。很多工作都在平稳有序地进行中,如完善各系室的建设和新设科目的教材编写工作,对尚缺的教师进行招聘等。在学院领导的带领下,那时候学院的全体教职员工意气风发,斗志昂扬,全力以赴地工作在各自的岗位上,呈现出一派欣欣向荣的景象。

问:能和我们聊一下您负责或编写教材时的工作状况吗?

答:我在应聘调入学院之后,被领导指派负责组建国际工运教研室和编写教材的工作。组建教研室的时候,领导承诺由人事处和招聘办公室来负责解决 10 人左右的编制，我主要负责筹划教材编写工作。在筹划编写教材过程中，我了解到，当年北京市只有中央党校开设了国际工人运动史的课程，而且他们也没有正式教材。我问当时接待我的国际工运教研室主任张若昀老师：没有正式教材，那么上课依据是什么？张若昀老师回复说上课依据是老师手头的讲义。苏联的科学院设有国际工人运动研究所，我国的科学院（主要指的社科院）就没有，全总之前有一个由吴刚同志领导的国际工人运动研究所（后来这个研究所就改成了国际部）。我去拜访国际部时，发现国际部没有对国际工运史进行过集中系统的研究。因此编写教材所遇到的困难之大就可想而知了。为了编写教材，我几乎是天天外出走访、拜访，不仅走访了当时的全总国际部、中央党校和市总干校，还请教了曾与苏联专家日梅霍夫、马尔科夫和格力金等专家共过事的胡刚、陈诗林等老同志，成了他们的常客，而且还多次前往中央党校，听张仲耘、李沛杭等老师授课。

1984 年，我借来苏联专家日梅霍夫写的一本国际工会运动史教材，并通读了一遍。随后以日梅霍夫的国际工会运动史教材为基础，我就开始了教材大纲的编写工作。后来又陆续调入了黄曼丽、郑桥、于文霞、马子富等多位老师。其中，于老师是 1984 年从财政金融学院调入的，当时她的职称是副教授，并且曾留过苏。鉴于此，学院领导对工作岗位进行了调整，把我调到行政处，由于老师担任教材主编。

1985 年，我被调到行政处工作。临行前，我将自己已经写了一半多的教材目录交给了于老师，以供她参考。到行政处工作后，出于教材编写工作的需要，我又参加了两次教材编写的相关会议。因此，我不仅在行政处工作，也参与编写教材工作，参加教研室的相关会议。教材的编写工作，我主要负责编写第一章和第二章的内容。在于老师的带领下，经过大家的辛勤努力，我们终于在 1986 年年底完成国际工人运动史教材的编写工作，1987 年 6 月正式出版发行。

问：您在教学和行政岗位都工作过，您更喜欢哪个岗位的工作呢？

答：要说更喜欢哪个岗位的工作，当然还是喜欢教学工作。通过教学，作为老师我可以把自己不断丰富补充的知识和技能，毫无保留地传授给学生，以滋润他们的心田，丰富他们的头脑，使他们成为祖国建设事业的合格人才，甚至是栋梁之材。教学可以使我获得幸福感和满足感。

问：您是国际工人运动史方面的专家，就目前工会的改革工作而言，您认为我们可以吸取哪些经验？

答：我认为我们所要吸取的经验就是：要围绕经济社会发展的目标和任务，加大对职工的思想政治引领，广泛深入地开展以"当好主人翁，建功新时代"为主题的劳动和技能竞赛，大力弘扬劳模精神、劳动精神、工匠精神，积极推进产业工人队伍建设改革和维权服务工作，持续深化工会改革，夯实工会的组织基础，努力开创新时期工会工作新局面。

问：放眼世界，您认为中国工会在未来会是一种什么样的状态？

答：未来，我国的工会组织仍然是在中国共产党领导下，职工自愿结合的群众组织，是党联系职工群众的桥梁和纽带。随着国家改革开放的进一步扩大以及外资外商的不断涌入，我国工会的维权职能将会得到不断的提升。在国际交往中，我国工会仍然会继续遵循"独立自主、互相尊重、求同存异、有利合作、增进友谊"的二十字方针。

问：您如何看待我们学院在工会工作中发挥的作用？

答：我们学院是中华全国总工会直属的唯一一所普通高等院校。在组织和行政上，学院受全总的领导；在教学业务上，学院受国家教委（教育部）的领导。因此，这就决定了学院具有双重任务：一方面，要为国家培养合格的建设人才；另一方面，还要为全国各地工会培养工会干部和工作人员。这就要求我们学院在教学过程中，不仅要完成一般普通学院的授课任务，还要把全总每年下达的培训任务搞好，与此同时要搞好劳模本科班的教学工作，让劳模本科班学员在学院能够学到丰富的知识，将来回到工作岗位，能为国家做出更大的贡献。

问：早期的中国工会和中国共产党是一种什么样的关系？

答：1920年8月，上海共产主义小组成立，其成员李中于1920年11月21日发起成立上海机器工会，这是中国共产党早期组织领导的第一个工会组织。李中任工会主席，成员370多人，由陈独秀负责起草工会章程。中国共产党与中国工人阶级的关系，从根本上决定了中国工会的性质和作用。作为工会，只有独立自主地开展工作，同党的领导紧密结合在一起，才能发挥工会的桥梁和纽带作用，才能维护职工群众的具体利益和全国人民的根本利益。

问：您如何做到一边工作、一边读书呢？

答：我从小爱读书，有读书的习惯，我常去的地方就是书店。当时受条件限制，只能去新华书店随便找个地方，坐在地上看书。有一些新华书店条件比较好，会在书店里面提供座位。如果有的书没有看完，我就会默默地记住那本书的页码，下次再去看的时候，翻到原来的页码接着看。小时候，新华书店是我常去的地方。

1960年，我开始踏进大学，大学的图书馆藏书相当丰富，而且借阅方便。大学正好赶上国家三年困难时期，这个时期粮食定量不高，学校为了节省学生体力，取消了很多耗体力的体育项目，采取劳逸结合。我从小好动，爱踢足球，体育项目被取消前，我是学校足球队的一员，主要打右边锋。足球项目被取消后，我也只能"重操旧业"，钻到图书馆里去借书，到阅览室看书。当时一到下课时间，我们就把书包搁到阅览室先占位置，然后去吃饭，等吃完饭再到阅览室去看书。工作之后，自己有收入了，有条件就买书。

人必须要读群书，读书让人明事理、长才学。尤其是从事教学工作，更要多读书。古人云："要给学生一杯水，首先自己要有一桶水。"为此，参加工作后，我坚持一边工作一边读书，不断地丰富知识。我看教师这行业除了与医生特别相似，与其他行业都存在着较大差异。教师需要不断地更新知识，需要把最前沿的、最新的观点和理论传授给学生。因此，我在工作期间更加勤奋地读书，当时读的主要是专业方面的书籍，其他文艺方面的书籍读得比较少。

问：您为学院图书馆捐赠了130多本书，让我们能够学习到更专业的知识。关于读书方面，您对我们有什么嘱托？

答：我捐的不止130多本，这之前还捐过一大书架的书。一方面，我了解到国家教育经费落实到教育科研的部分比较少，学院图书馆的购书经费想必也不会太多；另一方面，学院的学生人数却在不断增加。因此，我想把自己读过的书捐给学院，一方面可以丰富学院图书馆的藏书，另外还可以为同学们提供更多的阅读资料，使他们得到更多的学习。至于嘱托，我就说说我自己的体会，以供更多人参考。第一，读书要博览群书，内容广泛。年轻时我读过一本专门介绍恩格斯的书，书里介绍了恩格斯的读书内容，他读的内容相当广泛，就连妇产科学都读得津津有味，可谓博览群书。受了他的影响，我像恩格斯那样去读，除了和专业相关的书籍，上自天文下至地理，甚至医学、中外古今名著等每一个领域都去涉猎，每一个领域的知识都去吸收。第二，读书时应该养成做读书笔记的习惯。看到书中一些优美的词汇语句要及时摘录下来，经常去诵读。只要坚持不懈，长久下来，知识面宽广之余，还会不断地提高自己的写作水平。回想起我的大学时光，正值国家三年困难时期，除学习之外，也没有更多的活动，我下大功夫不停地博览群书，记了好多我认为优美的词汇语句。遗憾的是，在"文革"破"四旧"期间，老师们都必须把门打开，让学生进屋破"四旧"，不知道哪位学生把我那本煞费苦心、很长时间积攒的宝贵的不是"四旧"的资料当作"四旧"给拿走了。

问：您退休之后，继续在原岗位担任教学工作，非常感谢您对学院的付出。您能分享一些在教学过程中特别难忘的经历吗？

答：任教这么多年，其中最难忘的是2003年，那年遇上了SARS，北京是闹得最严重的城市。SARS期间，市里所有学校都必须停课，不能上课。SARS过去后，学院重新组织老师、学生回来，恢复教学。SARS期间所停的课程，都要如数补上。当时学院领导、老师的工作量比以往都大。我清楚地记得，当时我在一个星期内不停地讲课，讲得我肋叉子都疼了，简直终生难忘此事。还有，学生毕业时与老师热情拥抱，毕业后回学院探望老师，是身为老师莫大的幸福。

问：今年是学院建校70周年，您对学院有什么建议或者祝福？

答：建议方面，希望学院恢复中国工运史和国际工运史两门课程的设置，这不仅可以让学生对中外的工运史有系统的了解，而且对学院培养工会干部、指导日后的工会工作等有莫大益处。祝福方面，目前学院属于二本学校，最后我祝福学院能够尽快或者尽早由二类校升入一类校。

问：好的！都说教师是燃烧自己，照亮别人。陈老师您不仅照亮了别人，还活出了自己的精彩！非常感谢陈老师抽出时间参加工运学者口述采访的录制，并为此做了精心的准备，非常感谢！

访谈手记

访谈陈宏涛老师属于意料之外的事，本来我们组只是访谈许晓军老师。由于许老师4月中旬后才能回京，其正式访谈安排在5月初，还有一个月的时间，除了不断完善访谈大纲也别无他事。正在此时接到刘钟美老师的电话，问我们组是否有余力再访谈一个老师，了解有关陈老师的访谈情况后，我们欣然答应，就这样我们有幸成为陈老师的访谈员。随即开展访谈前的准备工作，多渠道收集陈老师的生平著述资料。

陈老师提供的个人简介是这样的：1941年6月30日出生，1964年7月参加工作，1981年1月调入学院负责组建国际工运教研室和编写教材工作，1982年调入本院行政处工作，1985年调入新成立的经管处工作，1987年辞去经管处工作，重回教研室继续国际工人运动史教学工作，1998年调入学校职教系（一年后改为英桥学院）担任中国旅游地理、导游基础和北京史的教学工作，2001年6月退休，退休后继续在原岗位担任教学，三年后彻底退休。不多的文字简要勾勒出了陈老师的人生经历。但是仅仅凭这些，无法全面细致地了解陈老师。于是我又利用学校官网、知网、百度等渠道查找陈宏涛老师的相关资料，但能获取到的资料还是较少，怎么办？腾飞建议我找钟美老师，希望能从钟美老师那里得到有关陈宏涛老师更多更详细的资料，比如职称、荣誉、著作、论文等。钟美老师表示她那的资料也是有限的，能提供给我们的都已经在我们手上。随即钟美老师把陈老师给图书馆捐赠图书的捐赠清单给了我们，希望能开阔我们的思路，并建议我们与陈老师多沟通交流。

于是我开始了和陈老师联系。没想到的是，第一次和陈宏涛老师联系时，我还没说超过10个字，电话就突然被挂掉了。我第一反应就是难道我的声音像不良推销人员？过了2分钟，再次拨通陈老师的电话。幸好这次没有挂掉我的电话，是陈老师夫人接的电话，说陈老师出去遛弯了。于是我准备午饭前再次联系陈老师。想不到的是，午饭时突然接到陈老师的来电，我简明扼要地介绍自己的身份和打电话的目的。陈老师当即答应接受访谈，我们相互加了微信，为了不影响陈老师中午用餐，我们简短交流并约定后续沟通时间后便挂了电话。

陈宏涛老师喜欢聊天，他还特意问我是哪里人啊，为什么我的电话号码是广州的，我当时被陈宏涛老师逗乐了，反问陈老师我的"广普"是不是很标准。我来北京差不多两年啦，快被北京同化了，虽然口音有区别，但说话喜欢带儿化音，即使回到了广州过春节，我张嘴也是普通话。简单的聊天，使谈话氛围轻松了，而且越来越愉悦。陈老师参与过《国际工人运动史》《当代国际工人运动史》等与工人运动史相关的教材编写工作，发表的文章有两篇获奖，为工运史理论研究做出了重要贡献，但陈老师却表示自己做得太少，不适合做学者。陈老师在学术上谦虚，但对学生的关心毫不掩饰，回忆起工作中发生的一件事，叙述起来仿佛就在眼前。有一次学院供电出现了问题，晚上没有电，学生只能在黑暗中度过。陈宏涛老师知道这件事后心念学生，心想学校夜里没电，老师与学生的安全、学习怎么办。他挂念学生，就到处奔走，托关系为学校解决用电问题。

通过多次和陈老师沟通，我们拟定了访谈大纲，接着征求陈老师意见，陈老师对访谈大纲表示认可。约具体访谈时间时，陈宏涛老师说除了星期四，其他时间都没有问题。后来得知陈老师因夫人身体不适，每个星期四都要去医院拿药，孩子不在学校这边住，只能自己亲自跑医院。我不知道怎么安慰陈老师，也只能告诉他多注意身体。后来，我和腾飞一起去家中探望陈老师，对陈老师有了进一步的了解。因为深知陈老师需要照顾夫人，不便长时间打扰，半小时后便和陈老师道别。虽然只有短短半小时，却让我们深深体悟到，陈老师不仅是国际工人运动史方面的专家，更是值得我们这些晚辈敬重的长辈。

4月29日下午3点30分，我们开始了对陈老师的正式访谈，并顺利结束。结束后送陈老师回家，我发现自己跟不上他的步伐。到了他家，才知道原来老师心念家中生病的夫人，所以才急急忙忙地赶回去。通过和陈老师接触，不仅在学术方面让我收获颇丰，而且在做人做事方面也让我受益良多，承诺别人的事要做足做好，要牵挂身边的家人和亲朋好友，给他们最关切的爱。

马子富口述访谈录

访谈时间：2019 年 5 月 8 日
访谈地点：中国劳动关系学院图书馆古籍室
受 访 者：马子富（中国劳动关系学院退休教授）
采 访 者：彭一然（中国劳动关系学院 2018 级硕士研究生）
整 理 者：彭一然（中国劳动关系学院 2018 级硕士研究生）
　　　　　祖尔胡木尔·莫合旦（中国劳动关系学院 2018 级硕士研究生）

受访者简介：

马子富，1945 年 1 月出生，吉林省梨树县人，北京大学法学硕士，教授。曾任职中国工运学院（中国劳动关系学院）工运研究室主任、工人运动史研究所所长、中国近现代史史料学学会副会长。

马子富教授主要讲授马克思主义工会思想史，毛泽东思想、邓小平理论和"三个代表"重要思想概论，思想道德修养与法律基础等课程。对工会理论、工人运动史、劳资关系及民族文化等方面有较深入的研究。主编专著及参与编写教材 20 余部。代表作有《世界现代前期政治史》《中国清代文学史》《西部开发与多民族文化》等。在国内外期刊发表论文 80 余篇。其简历和业绩被收入《世界名人录》和《世界华人英才录》。

问：为学校 70 周年献礼，今天我们有幸请来了马子富教授做口述访谈。马老师好！大家都知道马老师是北京大学法学硕士，曾任中国工运学院也就是现在的中国劳动关系学院工运研究室主任、工人运动史研究所所长、中国近现代史史料学会副会长。马老师,您能给我们大家简单介绍一下您的个人经历吗?

答:非常高兴接受您的采访。今年是学院建校 70 周年,我要以自己的亲身经历,讲一下学院的发展。先简要介绍一下我个人的经历:1945 年 1 月 3 日出生,吉林省梨树县人;1964 年考取北京大学国际政治系本科生;1970 年毕业,分配到辽宁省;1978 年北京大学招研究生,我作为"文化大革命"以后第一批研究生入校,师从北京大学资深教授赵宝煦老师。

问:马老师今天还给我们带来了一些珍贵的照片,我们也可以看一下。

答:这位是中国劳动关系学院(当时名称为中国工运学院)李生林院长,这是和李院长到外地去搞调查时的一张照片。这位是我们学校的于文霞教授,于教授是主编《国际工人运动史》的老师。这是在黄埔军校(旧址),当时我们到广东开会,拍的一张照片。这个是 1986 年参加国际劳工组织国际会议,到马来西亚工会访问的时候,我和全国总工会郭先生。这张照片是 1987 年到美国做访问学者,当时是开一个座谈会。这张照片是在西安飞机工业公司开学典礼上,我给他们讲工人运动史。这个是参加香港工联会大专班,我一共参加四期,给他们学生讲课,这也是给学生讲课。这个是曹延平老师。这个是第二届香港工联会大专班学员和他们的合影。这是参加中国近现代史史料学会一个理事会议。这是北京大学亚非研究所研究生毕业留念。这个是我们的赵宝煦老师，北京大学资深教授。这个是我。其他人是我们当时的研究生同学。1981年毕业以后，我在北京大学国际政治系任教。1985年3月，调入中国工运学院。

咱们这个学校的历史可以分成三个阶段。第一个阶段就是1949年到1984年，叫中华全国总工会干部学校；第二个阶段1984年到2003年，是中国工运学院；第三个阶段2003年到现在，叫中国劳动关系学院。第一阶段主要任务是培训工会干部；第二阶段，中国工运学院办大专班，另外就是培训工会干部；第三个阶段中国劳动关系学院是本科教育，也有研究生教育，同时也培训工会干部。所以从这三段历史来看，这个学校是逐渐地发展壮大，从培训工会干部到本科教育加研究生教育。下面讲一下我来这个学校的经历。1983年中国工运学院招聘老师，当时在北京大学任教的我就报名应聘，应聘成功，来到学校工作。1985年，学校设有工运教研室，我做教研室主任，工运教研室下设三个小教研室：国际工人运动教研室、中国工运史教研室和中国革命史教研室。当时教研室有20多人，学校上课基本上没有教材，所以我们自己主编了几本教材。

问：马老师把当时的教材都给我们带来了，这是历史文物了！

答：这本是《国际工人运动史》，于文霞老师主编。于文霞老师曾获得莫斯科大学副博士学位，是一位资深老师。当时由她任主编，我写了其中三章。后来作为中国工运学院很重要的一个教材课本，就是这本《国际工人运动史》。同时也编了《中国工运史》，这中国工运史第一本教材，是由王建初和孙茂生两位老师主编的。随着学校不断地发展壮大，工运教研室建制也发生了改变，当时全校办了四个系，其中之一是工运史系，由原来的工运教研室改名而来，王建初老师任系主任，是从中国人民大学调来的；孙茂盛老师任党总支书记，是从北京医科大学调来的；我任工运史系副主任，主要搞教学工作。1987年，国家教委派访问学者出去学习，于是从1987年8月到1988年8月我被派到美国弗吉尼亚大学历史系做访问学者一年。我回来时工运史系已经被取消，具体取消原因我不知道。工运史系取消了，成立了工运研究室，我任工运研究室主任，王梓良任研究室副主任，兼支部书记。1990年，学院搞教学实验基地，派我和另外三个老师到西安飞机工业公司，给他们培训工会干部，（西安飞机工业公司）也做咱们学校的教学实验基地，我教授他们工会领导学、国际工人运动、工会理论等课程。

回来以后学校让我当党委宣传部部长，于是 1992 年到 1994 年，我做了三年宣传部部长。1995 年，学报总编辑人选空缺，学校又让我当学报总编辑。1996 年学校成立工运研究室，我又回到工运研究室。1996 年到 2004 年，我一直在工运研究室。2004 年，工运研究室又撤销了，我又到工会学系当老师，一直到 2005 年 1 月退休。我这个经历就是服从学校安排，哪个地方需要就到哪个岗位。

问：马老师，我们也通过查阅相关资料，发现您对工会理论、工人运动史、劳资关系和民俗文化这些方面都有深入的研究，主编或参与编写教材 20 余部，几乎可以说中国劳动关系学院的这些教材有很多是出自您之手。除专业领域外，您还对中国清代文学史有自己的独到研究。下面我想问一下马老师，您是学法学出身，后来到中国劳动关系学院教学，当时这个学校有什么特质吸引了您？

答：从北京大学调到中国工运学院有个人原因，更是学校的需要。我到这个学校以后，给大专班教授国际工人运动史，给工会干部培训班讲授"国际工人运动史"和"中国工人运动史"。我做宣传部部长时，正值全国各大高校陆续开设了思想政治理论课，我们学校也开始开设，当时叫思想道德修养，包括法律基础、毛泽东思想概论、邓小平理论、"三个代表"重要思想概论、当代世界经济与政治等。当时咱们学校还是开得比较早的。2005 年以后，教育部和中宣部下文件将思想政治理论变成了四门课，就是思想道德修养法律基础、马克思主义基本原理概论、中国近现代史纲要、毛泽东思想和中国特色社会主义理论体系概论，就是现在学校上的四门课。我们那个时候还有一门课叫当代世界经济和政治，非常受学生欢迎。

我教的课比较多，除了在中国劳动关系学院本校，还给香港工联会大专班上马克思主义工会思想史，给西安飞机工业公司工会干部上工会领导学。2005 年退休以后，被学校返聘三年。2006 年至 2008 年这三年，我教思想政治理论课，后来又到其他高校继续教课。除那四门思想政治理论课以外，我还教过市场经济学、西方经济学、民族解放运动史和英文写作等。我大概教过 16 门课。

问：二三十年的教学生涯，您一定积累了很多的宝贵经验，请您给我们广大青年教师分享一下。

答：作为一个老师，我觉得应该是教学和科研并重，但是应该以教学为主，把理论、历史和现状这三方面的研究结合起来，这样教课才能有深度。人们经常说，教给学生一碗水，自己应该有一桶水，就是老师的研究水平要高于学生。他在研究过程中有很多体会，就会把他的体会教给学生。如果光是教学或者是光搞研究，就不能成为一个好老师。这是我个人的体会，就是把理论、历史、现状研究统一起来，以理论为指导，以历史为镜鉴，以现状研究为目的，这样才能有深度。

问：谢谢马老师的宝贵经验。科研方面，我看了您的个人简历和业绩，您的著作被收录到了《世界名人录》和《世界华人英才录》，这是对您科研成果的一种肯定，在我们看来也是无上的荣耀，因为能进入这两本书的华人真的很少。这些对您的学术研究和人生有什么重要的影响？您能简单地给我们介绍一下吗？

答：关于科研方面，就是我写了一些书，参与编辑了一些书，大概前后一共有 27 部书。我简单说一下，"毛泽东、邓小平和江泽民论工人阶级和工会工作"是我主持的学院的一个科研项目，最后成果以中华全国总工会、中共中央文献研究室的名义发表，由中央文献出版社出版；这个是《中共党史人物传》第 88 卷，其中有我和另一位老师写的；这个《基层工会理论热点问题导读》由我主编，学校很多老师参与编写，2008 年由中国工人出版社出版；这本《企业工会实用教程》，是在西安飞机工业公司教课的时候，和他们的工会干部一起编写的，由我主编，西北工业大学出版社出版的；《中国清代文学史》由我和刘丽红共同编写，由人民出版社出版的；《世界现代前期政治史》这是世界全史，也是一百本，其中我写了一本；《中国文言小说百部经典》一共 40 本，一百部小说；《西部开发与多民族文化》是由我主编的，由华夏出版社出版。以上所说这些是我著作的一部分。

除了著作，我也写了一些文章，今天我也带了几份，这个是李生林（原中国工运学院院长）主持的国家社会科学基金项目；这个是《有中国特色工会理论和实践研究》，执笔人是我和李生林，其成果由五位专家评审，很认可；还有《中国特色的工会理论和实践研究》，是一个课题组的研究报告，后来这个成果在《中国工运学院学报》分两期发表，是中国工会理论体系的主要内容。

问：我们在 CNKI 上看到很多您的文章，平时作业写文章参考过您的很多文献。

马子富：1998 年，当时为了纪念刘少奇诞辰一百周年，学院要求写一篇理论文章，我写了《刘少奇是杰出的工人领袖和理论家》，以中华全国总工会的名义发表在《人民日报》上，并在全总纪念刘少奇同志诞辰一百周年座谈会上发言。这个发言后来由中央人民广播电台、中央电视台《新闻联播》播出。此外，到美国留学的时候，也写过关于美国的一些文章，像这个《美国工会的起源》，还有这个《美国工人阶级状况之关键》。

问：这就是您当时在美国当访问学者一年期间发表的文章？

答：对。1986 年到马来西亚开亚洲工会职工教育会议，后来在咱们全总办的《国际工人》上发表了。

我在科研方面，重点是关于工会理论的，就是对毛泽东、邓小平、江泽民关于工会工作方面的一些理论研究，在《中国工运学院学报》和《工人日报》也发表了一些文章。比如这篇《邓小平工运思想永放光芒》，是 2004 年邓小平诞辰一百周年时写的，当时全总也举行了一个座谈会，后来他们在《工人日报》上也写了一些文章。前面我也提到，就是说理论、历史和现状研究都应该结合起来。你看我对农民工加入工会问题也有所研究，后来《中国青年报》发表了我的发言。但是对农民工加入工会，有些人有看法，因为农民工是农民，农民怎么能加入工会呢？我是这样论述这个问题的，就是按照中央的精神，农民工到城里来打工以后，他们就是产业工人的重要组成部分了，加入工会是天经地义的。当时就农民工入会问题一些相关媒体还采访了我。后来我写了一篇文章叫《工运理论在动员运动的实践中产生与发展》，发表在《工人日报》上，毛泽东、邓小平、江泽民、胡锦涛对工会理论的一些论述我都进行了总结。

我觉得在这个学校里边，我只是一个普通老师，根据全总和学院的安排，做了一些工作，但还是做得挺不够的。

问：但是您已经做得相当不错了，真的是涉猎广泛，而且是高屋建瓴，从思想高度，还有很多现实的热点问题上，您都有自己的独到见解。在严谨的学术研究上，特别值得我们年青一代学习。

答：我体会是这样的，就是一个人要终身学习，活到老，学到老。我是2005年退休的,到现在将近15年了,但是这15年退而不休,一直在民办高校教课,另外自己也搞一些研究,有一些成果都是退休以后完成的。一方面对社会做一些贡献,另一方面自己也能够深入研究一些问题。再一个就是我觉得作为一个老师,应该以教学为主,科研为辅,不能为了评职称,不顾教学任务,只去出版自己的著作,那就是本末倒置了。反过来,做一个老师,如果只是能教学,科研方面上不去,那也是不够的。所以这两方面应该是并重的,但是应该以教学为主。

问:对,您用自身的经历,给青年教师做了一个好的典范榜样。马老师,您从1983年来到咱们学校,到现在您经历了咱们学校这30多年发展和变迁,您内心体会最深的是什么呢?

答:这个学校的发展是和国家教育事业的发展息息相关的。从咱们学校的这个现状来看,现在已经是既有本科教育,又有研究生教育,这说明教育发展对咱们学校确实有很大的影响。另外,和中华全国总工会对学院的重视是分不开的。咱们学校每一步的成长壮大,都是在全总的关怀下实现的。无论是倪志福当全总主席还是尉健行当全总主席,还有王兆国当全总主席,现任的全总领导,对咱们学校的特别关心,除拨经费以外,定期到咱们学校来指导。再有就是和咱们学校的教职员工的努力也是分不开的。

从2015年开始到现在,我做北京市教委教工委的信息员,按照要求每一学期听24节思想政治理论课,然后写报告,上报信息表给市教委。特别高兴的就是看到学校里有好多新的老师,他们的水平还是挺高的。可见咱们学校的师资力量还是比较强的。

问:学校的师资力量强,通过接触我们的授课老师,让我们深有体会。您对学校的老师有什么寄语?

答:有什么希望的话,我觉得第一就是要勤学。老师要勤学,多读书,信息量越大,对教学的研究越深入,效果就越好。第二就是要多思,要认真思考。学校的学生里边肯定有对理论问题、现实问题有很多困惑的,不太明白,他们没有那个经历,怎么样去解决这些困惑?老师首先要了解情况,同时要能回答这些问题。如果学生提出的这些理论问题,老师没有研究,那肯定就讲不清楚。第三,习近平总书记在这个思想政治理论课座谈会上的讲话,讲得非常好。老师本身应该是学生的榜样,要求学生做到的，老师必须做到。不光是言传，还要身教，这也是对老师的要求。我觉得这都是很对的。

我曾经写过一首小诗来表达我自己的心情，这个题目叫《新生》：

> 我不是红花一朵，
> 我也不是青草一棵，
> 我是那红花与青草之下的泥土一撮，
> 并不是摸着石子过河，谦虚过度，
> 也不是妄自菲薄。
> 每当我看到百花争艳，绿荫泛波，
> 我的心醉了。
> 在我的胸中回荡着欢乐的歌。

问：这首诗简直太好了，马老师，没想到您还有这么诗人的一面。今天我们通过对您简短的一个采访，让大家认识了您，也在您的视角下了解了从1983年至今这一段时间内中国劳动关系学院的发展历程。最后，请马老师寄语我校青年学子，以资鼓励。

答：现在的学生就是要成为德智体美劳全面发展的社会主义建设者和接班人。这是习近平总书记对学生的要求，也是我对学生的希望。

问：今天的采访到此结束。在此，希望未来中国劳动关系学院越办越好，也希望我们的学子走出校园以后能有自己更精彩的人生。谢谢大家！

访谈手记

一生情为工运，一世爱在学术
——马子富教授口述访谈手记

工人阶级是党最坚实、最可靠的阶级基础，是社会主义建设的主力军。中国工会是党领导的联系职工群众的桥梁和纽带，是职工群众合法权益的代表者和维护者。在改革开放40年间，中国工会也进行了适应时代发展的改革，马子富教授作为中国工会在中国大地上开花结果的亲历者、参与者、实践者，为中国工会工作注入了具有时代意义的思想，贡献了诸多学术研究成果。马子富教授结合马克思主义工会思想史、毛泽东思想、邓小平理论和"三个代表"重要思想，从国外工人运动发展史着手研究。其著作《基层工会理论热点问题导读》《企业工会实用教程》探讨了一系列符合中国国情的工会理论指导体系。但是马子富教授并非仅限于中国工会工作，他对民族史的热爱、对科学研究的执着使得他收集整理出其代表作《中国清代文学史》，为学校的发展壮大添砖加瓦。

采访前，对马子富教授仅仅是通过网络有些了解，我脑海中留存的是74岁老人家的模糊形象。然而当见到他本人时，我深深感到诧异、震惊以及敬佩仰慕。采访当日，我们约好上午11点在学校图书馆三层古籍室采访马子富教授。在楼梯口等候时，映入眼帘的是身体硬朗、一身正装配藏蓝色小花点领带的马子富教授。他铿锵有力地走上来，左手提一黑色提包，全身上下散发着学识渊博的气质。

在采访工作前的空隙，马子富教授用他随和平易近人的言语给我们讲了几位为中国劳动关系学院做出突出贡献的学校领导、自己的几本著作以及一些独特见解。待马子富教授试镜化妆结束后，我们进入正式采访。初期特别紧张，担心录节目期间会出现小插曲，影响拍摄效果。但随着采访渐入佳境，我心头的乌云慢慢地散去，听着马子富教授的故事，对他的仰慕更上了一层。

采访过程中，马子富教授从他做过深入研究的工会理论、工人运动史、劳资关系以及民族文化等领域讲述了自己对中国工会工作发展取得的卓越成绩的欣喜与对国家在工会工作方面大力支持的感激之情。在给我们介绍他的代表作《中国清代文学史》出书前期工作时，马子富教授的钻研精神、锲而不舍的毅力与恒心令人折服。此外，马子富教授还对在校学生提出了自己的几点希望和建议：望中国劳动关系学院的学子在学校取得好成绩，并为学校进一步发展壮大贡献自己的力量。

在采访快结束时，马子富教授给我们念了一首献给广大劳动关系学院师生的诗。从马子富教授笔下的诗词意境中，我们可以感受到马子富教授对中国劳动关系学院深沉的爱与对工会工作的博爱。

马子富老师一生情为工运、一世爱在学术的高贵品质，为中国劳动关系学院所做的奉献，为全世界贡献的众多著作以及74岁依然坚守在讲台传授知识的执着，是我们每一位中国劳动关系学院学子的标杆，是每一位在学术界钻研的科研人丰富的精神食粮。

刘子高口述访谈录

访谈时间：2019 年 5 月 10 日
访谈地点：中国劳动关系学院图书馆典藏室
受 访 者：刘子高（中国劳动关系学院退休教授）
采 访 者：姜春帆（中国劳动关系学院 2018 级硕士研究生）
整 理 者：刘子高（中国劳动关系学院退休教授）

受访者简介：

刘子高，1928 年 9 月 9 日出生，湖北省黄陵县人。1949 年 10 月参加工作，任小学教员、主任、校长；1952 年到广西师范学院化学系化学专科进修；1954 年毕业分配至全总干校文化教研室工作；1958 年调至工会建设教研室工作；1962 年借调到全国财贸工会工作；1964 年调回学校参加广西农村沈阳变压器厂"四清"和县工会主席培训班工作；"文革"期间到全总"五七"学校劳动；1975 年调到全总机关，先后在房管组和宣传部工作；1987 年随李生林院长到匈牙利、捷克斯洛伐克和联邦德国考察工会干部培训工作，随后单独作为校际教学人员参加交流访问活动，回访民主德国工会干校；1988 年 12 月 31 日退休。曾参与《基层工会工作教材》《工会学概论》《工会学》的编写工作。

问：刘老师您好，我是 2018 级中国劳动关系学院公共管理专业的学生，今天邀请您来做工运学者口述访谈工作，将其作为中国劳动关系学院 70 周年的献礼！感谢您在百忙之中参加此次访谈，我们将共同完成对本课题的相关采访工作,使采访更具有理论和实践的价值,为学校和工会工作提供可靠的依据。刘老师生于 1928 年,1949 年新中国成立之初便参加工作,1954 年进入中华全国总工会干部学校文化教研室工作,1958 年调至工会建设教研室工作。刘老师,您能给大家讲讲在 50 年代的时候,咱们工会工作是一个什么样的情况吗?谢谢。

答:50 年代的工会工作,邓小平同志在(工会)九大致辞当中做了一个概括说明。就整个工会系统来讲,在解放初期的经济恢复时期和第一个五年计划建设时期,工会发挥了很好的作用,也做了很多很好的工作,这一点邓小平同志做了充分肯定。另外,在 50 年代,在工会领导人思想上曾经出现过两次错误:第一次党组扩大会议批评李立三;第三次党组扩大会议批评赖若愚,当时中心问题就是工团主义。这个问题一直到九大二次执委会的时候,邓颖超同志在给执委会的同志讲话当中,就提到工会要警惕并注意这个问题。当时给我的印象是,中国工会是党领导下的群众组织,党对工会的领导是绝对的,是唯一的。邓颖超同志讲的是,工会在这个问题上不能再犯错误。虽然工会领导人思想上出了问题,但是具体的工会是在地方党委领导下,在企业党委统一领导下工作,一般来说广大的工会干部还是努力地工作,做出了很大的成绩。邓小平同志没有提工会领导人犯错误的问题,而且对工会工作方面做了充分的肯定。

问:在"文革"结束以后,全总在 1978 年 10 月召开了中国工会九大,然后通过修改了的《中国工会章程》,规定中华全国总工会是各地工会组织和各产业工会全国组织的最高领导机关。您当时已经调到咱们中华全国总工会的干部学校了,能谈谈这次大会的召开对咱们学校有哪些积极影响吗?

答:九大的召开对整个工会来说产生了非常重大的影响。"四人帮"对工会的摧残是毁灭性的。因为那个时候,整个国家搞乱了,企业搞乱了,工会也乱了。我记得"文化大革命"初期的时候,就有一个由临时工组成的造反组织到全总夺权,并占了全总大楼。所以那个时候对全总来讲,由于"文化大革命"造成整个工会工作瘫痪,整个工厂的生产也瘫痪,工会基层工作瘫痪,工人分裂,造反派和保守派武斗几乎在地方、在工厂里面都有。九大拨乱反正给工会带来一个根本性的转变。按照邓小平同志当时的九大致辞内容里面所提到的工会的任务是整顿,工会要教育全体职工认识实现四个现代化的伟大意义，发扬工人阶级光荣传统，克服"四人帮"所煽动的派性和无政府主义残余，积极参与国家四个现代化建设和企业的改革；要教育职工维护企业高度集中管理的厂长负责制，同时要组织职工参加企业的民主管理，工会要成为企业职工代表大会的工作机构，工会不再是可有可无的组织了；工会要保障工人福利，协助企业行政，改善职工生活条件，同时组织开展职工间的互助活动；特别强调工会要密切联系群众，要为职工办实事、办好事，让职工感到工会是自己的组织，工会要求职工做的事，工会干部要成为这方面的模范，这样工会才能在职工群众中有威信，才能为四个现代化建设做贡献。这些都对当时所处的时代，对工会干部、工会工作提出一个明确方向。工会应该干什么？我们搞工会教学的这些人主要是抓干部培训。我们基层工会在做什么？应该做什么？工会在哪些方面做得好？在培训工会干部的时候，我们就是抓这么两个基本点，一个就是调查研究，工会干什么？权责在哪里？根据当时的情况再提出来工作要求，在哪一方面、哪些地区、哪一个单位的工会在这方面有经验，我们对它进行总结，然后再进行相互交流推广。培训工作实际上给我的印象基本上有两条，调查研究和总结先进经验、推广先进经验。我们当时做培训工作，除办班、写讲稿讲课以外，其他的时候就下去调查研究。通过向全总或者有关方面了解，哪些单位在某一方面工作做得比较好，我们就去了解情况、总结它的经验。然后在办班的时候，就把这些经验传授给大家。在办班过程当中也是这么一个程序。比如在组织学员讨论的时候，大家一块儿互相交流，你的工作怎么做的，我的工作怎么做的，大家在这里可以互相交流，取长补短。调查研究，总结交流经验。工会建设，以前还有一些专门课，比如劳动保险、工资等课程。除了这些比较专业的，大多数的培训干部还是让他们知道怎么做好应该做好的工作。

问：您在2017年10月29号的中国工运文库筹建会上，说到组建工运文库是很有意义的一项工作，也为工运文库提供了相应资料。为了让我们的文库更加丰富，您把家中的一些重要资料提供出来，此举表现了您的大家风范，在此也非常感谢和敬佩您在工作期间为咱们工会工作做出了很多贡献。在工会十大以后，您参与编撰了《工会学概论》和《工会学》这两本著作，如今这两本书在我们工会学校中产生了很重要的影响，具有重大的意义。在这些著作的编撰过程中，您有什么经验可以和我们老师、同学们分享的吗?

答:九大召开以后不久,学校重新启动恢复工作。那个时候工会教研室,包括其他的各个教研室,基本上是重新把有关人员聚集起来,把学校活动恢复起来。我记得当时学校在复校的时候,穆其彬同志是当时实际主持学校工作的,他原来是我们工会教研室的主任,还有马列主义教研室的主任贾一学同志,还有政治经济学教研室的主任李振凤同志,他们后来都是学校的副校长。复校以后,有的是从中联部调过来的,有的是从浙江调过来的,有的是到全总工作了,我们这些工作人员也是挺分散的,我当时在全总工作,后来我们这些人都陆续地回来了。当时穆其彬同志领导学校,他很重视培训工作,并认为搞培训工作必须要搞教材。我们以前的培训没有系统的教材,那个时候穆其彬同志带领我们开始编写一本基层工会工作教材,16开本,也不厚,算是我们复校以后出的第一本工会基层工作教材。后来这个教材的内容就分成了若干个小册子,我们这些人都各自分担了其中的一部分,由辽宁人民出版社出版。十大以后,学校在理论研究方面是把工会作为一个学科来研究。十大是1983年召开的,那时学校在全总的统一安排下,要把学校整个领导结构做一些变通。以前学校都是在工会内部招领导干部,这一次十大,眼光放远了,把北师大的研究科学社会主义的李生林同志招进来。工会过去有一个传统,就是工会干校的领导,同时也是全总相应的领导成员,比如狄子才,他是八大工会执委会的主席团委员,穆其彬同志是全总书记处候补书记,李生林同志到学校以后,到十大的时候就是全总执委会主席团委员,现在屈增国同志是工会十七大执委会委员。工会和学校有这方面的关系有利于工作,李生林同志来了以后,大大加强了学校的学术研究氛围。过去干部培训很少考虑理论研究,这方面思想比较淡薄,只是从事研究实际工作,比如工会现在干什么,哪一方面应该怎么干,通过实践总结经验,在干部当中进行推广。在我们学校除短期干部培训外,也有普通班,有专业班。专业班是学专业,普通班里面除了当时要学政治理论,像马列主义政治经济学这些基本理论,还有工会业务。在工会建设方面主要是讲工会干的一些事情。对于这一方面的研究在李生林同志来了以后焕然一新,特别是教学人员队伍建设,像原来一个副院长是人大调来的,他带来他的研究生包括冯同庆、常凯等,为工会理论研究创造了良好的条件,所以我说工会理论研究应该是从李生林开始的。

问：是在您编写完那两本书以后？

答：不是，我参与编写的两本书是在1984年和1985年。

问：好，谢谢。今年咱们中国劳动关系学院迎来了70周年的校庆，您对咱们学校的老师、同学们有什么殷切希望？

答：我是一个老工会工作者！工会是一个组织，中国工会有中国工会组织的特殊性，我们的表述是：工会是中国共产党领导下的群众组织。这是个基本性质，或者说工会是工人阶级最广泛的群众组织。但这一次习近平同志表述工会的性质，他强调了"三性"，政治性、先进性、群众性。我的认识就是要突出工会是在党领导下的群众组织的本质特性。以前讲工会是干什么的，50年代有个提法，生产、生活、教育三位一体，你们听说过吗？50年代一直到后来都是讲工会是干什么的，生产、生活、教育三位一体。复校以后，我们在研究工会工作的时候，工会应该干什么？后来编《工会学概论》和《工会学》的时候，我的工作就是研究工会职能。工会职能我有一个观点，工会是干什么的？工会最基本的职能是联系群众，我记得当时我还写了一篇短文发表在一个内部刊物上，也引起一些争议，反对的声音认为我的观点太笼统了，工会联系群众太笼统了。强调维护职工的权益是当时的一个基本观点，我的基本概念是，党领导下的群众组织需要联系它所能联系的群众，包括各个协会、共青团，它的最基本任务就是联系它范围内的群众。我当时发的那篇短文也是这个意思，那时候穆其彬同志也是这个观点。工会最基本的职能就是联系群众，但有些同志不同意这个提法。维护职工群众利益算不算工会的职能？是，还是最基本的职能，有的时候维护确实是主要的。我当时写基本职能的时候，是这么考虑的。工会作为党领导下的群众组织，要联系群众，必须做好这些事。如果它不做这些事的话，就联系不了群众，也完不成党要它实现的任务。所以当时写了四个基本职能。当时编写组织职能还有这样的一些现实问题：改革开放以后，乡镇企业是没有工会的，那时候我们的印象是乡镇企业是农业部管，而且它是集体组织，它不需要成立工会。后来包括临时工的入会问题，这是集体企业的工会问题。如果从组织职能来讲，要把这些工人都组织起来，也是工会一个责任、一项工作，在当时来讲是一个问题。我记得王兆国在主持全总工作的时候，他曾经提出过组织职能，他说要发挥工会的组织职能作用这个问题。现在合资企业要不要组织工会？怎么样组织工会？私营企业怎么组织工会？像类似这样的问题。现在看来，工会工作的内容越来越丰富。随着时代发展，工会工作内容确实比我们那个时候要丰富得多。我们那时候工作主要是国营企业，现在国营企业、合资企业、私营企业、集体企业，它的内容比过去多得多了。

问：用工形式也丰富了。

答：对。就在这种情况下，工会如果说要联系职工群众，把他们都组织起来，对他们进行教育，提高他们的思想觉悟，听党的话跟党走，工会这个责任怎么实现，我想还有很多工作要做。另外，现在全总所属的部门比过去也多了，公开报道全总的一些活动也比过去丰富多了，这是时代的发展。我感觉到现在工会是大有奔头。对于做工会工作的这些同志来讲，身上的责任很重。特别是习近平同志讲到，我们进入社会主义新时代，在这个新时代里，工会工作确实也有新的面貌，我们工会组织，要体现它的政治性、先进性、群众性，确实有大量的工作要做。我在2017年座谈会上说，有关我手头一些资料的问题，会后不久我就让图书馆馆长到我家里去都搬走了，我都已经交给他了。

问：感谢刘老师来参加我们的访谈工作，从咱们学校50年代工会建设到您的经历，还有您编撰的那两本书，都给我们老师和同学们很多宝贵经验。中国经济在发展，咱们工会用工形式也在增多，工会的职能也在不断地增多。希望在党领导下的社会组织基本指导方针不变的情况下，把工会工作做得更好，也希望通过70周年校庆，咱们学校越办越好，工会作为企业联系中央和群众的一个职能部门，能发挥它更大的作用。

答：学校现在培训培养的学生对象和所设的专业，将来要发展的方向，我认为还是挺不错的。比如说培养和工会运动有关的学科专业，将来在这些方面形成智库，另外就是培训工会干部，咱们校长说过，要把干部培训作为使命来看待，培养工会干部作为学校的一个重要方面，我觉得这一点还是很好的。在我校70周年校庆之际，我真诚祝愿我们学校越办越好，为新时代工运事业和工会工作培养高质量专业人才和高素质专职工会干部，为开创我国工运事业和工会工作新局面做贡献。

问：谢谢老师！

访谈手记

以中劳人的名义,树榜样、讲奉献
——刘子高老师访谈手记

刘子高老师是我作为中国劳动关系学院图书馆访谈员采访的第二位工运学者。初次拿到刘子高老师的资料时,没有想到刘老师是1928年生人,现在已经是位耄耋老人了。考虑到刘老师年龄原因不方便到图书馆接受采访,我和图书馆工作人员沟通计划去刘老师家中进行实地访谈。但是当刘老师听说还要麻烦工作人员提前来家里看看客厅布局能不能放下采访设备等事宜,就又给我打来电话。记得当时刘老师是这样说的:"小姜啊,你们不用再来一次了,那样好麻烦,我过去就行了,你听我的就行了,不能那样麻烦你们,咱们就约本周五上午九点……"刘老师在电话里的声音既温柔又有让人无法拒绝的坚定,老师为了不麻烦我们特意来学校一趟让我们很是感动。再次感谢刘老师。即使采访当天由于堵车等原因摄制组晚到了半个小时,刘老师也没有流露出一丝的不满情绪,依然面带微笑和我交谈,询问我的情况和学校最近的情况。对于工作人员的道歉,刘老师也是非常和蔼可亲地说没有关系,让我们的心里暖暖的,也在心中敬佩这样一位有修养、有学识的老一辈工运研究者。

刘子高老师无我的、奉献的品格,不仅体现在学术研究上,同样体现在为人处世上。2017年10月29日,在中国工运文库筹建会上,刘老师便说过:"我觉得这个工运文库意义很大。对我们这些老同志来讲,确实干了几十年了,我们存的过去的一些资料,现在放在家里也没什么用了,年纪大了也没有继续研究的能力了。我把家里有用的拿出来,这个意义还是挺大的。我回去看看,能拿出来的尽量都拿出来。"在采访前,刘老师说:"那些书后来开完会以后,我都已经交出来了,有用的,只要对咱们建设工运文库有意义的,我都愿意努力去做。"

采访结束后,刘老师的爱人和女儿来接刘老师。在学校图书馆门口,刘老师的女儿为我们合影留念。这期间,刘老师的爱人一直拉着我的手亲切地问我的学习情况、学校开的课程等等,让我倍感亲切和感动。刘老师和刘老师的爱人不仅仅是对我个人的关心和问候，同样是对学校学生和年青一代的问候，充分体现了老一辈工运学者对学校的关注、对学生的期许。

作为新一代的中劳人，我们要以刘老师这样的老一辈工运学者为榜样，学会奉献、学会温和，在中国劳动关系学院的每一个发展建设的阶段看到我们积极努力的身影，希望有一天我们也可以成为学弟学妹的榜样。

杜万启口述访谈录

访谈时间：2019 年 5 月 10 日
访谈地点：中国劳动关系学院图书馆古籍室
受 访 者：杜万启（中国劳动关系学院退休教授）
采 访 者：李佰阳（中国劳动关系学院 2018 级硕士研究生）
整 理 者：杜万启（中国劳动关系学院退休教授）
　　　　　李佰阳（中国劳动关系学院 2018 级硕士研究生）

受访者简介：

杜万启，1940 年 7 月出生，北京人。1960~1965 年于北京大学历史系学习。曾任中国工运学院工运研究室副主任，学院宣传部部长，教授。杜万启教授主要讲授工会学概论、中国工运史、马克思主义概论、德育概论以及劳模本科班专业课。专著有《新中国工人运动史》等 11 部。

问：杜老师，您好！
答：你好！
问：请问一下，您是哪一年来中国劳动关系学院任教的？
答：1979 年，中华全国总工会干校给我所在单位——顺义县委发商调函，我就过来了。到全总干校时，刚好处于复校初期，我的工作重点是在教研室，也就是现在的工会建设教研室。为什么到工会建设教研室呢？因为当时我有工会工作实践方面和理论方面的积累。1965 年，我从北京大学毕业以后，就被选为党的接班人，并作为高材生到市委组织部任职。在市委组织部工作几年后，就开始了"文化大革命"。由于当时情况特殊，后来北京市委就把我分到中共顺义县委组织部宣传部，积累了十几年的工作经历。为什么后来到全总干校？因为我之前就读于北大历史系，总支部副书记叫周恩厚，也是我的老师。他说根据政策，全总干校现在特别需要骨干教学人员，所以他就联系了我，希望我能到全总干校工作。从我之前的实际生活看，我从小生活在北京石景山区，石景山所处的京西地区集中了北京主要的工矿企业。有石景山钢铁厂，也就是首钢的前身，还有石景山发电厂、京西矿务局、重型电机厂、北京特钢。1940年，我在石景山出生，又在这种环境下成长，父亲和哥哥都是石景山工矿企业的产业工人。我的哥哥比我大十二岁，他从抗日战争时期就在石景山钢铁厂当童工，后来就是在首钢。新中国成立之后，党培养他到东北工学院学习，主要从事冶金设计工作。我的父亲是石景山的老产业工人，是发电厂建厂的第一代产业工人，是老工会。所以我从小就在这种环境下生活，对整个工厂、工矿的生产流程、工人生活、工会工作情况都很熟悉。因此我对工会和工会工作都不陌生。另外我从小就受到这方面的教育，我们是新中国成立以后进入学校开始学习，被视为培养成才的学生。在工厂生活当中，工会部门非常注重对职工的教育，把我们这些工人子弟聚到一起，还请来"把一切献给党"的劳动模范吴运铎到工厂给工人做报告。他们这些劳动模范，一心一意为了党的事业，赴汤蹈火在所不辞。吴运铎在军工企业，他为了我们的革命解放事业、抗日战争、解放战争，为了兵工厂失掉了左眼，失去了三根手指，腿也残废了。但是他把一切献给党，为了支援党的解放事业，全身心奉献自己！他因在军火制造方面有突出贡献而被人们称为"中国的保尔"。

我从小就受到了工会、劳模精神的教育，对我来说也是一种先天长处吧。另一方面在理论上也为我当选做了准备，因为1960年到1965年在北京大学学习的这几年，尤其是历史专业的学习，对于我理解社会发展、掌握社会的规律，懂得社会的五种形态——原始社会、奴隶制社会、封建制社会、资本主义社会、初级社会主义社会和共产主义社会这五种社会形态都非常的有益。通过学习社会发展规律，马克思、恩格斯、列宁再到毛泽东同志都在讲述我们党领导工人阶级开创解放事业。所以从理论上讲，在大学里的学习为我对工人运动的认知奠定了很好的基础。

为了开展西欧的工人运动,马克思、恩格斯组织西欧工人建立第一国际、第二国际。工人组织目的是反抗资本家的压迫和剥削,要给工人阶级提供理论上的武器,所以马克思在一生当中写了三卷本的《资本论》。这是马克思主义的基础理论之一。资本主义是一种剥削制度,是一种代替封建的吸血制度,它必然走向灭亡。马克思剖析了资本家剥削的秘密,也就是剩余价值体系,这是工人运动的基石。另一方面,他给了工人阶级一个全新的世界观,就是《共产党宣言》,《共产党宣言》是一种开天辟地的创新。正是马克思主义的基础理论给了工人阶级一个全新的世界观,马克思说社会的发展前途要靠工人阶级,同时工人阶级也需要通过工会进行组织走向解放的道路。为了研究工人历史,马克思与恩格斯写了许多的著作。恩格斯为了揭示工人阶级在资本主义压榨之下的生活,专门在英国曼彻斯特,调查英国工人阶级状况,同样奠定了马克思主义的基础理论。为此,马克思写了《法兰西内战》《哥达纲领批判》。恩格斯论述了这些著作是社会主义从空想到科学,给社会主义建立了很好的基础。因为马克思、恩格斯在梳理西方历史的过程中发现,从14世纪发展到20世纪,再到帝国主义阶段,资本主义制度永远是对工人阶级的压榨,因此说资本主义本质上就是一种剥削制度。所以马克思说,资本主义来到世上从头到脚都流着血和肮脏的东西!但是对于资本主义的批判,西方思想家也有很多。以前空想社会主义者从15世纪英国开始,托马斯·摩尔的《乌托邦》,中间又经过了西欧一代代的空想社会主义者,包括意大利人康博内拉的思想著作《太阳城》,抨击资本主义社会是黑暗的,描绘了一个未来像太阳一样的理想国家。还有其他一些西方学者对资本主义进行了深刻的揭露和抨击,一直到三大空想社会主义,比如英国的欧文,法国的圣西门、傅立叶,他们对资本主义的批判那确实是入木三分,非常到位。如何推翻这种资本主义制度,他们找不到动力,他们很迷惘,就寄托于改良主义,寄托在好心人和开明人士身上。只有马克思、恩格斯,他们真正揭露了社会发展的深刻规律,解决了社会前进发展的障碍,他们是真正的主人。所以马克思在《黑格尔法哲学批判》里有一段名言,他说,"批判的武器不能代替武器的批判,物质力量必须用物质力量去摧毁。先进的理论一旦掌握,群众也会变成巨大的物质力量"。这段话不太好理解,批判的武器指的就是当时西方从15世纪到18世纪的空想社会主义者,他们对资本主义进行了深刻的揭露和批判，他们就把这作为批判的武器。但是他们的立场是唯心主义的，他们没有办法解决社会发展的前进障碍，只有马克思、恩格斯找到了。这个要素作为最有先进生产力的代表，也就是工人阶级。工人阶级就是未来社会的主人。从马克思到列宁，世界革命，一直到中国共产党领导的新中国，都是把工人阶级作为共产党坚固的社会基础，通过工会组织把工人组织起来建设新的国家。基于上面的这种基础和理论，我就觉得到全总干校从事工会建设的教学研究，我具有先天的优势。

问：咱们学校是一个以劳动为特色的学校，每一个到咱们学校的老师，都是怀着一种独特的劳动情怀来任教。您在我校工会学院特色教研室建设中发挥了很大作用，尤其是您的历史学背景，这一经历对于您的学术研究有哪些影响呢？

答：我作为教员来到全总干校，首先是由于"文革"结束以后要拨乱反正，要恢复工会的教育工作，其中就包括了现实工作的教育和理论的提高。"文革"动乱对工会的冲击太大了，所以就要通过全总干校对在职的工会干部进行轮训，提高工人干部素质，这也是当务之急。所以我们来了干校，很快就进入角色，包括参加工会的一些重要的会议，通过一些调研来编写教材。当时刚刚恢复全总干校以后，在工人当中主要是搞生产的劳动竞赛。因为"文革"结束以后要抢夺时间，迅速恢复国民经济，要求各行各业的工人积极参加劳动创新。在各个生产领域展开劳动竞赛，比如在火车运输方面，要求万里无事故，纺织业要求万匹无次布，要求打井工人为国家甩掉贫油的帽子。同时这也是我们工会工作要以生产、生活和教育三位一体为核心内容，既是工人阶级历史的作用，也是工人阶级的光荣传统，要弘扬劳动精神。由于我们学校是和新中国同时成立的，作为工会的学校，我们的教学首先要弘扬工人阶级的劳动精神，这也是我们工会工作、工人阶级的优良传统！新中国刚刚成立，我们国家的经济落后，为了很好地实现工业化，在东北地区树立很多劳动模范，比如在鞍钢的老孟泰，国民党逃跑时留下一堆烂摊子，如何才能很快地恢复鞍钢的生产？老孟泰发动工人实现废铁翻身，通过努力很快地使鞍钢恢复生产。后来以鞍钢为代表，全国又出现了一大批的劳动模范，马恒昌小组是另一个代表。新中国建立了，工人队伍就成为社会的主力，他们也成为新社会的主人，跟党走、支持党的经济建设。电力英雄刘英俊推动中国电力方面迅速发展。马恒昌和他的小组搞机床加强国内建设,特别是当时处于抗美援朝的特殊时期,前线很多军火器械的革新都离不开马恒昌的贡献。还有张明山、王崇伦与时间赛跑,摆脱繁重体力劳动,提高生产效率。王崇伦在提高冶金效率方面做出了很大的贡献。所以一代一代的工人,一直到现在都在贡献着自己的力量。倪志福钻头核心,还有当时奋战在煤炭工业一线的一大批劳动模范。这也成了我们工会工作一个主要方向,弘扬劳模精神,弘扬劳动精神,培养工人阶级作为国家主人,作为我们党的坚强支柱,搞好经济建设,支持党的路线方针政策,发挥工人阶级主力军的作用。当时在教学研究方面起到了一个重要的作用。但是作为教学来说,全总干校因为是中华全国总工会的干部学校,同时也是中华全国总会直属的唯一的一所高等学校,所以全总干校就开展了干部教育,提高干部知识水平。另一方面,作为一所工会院校,既要贯彻党的路线方针和政策,贯彻全总的政策,也要对过去拨乱反正。因为新中国成立以后工会在维护工人利益方面遭受过三次大的冲击,第一个是1951年,当时全国总工会的主席李立三,还有邓子恢都受了批评。当时认为过分地强调维护工人就是搞福利主义。到了1958年,又对全总主席赖若愚进行了批判。特别是"文化大革命"这十年,工会成为重灾区,受影响特别大。因为这些历史背景,作为工会的院校,教学就要从理论上、思想上贯彻党的方针路线,进行拨乱反正。因此就要研究这些问题。工会工作既要教育工人在实践当中发挥主人翁作用,又要发扬劳模精神,同时还要发挥工会的三大作用,三大作用有哪些呢?一是叫桥梁纽带作用,二是协调作用,三是维护作用。工会如何发挥其独特作用呢?首先要维护工人阶级的切身利益,就要通过国家制定法律——制定工会法、劳动保险法、劳动保护法。维护工人在生产当中的安全性,维护他们的切身利益,保证他们的安全,有毒有害的工作环境如何应对,所以劳动保险、劳动保护就显得很重要。而且工会法也要沿着这个方向进步,制定新的工会法。工会建设教研室虽然不大,但是担负的责任非常大,既要进行教学,又要对学员进行培训,其中高中级的工会干部通过轮训班、培训班进行学习。另一方面要通过研究,根据工会实际作用来进行理论上的完善。过去的思想都比较否定工会在维护工人利益方面的作用,认为工会如果过分注重维护工人的利益,就如同忽视了国家的利益一样。这是一种偏颇的思想,严重地影响工会的正常工作。特别是"文革"

结束以后，中央也非常重视。当时胡耀邦同志、万里同志、邓小平同志都曾强调过，工会要发挥工会的作用，工会同样要成为工人之家，成为职工之家。它不单纯是讲生产，还要讲生活，讲维护。工人群众在我们全国960万平方公里的土地上，这么多企业，这么多种类，工人在工作当中可能受到形式主义和官僚主义的危害。要维护工人利益，工会就要同形式主义和官僚主义作斗争。我们是工人阶级当家做主的国家，是共产党领导的工人阶级先锋队，和西方的资本主义不一样。西方资本主义国家，比如日本，它就讲究春斗秋斗，通过这些来维护工人的利益。春天和资本家罢工，秋天跟企业家斗争，增长工资，缩短工时。我们是社会主义国家，和西方国家不一样，我们有我们的特点，我们的特点是什么？我们既是国家的主人，我们也是劳动者，所以既要维护工人阶级的利益，也要维护国家的整体利益。所以在理论探讨方面就提出了一种可以同时维护双方利益的理论。我们这种维护是根据我们国家的性质特点，根据我们工会的地位作用、任务性质，我们国家的工会工作就是既要维护工人阶级的自身利益，免受形式主义官僚主义的侵害，又要维护党和国家的整体利益。在斗争当中，我们也不一定非得采取罢工、示威，可以发挥工会的协调作用，发挥桥梁作用，使得双方（利益）都得到妥善的解决。这样看的话，工会建设教研室在理论探讨方面有很多值得深入研究的东西。特别是随着我们国家全面深化改革开放，过去的所有制比较单一，除了集体所有制就是全民所有制。改革开放后，各种形态的经济蓬勃发展，出现了合资的、独资的等等。所以在新时期情况就变得非常复杂，我们工会院校做工会理论研究的科研人员，就要深入实际进行探讨，从实践当中看到新事物的变化、新情况的出现并提出问题。

同时也要给领导机关提供决策建议，使工会工作正常发展，使工人运动正常发展，实现我们党的远大目标，发挥正能量。我们工会院校在工会建设方面是责无旁贷的。当时有个很好的条件，就是中央、全总机关的领导都非常重视干校的教学和研究。所以，全国总工会很多重要的会议，包括理论研究，还有基层的经验交流会，包括国家层次的重大活动都让干校参加，我有幸赶上这个时期。除了教学研究有了长足进步，还通过参加全总的有关会议活动，如两会、人代会、政协会等，对国家的大政方针、政策都比较熟悉，能够有机会通过学习做到切实掌握。所以在贯彻中央的路线方针政策上，结合工会的特点开展教学、开展科研，让我们有底气，当时还让我们进入全总的档案馆查资料。所以在这个基础上，我们在教材的建设上更有底气！我们还出版了第一部《中国工人运动史》，我还参与主编了另外十几部书，包括《建国后新中国工人运动史》《中国工会大百科全书》，在工会组织史和思想史方面我们也编写了一些教材。所以在教材建设方面，我们应该说有创新性的贡献，也发挥了我们教研室自身的科研作用与职能，当然也离不开全总领导和学校领导对我们教研室的大力支持，很给力，也给我们提供了很好的条件，因此没有外部的环境，我们步履维艰，也不好办。这就给我们提供了很好的思想方向。作为全国总工会所属最高学府，我们就应该通过我们的教学研究，通过不断地给全总领导机关提供前瞻性、超前性、预见性的建议和意见，承担起我们的责任。因为是全国总工会直属的高等学府，所以应该发挥工会高等学府的工会特色、工人阶级特色。结合党的路线、方针、政策，在中国特色工会理论方面创新，做出自己应有的贡献。这也是我们责无旁贷的责任。我们所有从事工会教育的教师、学者，都应该铭记历史赋予我们的责任。虽然任务艰巨，但同样也是非常光荣的。

问：刚才杜老师也提到，教研室在工会理论方面做出了很多开创性的贡献，尤其是《中国工人运动史》这本书不仅被选为我们学校的核心教材，也是整个工会学的一个基石。您刚才也提到，我们学习历史要对现在发生的事情做一些总结，对未来预测，能否请您再详细谈一下我们学习工人的历史，对于我们学习整个工会学、工会理论的意义是什么，对于我们未来发展，它的重要性又在哪里。

答：这个问题提得非常好。马克思说过，历史学是真正的科学。任何事物都必须有一个历史的发展过程，因此工人、工会也同样应该重视自己的历史。就像我们对国际工人发展史的研究，在我们大学里就开过这样的课，中国现在有党史、革命史，我们教研室发展起来以后，就觉得中国工人阶级要懂得自己的历史，也只有懂得历史，才能总结历史的经验教训，才能发扬中国工人阶级的优良传统，体现中国工人特色。另外要避免许多过去出现的曲折和坎坷，所以说在编写的过程当中，我们本身需要积累资料、运筹谋篇立论研究理论、梳理理念。在做这些工作的同时，自己也有了提高。因为在这个过程当中，我体会很深刻。当时由于在党政工作十几年，我有一定的社会工作经验，但是在基础理论方面，我还需要重新、深入地研究和学习，所以当时学校对我个人的培养很重视，1981年就派我进入中央党校进行为期八个月的理论学习和党史研究。学习回来后，我不仅开始党史研究，也开始编写《中国工人运动史》。特别是民主革命时期，从我们党开始建立马克思主义小组的时候，就开始组织工人队伍，当时李大钊、陈独秀等第一代党的领导人组织马克思主义者深入工厂、深入企业，组织成立工人夜校，进行工人启蒙，建立工会组织。所以我们中国工会是有传统的，而且这个活动在1920年就已经开始了。1920年到现在有将近100年的历史了，所以这个内容也是非常丰富的、生动的、活泼的。我们在编写中国工运史方面，总结中国工人运动和它的历史发展过程、经验教训，还有优良作风方面。所以说对工人运动史的学习和掌握是对工人进行教育不可缺少的基础。

问：作为咱们学校的老教授，您经历过学校的不断发展和历次变革，您心中对于学校这一路成长最深刻的体会是什么？

答：从复校到现在将近40年了，教学科研当中有许多深刻体会。我们学校开始的起步是有传统的，当时作为全国总工会干部学校，它是轮训、培训工会干部的一所学校。当时走的是党校系统，即工青妇、中央党校牵头，然后有全国总工会干部学校、全国妇联干校和中央团校，后两者更名为中华女子学院、中国青年政治学院。随着改革开放要求搞学历教育，所以就有一种感受，就是我们这个教育也是从浅入深，从低到高，不断地提高自身素质和办学水平的一个过程，不能停留在原地，踏步不前。所以我们全总干校恢复以后，中央强调"四化"干部，要求知识化、年轻化。因此我们学校就开始从单纯的轮训班、培训班，增加了学历班，也就是大专班。1984年以后就开始争取办本科班，以后还要办研究生班，最后办博士班，这是一条必然的改革道路，这条路也是必须坚定地走下去，不能犹豫，不能徘徊。我们学校过去在恢复学历教育过程当中，有过迟缓和徘徊。80年代初开始强调"四化"的时候，全国妇联开始办中华女子学院，开展学历教育。共青团中央开办中国青年政治学院。我们全总干校就比较滞后，讨论有没有必要办学历教育，后来事实证明还必须办学历教育，虽然起步晚，但还是要奋起直追。我们的学校是从低到高，从简单到复杂，一步一步地创新，大专班到本科班再到研究生班，其中最重要的就是有劳模,因为劳模是工人阶级的楷模,是体现劳动精神、劳动价值的关键。特别是劳模班给习总书记写信,习总书记回了信,给予了极大的肯定和鼓励。劳模精神是我们工人阶级的旗帜,是先锋。作为劳动模范,他也有必要提高自身的素质,做到既有劳动技能,又有理论素质。同时作为先锋和模范,我们要弘扬这种劳动精神,劳模本身也要通过刻苦的学习,了解党的路线、方针和政策,了解党的基础理论,了解工会的理论。也正因如此才能起表率作用,带领工人群众在国家的建设当中,团结在以习近平同志为核心的党中央的周围,坚持中国特色工会的理论,为完成两个100年的宏伟目标,发挥积极的作用,创造出光辉的篇章。所以必须提高工人群众本身的素质。

问:您对我校尤其在工会和工人运动史研究方面有突出的贡献,在您做科研期间有什么事是您比较难忘的、印象深刻的,能分享一下吗?

答:作为教师,我本身也是受教育者,既传播知识也受到教育。现在从事工会教育研究的人员,他们应该和老的教学人员相结合,老中青相结合。教学也是实践出真知。你不经过实践的教学,你不可能提高,是吧?经过工会理论、工会业务、劳动保护、劳动保险、劳动法等一系列与劳动有关的学习教育,在实践中不断地熟悉业务、了解工会的历史现实、了解工会的理论,在这个基础上才能够不断地创新。因为工人运动不是空想主义,不是僵化的,不是死板的。国家的经济在发展,那么工人群众作为最活跃的、最有生命力的劳动力,每天进行创造,在前进。工会组织也应紧密地沿着实际道路前进,不断地总结新的经验、新的理论、新的理念,引导工会工作健康正常地开展。

问:杜老师,您刚才也说了,咱们学校将来还是要向更高层次发展,不仅要有硕士班,还要有博士班。咱们现在已经在香港开设了硕士研究生班。老师们对学校未来的期望也非常高,那您有没有什么话要对我们这些在学术路上比较迷茫的在校学生说呢?

答:概括几句话,就是有志于我们中国工会事业的青年们,应该有恒心,坚持在以习近平同志为核心的党中央的坚强领导下,践行中国特色的工会理论,弘扬劳动精神,实现我们学校的总体目标,在劳动关系领域成为国内一流、世界知名的院校。在实现中国两个100年的宏伟目标中,创造出更加辉煌的成就,谱写更加光辉的篇章。

问：谢谢杜老师。

访谈手记

在采访杜万启教授之前，我已经在课堂上听老师介绍过了杜老师编写的《新中国工人运动史》一书，这也更激发了我的兴趣，让我更想去了解杜教授。杜教授是我和孟中原的第一位受访者，北京大学历史系毕业，曾任中国工运学院工运研究室副主任，学院宣传部部长。杜万启教授在校工作期间主要讲授工会学概论、中国工运史、马克思主义概论、德育概论以及劳模本科班专业课。专著有《新中国工人运动史》等11部。

采访当天，我们提前约好在学校图书馆门口见面，随即到图书馆三楼做访谈准备。杜教授在爱人的陪同下如约而至。当天，杜教授穿着夹克外套，手里还拿着一本书，显得很是年轻干练。在图书馆三楼与杜教授会合后，我们进行了简短交流。杜教授看出我由于第一次做访谈，很紧张，就对我说："咱们就当坐下聊聊天，不要太紧张拘束。"杜教授幽默的话语和人格魅力，使我心里那份紧张和焦急都消失了。

正式的采访中，杜教授针对中国工人运动史做出简要明晰的概括，包括历次重大事件。从历史角度回答了工会的性质，即为什么工会的所有工作要最大限度地维护职工的合法权益，要为职工群众说话办事、排忧解难。工人队伍在建设中曾经遇到过哪些困难，遭遇了哪些挫折，未来应该如何前行，如何避免过去的错误不再发生。

大约一个小时的时间我们顺利地完成了采访任务。通过采访和杜教授的讲述，我深刻感受到一名教育工作者把毕生精力奉献给了教育事业的那种无私情感，对工会事业的热爱和关心关注。作为教育工作者，杜教授是给人指点迷津并带来温暖的人。

"学术研究不应该仅仅为了工作，还要感受到你所研究的东西的乐趣。"杜老师在校期间，对中国工运史的研究做出了巨大的贡献，退休后仍然没有把教鞭放下，到中共中央办公厅老年大学担任中国古代诗词教师。在写这篇访谈手记过程中，我不断回忆着过去这一个月来与杜老师相处的点点滴滴。其实访谈更是一个向杜老师学习的过程，即使我把了解到的全部记录下，也无法全面展现一个真正的学者的全部思想与求索。他从未停下学习的脚步,强调要不断学习,充实新知识,改善知识结构,即使退休多年也依然能对许多学术热点问题有精准把握、独特的见解。他用自己的经历告诉我们:如何学习,怎样对待学术工作,怎样才能更好地适应未来发展。

曹延平口述访谈录

访谈时间：2019 年 5 月 10 日
访谈地点：中国劳动关系学院图书馆古籍室
受 访 者：曹延平（中国劳动关系学院退休老师）
采 访 者：魏月芳（中国劳动关系学院 2018 级硕士研究生）
整 理 者：曹延平（中国劳动关系学院退休老师）
　　　　　魏月芳（中国劳动关系学院 2018 级硕士研究生）

受访者简介：

曹延平，1983 年毕业于北京师范大学分校哲学专业，多年从事工运史和工会理论的研究。学院改制后，主要讲授中国工人运动史、工会法和北京导游概论等课程。参与编纂《中国工会七十年》、《中国工会运动史料全书》（综合卷）、《中国近代工人阶级和工人运动》（第九、十册）、《简明中国工会史》等著作。撰写《试论抗日战争时期中国工人阶级统一战线》《论中国共产党与中国工会的历史关系》等多篇论文。

问：大家好，曹老师好，我是中国劳动关系学院 2018 级公共管理硕士研究生，魏月芳。今天有幸请到了我校从事工运史研究的工运学者——曹延平老师，来参与我们工运学者口述史现场录制，欢迎曹老师。

我来简单介绍一下曹老师的基本情况。曹老师 1983 年毕业于北京师范大学分校哲学专业，前期主要从事工运史和工会理论的研究工作。2003 年学院改制后，主要讲授中国工人运动史、工会法和北京导游概论等课程。

参与编纂《中国工会七十年》、《中国工会运动史料全书》（综合卷）、《中国近代工人阶级和工人运动》（第九、十册）、《简明中国工会史》等著作。还先后参与了"中国工人阶级状况调查""工会干部教育发展趋势""中国工会十三大报告"等若干工会理论政策课题的调研。撰写了《试论抗日战争时期中国工人阶级统一战线》《论中国共产党与中国工会的历史关系》等多篇论文。让我们再次欢迎曹老师。

曹老师，您1983年从北京师范大学哲学专业毕业，之后到中国劳动关系学院工作，其间有哪些经历，能和我们分享一下吗？

答：可以。1983年，我是春季毕业。毕业以后，我被分配到北京市宣武区教育局工作，大概有半年时间。有一天偶然看到《光明日报》上登载的招聘启事，当时还是叫全国总工会干部学校这个名字，另外一个单位是全总的中国工人运动史研究室。它们同时招聘，我就来应聘，后来10月份把我调到这个单位。当时是一个机构两个牌子，我当初还不是冲着全总干校这个名字，而是冲着中国工人运动史研究室这个单位来的，所以来了有一段时间是搞工运史研究。

问：那您能具体地给我们聊一聊您的这段工作经历吗？

答：概括地说从1983年一直到我2015年底退休，大概经历了三个阶段：一个是从入校以后到2003年学校改制，这一段时间呢，主要是从事工运史研究工作，没有承担教学工作。2003年学校改制以后，以教学为主，研究机构全都取消了，我就到了工会学系从事教学工作。2004年到2011年从当时的工会学系，到后来的高职学院，主要以教学工作为主。2011年新一轮聘任的时候，我选择到图书馆，主要是做行政管理工作。在图书馆任常务副馆长期间，还兼着一些课，但是主要工作还是图书馆的管理工作。

问：根据您刚才讲述的三个阶段的工作经历，我注意到，您从事工运史研究的时间是最长的，您能详细给我们介绍一下这一段工作的相关情况吗？

答：那我就结合着机构的变动，从刚开始搞工作的时候讲起吧。1983年入职的时候叫中国工人运动史研究室，这个机构跟全总干校是平行的单位。到1986年，全总新建立了一个工运研究所，中国工人运动史研究室就被合并到这个工运研究所了。所以我在工运研究所待了几年，到1990年，研究所从各个部门抽调来的人又回到了各个部门。这个研究所的牌子还保留，但是人员都拆散了。1990年我回到中国工运学院的时候，学院建立了一个工运研究室，不仅搞工运史的研究，还搞一些工会理论、经济理论的研究。到了2003年学校改制以后，撤销这个工运研究室，就没有专门的研究机构了，这个研究室和工会理论的教学人员并入工会学系，成为一个教学单位。

在大环境的影响下——"文革"期间，中国的历史包括当时工人运动史，被歪曲、破坏得比较严重，机构也被拆散了。"十年动乱"结束以后恢复了党史的研究，并建立了一个中共中央党史资料征集委员会，全总恢复了工运史研究室。听老同志讲，1956年开始工人运动史的研究工作。我到研究室来的时候也接触了资料室里的大量资料。因为是全总的工运研究室，所以也搞了一些全国性的党史、工运史的资料收集、整理工作。从1982年开始，先后召开了三次工运史的专题会议，第一次是叫座谈会，第二次以后就叫工作会议了，同时各个地方有一些协作，共同参与到这些工作中来。后来就编写了《中国工会运动史料全书》，其中有综合卷、地方卷、产业卷，工程比较浩大，参与的人也比较多，最后这本书的字数已经超过一亿字了。除了综合卷出了文字版，其他卷都是电子版的。当时正值中华全国总工会成立七十周年，以这个为契机，我们又出了一本书，叫《中华全国总工会七十年》。在这个过程当中，我参与调研写作了一些课题，《试论抗日战争时期中国工人阶级统一战线》《论中国共产党与中国工会的历史关系》都是在这个时期完成的。

问：谈起工会史研究工作的时候，无论是从全总方面还是从学校方面，曹老师您都是如数家珍，能不能跟我们分享一下当时您的总体感受或者是印象最深刻的事情呢？

答：归纳起来讲，大概有三点。一是当时从全总领导的角度讲，比较重视工运史工作。举个例子，我们写《中华全国总工会七十年》的时候，有一位名叫蒋毅的同志，他过去是晋绥边区的一个老同志，后来担任全总副主席。他退休之后一直非常关心工运史工作，虽然他的名字没在书上出现，但实际上，他领导、组织、协调我们反复修改研究这部书，这是我印象比较深刻的事。再一个就是召开了三次工作会议，全总每一次都有领导同志主持参与。我记得有一次开会，蒋毅同志在山西专门为某一个问题请示当时在任的全总领导，全总领导也直接在电话里做出了指示，这些给我印象比较深刻。

另一方面是当时参与工作的老同志，从50年代就开始搞工运史研究，后来也在做这项工作。有的是默默无闻地做资料工作、管理工作，当时条件很艰苦，他们一直干到退休。其中有位叫刘淼的老同志，现在已经九十多岁了。还有一些当时在研究室的老领导，虽然现在有的已经不在了，但他们对工运史的资料建设、历史研究做出了很大贡献。比如在编写《中国工会运动史料全书》这部书的时候，研究室的老主任唐玉良，组织领导工作，当时已经退休了，仍然付出了很大的心血。参与编写这本书的人很多，资料浩繁。我也想借此机会向他们这些对工运资料建设、历史研究做出贡献的人表示深深的敬意。

第三点，我在参与这些工作中能感觉到，从事史料研究，特别是收集资料、整理资料，这个过程也很艰辛。我举个例子，假如我们要查找一些资料，翻阅一些旧报纸要到当时的红旗杂志社，也就是现在的求是杂志社的图书馆，那里有一层全都是解放前老的剪报。我也很敬佩当初做这些剪报的人，他们把一篇一篇文章分门别类建立了目录，然后一本一本粘贴起来。从中看出当初那种工作的细致和不易。在我去查资料的时候，包括我们编写大事记，也是从这些大量的材料当中去翻找当时的报纸、资料，而且当时夏天也没有空调，汗流浃背是经常会有的。这些工作都是一个史学工作者最基本的工作内容。基本上就是这三点，我的感受还是比较深刻的。

问：您刚才介绍的老一辈的专家学者把他们的毕生精力都奉献给了中国工运史的研究，我们现在看到的一部部史料成品真的跟他们的心血还有艰辛是分不开的。曹老师，您大学的时候学的是哲学专业，您在从事工运史研究的过程当中，认为哲学专业的背景对您的研究工作有什么帮助？

答：这是一个很有意思的问题啊。我大学本科的时候，北师大的专业还没有分得那么细，当时就叫政教系。政教系全部学生前两年都在一起学，后两年分了两个专业：一个是政治经济学专业，一个是哲学专业。我选择的是哲学专业。我为什么选择它呢？一方面我当时是想再进一步学社会学，但是当时还没有开社会学专业；另一方面毕业以后我根据自己的兴趣，也是一个偶然的机会，我看到了《光明日报》上的那个招聘广告，再加上我本身对历史研究感兴趣，我就抱着试一试的态度来了。另外，哲学和史学这两个专业并不矛盾。首先都是属于社会科学，研究的都是社会规律，只不过一个是理，一个是史。作为哲学，讲究的是思辨；史学讲究的是史料史实。在研究史料的时候肯定要用到一些哲学方法，而且我们学哲学的时候，主要学的是马克思主义哲学。马克思主义哲学包括两大部分，一个是辩证唯物主义，一个是历史唯物主义，所以用马克思主义哲学的立场、观点、思维方法来指导史学的研究，我觉得帮助是很大的。比如说《中国工会运动史料全书》光是综合卷就有十几卷，后来社科院刘明奎先生编写的《中国近代工人阶级和工人运动》也是二十几卷。刚才说的这些是编进来的，还有没编进来的，也就是我们要剔除掉的那些，量更大。怎么从浩如烟海的材料当中取材、选材，把它编辑好呢？就是要有一定的科学性。另外，我们按照马克思主义的历史唯物主义实事求是地做这项工作。在编写史料书的时候，每一章前面都有一个文字说明，就是编者说明，编者说明本身就是一篇论文。为什么这么讲？因为要介绍的是这一章或者这一卷的历史背景，要把历史脉络叙述清楚，这样读者在看到这些史料的时候才能够理解。所以你问的问题，我现在回想起来，哲学尤其是马克思主义哲学，对我们编写中国工人运动史，研究中国工人运动史是有很大帮助的，是有指导性意义的。

问：从事工运史的研究，让您有机会接触大量史料，后来您又在学校工会学院任教。那和工运史研究相关的这些工作，对您后来教学工作有没有什么帮助，有哪些具体的东西可以跟我们分享吗？

答：这个我从两方面来说吧。一个是我一开始教的是中国工人运动史，过去我的工作是工运史研究，本身内容上是一样的，这是一致的。另一个方面就是过去是单纯的研究工作，包括当时的工运史研究、工会理论的课题，例如"中国工会十三大报告""工会干部教育发展趋势"等等。2003年学校转制以后，学校的主要的工作就是教学了。我个人从过去的以研究为主，转变成了以教学为主。虽然工作上没有脱离工会，没有脱离工会理论、工人运动，但是有一个特点就是研究的规律，或者说研究的方法和教学的规律和方法，它们是不一样的。

简单地说，研究主要面向的是材料，教学主要面向的是学生，包括如何组织这堂课，怎么调动课堂气氛，调动同学的积极性，把这一个知识作为一个整体传授给学生，就需要另外的一些技巧，它是一种有不同特点的工作。同时我不仅要讲课，还要担任系部的教学科研的组织工作，所以这和过去的工作就有所不同。

问：后期您从教学院系转到了图书馆，又开始从事管理工作。那您觉着教学和管理之间有什么异同点？

答：首先不同的工作部门，性质有所不同。先说相同的吧，都是在一个学校，学校的首要任务就是教书育人，所以这一点上来说它是共同的。那么不同的地方，教学单位面向的是具体的、专业的学生，培养的是具体的人才；图书馆是教辅部门，是为教学科研服务的，而且是以学生为主、以老师为主来进行教学科研活动。所以说工作性质、承担的责任，多少是有点不同的。

问：曹老师，从您刚才介绍的工运史的研究，到后来工会学院的教学，再到后来在图书馆从事管理工作，这一系列的工作也是一脉相承的，您刚才介绍的都是重点中的重点。我们再回过头来看您当时对于工会史研究的资料，您认为当时的这些史料的研究，对于后期管理这些资料有什么帮助呢？

答：这也是一个好问题啊。过去是我使用资料，后来主要搞的是图书资料的管理工作，当然不是直接在一线上管理这些资料，而是除了管这些图书文献资料，还要管人，位置不一样了。我当初做工运史工作的时候接触那么多的资料，现在让我说的话，我会有些什么感慨呢？那时的科技手段、数字资源不能跟现在同日而语，80年代甚至90年代的时候几乎可以说是没有什么数字资源。科技发展这么快，进入了信息时代以后，特别是进入21世纪，信息量是巨大的。所以再用过去那种办法来管理这些文献资料，是远远不够的。比如说图书馆早就有，当时的图书馆和现在的图书馆不一样，是在教学楼一层的几间教室，图书资料也不能跟现在比。到我接任图书行政管理工作的时候，已经进入信息化、数字化。那个时候我就意识到，建立数字图书馆是一个很高的手段。当时学校还在做考核评估，有一些硬性的指标，我们也都要达到。同时，图书馆面向的是读者，作为一个学校的读者来说，大部分都是学生，还有教师。再有一点是中国劳动关系学院的图书馆，要跟学校的定位相结合。学校那个时候定位就是"三位一体"：一是本科教学，二是高职，三是工会干部培训。那么我们图书馆面向的读者也要是这三类，它服务的都是工会院校的读者，所以在资源建设上也好，服务对象上也好，都要符合这个"三位一体"的定位。

问：是的，也就是说，咱们的图书馆资源专业性是非常强的。

答：任何图书馆，我觉得都应该是普及性和专业性相结合的。尤其是大学的图书馆，要有一定的专业水平，特别是结合学校的专业。比方说建校六十周年的时候，全总的领导曾经提出来把我们学院建成国内同类大学中的一流大学，我们的图书馆也要建成这一类学校中的一流图书馆。所以就要办出特色来，学校办出特色，图书馆也要办出特色。过去除了图书馆的基本工作，包括对外借阅图书、开放阅览室、图书采编，还要参与到专业的教学科研上去，这些都体现了图书馆的参与性。

问：今年是新中国成立七十周年，也是我们中国劳动关系学院建校七十周年。学校经历了从全总干校到工运学院，再到中国劳动关系学院三个阶段发展，您作为一个亲历者、对工运研究做出突出贡献的老师，您对我们现在的学生或者老师有什么想说的话吗？

答：突出贡献谈不上，参与者倒是可以。如果要说这70年的话，我赶上了。从1983年到现在，有人说，老一代的有的不在了，有的退了，现在健在的年事已高了。我是正处于中间这一段，年青的一代就是现在在职的这些老师。从我参与的这一段来说，我亲眼看到学校一步一步发展起来，而且这一段应该说是整个70年当中发展最快的阶段。这和我们国家70年的发展历程几乎一样。因为我到这个学校来是1983年，已经是改革开放以后，改革开放40年来，国家发生了翻天覆地的变化，学校也发生了巨大的变化，有了很大的进步。任何一个学校都有它的历史，都有它的发展过程，我有幸参与这个过程，还可以看到学校将来继续发展，我很荣幸。

问：谢谢曹老师，我们也非常荣幸能够聆听曹老师给我们讲述这样一段非常珍贵的、非常有意义的口述史。我们今天的口述史现场录制到这里就要结束了，谢谢您。

访谈手记

阳光明媚，草木葱茏，2019年5月10日14点30分，中国工运文库口述史项目组对曹延平教授的访谈如期进行。访谈大概进行了40分钟，而这也许是我觉得过得最快的、信息量最大的、最生动有趣的40分钟。如此高效和顺利的40分钟源于前期充分的沟通和曹延平教授严谨的治学态度以及丰富的从业经验，更是敬业精神、工匠精神的直接表现。

曹延平教授1983年毕业于北京师范大学分校哲学专业。前期主要从事工运史和工会理论的研究工作，学院改制后，主要讲授中国工人运动史、工会法和北京导游概论等课程，如今已经光荣退休。曹老师参与编纂了《中国工会七十年》、《中国工会运动史料全书》（综合卷）、《中国近代工人阶级和工人运动》（第九、十册）、《简明中国工会史》等著作。还先后参与了"中国工人阶级状况调查""工会干部教育发展趋势""中国工会十三大报告"等若干工会理论政策课题的调研，并形成报告。撰写了《试论抗日战争时期中国工人阶级统一战线》《论中国共产党与中国工会的历史关系》等多篇论文，可谓成果颇丰。

这次的中国工运文库口述史项目确定由我和王兴龙负责对曹延平教授进行访谈后，我们立即检索了曹老师的简历，但是只能通过有限的资料写出一个不全面的访谈大纲。本以为是一个简单的"你问我答"的任务，当把访谈大纲发给曹老师后，曹老师把我们邀请到他的家里，给我们详细介绍了他的经历。第一次见到曹老师便被他温文尔雅、侃侃而谈的气质所折服，仿佛一提到工运史他就有讲不完的故事。但是曹老师说讲故事归讲故事，既然是中国工运文库"口述史"，那就要说一些"有用"的东西，不能一般化，否则就会失去意义。曹老师虽然退休了，但他还是在中国劳动关系学院勤勤恳恳地工作。在访谈准备期间，曹老师特意提到，图书馆还有两柜子珍贵资料，希望图书馆的工作人员能够保护好它们，让这些宝贵的资料发挥更大的价值。曹老师如此认真负责、敬业严谨，我们自然不能懈怠，于是立刻提高了认识和站位，加班加点将访谈提纲重新编辑整理，用一周的时间推敲拟定了10个问题。这些问题主要是从曹老师的工作经历出发，涵盖了工运研究、教学工作、图书馆管理工作三方面。第二份访谈提纲发送给曹老师后很快就得到了回应，让我们没想到的是，曹老师亲自详细修改了访谈提纲，从而使材料更加准确、全面。曹老师为我们提供了一个更为清晰的逻辑和思路，我们反复研究，删减了部分问题，最终保留了6个重点问题。三天后，我们就收到了曹老师发来的访谈问题回答提纲，一打开就不由得赞叹曹老师的认真和严谨！整个文档不但对访谈问题进行了细致的回答，还进行了排版和批注。

第一次访谈由王兴龙同学出镜录制，我由于其他原因缺席了现场录制。之后我们接到了图书馆刘钟美老师的电话：希望能够重新录制。曹老师在录制前再次邀请我们到他的家里，又重新一点一点修改采访稿，并提供了更多的素材，为第二次录制打下了良好的基础。曹老师这种认真负责、敬业忘我的态度，值得我们去学习和发扬。为了达到最好的录制效果，我们又一次联系了曹老师，很快敲定了第三份访谈提纲，按照时间顺序和曹老师学习工作经历的内在逻辑对访谈问题重新编排，最终确定了8个问题。在这期间，图书馆的刘钟美老师一直细致耐心地给我们帮助和解答，面对许多难题也一直帮助我们协调和沟通，在录制的前两天刘钟美老师出差在外，也不忘给我们打电话进行指导和鼓劲。

第二次录制由我现场采访，由于是我的第一次出镜访谈，难免有些紧张，坐姿不太自然，说话也打结。而曹老师则展示了大家风范，对每一个问题都是有条不紊、娓娓道来，我也慢慢放松下来，渐渐投入访谈的状态中。在录制过程中，曹老师思路清晰、循循善诱，还时不时地对我提出的问题表示赞许，我也自然地倾听起曹老师的讲述，甚至还现场发挥提出了几个小问题。录制完成后我向曹老师坦言自己一开始太紧张了，曹老师建议我可以重新录一下开头，找到自己的状态，还为我加油打气。遗憾的是当时忙于调整自己的心态和语气，准备重录，竟没有和曹老师留下一张合影。录制结束后，我整理好了文字稿发给曹老师，第二天便收到曹老师的"批改"，一笔一画都那么认真，甚至连一个标点符号都反复推敲，再一次印证了曹老师的敬业和严谨。

时至今日，回想起访谈的前前后后，收获于无形当中落袋，成长于无形当中彰显。曹老师身上认真严谨的治学态度、勤恳负责的敬业精神更值得我们学习和发扬，这不仅是工会使命的体现，更是工运精神的传承。今天，中国特色社会主义进入新时代，我国工会工运工作不断书写新的历史，但也面临着诸多新的挑战。这就要求我们不能忘记来时的路，不能忘记老一辈学者的精神和贡献，坚守工作初心、牢记工会使命、明确目标方向、提高本领能力，自觉同人民群众想在一起、干在一起。通过这次访谈，我不仅掌握了访谈提纲的构思方法和问题关键，也学习了很多工运史和劳动关系学院的校史，更结交了一位好老师、好教授。作为一名中国劳动关系学院的在读研究生，有幸在校庆70周年来临之际参与到中国工运文库口述史项目中来，尽自己的一份力。同时作为中国劳动关系学院校史讲解团的团长，非常珍惜这次亲自学习历史、亲耳倾听历史、亲身感受历史的机会，当然我有责任也有信心将工运工会史、学院的历史传播得更广更远。

沈琴琴口述访谈录

访谈时间：2019 年 5 月 13 日
访谈地点：中国劳动关系学院图书馆古籍室
受 访 者：沈琴琴（中国劳动关系学院退休教授）
采 访 者：张琳琳（中国劳动关系学院 2018 级硕士研究生）
整 理 者：沈琴琴（中国劳动关系学院退休教授）
　　　　　张琳琳（中国劳动关系学院 2018 级硕士研究生）

受访者简介：

沈琴琴，中国劳动关系学院原副院长、院学术委员会主任，教授，经济学博士。国家社会科学基金学科评审组专家、德国波恩大学劳动研究所特聘研究员，曾任教育部高等学校公共管理类学科专业教学指导委员会委员、中国劳动学会劳动科学教育分会副会长、中国人力资源开发研究会劳动关系分会副会长、全国工会学研究会常务副会长。

个人专著：《德国劳动力市场》《劳动力市场与职业选择》《劳动经济》。在国内《中国劳动》《改革》《德国研究》《欧洲》等刊物发表学术论文 100 余篇。曾分别在德国慕尼黑大学、德国马普外国与国际社会保障法研究所、德国波恩大学劳动研究所做访问学者和高级研究学者。曾在德国慕尼黑大学和日本女子大学讲学。

问：大家好，本期口述史访谈，我们非常荣幸地请到了学院原副院长沈琴琴教授。沈院长毕业于中国人民大学，获经济学博士学位，曾在德国慕尼黑大学、德国马普外国与国际社会保障法研究所和德国波恩大学劳动研究所做访问学者和高级研究学者，曾在德国慕尼黑大学和日本女子大学讲学，被评为"北京市成人院校优秀中青年骨干教师"，多次被评为"学院十佳教师"。非常感谢沈院长回到学校参加70周年校庆活动，我们希望通过今天对沈院长的访谈，更多地了解学院的专业学科建设与科研工作发展的历史进程，也想请沈院长谈一下关于劳动力市场与劳动关系问题的研究。

沈老师，请问您是哪一年来学院任教的？

答：我是1989年夏季来到学校的。1978年高考恢复之后，我们才有机会进入大学。我当时在西安交通大学读书，1982年毕业之后我留校任教。在1989年的时候，因为家庭的关系，我调到北京。恰好在这一年，当时的中国工运学院建立了劳动经济学专业，成立劳动经济系，我在这一年来到学校。当时的系主任是冯建威教授，系副主任是沈连元教授。冯建威教授后来也担任过中国工运学院党委副书记。我在劳动经济系担任了劳动经济学、劳动就业，还有劳动报酬学等专业课程的教学工作。

劳动经济学专业和我们学校有着非常深厚的渊源。1954年7月26日，我们学校从天津迁到北京，8月11日，教职工正式在北京新校舍办公。1954年9月至1955年7月，我们学校开办了国内第一个劳动经济研究班。苏联莫斯科高级工会运动学校副校长、经济学专家莱昂尼德·科斯金教授为参加劳动经济研究班的全国学员讲授劳动经济学。1955年5月，劳动经济研究班的全体学员和苏联专家在校园里合影留念。莱昂尼德·科斯金教授是苏联把现代劳动经济作为一门科学进行研究的创始人之一。他结束我们学校的劳动经济研究班讲学，回国之后，就出版了苏联第一部《劳动经济学》教材。

问：听了您的介绍，我们才知道原来劳动经济学专业和我们学校有着这么深厚的渊源。在庆祝学校建校70周年之际，学校复建了劳动经济学本科专业，真是一件大喜事。

答：是的。关于学校劳动经济学专业的建设，我可以介绍一些情况。当年苏联专家来讲课的时候，我们学校是中华全国总工会的干部学校。"文革"开始后，自1966年至1978年11月，学校停办。1978年11月12日，中央同意恢复全总干校。学校作为中华全国总工会招收成人大专的干部学校，干部脱产在职学习。1989年夏季我来到这个学校，这一年学校成立了劳动经济系并正式招生，当时招收的是劳动经济学的成人大专班。

在全国的劳动经济学专业建设方面，有两个学校非常重要，我想在这里介绍一下。

一个是首都经济贸易大学，它的前身是1956年创建的北京经济学院。首都经济贸易大学的劳动经济学院是由原北京经济学院的劳动经济系和人口经济研究所合并组建而成。劳动经济系的前身是由原国家劳动部部长李立三同志倡议，于1954年创立的中央劳动干部学校，1955年在我国最早建立了劳动经济学专业，招收劳动经济学专业的本科生。我们国家人力资源和社会保障部的一些干部，还有全国各省区的劳动部门的干部，有很多都是从这个学校毕业的。1984年以前，首都经济贸易大学的劳动经济系是全国唯一的劳动经济学科点，这是首都经济贸易大学劳动经济学专业开设的情况。

还有一个是中国人民大学。1983年10月，中国人民大学与原国家劳动人事部联合创办的劳动人事学院正式成立。中国人民大学劳动人事学院于1984年招收了劳动经济学专业的本科学生。1994年，中国人民大学劳动人事学院设立了劳动经济学专业的博士点，1995年面向全国公开招生。我就是在1995年报考中国人民大学劳动人事学院劳动经济学专业，在当年入学在职攻读博士学位的。

上面讲了这两个学校劳动经济学专业开设招生的情况。我们中国劳动关系学院是1989年成立劳动经济系的，但是从劳动经济学的渊源和劳动经济学专业的建设来讲，我们学校也是起到了重要的作用。同时要说明的就是，我们学校当时招收的是成人大专的学生。1998年，教育部对全国普通高等学校本科专业的目录进行调整，在这个专业目录中把劳动经济学专业调整为劳动与社会保障专业。这里有一个大的背景，就是在1998年的3月，1998年，注意这个时间，1998年3月，原来的国家劳动部正式更名为中华人民共和国劳动与社会保障部。1998年7月，教育部对普通高等院校的本科专业目录进行了调整，这也是因为当时市场经济发展使整个社会的劳动力需求发生了一些变化，所以高校的招生、专业设置以及培养学生的方向、课程建设等等也都随之进行了一系列调整。按照教育部的规定，普通高等学校的招生工作从1999年起执行新的本科专业目录，在校学生的培养和就业工作原则上仍按原专业执行。

由于专业目录发生变化，我们学校在1999年停办了劳动经济学专业，改为劳动与社会保障专业，但是当时仍然招收的是成人大专的两年制学生。我们学校2003年转制升本，正式面向全国招收劳动与社会保障专业的本科生。2019年正式复建劳动经济学专业。

问：沈老师，我们学校的劳动经济学本科专业有哪些突出的专业特色呢？

答：我们学校的劳动经济学专业在今年复建之后，它设立在经济管理学院。劳动经济学的学科建设方向是要以劳动和工会为基石来打造学科的核心竞争力，努力形成"特精尖"的行业特色，加强与国内外一流大学的全面合作，共建中国特色的社会主义"劳动经济学科"。它的学科特色聚焦点是，要把经济转型期的"行业差异"，作为我们学校劳动经济学科建设的切入点，努力在"产业工人""产业工会"等领域形成自己的教学和科研特色，也就是凸显我们学校的行业特色。再一个，从新型的专业教学模式探索方面来看，主要是我们希望以"政治素质过硬、劳动情怀深厚、专业功底扎实、实践能力突出"的要点作为应用型人才培养的目标，着力于全面地提升学生的社会调查与数据处理能力。

问：好的，老师，那么从咱们学校的校名上也可以看出来，劳动关系专业是咱们学校的特色专业和金牌专业。请您再谈一下我们学校劳动关系专业的建设和发展情况好吗？

答：好啊，你提的这个问题非常有意思。我原来是搞劳动经济学专业的，我前面说了，1999年我们学校的劳动经济学专业招生改为劳动与社会保障专业。这个时候学校也相应地进行了系部调整，原来的劳动经济学教研室更名为劳动与社会保障教研室，这个专业的教学工作调至工会学系。当时我是教研室主任，我们这个教研室整体并入了当时的工会学系。也正因为这样一个工作调整，我和劳动关系专业的建设结下了不解之缘。

我刚到工会学系的时候，工会学系的系主任是常凯教授，后来常凯教授调到中国人民大学劳动人事学院任教。常凯教授大约是从1986年开始从事劳动关系和劳动法律的教学和研究，他是我们国家劳动关系学科的主要开拓者和创始人之一。经过20世纪80年代到90年代的发展，工会学系的老师已经开设了一系列和劳动关系专业相关的课程，但是当时在全国并没有劳动关系这样一个专业。工会学系当时开设的专业，有一个是成人大专班的"工会学"专业，系里老师为大专班的学员讲授劳动关系学、中外劳工历史与现状、工会法和工会组织、职工民主管理与社会参与、劳动争议处理制度、劳动政策、劳动心理学、劳动社会学、社会调查统计方法等一系列课程。

2003年，学校转制升本，从成人大专院校改制为普通本科高等学校，我们学校也正式从中国工运学院更名为中国劳动关系学院。这个时候，我在学校担任工会学系的主任，同时兼任公共管理系的系主任。你可以回想一下，当然你们都很年轻了……在世纪之交的时候，中国的改革速度是非常快的。在这个时期，国家的大环境，不管是经济结构的变化，或者说劳动力市场的变化，包括劳动关系等方面都发生了非常深刻的变化。所以各方面的条件成熟，也就是说社会有需求。同时学术界也有很多研究，包括和劳动关系相关的一些研究论文或者书籍也开始出现，所以学校就决定要向教育部申办劳动关系专业，这对我们学校来讲是一件大事。因为从全国来讲有上千所大学，我们学校要申办一个新专业，需要做很多准备工作，我们全系的教师共同努力积极地完善劳动关系的专业课程建设，推动劳动关系专业学科的发展。

2004年，当时我是系主任，所以主要由我负责邀请了国内众多的知名专家和教授在我们学校的办公楼四层会议室召开了一个论证会，论证在中国的普通高等学校开设劳动关系本科专业，按照社会的需要来培养劳动关系专业人才的必要性和紧迫性。在这次论证会上，与会的专家和教授都给予了大力支持，认为在中国迫切需要建立劳动关系专业，培养相关的专业人才来满足市场上对这些专业人才的需求。经过讨论论证，当时到会的专家都出具了论证报告并签名，由学校向教育部申办开设劳动关系普通本科专业。这是2004年的8月13号，我的印象很清晰，因为当时是在暑期，为了邀请全国的知名专家出席这个论证会，我曾专门向校领导请示、确认这个时间。我们的专业申办报告得到了教育部的批准。2005年5月，教育部首次把劳动关系专业列入全国普通高等学校的本科招生目录。而我们学校在当年，也就是2005年就在全国招收了第一届劳动关系普通本科专业的学生，一共招收了45名。

时间过得真快，一晃十多年就过去了，我们学校的劳动关系专业建设飞速发展。2008年10月，劳动关系专业被教育部确定为第一类第三批特色专业建设点；2013年设立了学校的第一个硕士点，开始招收首届公共管理（MPA）专业（劳动关系方向）硕士研究生，但是当年申办劳动关系本科专业的情景还历历在目。

问：沈院长带我们一起回顾劳动关系本科专业的建立历史，我们发现沈院长在其中发挥了至关重要的推动作用。

答：当时我是系主任，都是应该做的分内工作。作为教师，能够通过开拓新的专业，培养专门人才，满足社会发展的需要，真的是一件非常令人欣慰的事情。

问：这不仅让我们学校有了这样的一个王牌专业，也为社会、为企业、为我们的政府部门培育了更多的劳动关系方面的专门人才。非常感谢沈院长！

答：应该感谢所有参与劳动关系专业建设和发展的老师。

问：现在其实我们学校的发展也是处在一个非常快速的上升期。现在学校已经开始培养公共管理专业劳动关系方向的硕士研究生了。

答：是啊。劳动关系本科专业的建设是可以载入学校发展史册的一件大事，而且现在学校已经开始培养劳动关系专业硕士研究生，这是非常快速的发展。据我所知，自2005年以来，经过十多年的发展，中国目前已经有十多所大学开设了劳动关系的本科专业，有近百所大学开设了与劳动关系专业相关的课程。当然，中国劳动关系学院在全国的劳动关系学科领域里是具有领军地位的。主要承担劳动关系专业本科生和硕士研究生培养工作的主打院系是劳动关系与人力资源管理学院，他们在科研方面积累了丰富的经验，也取得了丰硕的成果。多年来，这个院系的教师完成了国家社科基金、国家自然科学基金、中华全国总工会，包括司法部、劳动社会保障部以及北京市社科基金等多项课题，出版各类著作、教材几十部，在海内外的学术刊物上公开发表论文数百篇，有多项学术成果在学术界产生了重要影响，并获得省部级的奖励。

从学校层面讲，学校的领导更是高度重视劳动关系专业的建设。目前我们学校的劳动关系专业是教育部的特色专业建设点，劳动关系协调与发展综合实验教学中心是国家级的实验教学示范中心。从劳动关系专业学科的科研工作角度来讲，我们做了大量的工作，我想你在采访其他老师的时候,他们一定也专门介绍过相关情况。我们为了扩大学院在劳动关系研究领域的学术影响,打造学院的学术研究平台,在我负责学院的科研管理工作这段时间,我们就在学校原有的全国工会学研究会、中国工人历史与现状研究会的工作基础上,又进行了精心的策划和组织。2008年,创办了一个具有鲜明特色的十分重要的学术交流平台,平台的名称就叫作"中国工会·劳动关系论坛"。也就是说我们研究劳动关系的视角更多的是从中国工会的角度、维护劳动者权益的角度来研究劳动关系。这个研究平台、学术交流平台建立之后,取得了良好的社会效应,它不仅融合了不同学科研究工会和劳动关系问题,增进国内外不同学科学者的学术交流,推动构建和谐劳动关系,同时也扩大了我们学院学术研究的社会影响。从2008年到现在经过十多年的发展,这个论坛已经成为围绕中国工会理论与实践,围绕劳动关系和劳动者权益保护,展开讨论和研究的具有广泛社会影响力的学术研究会。近几年来,我们学校又建立了大国工匠与劳动模范研究所等十多个研究机构,在工人阶级与工会理论、劳动关系、劳动法学、劳动经济、职业安全卫生等方面的学术研究,应该说处于国内领先水平。学校还积极地推进新型智库建设,设立了劳动关系和工会研究中心,聚焦重大社会问题,服务国家战略,并且通过编辑动态简报、撰写咨询报告、发布蓝皮书等多种形式来推出高质量的研究成果,为中央、为全国总工会的相关决策提供智力服务。

问: 刚刚沈院长带领我们一起回顾了劳动关系本科专业的发展过程。我们也发现了一个非常结合实际的地方,就是结合了我们国家的特殊国情,将中国工会工作与劳动关系结合在一起。我们也知道当前我们国家和资本主义国家有一个非常明显的区别,就是他们的资方与劳方是处于非常对立的状态。但是在我们国家,我们要做的是双赢,我们要让资方与劳方达到互利双赢的状态,在这个过程当中,工会就要发挥至关重要的作用。所以说,我觉得沈教授的这一项研究,不单单是极大地推动了我们国家劳动力市场发展中劳资互利双赢关系的进步,更是非常适应我们国家发展需求的一项研究。

接下来想请沈教授和我们谈一谈劳动力市场和就业的相关话题。您长期从事劳动力市场研究,还曾专门到德国实地考察劳动力市场的运行情况,发表过一百多篇论文,多项研究成果获得了国家级奖项,也曾主持完成世界银行与国家发改委合作的课题、国家社科基金课题以及全总关于工会参与社会保障制度建设的问题研究等国家部委级课题。请沈老师谈一谈改革开放以来，我国的劳动力市场发生了怎样的变化呢？

答：好的。你们年龄都很小，1978年你们还都没有出生。在那个时候，也就是说在1978年以前，中国根本就没有劳动力市场，因为当时实行严格的户籍制度，城乡的人口流动几乎不存在。如果你要流动，要从农村到城市，即便你有钱，但是你没有粮票，你就根本不能吃饭。所以城乡人口流动几乎不存在，城乡的劳动力分别都是在城市城镇的正规的国营部门和农村。所以我们用专业术语来讲就叫作就业分割。

改革开放之后，中国劳动力市场的制度建设大致经历了四个阶段，逐步培育发展和完善起来。

第一个阶段（1978~1983年），我把它叫作劳动力市场逐渐萌芽阶段。在这个期间，它的主要起因是"文化大革命"期间的1500多万"上山下乡"知识青年大军返城，加上城镇的新生劳动力，所以城镇就业问题十分突出。当时城镇的返城知青和新生劳动力数量巨大，而国家的大学建设十分有限，招生很少，所以就业问题非常突出，对社会的安定影响也很大。1980年，我们国家实行了"三结合"就业方针，具体地说，就是"在国家统筹规划和指导下，实行劳动部门介绍就业、自愿组织起来就业和自谋职业相结合"，这么一个就业方针一下子就打破了以往那种"统包统配"的就业制度。你现在有点自主权了，可以自己组织起来干或者自己单干。非公有制经济形式也开始得到初步发展。因为你可以集体组织起来就业，比如你上网可以搜到，当时在北京前门"青年茶社"卖的大碗茶，二分钱一碗，就是知青他们自己组织起来干的。当然还有个人的个体就业，个体户。这样慢慢地劳动力市场逐渐地萌芽，过度僵化的体制内的就业机制开始有所松动，所以那时最早吃螃蟹的人就离开了国营企业，开始自谋职业。

但是在这个阶段，农村的劳动力政策还是以控制农村劳动力为主要倾向，而且因为票证制度并没有彻底被打破，所以农民进城务工还是受到严格的限制，还不存在农民流动的问题。这是第一个阶段。

第二个阶段（1984~1994年），劳动力市场的局部建立和发展阶段。时间段应该是从1984年到1994年。

在这个期间,1984年党中央的十二届三中全会通过了中共中央关于经济体制改革的决定,其中讲到随着中国经济体制改革的不断深入,需要尽快地确立国营企业的用人主体单位。在这个背景之下,我们国家劳动力市场的政策变化就开始聚焦于国营企业的劳动合同制。开始实行劳动就业合同,不像过去你只要就业了,就一直是企业的工作人员。1993年,中央提出了一个新型的劳动用工制度,叫作"国家宏观调控、企业自主用工、多种形式并存、全员劳动合同",这样就打破了过去"铁饭碗"的用工制度。所以国家的合同制职工人数就快速发展起来。

在这个阶段,农村的劳动力市场也开始发生了很大的变化。农村的土地可以承包了,越来越多的劳动力从土地上解放出来。所以从1984年开始,国家就准许农民自筹资金,自理口粮,进入城镇务工、经商,而且城市当时的票证制度也开始松动。就是说你不用什么粮票什么户口,你也可以买到粮食。当然前提是因为经济体制改革了之后,农村的劳动力劳动积极性提高,劳动力富余了,粮食也增加了。1984年到1989年,是我们国家乡镇企业发展的高峰时期,也是农村劳动力转移的黄金时期。围绕着乡镇企业的发展,我们国家开始形成了遍布于全国,但是又局限在一定区域的乡镇劳动力市场。在这个阶段,农村剩余劳动力开始有所转移,但是它的转移主要还是离土不离乡,它是以乡镇企业转移模式为主。

第三个阶段(1995~2007年),我就把它叫作劳动力市场快速发展阶段。

20世纪90年代中期以来,我们国家经济体制改革调整引起的职工下岗问题十分突出。1997年,中央决定用三年的时间,使大多数的国有大中型亏损企业摆脱困境,于是就进行了"下岗分流、减员增效"的国有企业改革。解决下岗职工的再就业问题,就成为这一阶段城镇劳动力市场就业政策的主要内容。在国家一系列下岗职工再就业政策引导下,大量的下岗职工和失业人员实行了灵活就业。1996年到1997年,我到德国去做访问学者,实际上是带着这样一个研究课题去的,德国作为一个转型国家,它在东德和西德合并的时候,是如何来解决东德国有企业的大量富余人员的。我就在那个时期开展这个课题研究,进行国际比较研究。

在第三个阶段,劳动力市场快速发展阶段,农村的情况是什么?农村劳动力的流动原来是离土不离乡,现在是跨地区向城镇转移的主观倾向开始增加。因为这个时候城乡之间的收入差距明显，而且地区之间的差距，包括经济发展程度和收入差距都非常明显。所以农民他就要选择，那么农民工的流动就开始呈现出了规模大、持续不断的特点。国家对农村劳动力转移问题的政策也逐渐放宽，农民工的总量也就开始快速地增加。2007年，农民工的总量已经达到1.3亿人左右，其中大多数属于体制之外的灵活就业。这是第三个阶段，快速发展阶段。

第四个阶段（2008年至今），当快速发展之后，我们就进入了劳动力市场制度建设日趋完善的阶段。

随着劳动力市场改革的不断深化，市场机制在劳动力资源配置中的基础性作用开始逐步地体现，劳动力市场的灵活性也越来越明显。与此同时，劳动就业过度灵活的各种问题也逐步显现，随之也出现了一系列侵害劳动者合法权益的现象。比如说拖欠工资，特别是拖欠农民工工资这种现象在一些地区、一些行业和一些单位，甚至可能表现得相当严重，很普遍。劳动用工方面的劳动合同短期化、劳动关系不稳定现象极大地侵害了劳动者的权益。为了更好地建立劳动力市场秩序，切实维护劳动者权益，国家就在2008年1月1日，正式颁布实施了《劳动合同法》；2008年5月1日，又正式实施了《劳动争议调解仲裁法》；2011年7月1日《社会保险法》正式实施。这三个法律的颁布实施，标志着我们国家加快劳动力市场规制建设。一直到现在，我们可以看到劳动力市场的法律法规的建立以及加强执法力度等，都是向着越来越严格、越来越规范的这样一个方向发展。

总而言之，通过这四个阶段的发展，从1978年改革到目前为止，随着经济体制改革的发展，中国的劳动力市场从无到有，不断地发展完善，劳动就业也就完全市场化了。1978年，包括我大学毕业的时候，包括我1989年来到咱们学校的时候，大学生毕业之后都是由国家来包分配、统一分配。现在没有统一分配了，学生毕业后都是自己来选择就业，没有一个分配就业。

问：是的，真是时势造英雄。1978年后，我们国家从计划经济转为市场经济，从1978年以来劳动力市场发展的四个阶段来说，其实每一个阶段它的矛盾冲突最后归结到一个点上，就是劳动关系。国家也是针对这一方面的问题做出了很大的努力，那么我们学院特别是沈院长所带领的、创建的劳动关系专业，研究劳动关系，也可谓顺势而生，做出了很大的贡献。作为在校学生，大家都非常关心将来的就业问题。当前中国的就业状况如何？当我们进入劳动力市场时，在就业选择上应该注意哪些问题呢？

答：好的，关于这个问题我最近看到国家统计局的最新数据。从就业来看，2019年1月、2月和3月份，全国城镇调查失业率分别是5.1%、5.3%和5.2%。3月，全国的城镇调查失业率要比上一个月，就是比2月份要回落0.1个百分点。另外一个数据是中国就业研究所最新公布的就业市场景气报告，也显示今年第一季度中国的就业景气指数回落到了1.68。最近中国人民大学中国就业研究所所长曾湘泉教授在接受第一财经记者采访时表示，在过去的十年间，我们国家的就业生态发生了深刻的变化，就业的主要矛盾已经从总量问题转变为结构性问题。以互联网为代表的新型业态兴起，灵活就业大幅增加，劳动参与率开始下降，这样一系列变化，都对我们国家的积极就业政策提出了新的挑战。

改革开放以来，我们国家就业市场的主要矛盾就是要解决庞大的源源不断的无限供给的城镇新生劳动力问题，特别是农村劳动力的城市化问题。改革开放40多年来，我们可以看到，实际上中国在经济发展的同时非常妥善地解决了就业问题，应该说是取得了举世瞩目的成就。我们拿数据来说明，从1978年到2018年，中国的就业总量已经从40152万人增长为77586万人，增长率是93.2%，增长了将近一倍。劳动就业的增长总量是多少呢？非常有意思，我特别强调这个数据，中国40多年就业增长的总量是37434万人。什么概念？增长了3.7亿人。你可以去查一下，2019年美国全国人口总量是32676万人，也就是说我们改革开放40多年来，全国增长的就业总量要比美国的人口总量还要多！但是我们中国的国土面积和美国的国土面积是基本相当的。这个成就比任何数据都能说明问题，这是多么伟大的成就啊！同时中国不但解决了这么多人口的就业问题，而且我们的生活水平提高到了什么样的程度？真是天壤之别，大幅度上升。

问：是的，大幅度上升，特别是在一二线城市，它的很多基础设施已经赶超了很多发达国家。

答：是的，所以有的外国人他们如果没有来过中国，只是在国外看到、听到一些不实的、不符合事实的报道，他们可能对中国的印象甚至都还停留在清朝，（人们）梳着大辫子，然后拉着马车牛车的这样一个印象。

问：他们觉得中国还是处在非常贫困的景象当中。

答：所以，当他们来到中国时都特别地震惊，就会说"没有想到中国是这个样子"。这确实是改革开放以来取得的巨大成就，我们每一个人都亲身地体会到这一点。但是，在我们改革取得这么重大的成果的同时，我们也应该看到在就业方面我们所面临的挑战也是非常巨大的。

过去的十多年来，就业市场的矛盾在逐渐地发生一些变化，劳动力无限供给的时代开始结束。随着劳动力年龄人口的下降，就业市场的结构性矛盾超越了总量的矛盾。我们国家现在就业市场中存在的最突出的矛盾就是就业的结构性矛盾，一方面是"用工荒"，另一方面是"就业难"。就业结构性矛盾，既表现为行业和区域之间的结构性矛盾，同时表现突出的矛盾焦点就是青年就业，特别是大学生就业。青年失业率高，在各国是一个普遍现象，但是在中国，由于年轻人口众多，再加上高校扩招等原因，所以中国的青年就业问题就显得特别突出。

近几年严峻的就业形势，让大家对大学生的就业形势格外关注。最近我看到关于全国各个高校毕业生就业质量的年度报告，这几年都陆续地发表。最新的中国教育在线汇总了2018年高校毕业生的就业质量报告，该报告详尽地分析了几百所大学的毕业生就业整体情况，对这些大学的分专业的毕业生就业率、它的毕业生的就业去向，包括它的学生的就业的薪资水平、毕业生初次就业的薪资水平等都做了调查。其中北京有13所大学提供了就业质量的年度报告。我们学校目前还没有包括在这13所大学里边。那么这样一个高校毕业生的就业质量报告，从一个侧面也可以反映一所学校的办学水平，以及它的专业设置、课程建设、培养方向等，包括它对人才的培养和社会需求对接的程度，都可以很好地做一个考量。

咱们学校的大学生，实际上和全国的毕业生就业选择是一样的。从我个人来讲，因为我长期从事劳动力市场和劳动就业的研究，我自己也有孩子，结合我个人的成长经历，尽管我那个时候是从计划经济转为市场经济，但是我想，简单地说，我觉得大学生在择业的时候，第一，作为毕业生，他一定要充分地了解当前的就业市场现状，不要好高骛远，要清醒地认识到，当我们踏上劳动力市场，当我们进入就业领域，前进的道路上不可能铺满了鲜花，甚至也可能还是荆棘遍地，所以要有充分的思想准备。同时，作为毕业生应该有明确的职业规划，要脚踏实地，你不能一下就定很高的目标，要脚踏实地，从每一步开始，从每一天开始扎扎实实地去干，积累自己的实际工作经验。在基层深入地了解所从事的这项工作，逐渐地在工作中成熟。这是第一点，要充分了解当前的就业市场现状。第二点实际上和这个也是相关的，作为毕业生，要基于就业市场现状树立现实的就业观，不要急于去追求高薪。当然有这样高的目标是好的，但是你不能把它当做唯一的追求。

问：不能把它作为唯一的选择标准，然后去决定你的就业方向。

答：实际上现在需要人的地方很多，但如果这个也看不上，那个也不干，到最后反而觉得好像哪个地方用我都是大材小用。其实客观地说，就是你不要去做攀比，要扎扎实实地根据当前的就业市场，根据自己目前的实际情况，不要过度地迷恋北上广这样一些一线的城市。当然一线城市确实有很大的发展空间，而且它的繁华程度和二三线城市确实有一些区别，但是实际上从个人成长的角度来讲，我个人倒认为根据国家的发展需要，二三线城市实际上存在着巨大的经济发展潜力，也会为个人的职业生涯发展带来巨大的发展空间。比如说我当时从西安来到北京，对吧？确实西安发展没有北京快，但是经过了一段时间，我看到近十年西安发展的速度非常快，包括个人的生活水平、薪资水平、住房、用车等都发生了很大的变化。所以在择业的时候，要用发展的眼光来看问题，要看到未来职业发展的空间。

问：实际上这样一个选择就业的过程是选择了自己将来的一种人生的成长方式。

答：是的。

问：在我们的选择过程当中，特别是我觉得像我们这样的同学，不应该在选择上掺杂过多物质的因素。我们每天喊理想的口号喊得非常响亮，但是往往在实际做选择的时候却非常物质、非常实际。这样的话，理想与现实之间的骨感的差距，完全是自己营造出来的，没有结合实际情况，也没有结合自身的承受能力以及学习能力。结合自己的发展空间，才能给自己制定一个合理的规划。

答：对，要有一个合理的规划，要基于社会现实，基于自己个人的实际情况。你说得很好。

问：非常感谢沈老师给我们青年学子提出了一个建议。我们知道从

1978年之后，我们国家进入一个高速发展的时期，也是出现人口红利的一个时期。那么后来也是逐渐地劳动关系矛盾突出了，人口红利在逐渐地消失。这就引导着我们要从劳动力就业方向上发生一个根本性的转变，原来可能劳动力比较便宜，所以我们国家生产一些产品的成本比较低，与其他的西方国家相比我们就会有价格上的绝对优势。随着人口红利的消失，我们也需要更多高精尖的人才来弥补在市场高速发展时期的空缺。

最后一个问题，今年学院迎来了70年校庆，您对学院办学有哪些建议？对我们学院的广大教师和学生有哪些殷切的希望？

答：今年是我们中华人民共和国建国70周年也是我们建校70周年。在去年4月30日，中共中央总书记、国家主席、中央军委主席习近平给我们学校劳模本科班学员亲切回信，鼓励劳模学员们继续拼搏、再创佳绩，激励广大劳动群众争做新时代的奋斗者，并倡导全社会尊敬劳动模范，弘扬劳模精神，让诚实劳动、勤勉工作蔚然成风。这是对我们学校巨大的鞭策。

总书记给劳模本科班学员亲切回信之后，全国总工会和教育部，包括相关的一些部门的领导先后莅临我们学校考察调研，激励广大师生当好主人公，建功新时代，也希望学院弘扬办学特色，创建特色一流。当前，全校师生员工正在积极地推进"学回信精神，迎七十校庆，创特色一流"的行动计划，也深入地推进"中国劳动关系学院'十三五'发展规划"，为在2029年建校80周年之际，把学校建成劳动关系和工会领域国内一流、国际知名的大学奠定更加坚实的基础。

我虽然已经退休，但是非常关注学院的发展。我16岁时就参加工作了，在我44年的职业生涯中，有25年是在中国劳动关系院度过的。在这25年的工作期间，我见证了这个学校从成人大专学校进入普通本科高等学校行列，从培养本科学生到培养硕士研究生，我见证了学校的专业发展和壮大，我也亲身经历了涿州校区的开辟和建设，所以对这所学校真的是充满感情。

在学院建校70周年之际，我希望学院能够继往开来不断地发展壮大，形成我们学校在长期发展中积淀下来的以"劳"为核心的特殊的内在气质。我希望学校在尊其传统、纳其精髓的基础上，继续构建"尊劳敬学"的良好环境。我觉得"尊劳敬学"主要体现在两个方面，一方面是尊重学术劳动，因为学术劳动是非常艰辛的，只有敬重学术，才能够知道学无止境，才能够激发大家不断奋勇向前的拼搏精神。"尊劳敬学"的第二层意义，就是要尊重辛勤劳动的学人，敬重学人。只有敬重学人才能够留住英才，才能够真正建成一个既有大楼又有大师的完美的校园。

在学校建校70周年之际，我希望学校的教学能够形成友情的教学，让全校的师生共同营造积极进取、快乐生活的良好氛围。所谓友情的教育，就是说在对学生进行教学和辅导的时候，绝不能做"生硬冰冷"的教学，而是要提高学生的学习热情，让学生感到学海无涯乐作舟，要做有温度的教学，希望我们学校最终能够形成并始终保持"教也乐、学也乐"这样一种融洽快乐的教学。

在学校建校70周年之际，我希望我们学校的学生珍惜宝贵的大学生涯，要好学、立志。我这里所说的立志并不是"种桃种李种春风"的平凡之志，而是要有那种"种松种柏种永恒"的英雄般的恢弘之志。在学习生活中要珍惜一分一秒，从一点一滴的小事做起。也就是说不但要学习掌握专业学科知识，还要注重提升个人的非认知能力，提升综合的全面的素质，要积少成多，成长为建设祖国的栋梁之材。希望大家在大学生涯结束之后，走上社会的时候，成为社会的有用之才，也为中国劳动关系学院增添光彩，成为母校的骄傲。

问：非常感谢沈老师。我觉得您成长学习的经历，就像是一部励志史，会一直激励着我们，也让我们青年学子学有榜样、干有标准。您刚刚对我们殷切寄语，我也代表我们全校的青年学子对您说，请沈老师放心，我们一定会继承学校的优良传统，继承你们前辈一直奋斗的精神，刚健笃行，养成以社稷民生为己任的浩然正气，不断地为学校增光添彩，也为祖国贡献自己的一分力量。就像习主席今年在纪念五四青年节百年大会上所讲的，以青春之我、奋斗之我，做一个对祖国有用的人才。

非常感谢沈老师，感谢您回到学校，参加我们70周年校庆活动，祝愿沈老师身体健康！生活美满！希望沈老师有空常回来看看。

答：谢谢！也祝你们一帆风顺，前程似锦！

访谈手记

在图书馆刘老师的鼓励下,我迎来了第二份采访任务,采访学院原副院长沈琴琴教授。接下任务后,我立即找到沈教授的著作及相关研究方向的书籍和论文进行学习。初步了解后,关于工人劳动保障方面,结合当前非常热门的"996"工作制等话题拟定了三方面的采访提纲。完成时已是当日凌晨四点,看到窗外微亮的天空,期待着与这位有如此传奇经历的老师的见面。没想到的是,第一次的联系就遇到了意外的情况。

提纲如约发送后,很快接到了沈老师的电话。原来,退休后沈老师已经谢绝一切出镜采访,同时提出我的采访提纲涉及的问题过新,他更侧重讲一讲学校的历史和发展历程。我立即提出按照沈老师的要求再次修改提纲,同时与图书馆刘老师联系调整采访方式。最后,在各位老师的辛苦努力下,我们确定,沈老师对提纲进行调整,我们采用录音方式进行采访。

不到一周的时间,沈老师发来了修改后的采访提纲,我对这份采访提纲记忆犹新。沈老师不仅梳理了自己的发言,也为我梳理了一份采访的方向和问题范围,条理清晰。很快到了正式采访的时间,第一次见面是在图书馆的二楼楼梯转角处,我与沈老师相对而行,沈老师摘下墨镜,笑着说:"你是'summer'?"一瞬间让我放下了所有的紧张,后面的采访也顺利进行。

采访中,沈老师讲到,今年是我们中华人民共和国建国70周年,也是我们建校70周年。在去年4月30日,中共中央总书记、国家主席、中央军委主席习近平给我们学校劳模本科班学员亲切回信,鼓励劳模学员继续拼搏、再创佳绩,激励广大劳动群众争做新时代的奋斗者,并倡导全社会尊敬劳动模范,弘扬劳模精神,让诚实劳动、勤勉工作蔚然成风。

这是对我们学校巨大的鞭策。总书记给劳模本科班学员亲切回信之后,全国总工会和教育部,包括相关的一些部门领导先后到我们学校考察调研,激励广大师生当好主人公,建功新时代,也希望学院弘扬办学特色,创建特色一流。当前全校的师生员工正在积极地推进"学回信精神,迎70周年校庆,创特色一流"的行动计划,也深入地推进"中国劳动关系学院'十三五'发展规划",为在2029年建校80周年之际,把学校建成劳动关系和工会领域国内一流、国际知名的大学奠定更加坚实的基础。

沈教授继续说道，虽然自己退休了，但是非常关注学院的发展。他从 16 岁开始参加工作的 44 年职业生涯中，有 25 年都是在中国劳动关系院度过的，见证了学校从成人大专学校进入普通本科高等学校序列，从培养本科学生到培养硕士研究生，也见证了学校的专业发展和壮大。亲身经历了涿州校区的开辟和建设，对学校充满感情。

采访的最后，沈教授对学院的发展和全院师生提出了期望，希望学院能够继往开来，不断地发展壮大，形成我们学校在长期发展中积淀下来的以"劳"为核心的特殊的内在气质。希望学校在尊其传统纳其精髓的基础上，继续构建"尊劳敬学"的良好环境，敬重学术，敬重学人，真正建成一个既有大楼又有大师的完美校园。希望学校的教学能够形成友情的教学，让全校师生共同营造积极进取、快乐生活的良好氛围。希望同学们在大学生涯结束之后，走上社会时，成为社会的有用之材，也为学院增添光彩，成为母校的骄傲。

访谈结束后，沈教授自身的这种成长学习的经历，就像是一部励志史，一直激励着我；沈教授对我们青年学子的殷切寄语，也不断地回荡在我耳边，让我在今后的学习工作中，能够学有榜样、干有标准。

许晓军口述访谈录

访谈时间：2019 年 5 月 14 日
访谈地点：中国劳动关系学院图书馆古籍室
受 访 者：许晓军（中国劳动关系学院退休教授）
采 访 者：赵腾飞（中国劳动关系学院 2017 级硕士研究生）
整 理 者：许晓军（中国劳动关系学院退休教授）
　　　　　赵腾飞（中国劳动关系学院 2017 级硕士研究生）

受访者简介：

许晓军，1953 年 8 月出生，籍贯江苏省无锡市。1987 年毕业于北京师范大学，获法学硕士学位。许晓军教授从事工会理论、劳动关系理论教学和科研三十余年，是中国劳动关系学会常务理事、中国劳动社会学会常务理事，在中国劳动关系学院主要讲授工会理论与实践课程、劳动关系理论与相关课程，以及劳动社会学课程，曾多次获得"学院十佳教师"荣誉称号和"工会领导干部岗位培训六佳教师"荣誉称号。

许晓军教授曾主持完成国家社会科学基金项目两项、省部级课题和学院重点课题十余项，撰写和主编学术专著六部，在国家权威期刊上刊登过若干篇学术论文。

许晓军教授以研究劳动关系和工会问题的专家身份多次在中央电视台、北京电视台和多家省台以及搜狐网、网易等大众传媒接受专访和参加论坛，接受新华社、《瞭望周刊》、《工人日报》等权威媒体专访，并两次受邀在人民网强国论坛与网民就涉及工会和劳动关系的重大话题进行在线交流。

问：许老师您好，我是中国劳动关系学院2017级公共管理专业的硕士研究生赵腾飞。今天有幸邀请您来参与工会学者口述采访，我们会将其作为劳动关系学院70周年典礼的献礼，非常感谢您在百忙之中抽出时间来参与这次访谈。

您是从北京师范大学法学院毕业，那么作为一名法学硕士，是什么样的契机让您来到中国劳动关系学院任教？您初到学校的时候会有一些陌生感吗？

答：我是1987年毕业于北京师范大学马列所，实际上我原来研究生时期学的专业不是法学，是中共党史。当时北京师范大学有一个马克思列宁主义研究所，我在那里就读研究生。我当年是下乡知青，下过乡、当过兵，后回到北京，又在地方参加工作。我复员以后，由于身体上的原因错失了考大学的机会，所以靠自学考上北师大的研究生，相当不容易，也是全国总工会给了我这个机会。从80年代初期开始，全国总工会就非常重视工会教育，那会儿咱们学校叫全总干校，后来叫中国工运学院，成为学院之后，要进行大专和本科的教学，所以全总很希望引进一些学历高、理论基础比较好的青年教师。我从马列所毕业以后，可以选择的工作单位，一个是政府机关，另一个就是学校。我曾在中国社会科学院工作过，在出版社当过校对科的副科长，有一定基础，通过了中文专业和英文专业自学考试，后来就到了咱们学校。当时下海经商的人也很多，我可以选择下海经商等。来学校的机会是既有偶然性也有必然性。必然性就是工运方面正需要这样的人才，不仅要有一定的马列主义的基础，还要有一定的党史知识，而全总当时想招这方面的研究生是很难的，我当时在北师大马列所就读的研究生班，是属于全国总工会代培。在80年代中期的时候，研究生是非常珍稀的资源。全国总工会提出花点钱，在国际工运史和党史两个专业中各招十个代培研究生。1985年，咱们中国工运学院的校长是李生林，他原来是北师大马列所的所长，在北师大代培了一部分研究生。他的学生冯同庆在1984年到这里教学，他是最早任教的北师大的研究生，后来1985年北师大党史研究室的研究生常凯也来了，现在他俩都是工会理论方面的专家了。我们代培研究生1985年上学，你们都熟悉的老师如吴亚平、刘元文、高爱娣、欧阳骏老师等，也都是在北师大培养的。因此是全总培养了我们，并给了我们一个进大专院校读研的机会。

问：在教学过程中，您多次获得"学院十佳教师"和"工会领导干部岗位培训六佳教师"的称号，那么您平时是如何做到在做好理论研究的同时又做好教学任务呢？

答：这个教学任务实际上应该是我们在高校教书的一个最基本的任务。当然了，不好好研究理论没有基础，教学工作肯定也做不好。所以在教学当中，第一要理论联系实际，第二要了解学生的一些基本情况，使学生能够接受你传授的知识。说句老实话，我不像有些老师原来就在中学、大专教过书，他们能比较好地掌握教学的一些规律性的东西。我刚来学校的时候，除了理论研究方面有较大的优势，在教学方面我是没有经验的。所以开始的时候，我总是希望把一些系统的理论知识传授给学生，我当时想在这方面多下点功夫，所以总是注重于理论教学的系统性、完整性、逻辑性。但是我感觉到这样的话，学生接受起来相对比较难，相对比较枯燥，不容易接受。尤其关于工会学习的知识面是非常广的，不仅涉及哲学、经济学、法学、历史学等各个学科，关键还是跟很多实践的问题密切联系在一起，如果仅仅是从理论上去讲清楚原因，是不够的。也就是说教学要做到三个最基本的中国传统文化的要求：传道、授业、解惑。如果从一个概念到另一个概念，然后去进行逻辑分析，这会让学生觉得很枯燥，因此必须了解工会的具体活动。好在当时学校很重视教师和学生的实践环节，我们教师刚来的时候，学校就让我们下基层，去企业工会体验半年。但是我们只是大致对企业工会有个初步的了解，不太清楚怎么体验，那会儿只是在工会干了一些零七八碎的事，也没有完全跟职工打成一片。后来我意识到这个结合实际是不够的，为了搞好教学工作必须下大力气，必须深入基层，深入职工群众中，深入基层工会当中才行，深入调查研究以及同学员多做交流。当时最早的教学对象都是成人，他们是从工作岗位来的，我在空闲的时候就和他们交流，了解他们的一些工作、生活状况和感兴趣的事情，我从他们那里学到了很多关于工会实践方面的知识。在学生的实践方面，学校每年每学期都组织我们教师带着学生去基层实践，到企业接触实际，当时去过青岛、无锡、邯郸、郑州等地的企业。这对于一些学生写毕业论文有很大益处，我们也借这个机会对大量企业内的工会问题和职工问题进行了调研，积累了一些最原始生动的资料，那么教学过程当中就能够通过各种理论来联系实际，比如说除了我们前头说的马列主义的一些基本的立场观点方法，一些党的历史、国际工运的历史和中国革命的历史知识，在现实生活当中，在社会主义建设改革开放过程当中，当前存在什么样的问题？工会面对这些问题，应该怎么样运用马列主义的一些基本立场观点方法？怎么样去解决，怎么样去思考，怎么样在改革开放当中适应当前的要求？联系到现实生活当中存在的问题，所以就越来越生动，这样教学质量就逐步提高了。实际上我的教学水平比较大幅度提升是在90年代后期，是在大量进行工会研究和调查研究之后，教学就运用自如了，讲课很生动，而且跟学生的互动也多。因为我本身来自基层，还下过乡当过兵，所以在教学方法上也做了一些调整，我很注重跟学生之间的互动，比如在教学过程当中经常提问讨论，完了以后就带他们进行教学参观，让他们结合实际谈体会。尤其在1992年以后，学校开设了劳模班，劳模学生在基层都有很丰富的经验，也有很深刻的体会，他们能够敏锐地发现问题。在我和他们互动的过程中，能够吸收他们的经验，丰富我的知识含量，再反馈给他们，我把这些经验总结、概括、提炼出来，上升到理论的高度来解读，这样理论联系实际就比较生动了。岗位培训教学也是如此，利用每次教学的机会，多跟学员交流互动，掌握了很多具体的信息。当然，对于信息要有针对性地、要有问题意识去看待。

问：非常遗憾没听过您的课，学长谈起您的课程都赞不绝口，在您的教学过程中有没有一些让您比较难忘的事情？

答：我最难忘的事情应该是给劳模班上课，劳模班这些学生都非常朴实，他们都是工人阶级中的优秀分子，勤勤恳恳，任劳任怨，艰苦奋斗，既动手又动脑。也有一个比较遗憾的地方，由于他们脱产学习的机会少，有的只能达到初中或者中专文化程度，还有的仅仅有小学文化程度，所以他们理论知识水平不够高，视野不够开阔，在教学过程当中，能看到他们的一个最大的优点，就是非常勤奋好学，有些年纪较大的学员，记忆力不够好，但他们有很强的理解能力，要是能够通俗易懂地把道理给他们讲清楚，他们就能很快地消化吸收。所以给劳模班上课，让我感觉到他们学习非常认真，并且非常珍惜学习机会，都希望好好把握这个难得的再学习的机会。再有一个就是，他们的学习态度好，非常愿意进行理论上的学习和思考，在课堂上跟老师积极互动，课堂外他们非常关心老师，非常乐意帮助老师完善一些调查研究，提供基层的一些信息资料。所以我对劳模班同学有着非常深的印象,我也非常愿意给他们讲课。

问:刚才也提到,咱们学校也成立70周年了,而且经常承接一些培训各级工会干部的任务,那么您是怎样看待我们学校在工会工作中的作用?

答:咱们学校是全国总工会下属的一个高等教育学校,在工会系统当中算是最高学府了。那么,我们有责任在工会理论研究、工会政策的制定以及工会干部的培养方面发挥重要作用,尤其是工会干部的培养方面,我们学校除岗位培训部的培养任务外也非常注重理论学习和对政策的把握和理解。比如说每次党代会、全国总工会代表大会,都要提出在新的历史时期一些新的方向性、政策性的问题和基本任务,基层干部非常需要这些东西,怎么样站在理论的高度去解决当前现实当中存在的问题,去更好地开展工会工作?我们学校的老师在这方面,能够理论联系实际,既有理论上的高度,又有历史经验的总结,还有国际的比较。基于这些基础,我们如果再结合实际工作当中的需要,提出一些建议,进行概括总结,然后提出有理论基础的方向性问题的解决方案,那么对他们在工作中会有很大的帮助。据我所了解,我们学校培养出来的大专生、本科生或者劳模学生,他们都在工会的各个岗位上发挥了很重要的作用,成了我们中国工运事业的一批骨干。

问:确实是,因为我身边有很多同学、朋友完成学业之后又回到了工会的工作中去。您编著了很多的专著,比如说《工会起源研究》《工会社会活动研究》等这些非常有价值有意义的书,想必这个过程也非常艰辛,是什么样的初心让您在做这些事情?

答:自从走上了工会教学的岗位,我也深感自己相关的理论知识不足,因为在来全国总工会的劳动关系学院之前,我对工会不太了解,对工会理论知识也比较陌生,没有专门研究过。那时我研究生毕业后来学校教学,首要的任务就是工会理论的教学。如果自己不了解工会,你怎么进行工会教学?因此我对这方面进行了深入的研究。1987年中央提出了中国要进入社会主义市场经济(党的十三大提出了社会主义有计划商品经济新体制应该是计划与市场内在统一的体制——编者注),所以当时我就认识到首先要有一个基本判断,当时的中国国情是处于社会主义初级阶段,那么社会主义初级阶段的工会应该是什么样子?工会为什么存在?它应该发挥什么样的作用?它的性质是什么?为什么会出现工会这种社会现象?如果我搞不清楚这些基本问题，我怎么进行教学？为了搞清楚这些问题，我跟冯同庆老师共同翻阅了大量的历史文献和资料以及马克思列宁主义的经典著作，探讨为什么会出现工会这种现象。工会作为一种世界性的社会现象，普遍存在于全世界200多个国家和地区中。工会为什么出现？工会既不是政府建立的，也不是企业负责人的，它是工人自己组织起来的，那么工人为什么要组织工会？它的起源在哪里？它的历史发展脉络是什么？这是当时研究过程中让我们极其感兴趣的问题，所以我们对全世界的工会发展进程进行了一个探讨。有了这个基础，我们意识到实际上现在很多做工会工作的人，都应该了解历史脉络，如果不了解自己的历史，工会怎么开展工作，怎么知道自己的方向？你知道工会为什么存在？它的生命力在哪里？它的基础是什么？它的社会背景是什么？社会存在条件是什么？我觉得首先要搞清楚这些东西。那么除了搞清楚这些问题，我还感兴趣的就是在我们社会主义初级阶段的现实及改革开放过程当中，又是在迈向社会主义市场经济的这种条件下，工会的活动领域是什么？在后来的研究中，我发现了工会的活动领域是非常宽泛的，它涉及政治、经济、社会、文化等各个领域，那么在社会分工体系当中，它属于哪一类，它是政治组织吗？它是经济组织吗？它是社会组织吗？它是文化组织吗？在我刚刚进入全国总工会的时候，工会系统内部和外部都有人在争论工会究竟是个什么组织。如果说工会是党的群众工作——密切联系群众的组织，那么它应该是政治组织；如果说工会在经济建设当中发挥作用，尤其在劳动关系领域当中发挥作用，那么它应该是经济组织；如果从工会文化娱乐等方面来看待，它又是文化组织；它在对职工群众的帮助等福利方面发挥作用，它又是社会组织。实际上，我在探讨研究了工会的社会活动以后发现了一个道理，工会它不是在简单的社会化、专业化分工体系当中的组织，它是在更深层次的社会结构当中的组织形态，也就是利益结构，西方国家管它叫阶层，我们叫阶级社会，在阶级阶层的人群当中，它反映的是某一个阶级阶层的利益，它是一个利益主体，这个利益必然涉及政治、经济、社会、文化，它在这些方面能不发挥作用吗？因此不能够简单地把它作为职业分类或者其他分类的组织形态。我对工会的理解是要从性质出发，要能够满足组织成员职工群众的需要，工会是自愿结合的，为什么自愿结合？因为群众在哪个领域需要工会，工会就应该在这个领域发挥作用，所以这是工会存在的一个基础，如果没有这个基础，工会不能满足职工群众需要，群众凭什么要工会，工会存在还有什么意义？所以我对这些最基本的工会起源和工会社会活动问题进行了研究和探讨，这对我后来了解工会、研究工会以及工会教学都发挥了非常重要的作用，使我能够在这个基础上，更进一步地深入研究工会当前需要解决的问题。

问：我们从老师的访谈中也可以听出来，您是以一份责任心在做这个事，之后越做越感兴趣，从而能够义无反顾地进入这个行业里，所以您才会以一个专家学者的身份，经常被邀请到中央电视台、新华网等重要的新闻媒体去做现场嘉宾。那么您在之前也说过，在接受人民网采访的时候提到富士康事件，您怎样看待这个事件中劳资双方的关系？

答：富士康事件是发生在一个企业，从企业方面讲，富士康是我们引进的台资企业当中比较成功的一个，相比较而言，富士康在管理上有自己的一套经验，呈现出有序的管理，能提供比较好的职工福利等。但是富士康并不是不存在问题，它问题的根源还是在劳动关系。自从我们进入了市场经济以后，劳动关系已经成为整个社会关系的一个最基本方面，如果没有和谐的劳动关系，那么我们提出构建和谐社会是不可能成立的，因为按照马克思历史唯物主义的观点，经济关系是基础，它决定上层建筑和社会形态。所以经济关系最本质的还是劳动关系，也就是在生产要素当中，基本要素占有者——生产资料的资产所有者和劳动力的所有者劳动者之间的关系。国家原来计划经济时对劳动者负责到底的形态和关系，在进入市场以后发生了变化，成为一种资本和劳动之间的关系，劳动力的价格形成机制等都需要靠市场来调节，市场存在着不平衡。资方与劳动者之间存在一个明显的矛盾，资本建立企业追求的目标是效益与利润，以压低劳动力成本来提高企业利润，而劳动者进入企业是为了在社会主义初级阶段市场经济条件下生存，为了养家糊口，过幸福生活，因此劳动者希望收入越高越好。在中国的市场经济发展当中，存在着不规范、混乱情况，资强劳弱的特征非常明显。由于我们人口红利好，拥有廉价劳动力优势，大量的农村劳动力进入城市、进入企业，劳动者的工资问题、安全工伤事故问题、社会保障问题、无限制的加班等突出问题，导致劳动者权益难以得到保证。富士康的管理虽然比较规范，但是劳动关系领域也存在严重的缺陷：第一，以前富士康没有工会，刚刚建立起来的工会没能真正代表职工的利益，提出职工的意愿和诉求，没有很好地发挥作用；第二，富士康的管理方式是按郭台铭所说的半军事化的严格管理方式，在这种比较原始的企业管理过程当中，能够适用于低素质的劳动者身上，比如第一代农民工，他们普遍文化程度低、技术水平不高，只能从事简单的劳动，而且追求的是养家糊口、回去娶媳妇盖房子过小日子的低目标。但是进入21世纪以后，尤其是金融风暴之后，进入企业的都是"80后""90后"一代，是有一定文化，思想比较开放，追求融入城市，追求在城市当中自己能够得到长足发展的这么一批年轻工人，富士康的管理显然不适应了，所以才造成了跳楼事件，这些活蹦乱跳的年轻人怎么到了你企业里就跳楼？富士康说跟他们没关系，怎么能没关系？所以说这里就是劳动关系出了问题，劳动关系，它是最基本的一种社会关系。企业劳动关系是整个劳动关系能否和谐、整个社会能否和谐最基本的方面。如果企业的劳动关系不和谐，两者的矛盾无法得到解决，最后劳动关系将高度紧张。企业管理简单粗暴，劳动者的权益得不到保障，没有民主的话语权，再加上工会又不能够很好地保护劳动者权益的话，就会造成社会环境、经济环境的不稳定，我们社会主义制度的优越性也无法体现出来。当时的富士康事件和本田事件，对全国的劳动关系带来极大的冲击。所以这个问题必须引起重视。

问：说到企业工会这一块，我们现在知道有一个现象，就是很多企业的高层，他自己就兼任工会主席。针对这种现象，您是怎么看的？

答：我觉得这种现象应该是中国的特殊国情下的一个特点，这里边有利弊得失，如果要概括来说，是看怎么兼职。咱们简单地分析一下，从有利的方面来看，他作为企业管理层，与资方和管理层内部的关系密切，也能了解到基层职工的情况，在福利问题上，尤其是一些不触及企业老板或者资方的利润或者效益的问题，能协调好各方关系。而且在计划经济时代，我们也是党政工一体化的。不利的方面在哪里？工会是维护职工利益的组织，在遇到矛盾时，职工的利益受到资方、管理方的侵害时，在协调过程中，兼任工会主席又作为行政领导应该是屁股坐在哪一边？需要经过集体协商、劳动争议调解才能解决问题的时候，兼任工会主席的行政管理领导应该站到哪一边呢？小平同志早在50年代就说过，在行政管理方和职工方出现矛盾的时候，工会的屁股应该坐在职工这一边。兼职工会主席在行政方面的职位是资方和上级管理方委派的，工资、奖金等收入是由资方和上级管理方决定的，在这种情况下，他不可能保障职工的切身利益。这个时候我们还得说屁股决定脑袋，当他从自身的角度考虑问题的时候，会想我维护职工权益，万一我得罪了老板，谁来维护我的利益？那么他就缩手缩脚，不敢像这次习近平同志在工会十七大的时候讲的，在职工利益受到侵害时，工会干部要敢于站出来说话。为职工说话，他有这胆吗？他不敢，因此最大的弊端是职工利益得不到真正的保障。然而我对兼职不是一概否定的。因为现在我们强调在企业内部党的领导的作用，企业内部一些党的领导干部兼任工会主席，比如纪委，可以负责党的监督工作和兼职工会的工作，使党的监督和职工群众的监督结合起来，这已在试点地方取得良好的效果，发挥了工会的作用，所以说兼职问题不能一概而论。

问：是这样啊。刚才您也提到工会十七大，也是在我们工会历史上一个比较重要的节点，就是在工会十七大报告中，将工会的基本职责在原来维护职工的合法权益的基础上，增加了竭诚服务职工群众，对此您怎么看待？

答：对这个问题我是非常赞同的，因为我在研究工会起源和工会社会活动中发现工会不是单纯维权的组织。虽然我们从整个经济发展的基础来看工会是劳动关系的产物，但是从职工需求层面来看，劳动关系问题只是间接问题，因为工会在一定的社会发展阶段中，自身面临的困难和问题没有直接体现在劳动关系领域。比如从工会起源来说，从全世界范围来看，英国是产业革命中最早出现工会的国家，当时萌芽状态的工会是互助互济形式，不是直接的维权，不是为工人争取涨工资、缩工时而与老板斗争。从历史发展进程来看，从农村的农业社会、宗法社会进入现代社会、产业革命之后，原来的血缘关系、亲缘关系、地缘关系全部中断了，变成产业工人，产业革命后企业的职业关系是冷冰冰的业缘关系。按泰罗制或者按马克斯·韦伯科层制的理论来讲，在职业关系当中，为杜绝以权谋私，造成职业关系的混乱，是不能存在任何血缘、亲缘等亲属关系的。所以职业关系是一种冷冰冰的关系，而富士康出现问题恰恰也是如此，只强调了职业关系，严格的职业分工，现代化分工是越来越细、越来越严谨，不允许在任何环节出现差错，所以不能讲私人感情。但是工人是有感情的高级生物。在资本主义发展的早期和我国的初级阶段，私人非公企业大量出现的时候，很多老板只追求自己的利润最大化，工人无法靠自己去解决面临的最突出问题和灾难时，这些问题靠谁解决？举目无亲，谁是自己的亲人？只有阶级弟兄！所以英国最早出现了匣子俱乐部。什么叫匣子？就是我们现在的捐款箱，这是工会的最原始状态，它能够使工人凝聚起来。为什么能够建立工会？为什么工人阶级能团结？我凭什么跟你团结？在这个基础上，我们首先有感情联系才能够有共同的追求。所以马克思说从一个自在的阶级变成一个自为的阶级，然后最终变成一个自觉的阶级，这个发展过程首先是从自在的阶级开始的，从社会学角度来看，工人的这种社会互动，是共同命运者的互动。我们都是这么穷，受到剥削受到压迫，生活这么困苦，那么咱们互相帮助，所以都是互济的形式、互助的形式。那么这种形式再加上文化的沟通，共同的价值观凝聚在一起，在此基础上逐步认识到我为什么收入这么低，我为什么这么穷。当马克思主义在经济学上升到剩余价值理论后，更明白了是因为受到了剥削，这是资本主义的本质特征，最终上升到社会制度方面的原因。因此我们党能够领导整个工人阶级，让它成为真正的领导阶级，然后推翻三座大山的统治，建立社会主义制度，就是工人阶级最向往追求的体现社会公平的社会主义形态。从工会运动本身发展的角度看，工会服务满足职工的各方面需要。以马斯洛提出来的需求层次理论来看，最基本的需要是生存需要，如果连生存需要都满足不了，就做不到人格的需要、尊严的需要、自我实现的需要和理想的追求。我在研究工会社会活动的时候，发现大量的非维权领域，包括精神文化需要——吹拉弹唱、打球照相等是非常有必要的，这些领域能够形成凝聚力，能够寓教于乐，能够使人身心愉悦，能够更好地发挥正能量作用，能够有幸福感。但是劳动关系是最基本、最主要的问题，因为它直接影响到工人的生存。所以把工会作为职工之家的比喻是非常生动的。习近平说工会组织应该成为职工之家，让他到了工会就像进了家一样。这就是最亲密的血缘关系，强调工会干部应该成为职工群众的娘家人，血缘关系是最亲密的关系，当娘的都是保卫自己的孩子，没有害自己的孩子的。别说人类，动物都是如此，在动物世界中为了自己的孩子能够牺牲自己，所以工会干部与职工能够做到这种情感联系就到位了。什么叫竭？就是竭尽全力；什么叫诚？就是诚心实意。真正能够竭尽全力、诚心实意地为职工群众服务，实际上维权是服务当中一个最突出最主要的职责，当权益受到侵害的时候，关键时刻你应该站出来维权。但是并不是职工的权益每时每刻都在受侵害,难道在没有权益问题的时候,你就什么事都不干了吗?显然这是不合适的,还有大量的问题,在日常生活和工作当中,职工会面临很多的问题,你怎么密切联系职工群众,怎么当纽带桥梁,怎么取得他的信任,都靠日常点点滴滴地为他服务,才能够真正实现密切联系群众。所以这个服务是非常重要的事,服务和职工群众的需要是密切联系在一起的。我们工会怎么样满足他?如果工会组织能满足他的需要,他就会自愿结合到组织中来;如果工会不能够满足他的需要,又不能够为他服务,他凭什么要参加你工会?你又怎么能够在他们当中树立自己的威信影响他们并发挥作用?所以这是一个最基础的工作。所以我觉得这次在工会基本职责的范畴中,把竭诚为职工服务给概括进去,是非常必要也是非常重要的。因为单纯一个维权概念,它太狭隘了,它只限制在劳动关系领域。西方有些工会正是因为如此,最终走入了死胡同,没有政权上的支持,无法维权,没有制度上的支持,只靠自己单打独斗,又做不到服务方面,那么工会就没有发展空间。我们如果既能够维权,又能够很好地为职工服务,那么我们工会的发展空间是无限的。

问:说到服务职工这一块,很多省市都推出了普惠制度,比如说北京的金卡之类的,对此您是怎么看的?

答:普惠是普遍惠及所有的工人阶级成员,这是工会从初始组织到逐步地把所有职工组织起来应有的制度。工会有时候是产业工会、企业工会、行业工会,甚至一些专业的职业工会,那么它的范围有的时候相对就比较窄了。我们现在进入社会主义市场经济,职工队伍迅速扩大,而原来传统工会的主要服务对象是国有企业和集体企业,我们在里边有完整的组织体系和系统,甚至开展工作的重点都是一些固定工,而我们现在除固定工之外,还有合同工、劳务派遣工、外包工等等。那么如果工会的服务只限定在固定工,没有把其他的职工覆盖进去,特别是不包括农民工的话是不够的。但服务他们的难度是比较大的——有的时候涉及经费问题,涉及他们怎么参加活动、怎么去参与的问题,涉及一些体制制度上的障碍。如果无法惠及他们,他们愿意加入工会吗?愿意参加你工会的活动吗?工会能够在他们当中产生影响力和发挥作用吗?显然是不行的,所以这种普惠制打破过去的界限,凡是有职工的地方,工会都要惠及职工及其家属,因为职工和家属覆盖了整个城市的方方面面、各个领域。所以工会普惠制度是非常重要的，是体现社会公平的一种制度。不能够只局限在少数的会员，这样会形成会员特权，甚至工会领导层的特权，那将会分裂整个社会，分裂工人阶级队伍。所以普惠制度最大的意义在于其能够凝聚整个工人阶级的队伍，体现了我们工会的群众性和广泛性。这种广泛性是覆盖所有以工资收入为主要生活来源的职工及其家属的，我国总共约有14亿人口，8亿多的劳动力，其中以工资收入为主要生活来源的劳动者已经超过了四个亿，他们养活的人口超过了七个亿。我们的普惠制度可以使我们工会的影响力发挥作用的方面更加扩大，所以工会普惠制度意义重大，普惠的关键是资源，第一资源怎么来，第二资源怎么用，要把握好，使资源的来源通畅，使有限的资源用到关键的位置。不能让社会或者政府提供的经费被浪费掉，或者被个别人挥霍掉，不然会产生极大的危害，引起会员和群众的不满。这是工会自身改革的一个非常重要、需要解决好的问题。

问：我们工会也一直致力于团结各个行业的工人，像之前我们也成立了卡车司机工会。刚才您也提到一个农民工的问题，他们也是一个比较庞大的群体，我们在团结农民工这一块，您是怎么看待的？

答：关于农民工入会，关于怎么样去团结农民工，确实是我们进入改革开放以后，尤其是全面进入市场经济之后，遇到的一个非常重大的问题。为什么叫农民工？就说明他虽然是职工队伍的成员了，但是他还拖着个农民的尾巴，这是我们国家在整个世界历史发展进程中，中国国情的特殊现象。西方国家基本上没有农民工问题。西方国家资本主义的发展，从来就是农村人口被大量赶入城市变成无产者，然后被逼迫进入企业，就变成了所谓纯粹的已经没有了任何生产资料的工人阶级成员，只能靠出让劳动力来维持生活了。而我们国家为了避免像资本主义国家那样出现大量社会矛盾，在进入市场经济、现代化、城市化、工业化的渐进过程中，我们给进入企业的农民工留了一个回旋的余地。这个回旋的余地就是在农民工家里边还有一块土地，即使企业不景气，甚至倒闭失去工作之后，还能回家种地。前些年温家宝总理还专门提到国际金融危机虽然对就业冲击很大，但是认为我们不会有严重的失业问题，不会像西方国家的工人失业了，没有收入来源了就会受到极大影响，社会发生极大的动荡。但是这种模式在渐进地进入现代社会的过程中依然留下了弊端，主要是农民工群体的出现相对来讲存在着劳动关系不稳定。第一，从意识上还不能够拥有纯粹的工人阶级成员的意识,从价值观念上转化也相对比较难,因为他老想着家里还有块地和自己的一摊子事。第二,体制造成的障碍,首先是户口问题,户口问题使农民工无法真正地融入城市,所涉及如看病、住房、子女教育等一系列的问题。再者是用工制度包含着劳务派遣、外包等多种形式,其存在着非正式、非规范的临时性或者短期性的劳动合同。而且这些合同能起到的保护程度相对较低,农民工权益易受侵害,原来的工会系统没有专门为农民工设立的维权机构。另外农民工群体具有很大的流动性,所以农民工入会问题一直是个比较大的难题。首先是没有这方面的专门的经费,在收费问题上难以解决;再者是会籍管理,农民工的流动性因素造成农民工没有固定的工作场所。无论是从管理上、从资源的提供上,还是从入会条件上、从自身的流动性等方面,都导致其管理难度大,我觉得工会要在这方面下大力气,在深入农民工的过程中,可发现农民工是有自身的亲缘性、血缘性、地方性或者地缘性的传统型群体组织。这些自发组织争取实现自己成员所需要的利益,可以在受到侵权时打官司维护自己的权利。但是风险在于这类组织是自发性的组织,非党领导下的组织,容易受到境内外敌对势力的影响。因为农民工在维权的过程中,如果政府部分工作人员采取失当的措施,或站在老板立场上说话办事,以及别有用心之人挑拨离间,就会产生民众的不满,导致群体性事件的发生,对我们党的领导以及整个社会的稳定带来冲击。我国职工共4亿多人,农民工的人数已经超过原先城镇的固定的职工,达2亿多。所以我们工会工作的一个重心,在抓基础抓基层中,重点是怎么样去解决农民工的问题。那么解决农民工的问题,首先作为工会干部最起码的要从立场、感情上跟他们真正沟通,能够站在他们的角度去多思考问题,满足他们的需要。假如连这种立场感情都没有,用看不起、歧视的态度去对待农民工,是无法做好自身工作的。再有一个,怎么样去深入他们当中?我们共产党人做群众工作都是争取他们的带头人,如此一个带动十个八个、带动一个群体,逐渐把他们吸纳到工会中来,再对他们进行培养教育,提高素质。所以我觉得解决农民工的问题,一个要了解农民工本身劳动关系和生存条件的特点;再有就是了解他们的需求和他们的愿望;最后就是我们怎么样通过组织形式把他们争取过来,应该把他们看成我们的基本力量。维权是个旗帜,农民工是我们工会当前工作的重点对象。正如习近平总书记所说,在维护权益方面,工会工作的重点就是关注农民工、一线职工、困难职工，而往往困难职工和一线职工恰恰又是农民工，所以你看农民工问题有多重要。

问：说到维权，这也是我们工会的四大职能之一，在咱们国家飞速发展的今天，工会的四大职能分别是维护、建设、参与和教育。那么作为一个群团组织，我们如何能够参与到祖国的建设中？

答：进入社会主义时期，根据中国的国情我国工会有了建设职能，在民主革命时期，我们工会是没有建设职能的，为什么到了社会主义时期就有了建设职能呢？因为这跟我们国家的性质以及我国工会的性质是一致的。我们国家的性质是工人阶级领导的、以工农联盟为基础的人民民主专政的社会主义国家，工会的性质又是工人阶级的群众组织，所以要靠工人阶级自己来建设国家了，只有建设好国家，自己才能够得到幸福生活，才能实现我们民族的振兴，人民的幸福生活。建设职能——自从我们进入了新中国以后，尤其进入社会主义时期以后，就理所当然变成了工会的一个基本职能。这个职能就是通过维权和服务职工，搞好经济建设，实现职工的利益要求。西方国家工会是没有建设职能的，企业只顾提高利润和经济效益，工会从局部利益角度出发，只关心自己代表的工人利益是否受到侵犯。但如果企业亏损，就会降低职工工资、职工失业，企业越困难职工越闹，越闹就越困难，最后直到破产，逐渐进入死结。在社会主义发展过程中，要实现中华民族伟大复兴的中国梦，实现整个经济的繁荣发展，尤其是公有制企业，发展经济提高效益，才能更好地实现工资的增长、福利的增加。职工为企业做了贡献，帮助企业增长效益增加利润，才能分享企业、国家、社会的发展成果。当然，我一直认为建设职能是手段，维护职能、服务职能是最终的目的。我们是从维护和服务职工的角度去搞建设，而建设是要通过我们自己的方式，我们并不是直接组织生产建设，我们是帮助行政开展生产，可以开展劳动竞赛、劳模工作、班组工作等等，调动劳动者的积极性、主动性、创造性。而如何调动劳动者的积极性、主动性、创造性，怎么去激发劳动热情，怎么去参与劳动竞赛？从保证劳动者的利益角度出发，如果劳动者的利益都实现不好，那必然就挫伤了他的积极性、主动性、创造性，也就无法搞好建设。所以这是一个相辅相成的关系，是一个互动的关系。实际上建设职能，我想应该工会在这个方面是能够充分发挥作用的。

问：提到咱们经济快速发展，现在有很多机器代替人的现象，所以现在网上也有一种声音说，员工越来越少了，将来这个工会就没人了，那么它的力量就会减弱这样的一个情况。针对这种看法，您怎么看？

答：员工越来越少，机器逐步代替一些人工，这是在第二产业制造业必然会出现的一种现象。但是实际上并不会像有的人说的那样，会造成失业群体。咱们国家现在有两种论调：一种论调说人口红利没了，也就是现在年轻人越来越少，劳动力要大量减少；另一种论调是说机器代替人了，人们就会找不着工作了，好像这两种论调完全是矛盾的，实际上我看也并不矛盾，机器代替人的一部分苦脏累险强的体力劳动这是必然的，那么我们作为工会来讲，有些人担心工会组织会不会力量削弱？工会会不会消亡？我跟大家讲，工会消亡跟任何社会现象一样，它从产生就不是与人类共同发展起来，它是人类历史发展到产业革命之后，在十七八世纪的西方国家才出现工会的萌芽状态，到19世纪以后工会发展起来才有了工会运动，到现在也就200年历史。假设实现了马克思所说的，阶级消亡，那么工会它是必然消亡的，所以不要认为工会越强大越好。至于我们在发展过程当中，在工业化、现代化、工人阶级队伍扩大的情况下，工会当然越强大越好。那么工会职工队伍减少了，工会活动领域可能相对就要减少一些，在维权和服务方面，有些东西可能就是随着现代化的出现和整个社会制度的完善消失了。如果劳动关系不紧张了，劳动者权益受侵害少了，那么维权领域的工作显然就没有必要那么强调了。从工会的服务角度来说，有些机器能代替人来服务，能够完善服务体系，当然就减弱了，但是工会只要有工人阶级成员，它就必然存在，当然这种形态可能会发生变化。工人阶级成员原来主要是蓝领，以后逐步地大多数是白领，都是技术工人，都是高级的操作工人，那么我们怎么样去满足他们的需要？怎么在他们当中开展工作？这是新的时代的新命题，所以说它并不是简单的消亡了，随着时代的发展它在不断地变化，所以我觉得没有必要担心这个问题。机器代替人了，指的是那种传统产业工人。实际上现在我们看到越来越多的职工权益问题出现在第三产业上，比如餐饮业、建筑业、出租车行业等，存在工资低、没有劳动合同等问题，可能工作重心就会转移。我们的第三产业要得到更多的发展，工会怎么样在第三产业当中发展自己的队伍？怎么样为他们服务维护他们的权益？第二产业以后随着机器代替人，是要逐渐收缩的,不可能有那么多的产业工人。随着第三产业发展,必然会要求发展新的维权形态。因此我们工会要与时俱进,要随着时代的发展不断地改革创新。

问:今年正值学校建校70周年,您有一些什么样的寄语和期望给学校及广大的师生们吗?

答:当前中央非常重视工会问题和工会运动的研究。在2018年,习近平主席专门给咱们学校劳模本科班回信,对于我们学校来说,怎么样把工会的理论研究、历史研究和当前存在的问题研究结合起来?怎么样从政治上在党的领导下发挥作用?怎么样去更好地提升工会干部的素质能力?我们应该培养一批熟悉工会理论、工会历史、工会实践活动的骨干教师。作为我们工会院校来讲,应该加强这方面的工作,更加深入研究工会理论,更加深入研究历史,总结出一些规律性的东西以及可值得借鉴的经验教训。那么从现实方面能够更加深入基层,深入职工群众,深入工会干部当中,然后探讨工会的一些真问题、现实问题,来回答和解决问题。无论在指导工会运动还是培养工会干部,还有服务基层方面能够更好地发挥作用。至于到咱们学校来学习的学子,我也希望大家大可放心,虽然刚才提到所谓工会会不会削弱的问题,可能有些从事工会工作的或者学习研究工会问题的学子,担心以后工会不重要了,或者说是逐渐地消亡了那怎么办?只要我们国家的现代化、城市化、工业化这个过程没完成,那么工会问题就一直会是一个非常重要的领域,甚至是我们整个国家发展过程当中一个最基本的领域。我也希望学子们好好地探讨研究工会问题,因为这里的空间非常大,我们现在理论研究人才短缺,研究理论存在薄弱环节,对于很多的东西探讨还不够深入。如果我们的学子在这方面加深研究,加深理论联系实际,我们的老师和学生在这方面可以独树一帜,可以在一个领域当中成为学术领头羊。以本人为例,因为这个领域的空白,给我带来了一定空间,还能够有一定的社会影响力,我本身的能力是非常有限的,基础知识比较薄弱,只是多学了马列和毛泽东著作、党史的这些东西,感觉到我的知识面还是窄,后来就补课,完全靠自学经济学、社会学等。今后我们学校教学设施越来越完善,图书馆藏书越来越丰富,难得有脱产学习机会,希望你们不要光学理论,还要更注重深入基层,深入群众当中,要经历一些磨练,思考现实当中存在的一些问题,既要有国际大视野,又要对具体问题进行具体分析,求真务实。

问:您编著了许多的学术专著,也提到要结合实践来做这些事,那么您是具体怎样做这些事的?

答:我觉得就是要结合实际,首先要搞好调查研究。毛主席说过,没有调查就没有发言权。我们做理论研究和教学工作的,如果不了解实际,坐而论道,就是空谈,那么很可能就脱离了实际。无论是在给劳模班讲课还是给工会干部培训的过程当中,他们最需要的、最关注的是能不能结合工会的实际来提出问题解决问题。学校也比较重视调查研究,原来我们工会干部培训每年都要组织1~2次的调研,或者跟着全总去下基层调查。调查研究关键是自己结合自己所发现的问题,带着问题去调查,前期准备工作是非常重要的,理论研究和实践调查研究两者相辅相成,是循环的因果的关系。没有理论基础就发现不了问题,概括不了问题,没有实践就提不出问题。因此前期准备,要翻阅大量的历史资料、调查资料、相关的法律政策措施,所以在我做了几个国家课题和一些全总的课题以及学校的重点课题之后,体会就是要从调查研究入手,先把前期研究作为第一步的工作,做好充分的准备以后要制订调查方案、调查提纲,保证调查的信度和效度。社会学的很多调查研究方法都是非常重要的,但不能单纯运用西方社会学的东西,要结合国情。像毛泽东,早年他并没有专门去研究西方国家的调查研究的方法,但是他知道要深入群众当中去,天天跟群众打交道,带着深厚的感情,了解他们的疾苦,以明确的立场观点方法和群众感情为前提条件。如果为了学术而学术,那么你这个调查就很可能走偏方向,发现不了真问题,无法求真务实。所以在制订调查方案的时候,就一定要对一些真正存在的问题,对症结所在,大致心里有个数,然后提出假设。在假设阶段,做好访谈提纲、调查问卷的准备。我们一般调查都是非常严谨的,先针对工会和职工存在的问题和关心的问题以及需要解决的问题初步草拟一个提纲。最主要的是调查过程,但涉及经费、时间、精力,能动员的人员有限,需要先做小范围试验调查,及时做好调整的准备。调查研究的成果能体现我们的学术有没有价值、能不能得到社会的认可,提出来的问题是不是真问题、是不是当前急迫需要解决的问题、能否引起反响得到共鸣、能否引起有关方面甚至全总领导和中央的重视。我觉得现在全总在做调查时有些方面相对就比较粗放一点,总是从上边到下边,然后事先通知地方工会、企业工会，要调查什么问题，下边把材料提供出来，开个座谈会收集完现成的资料就算完成了调查，得到不太好的效果，有时候反映不了真问题。部分基层的领导干部都喜欢报喜不报忧，掩盖存在的问题，他们往往担心上级领导会质疑质问，害怕批评，对他们的事业发展产生消极的影响。像习近平总书记曾经批评我们工会存在的只注重数字、报表，无实质性的问题，上级工会本身提要求，下级工会按照要求做汇报。我有时候也跟全总去调查，但收获有限，有些时候不但反映不了真问题，还会受到干扰，调查的难度很大。有一次我们到青岛做调查，想了解外资企业的劳动关系状况，结果联系了一百多家外资企业居然全部给拒绝了。外资企业有经营自主权，认为做调查会影响它的正常经营活动、抹黑企业。我们就想方设法去调查，我曾经带着中国人民大学的吴清军教授去调查，他现在也是研究劳动关系领域的比较有影响的专家了。既然进入不了企业，就在企业外部、职工宿舍，甚至在他们上下班路上进行调查，与职工交朋友了解他们的情况，在没有任何压力的情况下，他们能够把自己的心声向你反映出来。如果我们能进入企业进行问卷调查，一定不能有管理层在场，不能让职工受到干扰，这样才能了解他的真实的想法和真实的现状，当然也要尊重人家有关方面的一些隐私问题了。比如刚刚提到过的兼职工会主席的问题，有些兼职情况很严重，那些兼职的工会干部是不希望也不想让我们去了解他们企业存在的问题的，因为他担心他们的企业主管领导会指责他，害怕我们要公开发表他们企业问题的报告、论文。但是这些真实信息你得要。关键是要了解真实的劳动关系状况和职工的意愿要求，他们当前存在的困境和问题。如果没有问题，如果形势一片大好不存在任何矛盾，我们去调查就失去意义了。我曾经带着一个中青年老师去调查深圳的盐田国际罢工事件，上万人罢工，造成非常大的损失。现在世界上最大的港口码头都在亚洲，分别是上海、香港、深圳、新加坡。盐田国际是李嘉诚下边所属的一个亚洲最大的集装箱码头企业。因为咱们中国对外出口是世界上最大的，所以码头发展特别快。90年代李嘉诚在深圳建立盐田国际，跟富士康一样，应该说工资福利等是相当不错的，它的问题反而更突出。我们深入调查后才了解到具体的情况。首先我们先到（深圳）市总工会，市总的副主席很务实地跟我们讲了，罢工影响很大，当时一罢工，深圳市党政和深圳市总工会派了70多个人的工作组进去。罢工一天，外国轮船不能进出，集装箱货物等都要停在那里，还要罚款，每一天都在损失。90年代李嘉诚建立盐田国际的时候，支付吊车工和塔吊工人工资是1万多块钱，而90年代我们工资才几百块钱。十几年过去了，深圳的物价涨了，生活水平提高了。直到2007年的时候爆发罢工事件，发现工人工资没涨，还是1万块钱，塔吊的工作性质没有变，每天工作很长时间，然后吃饭都得自己带盒饭上去。塔吊工作对于工人技术要求非常高，工作七年才能上塔吊，从十几米甚至几十米高的塔吊把集装箱拉上万吨轮船的船舱。罢工事件爆发后发现工人工资没有涨，不给加班费，盐田国际也没有工会，上班时间按八个小时，扣除了吃饭时间，到了星期六再加一天班，累计两个星期又要求上一个八小时班，再加一天没有报酬的班。收入没有提高，劳动强度却越来越大，企业利润越来越高，从原来赢利千八百万，到1年能赢利20多个亿，最后工人不满意，爆发罢工。所以调研要了解清楚情况，认识到劳动关系基本状况，不能看企业效益不错，职工工资福利挺高的表面现象，认为并不存在问题，因为劳动关系领域是更深层次的问题，需要去解决，所以必须深入进去调查。我们找企业自己选的工会主席、工会干部，找职工再做深入调查，了解了前因后果，如果从公开的层面，了解不到具体情况。去调查有些非公企业私营企业，表面上都是优秀企业，老板都是优秀企业家，到企业内部了解才知道，企业本身就是夫妻店，老公是做行政管理的，夫人做工会主席。夫妻店做工会，表面福利是有一些，但是涉及实质性的工资低，加上劳动强度大、加班多等等问题，工会主席不去维权，因为是夫妻一家人，她不能够去说降低劳动力成本的事，当然她会给点小福利，改善点生活条件，伙食上稍微调一点，但工资、工时问题恰恰是职工最无法忍受的，收入上不去，劳动强度那么大，职业病等问题得不到保障。有些企业表面上建了工会，实际上是个空壳工会。表面上有工会，工会会费企业也交了，职工之家内娱乐设施非常完善，但是工人每天连续加班工作十几个小时，能有时间参加这些活动吗？没有民主管理、没有话语权，所以就得深入职工中调查这些问题。尤其是敏感的劳动关系问题的调研，这个东西一定要深入实际了解，不然发现不了真问题。所以我们一般对一些统计数字、资料比较谨慎，必须是真实的、有意义的。因为我们教学讲课不能讲假问题。我讲的是现实当中确实存在的，恰恰是有些企业它要掩盖的一些劳动关系方面存在的问题。我觉得做工会的调查确实比较艰辛，但是一定要求真务实，要勇于探求真理，探求实际当中真实存在的问题，这样去做调研，才有意义，才能够提升自己的理论水平和教学水平，以及整体分析问题解决问题的能力，提出对策才更有针对性，才能够真正引起重视。2010年群体性事件比较多，全总过去做了好多调研，拿了很多数字来，但是不能反映基层的现实。表面看各方面的成绩都非常大，都挺好的，从南到北却出现这么多群体性事件，不知道问题在哪。当时王兆国是全总主席，他也非常着急，跟我们学校领导颜辉要求我们学校的老师调查并提出解决方案。后来我们拿出结果，引起了全总领导重视，甚至被提交到中央办公厅。我们学校的老师提供了一个分析报告，反映了这些最基本的、突出的劳动关系问题，所以绝对不能掩盖矛盾和问题，我觉得习近平总书记自十八大以后担任主要领导人后，最强调的一个是密切联系群众，第二个就是求真务实、实事求是，不能搞形式主义和官僚主义，这也是工会自身改革需要解决的突出问题。

问：我们看到了许老师严谨的态度，那么刚才咱们提到了现在是国企改革的关键时期，您认为工会组织应该在其中发挥什么样的作用呢？

答：因为国企原来的历史沿革比较长，计划经济曾是长期的，国企存在着很多深层次的问题，但是改革不可能一步到位，不然会产生大影响。其中一个影响是由于利益的调整，对职工的利益冲击，如产业结构调整，企业的管理制度、领导制度，以及用工制度的改革。过去用工叫铁饭碗、大锅饭，因为是相对稳定的，职工是高枕无忧的，现在改革带来极大的冲击。企业负担过重，传统的职业岗位在企业转型中可能不适应了，所以职工利益在国企改革当中往往是受影响最大的。在过去的国企改革中强调高层决策来解决问题，如从宏观角度解决劳动关系市场化问题，没有考虑这些职工过去对企业的贡献，简单地一刀切把职工推向市场，推向社会，这是对人家不负责任。我们改革最主要的是就是解决一些深层次的矛盾，是要调动劳动者的积极性、主动性和创造性，如果只注重利益的调整，而去损害了职工利益的话，他们的积极性、主动性、创造性怎么调动出来？所以工会要在国企改革中发挥作用。首先，要搞好民主管理方面的职代会工作。辽宁省总有个自己的工会刊物——《当代工人》，曾经跟我约过稿，叫《改革后遗症》。改革后遗症是改革刚开始挺光鲜，企业改革需要减负，两个负担过重，债务负担过重和社会负担过重，该剥离哪些，哪些债务应该怎么免除或者转移,或者是甚至让私企收购国企,但是没有想到很好地解决职工这方面问题。职工有的下岗了,有的甚至连生活补助都拿不到手,结果引起职工的不满,发生了群体性突发事件,最后企业无法转型。吉林通钢事件就属于恶性事件,职工有意见,新上任的经理不好好认真地去解决,以"炒鱿鱼"的方式对待职工,激化矛盾,发生了斗殴,并有伤亡事故。如果改革损害了职工利益,实际上是违背了改革的宗旨。现在十八届三中全会又提出了全面深化改革,包括企业改革,尤其我们现在整个产业要转型升级,国企改革又成了一个重头戏。在这个改革过程当中,我们工会也要做大量的工作,首先要做好民主管理工作。在决策领域,在改革方案出台的时候,就是要让职工参与进去,让他献计献策,提出一些基本诉求。北京市总工会请我写篇文章发表在他们的刊物上,我说你领导在决策之前,决策方案应该先交给职工群众,让职工群众提交反馈方案的意见,不要怕因反馈而增加成本,职代会是职工代表集中去参与决策的一个过程,让职工把意见通过工会小组、工会委员会,然后通过职代会,集中起来反映,要尊重大多数的基本意见要求,要充分地考虑意见的合理性,在力所能及和资源够的情况下,尽可能做补偿,或者去完善,比如人家再就业问题尽量安置等。如果非常谨慎地通过民主方式让职工参与改革,我相信大多数人会通情达理的,然后再做思想政治工作。在国企改革当中也需要做思想政治工作,少数职工觉悟不高,只追求自己个人利益,但不要让少数变成了多数,让大多数职工满意,少数个别的职工,我们对特殊的困难特殊解决。如果个别人提不合理的要求,少数人也不会造成群体性事件、突发事件,这样才能维护大多数职工的利益。所以在国企改革当中,要谨慎,要反映职工意愿要求,要经过民主程序,在决策上绝对不能少数人关起门来暗箱操作幕后交易,千万不能最后职工被卖了都不知道怎么被卖的,这种改革不是真正的改革,那是在以权谋私,那是在损害国家利益和职工的利益,所以我们真正的改革就是让企业能够提高效率、提高效益,能够让职工在改革过程中分享到改革的成果,我觉得这样的改革才是真正的国企改革,能够解决职工面临的困难和问题,这个成本是值得承担的。不管哪个方面,无论是政府方面还是企业方面,不能像过去那样搞买断工龄,把职工推向社会,这是对职工不负责任的态度,那样不是我们共产党人领导的国企改革。所以作为共产党主导的国企改革,就是要本着对国家负责、对企业负责、对职工负责,把这三个负责结合起来。既提高了企业的效益,又能够实现职工利益要求,这样的改革才是真正的改革。

问:如许教授说的,改革不是一蹴而就的,所以我们也一直在努力,也是为了工会更好的明天。今天的访谈就到此结束,再次感谢许教授,谢谢!

访谈手记

那是2019年1月22日下午3时许,当时我还在北京,在实习单位的办公室里,望着窗外的风景,北京的天气还是这么的寒冷,风中夹带着丝丝的霾。突然,赵腾飞联系我,他兴致高昂地邀请我一起做我们学校的工运学者口述采访。我们中国劳动关系学院今年刚好是建校70周年啦,突然想到能为学校做出微薄的贡献,我也兴奋起来了。随后刘钟美老师把采访许晓军教授的任务分配给我们,也把许晓军教授的个人简历一并发送过来。

在看了许晓军教授的介绍后,我发现能够参与这次访谈真的是我的荣幸。许晓军教授是1987毕业于北京师范大学马列所的研究生,获法学硕士学位。许晓军教授从事工会理论、劳动关系理论教学和科研三十余年,是中国劳动关系学会常务理事、中国劳动社会学会常务理事,在中国劳动关系学院主要讲授工会理论与实践课程、劳动关系理论与相关课程,以及劳动社会学课程,曾多次获得"学院十佳教师"和"工会领导干部岗位培训六佳教师"称号。

许晓军教授曾主持完成国家社会科学基金项目两项,主持完成北京市社科基金项目、全总委托科研项目、中国劳动关系学院重点科研项目十余项。在此期间,许晓军教授撰写和主编学术专著五部:《工会起源研究》《工会社会活动研究》《中国职工状况——内部结构及相互关系》《中国工会的社会责任》《博弈·制衡·和谐——工会博弈制衡与和谐劳动关系的建构》;在《中国社会科学》《社会学研究》《中国社会科学文摘》《新华文摘》等国家权威期刊上刊登过学术论文十余篇;在其他核心学术期刊和一般期刊及《工人日报》等报刊上发表学术论文和调查报告九十余篇。

许晓军教授以研究劳动关系和工会问题的专家身份多次在中央电视

台、北京电视台和多家省电视台以及搜狐网、网易等大众传媒接受专访和参加论坛,接受新华社、《瞭望周刊》、《工人日报》等权威媒体专访,并两次受邀在人民网强国论坛与网民就涉及工会和劳动关系的重大话题进行在线交流。

面对工匠,我们都以认真负责的态度去对待,我们商量着我来收集资料联系许晓军教授,腾飞列访谈提纲并进行采访。

在收集材料的时候,我没有想到会这么的顺利。在中国知网上搜索,就有许晓军教授的大量资料,看了许晓军教授的几篇文章,心情久久不能平静,一下子就把许晓军教授的文章都下载了。再这样下去我可能要改研究领域了,不能再这样下去。整理心情,再次出发,我把收集到的资料发给腾飞。我本来想着腾飞是有经验的,应该很快就能把访谈的提纲做出来,那么我就趁着这段时间,抓紧联系许晓军教授。想不到我等了很久腾飞才把大纲发过来,还一脸抱歉地说是因为看许晓军教授的文章看得太入迷了。

初次联系许晓军教授的时候,我想着许晓军教授会不会因为我的电话号码是广州地区的而不会接听呢?在许晓军教授接听的时候,我紧张得有点结巴了。但许晓军教授耐心地听完我致电给他的缘由,很快就答应下来了。但是这时候我们又遇到了一个问题,就是许晓军教授要在4月15日后才回到北京。我们在这段时间只能是不断地商量访谈的大纲并不断修改后发给许晓军教授。

许晓军教授是一位爽快之人。虽然许教授已经退休了,但他的教学事业还没有停止,所以除时间上比较难以协同之外,我们之间的沟通还是挺顺利的。刘钟美老师也是非常关心这事,还特意打电话与我沟通,教我怎样去和教授进行联系。

当时有两个访谈时间段,一个是5月10号,另外一个是5月14号的早上。然而10号那天早上我因为有重要的事情要处理,不在北京,要下午才能回到北京,11号又要在学校研究生处的带领下去广州观摩第三届全国公共管理专业硕士案例的比赛,要到12号晚上才能回到北京。

于是我和许晓军教授商量把录制时间定在了14号的早上,由腾飞对许晓军教授进行采访。

在录制的当天,我和腾飞提早到录制现场。腾飞拿着提问的"小抄",

小声地背诵起来，不断地调节自己的状态。许晓军教授来了，他还特意带来了一本 2015 年出版的《社会结构转型中的中国工会》专著给我们，我们当时有点受宠若惊，没有想到还会收到这么珍贵的书。访谈录制已过去一个月，每当想起录制的当天，觉得就像发生在昨天，那不仅仅是一次访谈，更是一次珍贵的课堂，许晓军教授逻辑清晰、观点鲜明，让我感到如醍醐灌顶、获益良多。非常感谢许晓军教授。

郑桥口述访谈录

访谈时间: 2019 年 5 月 22 日
访谈地点: 中国劳动关系学院图书馆古籍室
受 访 者: 郑桥（中国劳动关系学院教授）
采 访 者: 李佰阳（中国劳动关系学院 2018 级硕士研究生）
整 理 者: 郑桥（中国劳动关系学院教授）
　　　　　　李佰阳（中国劳动关系学院 2018 级硕士研究生）
　　　　　　孟中圆（中国劳动关系学院 2018 级硕士研究生）

受访者简介

郑桥，女，中国劳动关系学院教授，劳动关系学科带头人，院学术委员会委员，劳动关系系副主任。中国人力资源开发研究会劳动关系分会常务理事、中国国际共运史学会常务理事、中国社会学会劳动社会学专业委员会理事。毕业于中国人民大学国际政治系。长期从事劳资关系、工人阶级、工会运动方面的教学研究工作。重点关注国内外劳资关系与工会运动、劳资谈判制度与实务以及中外劳资关系比较研究。主编和撰写有《世界工会概况》《劳资谈判》《比较视野下的中外劳动关系研究》等著作，在各类专业报刊发表学术论文多篇。

问： 郑老师，您好。请问您是哪一年来到咱们学校任教的？
答： 我是 1985 年从人民大学（中国人民大学）毕业，然后就进入学校，当时我来的时候学校还叫中国工运学院，后来才改名叫现在的中国劳动关系学院。所以算起来到今天,我在学校已经工作了34年。今年正好是我们学校70年校庆,回想起来,那也就是说在我们学校发展历程当中,大概有一半的时间,我是和学校共同成长的,所以今天回想起来还是非常有意义的。

问:郑老师,您从人民大学毕业之后就来到咱们学校担任老师,请问您当时为什么要做出这个选择呢?

答:其实这个过程反映了当时的时代特征。我们1985年毕业的时候,基本上我们国家还是计划经济体制,大学生、研究生毕业后,他的工作基本上还是政府来派遣的。所以来学校工作也不是一个特别主动的选择,就是毕业了以后大家都去各个高校、各个机构工作,我就来到了当时的中国工运学院。那个时候学校的发展跟今天不一样,性质、特点都没有现在这么鲜明。经过这么多年的发展,学校才有今天的这个变化。

问:郑老师,您是人民大学78级本科生,后来又在人大读了研究生。78级是非常独特的一代,您能否讲一讲这对您毕业后的工作有哪些影响?

答:78级的确在中国大学的发展历史上是非常特殊的一代。我那个年纪念大学的时候,我自己当时是属于应届毕业生,就是高中毕业生。如果我不考大学,是要去插队的。如果考上了呢,就有了上大学的机会。

但是我迈进人民大学以后,就发现我的同学特别不一样。进教室第一天,我看见一个头发已经稀疏的同学,我以为是我们系的教授。结果过去一问,人家说是我同学,然后我就很震惊。后来我知道了我很多同学其实年龄都很大,就是我们的年龄大概差了12岁,整整一轮。我的大学里大家从事的行业也非常不同,很多同学是插队下乡或者在兵团都干了七八年时间,只有我们几个是从学校毕业的,是应届毕业生,所以大家的差距非常大。但是这些同学那种非常丰富的阅历和他们对社会、对人生、对很多问题的看法,对我影响非常大。我这四年大学念下来以后,再接触后面79、80级的同学,就觉得我特别幸运,因为我的同学真的就像一所大学,不仅仅是在课堂上,这些同学给了我特别大的帮助、引导和影响。我比较愿意跟那个年龄大的同学相处,因为他们会告诉我很多我所没有经历的,或者是我没有机会去体会的一些生活、一些对社会问题的看法。所以四年大学念下来,我觉得真是遇到了一波非常优秀的同学,这是一个方面。第二个方面,人民大学当时也是刚刚复校,有很多的教授、老师都是在"文革"当中经历了长时间的磨难,所以一复校以后,他们都有非常充沛的精力,能够完全投入教学工作,对我们也有很大的影响。我们的同学非常勤奋,每天早起在那念外语、学习、占图书馆。我当时是走读生,每天回家骑着自行车要走很长的路,因为人民大学在海淀,我要回到西城月坛那边去住,但是一点也不觉得辛苦。那个时候的学习氛围和精神是今天很少见到的。其实人民大学也在不断地成长和发展。最近我们毕业40年同学聚会,回忆起当年的学生生涯,大家的感悟还是非常多的,特别是那些年长的同学,对小同学的帮助是非常大的。他们甚至会在你做论文的时候,他自己看到一些资料了,也不跟你说就帮你翻译好,然后提供给你,说这个材料你可以用,后来想想真的是非常感动。所以大学生活对我后来的影响非常大。我觉得最大的影响是对我性格的影响,使我面对很多问题比较能够沉得下来,不会那么浮躁,因为我周围的强人太多了。我一直觉得所有的人都比我强,因为我们那些应届毕业生都是在团支部的,而那些大的同学都是在党支部的。所以他们的阅历丰富,可以给我们讲很多东西,对我们来说一切都是新的,所以我自己后来也是比较沉稳。我会比较理性、比较内敛地去看待很多事情,不会觉得趾高气扬或者是怎么样。我永远觉得周围会有很多的人比我强,所以这段经历对我影响非常大。

  加上我在成长过程中,我的家庭对我影响也很大,我父母是高级知识分子,他们在中央编译局做翻译工作和研究工作。特别是我父亲,他是研究苏联东欧历史的一个专家,在我成长过程中,我们家里全都是书,四周的墙上全都是书柜,现在我们说书香门第,我就是在这个环境里成长的。在成长过程中,我其实也在母亲所在的单位里玩耍,跑来跑去呢我就认识很多人,后来我才知道他们都是各个领域的大家、专家、学者。但是我跟他们接触的时候,发现这些人真的是非常谦和,知识面也非常广,上知天文,下知地理,学术做得也很好,有些专家通五国外语,就是门门都非常精通。然后你过来玩,给你讲个历史故事都讲得非常好。所以这种环境对我的成长是一个慢慢熏陶的过程,父母没有要求我怎样去做,而是他们在做事的时候慢慢影响着我。后来到我来工运学院工作以后,有一件事给我印象还是特别深的。就是编译局的一个老专家叫殷叙彝,我叫他殷伯,他是研究第二国际历史的一个专家。有一次我们学校几个老师编译出版一本书叫《欧洲劳资关系》——我今天没带来那个书——翻译完以后,我们就请这些专家来给我们这个翻译的整体情况做一个点评。那天就开了一个评估会，评估会上就有很多人提出了各种各样的意见和建议，我们都觉得挺好的。然后有一些比较年轻的学者就说话比较直爽，他们就直接说你这里什么地方有"硬伤"。说了这么一个词，其实我们也接受，也确实是有问题。但是回去以后殷伯伯他给我打了一个电话，他说："小桥，我回想今天在会上大家讨论的这个问题，其实你们作为年轻人做这么一件事非常不容易，做得非常好。我们在评论的时候，有的人说的话有点太过于严重了，我觉得不合适。有的表达对于年轻人成长、对于你们这个书最后出版可能不太合适。"他跟我说完这话以后，我特别感动，我觉得人家是大家，真的是非常专业，其实他点的问题也非常到位，但是他会非常小心翼翼地顾及年轻人成长。这个就是老一辈对青年如何评价，如何去提携，就这么一个小的细节，他会专门打电话来，表示很大的歉意，像这样的人，其实我平常经常接触，所以后来在我的职业生涯当中，我一直是比较低调的，就是说有人说你好像也出了不少成果，我说我觉得非常少。我觉得跟我父辈他们去比真的就没法比。这些东西对我整个的职业生涯，对我做人做事的风格，都有非常深远的影响。

问：郑老师您来咱们学校任教30多年，也是见证了咱们学校的一个不断成长。您能否简单介绍一下在这30多年中，有哪些事让您印象深刻？

答：我刚进校的时候是在工运研究室，开始叫工运史系，其实它的定位主要是做研究。因为当时有成人的一个班次，然后给他们上国际工人运动史这样一门课。那一段经历对我的历练还是挺大的，为什么？因为我进学校时才20多岁，然后这些成人班上的同学有的和我同龄，还有很大一部分人都比我年龄大。所以面对这样的一些学生，我觉得还是很有压力的，但是我记得当时学校的领导对年轻教师的成长是非常关注的。我记得我讲课的时候，我们系的教授，包括当时咱们的院长，都亲自坐在第一排听课，弄得我也很紧张。但是他们听完以后，非常认真地给我提出细节上如何改善，讲课当中风格怎么样调整等等，对我帮助特别大。这是第一个阶段。

后来这个系就改成了工运研究室，在工运研究室等于我们就成了专业的研究人员，基本上讲课就比较少，主要是做研究，那个时候的研究基本上是自己选题，没有规定说一定要研究什么问题，一定要出多少成果，没有这些规定。基本的要求就是在研究室工作,认认真真地去看书,关注现实的问题,想就什么问题做研究都可以。所以我们那时候就开始了理论研究,等于是起步。在这个过程当中,因为我原来是学历史出身的,国际共产主义运动史其实是以世界历史为基础的,整个的学习还是以历史学习为基础、为出发点的。而且我讲课也讲过世界工人运动史,所以我就想把我的研究朝工人运动历史这个方向扩展一下,于是,研究基本上定位在这样一个方向上。后来到了90年代初期,学校也做了系部的调整,学校要求我们转到教学系部去。那个时候我就转到了工会学系,现在的工会学院就是当时的工会学系。去工会学系以后,实际上我们就以教学为主,同时做科研的工作岗位,于是岗位发生了变化。然后工会学系成立了一个外国工会教研室,我就做外国工会教研室的主任。实际上就比较关注国际工会运动就各个国家工会运动,进行一些研究和教学工作。

再之后就是到2003年,我们学校转制升本,升本以后到2005年,我们组建了劳动关系系。这个系包括乔健老师,我们这些人就是从工会学系出来的一批老师,然后等于是重新建起这样一个劳动关系系。所以从那以后,我就比较关注劳动关系的研究,关注劳动关系领域的相关制度这样一些课题的研究和教学工作。接着往下发展,我们就开始提升我们的教学档次了,在此之前我们是有成人教育,有劳模的本科教育。转制升本以后,我们开始有普通本科教育。之后,大概到了2010年,学校开始申请专业硕士。就是你们现在的这个专业设置,从2010年就申请,这个申请的过程还是比较艰辛的。在申请过程当中,其实我也不光参与其中,而且做了很多比较重要的工作,比如说制订培养方案,包括研究生的各种规章制度制定,包括申硕的各种材料的准备。申硕我们大概用了两年时间,到2013年,申硕成功。我们开始招第一批 MPA,那第一批研究生招进来,我也做研究生的导师。之后我们学校的教学层次就提升到了一个新的档次,就是开始有了研究生教育。再有,就是到了今年,我们又招收了香港地区的MPA。他们就成为我们在香港地区的研究生层次教育,这也是一个全新的层次。所以整个学校的发展和教学水平不断地上台阶,这个过程我都是亲身经历的。也真是看着学校一步一步在发展,在前进,也感到非常欣慰。

问:郑老师,您不光是学校办学过程中的重要参与者,更是学校学科的主要建设者。您能介绍一下您在学术上取得的主要成果吗?

答：其实学校的发展是跟着国家社会的进步在不断地推进，我们从开始有工会学系，大家比较关注的是工会领域的研究、教学。在升本以后，我们把学校更名为中国劳动关系学院。所以劳动关系作为一个更大的范畴，开始进入我们的视野，进入我们的事业。我们逐渐地发现劳动关系是工会运作的一个平台，而且劳动关系的协调，更宏观的就是涉及劳资政三方，它在整个社会运行、整个社会关系调整当中的功能、作用、定位是怎样的？我们学校的劳动关系研究领域、研究的范围随着中国社会的转型也在发生着变化。我印象比较深的是，我今天带来的这本书《向市场经济过渡中的工会工作》。这个书你看起来非常薄，但是对我们来讲真的意义特别大。我到现在都记得我们当时写这本书的时候，每周所有劳动关系系的老师坐在一起，包括系主任，包括校长，都会坐到我们系来进行讨论。我们现在向市场经济转型的过程当中，给工会提出了什么样的挑战？有什么问题值得我们研究？这个问题到底应该从什么角度去介入、去研究？那个讨论其实有的时候还挺痛苦的，就是老师们苦思冥想，有时候也想不出一个思路框架，现实就逼着大家，你必须去看书，必须得思考这个问题，然后在讨论当中互相启发，互相构建这样一个框架。最后我们把这个书完成了。在这个书里你会看到，其实我个人的研究方向就基本上确定下来了。我参与了这个第四编，就是"学习与借鉴国际工会运动启示录"这一编的内容，那么在这里边我写了两章的内容，一个是向市场经济过渡条件下，苏联和东欧国家工会的现状和特点，第二个就是写了西方资本主义市场经济条件下工会运动的现状与特点。你会发现一是苏联和东欧的研究，因为苏联和东欧原来也是计划经济，跟中国是一样的，所以它发生了转轨，发生了社会变迁，它是朝什么方向走的？是怎么变化的？对中国的包括劳动关系的转型、中国工会的转型都是非常有直接借鉴价值的。所以这个研究当时也是属于跟踪性的研究。第二个就是我们要朝市场经济转轨，那市场经济条件下工会是怎么运作的？这就是我们第二要回答的，这种成熟的市场经济国家，其工会运作的方式特点这样一些问题。所以后来我反思我的学术生涯，其实这两个领域已经成为后来我研究不断深入的一个大的方向。在这个研究过程当中，其实我们这里边也写到了这样一个问题，国际这一块我们形成了一个共识，就是说工会运动实际上是带有国际性的，中国的工会实际上是属于国际工会运动的一个组成部分。那向市场经济过渡以后，其实市场经济体制下，工会运作的方式、特点肯定是有它共同特征、共同规律的。那既然我们现在要搞市场经济了，我们就应该去关注这些共同的东西，到底应该是什么样子的。然后我们才能在这个基础上更好地理解中国的特色。所以这个研究就成为我们一直关注的一个领域。在这个研究过程当中，其实也随着学校的发展变化、专业的变化，我们的研究在不断地扩展，包括劳动关系，包括公共管理，包括现在这个安全工程，还有劳动经济，其实都围绕着劳动关系的方方面面，形成了不同的学科、不同的系部，构成了我们今天中国劳动关系学院这样一个比较完整的学科体系，比较有特色的自己的学科定位。

问：郑老师您提到您的研究方向是在不断变化的，您能讲一讲这种变化具体反映了哪些社会的变化、经济的变化吗？

答：因为我们是中华全国总工会下属的一个学校，所以全总对于相关的劳动问题的关注，实际上也是我们关注的核心或者要点。因为我们承担着全总一个很重要的任务，就是培训全国省地市工会干部，还有大企业的工会干部。要做这样的培训，就必须对中国的劳动关系的运行和特点、对中国工会现在发展的状况，以及在发展过程当中面临什么问题等有所了解，才能去回答现实中工会主席们提出的问题。所以这样的一个框架，反过来督促我们，或者说在推动我们，在我们的研究当中要越来越接触实际，要紧跟实际现实的一个变化，来提升理论的深度和高度。在学校的教育教学过程当中，其实我们面对这样一个问题，就是我们教学的对象差异性非常大。例如我们劳动关系学院的老师，今天可能面对的是刚刚进入大学的大学生，明天可能会面对一些研究生，是有工作经历的，后天你可能会面对这些工会干部，他们是带着一堆现实当中的问题来的，那你必须还要知道现实的问题。所以我觉得这是挺有意思的，不同的学生的这种特点，给老师的教学提出了不同的要求。老师的教学实际上也会去适应学生的需要，那么在这种教学相长的过程当中，其实学生在提升，老师也在提升。老师的研究视野、研究角度、深度也在不断地变化。所以我觉得这个过程非常突出反映了我们学校的特点，不像一般的大学，可能自己有一个学科体系，或者社会上说的那种就在象牙塔里面了。我们这个大学有一个很重要的特点，就是跟实践、跟社会的需求联系非常紧密。包括我们每年还会承担全总的一些重点课题，他们会在劳动关系当中提出一些非常新的话题，非常需要给予理论解释的话题，我们就会分别把这些题目承担下来，然后去做调研，包括在教学当中去跟工会主席们交流，完成这些课题，完成工会的、全总的一些任务。在这个过程当中，其实你一边研究现实问题，一边反过来就会想到我们的学科体系、我们的劳动关系的教育应该补充哪些内容。因为现在的这些本科生未来可能就要走上劳动关系工作的岗位，现在主席们遇到的问题，就是他们未来可能遇到的问题，所以这两者的结合会促进我们专业学科的发展，包括我们人才培养，包括我们方案经常在调整，都是在这种互相磨合、互相促进当中不断地完善。

问：郑老师，咱们学校有一个特点是学生背景各异，其中包括一些在职的干部和现任的干部。在您教学当中，比如本科生，只需要把概念告诉他们，那面对一些现任的干部，你可能要纠正一下他们错误的概念，再就是一些跟内地学生成长环境完全不一样的香港学生，那您在教这些学生的时候，有什么感悟，能分享一下吗？

答：刚才说实践当中的工会干部有什么错误的认识，其实不是这样。因为我是学校岗培部的老师，也是给所有的工会干部讲课的。作为任课老师，其实我们岗培部做过这样的一个学术、教学研讨，大家有一个不同的意见。有的工会主席说，我来你这儿接受培训，我带着三个问题来的，你把这三个问题给我解决了，好，我就非常满意。那是不是每次来一批工会主席，他有几个问题，我们就解决几个问题？在研讨当中我其实提出了一个想法，我说这个东西有点像什么？有点像医院和医学院的区别。我们觉得既然工会主席到劳动关系学院来，他需要干吗？当然他是要解决具体问题的，但是不是每一个政策问题或者具体操作层面的问题，我们都能回答？我们应该给他的是理论知识的一个基础，一个训练，给他一个思维方法，给他一个研究问题的视角。他有了这些方法以后，今天这三个问题他可以解决，明天出了新的问题，他依然可以解决。所以我说，我觉得我们干部培训应该是医学院，是教他方法的，而不仅仅是回答他非常具体的几个问题的。这是我们在教学理念当中讨论的一个话题。

那么本科生的教育，我觉得我比较关注的是打好基础。因为现在的学生进入大学，可能选专业的时候是很茫然的，或者是家长帮他选，或者他受什么影响，就稀里糊涂选了这个专业。当进入了这个专业，我们就要给他一个尽可能好的教育。这个教育不仅仅是专业知识的教育，我觉得也包括教导他如何做人，如何做事，如何去提升自己方方面面的能力。这些东西做到了以后，他今后走向社会，也可能做劳动关系的工作，也可能做的不是这个工作，没有关系，他只要具备了这种学习能力就可以适应各个岗位。所以普通本科，我们对他的教育和要求跟干部培训不是很一样，因为干部培训直接就针对他的工作岗位，回去后他还是做工会工作。那本科培训我觉得应该面要更宽一些，要给他们一个学习成长的空间。实际上借助我们现在的专业，包括劳动关系也好，人力资源也好，这个专业知识都是一个平台，通过学习是在训练他的思维能力、观察能力、表达能力等。那这些方面提升了以后，我觉得不论做什么工作都应该能做得很好。

最后说说你说的香港的研究生教育。研究生教育是刚开始，但是香港的这个大专班其实早已经办了。我们刚刚有一个活动庆祝（大专班）开班17年，这个时间已经很长了。那么香港的教育对我们学校来讲也是比较独特的。香港的这些工会干部，他们需要从基层基础的文化层次开始提升，因为很多从事工会工作的人，他可能文化水平非常低，很多是草根阶层。我们给他们，第一要有一个基础的文化知识的培养，然后也要给他劳动关系、工会这方面知识的一个培养。所以你看前不久我们第十期的大专班毕业了。他们经过这三年多的学习，真的是有很大收获。十几年的香港的大专班的教育，我基本上都参与了。现在我就在香港的培训当中，我觉得这个成就感还是很强的，是直接可以看到的。因为我很多的学生比如说一期、二期的同学，现在都在工会的各个领导岗位上。我开玩笑，我说我现在见你们不容易。我经常在电视上见到他们，比如庆回归、开什么纪念大会，或者其他的一些重大会议，工会界的人士一上来我马上会盯着看，经常会有我的学生，我一看到我学生在那样的一个位置上，我就觉得特别欣慰。现在我们学生里也有很多立法会议员，他们已经可以在更高的层次上参与香港的劳资关系和各个方面的法律制定，然后反映工联会的呼声和要求。所以整体上他们的素质提升得非常快，我们也是一点一点看着他们进步的。

今年开办的研究生班，有很多是上过我们大专班的同学，他们再继续深造。再继续深造的时候，我也注意到有很多同学因为有大专班的训练，他的基础知识是比较牢固的。然后在他从事了一段时间的工会工作以后，他又会在实践当中发现一些新的问题，以及自己的不足，然后会在学习当中进一步地充实自己。另外,我在给香港的研究生上课的时候,和给你们上课有一个最大的不同,就是他们其实都是工作在劳资关系一线的。像那个香港班的主席,那个班长,她自己就是铁路部门的一个工会主席。我4月份刚去给他们上课,遇到了一个情况,给他们上劳资谈判这个课,然后她有时候要请假,我问她干什么去,她说她所在的那个铁路部门遇到了一个劳资争议,什么争议呢?就是她所在的铁路部门,在京九高铁开通前招收了很多新的员工,招完以后等到开通以后,不知道是因为开始不需要那么多人,还是什么原因,铁路部门觉得人工有点多,然后就要裁员。在这个过程当中,实际上招人是通过一个劳务派遣公司。现在要裁员,她们工会就去跟劳务派遣公司谈,说你为什么要裁员?劳务派遣公司说总公司让裁的。可是总公司却说没让它裁,双方就互相推诿,把这个事情推来推去。可是这些员工是无辜的,他们兴冲冲被招来,以为这个工作可以一直做下去,结果突然一纸通知让他们走人,说用不了这么多人。好,这个事情一出来,那个班长她第一个任务是去了解情况,然后要帮助这些员工,因为保住他们的工作岗位非常重要。她要去召集这些员工,把他们的诉求集中起来,然后代表他们去谈判,跟这个企业方去谈判非常艰难,她经常夜里发微信,我一看夜里1点钟了还在那跟这些工友沟通。所以她等于是一边在上课,一边在进行这个劳资关系方面的实践,特别是谈判的实践。那这样她来请假我就非常高兴,而且我说等你回来上课的时候,你要把这种鲜活的案例拿到课堂上来分享。她把那个随时发展的进程在课堂上一讲,所有同学参与进来讨论,帮她分析、帮她出招,然后整个学习过程就变得非常充实。大家完全是一个一个实际案例的讨论,然后也会把劳动关系领域和劳资谈判的理论深化下去。所以他们的学习,我觉得虽然你看有的时候他们会请假,出勤率会有一些影响,但是你会知道他们在做什么,而且他们做的这些事情真的是跟他们的课程的理论学习是高度相关的。所以这一点我也特别希望他们能跟我们本校的同学有接触。因为你们有很多人不是做劳动关系工作的,或者现在也不会直接去介入这样的一些大的矛盾的处理。而他们的这种实战经验对于你们是非常有帮助的。

整个的这样一个多层次、面临不同学生的教学,说是我们老师在教学生,其实学生也在教我们。我们从他们身上也学到了很多东西,我们也会注意到,把这些东西充实到我们教学当中去,包括给我们本科的同学等都会介绍这样一些情况。大家就会在整个这样一个学习过程当中,有了更宽泛的视野,有了更多的收获。

问:郑老师,您除了担任这个教学工作,还在学校里担任了许多其他方面的工作。您能分享一下您在这些工作当中,有哪些比较有趣的经历吗?

答:刚才说了其实在我的职业生涯中我是随着学校成长的。这个过程当中,你也看到我的经历,我一直担任学校学术委员会的委员。那么学科的发展、专业建设,还有一些课题申报等这些问题,我们都会介入进去,包括职称评定。所以我们也会关注到学校现有师资的这种发展成长,特别是年轻教师的成长。另外学校在不断地进步,所以在这一过程当中,我们也会把我们随着自己成长积累的这种经验放到学校发展当中。刚才说到劳动关系系部的建设,劳动关系专业的建设,然后包括研究生的申办等,在这个过程当中,我们都投入了很多的精力,最后申办成功了,也非常有成就感,让我们的教学层次不断地提升,不断地发展。

在整个职业生涯当中,如果你说有趣的事情,其实我想起来,在我们很早做劳模教育的时候,这些劳模来自各个行业、各个领域。我有个学生来自贵州山区的一个储蓄所,因为有一次歹徒来抢钱,他去保护国家财产,然后被评为劳模。但是他的文化水平是非常低的,可能小学都没有念完。他刚进学校的时候很害怕,他说他一看见一张报纸上字这么多,他就不敢读,就这样一个状态。那么面对这样的学生,我们也要认认真真地一点一点去教他。最后这个学生在他自己原有的水平上有很大的进步,比如说念完书以后,拿来一段文字,他敢于去阅读,去理解一下内容,就是说他的文化水平在提高,包括在最后论文写作等方面,我们都是手把手去帮助他的。后来你就会发现,我们接触的劳模不断在发生变化,实际上反映了我们国家在进步。这些劳动模范他们的知识水平、文化素质都在提升。我后来教的几届学生里也有很多我的好朋友,到今天就是十几二十几年过去了,依然保持联系。比如我印象最深的有一个女劳模,一个女同学,她是在女子监狱做狱警。这个职业真的我们平常很少接触,女子监狱里有一些吸毒人员,要对她们进行管教,然后让她们转变。我前年出差,正好到她工作的那个地方,觉得还是挺不容易的。她见老师一来,非常高兴,因为好多年没见了,但是那天晚上她说她要值班,而且说她晚上不能跟我们有电话联系。我问为什么，她说她一进入监狱里边，所有的手机这些设备都要收起来，这一晚上她就要在那全身心地值班，出了任何问题都需要她及时去处理，到第二天早上她可以出来，拿了手机，才能跟老师再沟通。后来她就讲，她说她在工运学院念劳模班这几年，是她人生的一个转折点。她说她以前因为种种的原因没有念成大学，这是她终身的遗憾，但是劳模班给了她这个机会。这个女孩非常爱看书，而且在当时念书的时候，她的家庭关系还非常紧张，因为她老公觉得她去念书又不管孩子、不管家，搞得关系很紧张。我们除了教书，还帮助她做心理调适，家庭关系的调适，所以我们能成为非常好的朋友，她现在家庭关系很和睦，孩子也非常健康，整个生活都不一样了。所以我就一直看着这些劳模，包括现在新的劳模，他们有很多建了劳模工作室等，跟以前也不一样了，所以劳模他本身也随着时代在成长、在变化。这个过程都是我们亲身经历的。那么这些东西反过来会促进我们在学校的发展变化当中，提出我们的一些想法、一些思考，如何把人的培养、劳模的培养，包括普通本科、研究生这些培养能够做得更好、更到位。

问：郑老师，您能谈谈您的学术研究吗？

答：其实咱们学校做劳动关系研究的老师非常多，我们一直说劳动关系，实际上它是一个研究领域，任何一个学科都可以去研究它。但我们是在劳动关系系，又是劳动关系专业。所以这个研究对于我们来讲，研究劳动关系是理所当然的，而且是我们的职责所在。但是这么多人研究劳动关系，我肯定有我自己独特的角度，或者说我独特的特点。我的特点我觉得有这么几个方面。

首先，刚才我也说了，我的学科背景是史学，史学的研究要求你要对相关的文献、相关的历史有一个比较充分的认知和了解。我们经常讲，所有的东西其实在历史上你都会找到它的痕迹。也就是说，历史的经验值得注意。包括在给你们讲课的时候，我也经常会提到，我们现在看到的很多，比如说技术的变化，机器人取代人工，那在工人运动发展早期，这个过程是一直有的，只是样式不同。过去产业革命以后，机器取代了工人，然后工人开始使用机器，他的手工劳动被替代掉，他的很多生活方式就会发生天翻地覆的变化，整个社会的劳动关系也会发生变化。所以对于历史的研究我一直认为非常非常重要。因为很多的东西我们都可以从历史规律当中找到可以印证的点,从而用更深的角度来理解我们的今天。这是第一个视角。

第二个视角你会看到,我对国际方面的问题非常关注,因为以前也是研究国际工人运动史、国际共产主义运动史,所以从国际的视角来观察我们的现实,我觉得这也是现在非常重要的一个研究角度。我们过去特别是做工会培训的时候,发现我们有一个特点或者说习惯,工会比较容易出现就工会谈工会、就中国说中国怎么样,工会工作怎么样,完成了多少,说起来都是很辉煌的。但是离开了工会,社会层面对工会是不是有认知,是不是知道你在做什么,是不是知道你做得很到位?这些事情好像并不是完全如此。好,那么再进行培训也好,进行研究也好,我们要把视野放宽,比如我们在对工会干部进行培训的时候,有的工会干部曾经提出来:郑老师,你给我们讲讲中国特色、讲讲中国工会。我说好,我说我讲中国特色,我不是光说中国如何如何,中国有什么样的特点,我会换一个角度,什么角度呢?我会去研究探讨世界工会运动的共性是什么。当你把共性梳理清楚了,那中国的特色特在哪里自然而然就呈现出来了。所以这样一个比较的角度,这样一个更宽的视野,我觉得对目前的工会培训也好,对于我们的本科教育、研究生教育也好,都是非常重要的,它能让我们的研究更深化,而不是仅仅自说自话,所以这是第二个角度,就是从国际的比较的这样一个角度。

第三个我研究的重点,你也看到了,就是劳资谈判或者我们叫集体协商集体合同制度。你们也知道这个制度是随着中国的市场化的推进,我们从市场经济国家引进的,也就是说这个制度它并不是中国土生土长的制度,那么它在引进过程当中,我们自然就会有一个熟悉它,然后能够非常成熟地运用它的过程。在这个制度的研究当中,我是从1995年《劳动法》出台,我们正式确立集体协商集体合同制度之后,开始跟踪研究的。然后当时是在劳模班成人班里开设这个课程,所以从那个时候到今天20多年,我一直在进行集体协商集体合同制度的研究,一直没有停。这个研究过程其实也是在不断深化的。一开始作为一个我们新引进的制度,我们更多的是看国外成熟的市场经济国家的这个制度是什么样式的,它是如何运作的。所以我们会有很多的借鉴,然后也会在基层培训的时候给大家介绍什么叫集体协商集体合同制度,它的法律构成应该是什么样子,那随着集体合同制度不断地运行，不断地深化，我们就会发现中国现在企业也好，工会也好，都在运作集体协商，但是在集体协商当中，大家遇到了很多现实的问题，那我们就要回答这些问题，就是到底这个我们原来没有传统、我们不熟悉的集体谈判，我们应该怎么搞？就要求我们在培训和各种课程当中还要加入实践的环节，所以我们在这个课上除了介绍集体协商集体合同的法律制度的理论框架，还加入了实践环节，就是如何去操作，如何去协商谈判，然后包括一些案例的引导。一开始我开这个课的时候，还定位在一个理论课程，现在这个课逐渐发展成一个一半理论一半实践的课程。那到今天这个课程已经完全变成了一个实践课，就是我们会讲理论，这个讲述是作为一个基础，但是有很多的实操的环节。包括你们也做过这种模拟谈判，参加过各种各样的教学活动包括"大赢家"教学活动等。另外在教授课程当中，我本人会参与集体协商的一些实践，比如说会受聘一些地方工会，还有一些企业工会，来做他们的职工方的谈判专家，直接参与他们的谈判。另外也会在现实当中给工会干部做这种谈判的培训。那你会发现企业在不断推进集体协商的时候，他们的要求也越来越细化。我们现在知道了集体合同制度是什么样，但是我们应该怎么去谈？比如工资，我们谈工资的时候要考虑什么样的因素，这些要素我们从哪去找，然后我们怎么跟资方去讨价还价等等，包括谈判的技巧等等。所有这些方面的训练我们会融入课程当中。

在我的课程当中还有一个非常有特色的做法，就是让我们的本科同学去参加全国高校的模拟谈判大赛。这个大赛已经搞了很多年了，现在是第七、第八届了。原来最开始启动时，我们是三所院校，就是中国劳动关系学院，中国人民大学的劳人院和首都经贸大学的劳动经济专业，三个学校来进行比赛，到今天它已经发展到全国，大概有30多所高校，派出60多个谈判代表队，然后成为全国规模的这样一个谈判大赛。这些大赛实际上是对我们同学学习劳动关系相关理论、谈判的相关知识以及运用知识的能力的一个检验和训练。所以我们也会去辅导学生参与这个大赛，在第四届模拟谈判大赛上，我辅导的我们班的同学获得了劳方代表队最高分，一等奖，他们在这个过程当中表现得非常好，把他们所学的劳动关系知识都运用到谈判当中，在谈判当中取得了非常好的成绩，整个这个过程就是学生在成长，我们的研究也在深化，我们的教学方式方法也在相应地做调整完善。

问：郑老师，您长期从事集体合同研究，那我们国家的集体协商制度运行得怎么样？

答：集体合同制度，实际上我们是从 1995 年《劳动法》出台，然后随着中国市场化的推进，我们从市场经济国家引进这个制度，这个制度运行到今天有 20 多年时间了。如果从我们集体合同的数量规模和覆盖的职工人数、企业数来说，发展速度还是很快的。但是集体合同制度的功能和作用在社会层面是不是很大，这个还是值得讨论的。现实当中可能很多人会觉得我们并不了解，或者我们并不知道这个制度给我们带来了什么。那么在现实当中大家也知道，全国总工会在不断地推进集体协商集体合同制度，它近期最主要的任务是提质增效，就是提高质量，增强它的效果。如果说 20 多年过去了，还在提质增效的这样一个层面上，显然可以看出来，集体合同制度它还是存在问题的，起码是质量和效果上是存在一些问题的。真正显示这个问题，我觉得比较突出的是 2010 年南海本田事件。这个事件发生之后，就是职工群众采取了一种比较激烈的方式，要求增长工资，要求改善劳动条件，最后逼迫企业方坐下来跟他们谈判，并就工资的增长达成了一致。这个事情当时与我们是相关的，比如说全总的集体合同部的相关领导，都做出了判断，就是说这个事情的发生，反映了在我们的这些企业，特别是外资企业当中，真正正常的工资决定机制和正常的工资增长机制并没有建立起来。那也就是说，我们的工资集体协商虽然已经说了很多年，但实际上它还没有真正地在企业层面发挥作用，也就是说我们目前还有很多值得努力和改善的地方。虽然在有一些地方，我们的集体合同也的确有了很大进展，也在发挥作用。但是在很大层面上，它在我们整体劳动关系协调当中的作用还是比较有限的。

问：郑老师，您多年研究集体协商，您认为制约我国集体协商制度发展的因素主要有哪些？

答：其实制约我们发展的因素还是比较多的。第一，其实我觉得最主要的是市场化程度，市场化程度的深入与否，决定了协商到底能不能有效地开展。因为我们也说过，原来计划经济体制下是没有劳动关系双方协商空间的，所有的劳动关系问题都是政府来决定的，那么市场化以后，包括工资在内，劳动条件、劳动标准实际上是通过劳动关系双方协商沟通谈判来最终确定的。现在我们并不能说已经完全完成了市场化的进程，很多企业可能不存在这样那样的问题，这是一个制约因素。第二个因素就是我们法律法规和制度建设上的不足。我们现在虽然有了与集体协商相关的法律法规，但是你会发现我们的法律法规还是比较分散的，它的一些相关规定分散在各个法律当中。而真正比较集中的单行的集体合同法到现在还没有出台。那么在集体协商过程当中，一些相关的法律规定也还不是很严谨、很到位、很有操作性。所以导致我们在协商过程当中遇到的一些问题，可能法律层面就会发现它是有不足的或者是有空白的。这是法律方面的问题。另外还有就是劳资双方的理念和劳资双方的组织的构成。第一，劳动关系双方对于集体协商是不是认可。第二，劳资双方是不是愿意用这样的方式来解决双方不同的诉求，解决劳动关系领域的问题，实际上不同企业认识是不一样的。特别是很多企业的资方，包括大量的非公企业资方，基本上是排斥和拒绝集体协商的，另外劳动关系双方的组织，比如我们现在在提区域性、行业性的集体协商，我们相关的区域性、行业性的劳方的组织和资方的组织可能都还有不充分、不到位的情况。这里也涉及我们谈判的协商的层次。我们《劳动法》实际上协商定位在企业层面，是说企业职工一方可以就劳动条件、劳动标准跟企业行政进行协商，进而签订集体合同。也就是说，那个时候我们更多的协商是放在企业层面的协商，但是大家逐渐地发现，在企业层面有些问题很难进行协商，包括我们的体制、我们的工会主席、跟企业签订劳动合同，然后你现在让他坐下来跟企业去谈判，他也会有一些不敢谈，或者是有一些顾虑。另外你会发现有些小的企业，那些职工也不具备这样谈判的素质和能力。所以你会注意到我们从2008年《劳动合同法》出台以后，我们设了一个专章，设了集体协商的专章，其中解决的一个重要问题就是开展区域性、行业性协商，所以现在我们的区域性、行业性协商在一些地方也在逐渐地推进，发挥了很好的一个功能。另外一个影响的因素就是大量非公企业，有些企业是没有工会的，包括工人这方面的协商的能力、协商要价的实力都是不足的。所以它也不能真正有效地开展集体协商，所以我们现实当中集体协商这个工作的推进还是有很多的制约因素或者影响因素的。这也是我们未来需要去改善和完善的地方。

问：郑老师，市场经济国家在这个集体协商方面，开展的时间比较长，有没有什么我们可以借鉴的成功的经验？

答：这个是有的，因为本身集体协商这个制度就是起源于工业化市场经济国家而且是比较成熟的市场经济国家，所以这些国家包括它的工会，其实包括劳资双方对于集体谈判的认知程度比较深，谈判的传统是比较悠久的。所以说在这些国家的劳资谈判的运行过程当中，有很多成功的经验和有效的做法是值得我们借鉴的。虽然说现在受大环境的影响，包括经济全球化，包括国际金融危机，还有各种经济下行的这种压力，这些国家工会的集体谈判也受到了一些冲击和影响。但是这个制度的运行在这些国家还是有一个很成熟的基础的。很多国家的工会在谈判当中还是有它完整的谈判的程序安排、法律规定和工会的谈判能力等，这些方面都是值得我们借鉴的。比如说我们在培训课程中，包括研究生的课程当中，经常会介绍到德国，德国作为一个社会市场经济国家，它的工会是比较强的，而且它的产业工会在劳资谈判当中发挥了非常重要的作用。这一点作为我们现在积极推进区域性、行业性协商，走到这个阶段来讲，就特别有参考和借鉴价值。那它的产业工会如何来开展协商？在协商过程当中，如果劳资双方遇到了争议、遇到了冲突怎么去解决？工会会采取什么样的手段？它有哪些法定的权利去应对这样一些问题？这些对于我们的工会来讲都特别值得去学习和借鉴。虽然有些东西我们不可能直接照搬过来，但是它的思路、方法和法律规定等都是值得我们去深入思考的，也是我们未来完善中国的集体协商制度时一个很好的借鉴。

问：郑老师，我注意到您在给研究生的课程安排里面，有国际劳动关系比较和国际工会现状的课程，这种课程安排主要有哪些方面的考虑？

答：前面其实我们也提到了，就是从市场化过渡这个进程开始以后，作为史学研究和国际性研究的学者，我们就觉得随着全球化的推进，世界各国的联系越来越紧密，我们更应该有全球性的视角，我在讲课的时候经常会提到，丹麦有一个跨国公司，它的一个口号叫作"全球化思维，本地化行动"。这个口号其实并不是工会的口号，但是我觉得它非常简洁地表明了当今这个时代，我们一定要有全球化的视角去看待所有的问题，然后我们才能把我们自己的工作做得更好。所以我们在课程的开设上增加了国际比较这样一个课程。这个课程让我们知道世界各个国家劳资关系的传统、劳资关系的理念和劳资关系调整机制的框架。其实每个国家都有各自的特点,那这些特点是怎么形成的?为什么它会有这样一个特点?好,那么在了解了所有的这些要素以后,我们就会找到中国的一个定位。我们会发现中国跟国外相同点是什么,不同点是什么,那我们如何更好地发挥中国的一些特色,把我们的特长发挥出来,把我们的不足进行修改和完善,然后让我们在走向市场经济的过程当中,构建出符合中国特色的这样一个劳动关系协调机制。劳动关系调整机制,国际工会运动的特点这个课程,更多的我们是给工会干部培训的时候开设,也是我们刚才说的这个理念,工会干部的视野需要放宽,包括现在工会干部也有很多机会走出国门。但是你会发现,同样去了某一个国家,比如去过德国,去过法国,他可能看到的问题和他的视角跟你是不一样的。比如我有时候给同学们讲德国劳资关系的一个基本构架,讲完以后他们很震惊,说德国我们也去过,郑老师你说的这些事情,我们好像没有这样的一个理解。那为什么?我说我们其实是带着问题去的,我们多年研究劳资关系,有这样的一个基础,有这样的一个理念。那我们出去考察的时候,会给对方提出方方面面、多视角多维度的一个考察的要求。我们再用我们的理论去提炼它、分析它,然后讲给我们的工会主席,他们就会知道这些问题表面上是什么,背后的原因是什么。举个最简单的例子,比如说工会和党的关系。那说到工会和党的关系,大家都觉得这个问题很敏感,也不好讲是吧?而且很多主席就简单判断说国外的工会好,它们都是独立的。好,我问他你说的这句话有没有依据?我说我要告诉你一个判断是,任何一个有社会影响力的工会在市场经济国家都是有党派背景、党派倾向的。为什么呢?因为在市场经济国家,你会发现它的政治体制,要么是两党轮流执政,要么是多党轮流执政,它们的政治格局是经常变化的。在这个变化过程当中,工会如果你说你跟任何党派都没有关系,我就是纯而又纯的一个独立工会,有没有呢?会有的,都是一些小的工会。真正有社会影响力的工会,它都是有党派背景、党派倾向的,因为什么?不同的党上台执政,对于工会的影响是完全不一样的。一个亲工会的政党如果上台执政了,工会的日子就会好过一些。如果是一个反工会政党,比如说撒切尔政府、里根政府时期,他们执政的时候对工会是全力打压,包括修改法律,包括削减工会的权利,那工会地位会直线下降。所以我们说那些工会都会去尽量寻找那些支持工会的党派,然后给他政治上的这样一个支撑。所以你怎么去理解党和工会的关系?你要找到那个视角,找到那个评价的平台,而不是表面上一看就想当然的事,所以我说对于国外工会的这种研究也好,考察也好,是给我们中国工会一个更独特的视角,是很好的一个点。在我的职业生涯当中,也是学校给了很多的机会,让我有机会去走访很多的国家,接触很多国家的劳资关系的专家,工会的专家,比如说法国、德国、英国、丹麦,然后包括日本和韩国,还有一些地区,比如说我国的香港、澳门、台湾地区,这些地方的工会也好,还有新加坡的工会也好,劳资关系相关的组织也好,机构也好,我们做了广泛的接触。这些接触实际上让我们对于市场经济条件下,劳资关系如何运作,工会如何定位,就有了一个全方位的了解。通过这些了解我们把它整合起来,把它用一个理论贯穿起来,在我们给学生,包括培训的学员去讲解的时候,他就会知道你的这种理论脉络,你的这个理论依据是什么。那这样的一个教学过程和研究过程,对于我们学校的发展,对于我们的人才培养都是非常有益的,所以这两个课程我们也是高度重视的,而且一直延续,包括我们本科生其实也开比较劳资关系这个课,这个课程的容量非常大,它给我们的东西是非常丰富的。

问: 郑老师,随着全球化的发展和国家关于"一带一路"的建设,将来会有越来越多的企业走出国门,它们在工会建设方面将会遇到哪些问题?又应该如何应对?

答: 对,这是我们现在工会面临的一个非常现实的问题。其实我们在讲课当中也提到一个比较经典的案例,就是90年代初,我们的企业首钢去秘鲁投资。投资建厂过程当中,我们当时比较关注的是它的自然资源和生产的成本对我们的影响,但是往往忽略了它的劳资关系体系。所以后来首钢在秘鲁投资设厂的过程当中,就遇到了很多我们没有想到的劳动关系领域的矛盾冲突,包括工会不断地要价等这样一些问题。那这些问题出来以后,我们才逐渐地意识到,在国外投资设厂的时候,我们是需要了解对方的劳资关系传统和劳资关系体制的,遇到劳资关系的问题,我们怎么样依法去处理解决它?经过十几年的发展,我们才逐渐熟悉了这样一个领域。那这个例子告诉我们,特别是在"一带一路"的这个推进过程当中,现在像我们也建立了"一带一路"的国际比较研究所,实际上都是在关注这个问题。就是首先你需要对你进入的这个国家,它的劳资关系的状况、劳资关系体系有所了解。也就是说你去投资设厂的时候,经济问题、社会环境问题需要知道，劳资关系问题也需要知道，这是一个很重要的影响因素。了解了这些情况以后，我们才能找好我们的定位。我们进入的时候要有一个预警，就是我们大概知道我们会遇到什么样的问题，这些问题按照当地的法律应该怎么样去处理解决。然后我们在融入的过程当中，要把中国的这种管理的理念、劳资关系的理念跟当地的一些习惯特征融合起来，要有相互的一个磨合过程，这样才能在我们投资设厂的过程当中，有一个我们希望的和谐的劳资关系。在这个过程当中，我们前面说的那些课程如比较劳资关系、国外的劳资关系、工会等这些知识就格外的重要。

我记得我有一次受邀去一汽讲课，那我就先问对方，你们有什么要求，来听课的对象都是什么样的人？他就告诉我，我们一汽实际上有不同投资国所办的企业，来的投资国有美国，还有日本和德国。他说我们中方的工作人员特别需要了解对方，就是日本、美国、德国它们劳资关系体系是什么样子的，这样我们的工作、工会工作才能有针对性。这种讲课的要求就非常具体了，那我就会告诉他们，给他们讲这三个国家劳资关系的特点、定位，在本国劳资关系问题是怎么处理的，然后让我们中国的这些工会主席知道，你将要面对的对手也好，或者说你面对的这个谈判对象也好，他们是什么样子的，他们有什么样的传统，有什么样的文化特征，然后你就知道你怎么样去应对。

随着"一带一路"建设的推进，我们会越来越多地遇到这样的问题，可能在发展的前几十年，我们更多地遇到的是外资进入中国，中国是吸引外资最多的国家，不同的资本进入中国，我们有一个熟悉的过程，我们其实也有一个学习的过程。现在反过来，我们更多的要走出去了，走出去，其实问题是一样的。所以对于我们的工会，对于我们的劳资关系的一些专家来讲，也需要更多地去了解可能过去我们不太了解的国家，像现在的巴西，北美地区的很多国家，它们的一些劳资关系理念都会成为我们关注的重点。所以我觉得随着全球化的推进、相互的融合这样一个过程，我们对国外的了解要更加广泛，也要更加深入。

问：郑老师，我看到您参与编写了一本《德国工厂之旅》，这本书很有意思，您能简单介绍一下这本书吗？

答：《德国工厂之旅》是我们2008年受德国的一个社会学家的邀请，然后我们有几位老师，还有北京建工集团的工会主席，还有广州市总的一些工会干部,我们组成了一个代表团,去德国考察他们的劳资关系和工会后写出的一本书。这个考察持续了半个月的时间,时间其实不是很长,但是我们的收获非常非常大。在去之前,我们几个老师先做好了一个安排设计,希望通过这个考察,回来能写出一本书,把我们考察的内容写进去。因为过去我们研究世界历史的时候,像德国的历史、德国工人运动历史,我们都是一直在关注的。我们就希望现在把现实的一些东西,一些鲜活的案例纳入,能够写一本适合工会干部阅读的,不是长篇大论,而是篇幅短小的文章。每篇文章1500~2000字,介绍一下德国的工人、工会、劳资关系和各个方面的情况。所以我们事先是做了这样的一个计划的。然后我们就开始了考察行程。这个考察挺有意思,就是在考察当中,我们除了有这些相关内容的收获,也对德国这个民族,对德国人有了更深入的了解。尤其是带我们考察的皮特先生非常有意思,在他身上体现了德国人的那种严谨认真、一丝不苟。我们这个考察,他先问你们想了解什么,然后我们就做了一个很长的清单:我们想见一线的工人,我们想见各个层级的工会干部,我们想去企业考察,我们也想去工会的研究机构等方方面面,还想去大学里面有劳资关系研究的一些机构进行考察。好,我们提了很多的要求,皮特先生对每一项都认认真真地给我们联系好,进行了落实。甚至我们说想到一个地方了解几个问题,所有这些问题他都发给了对方。我们有一次在德国一个大学里,就坐在一个教室,他说你们就坐在这,现在所有你们想要了解的问题的相关专家,我们都请到了,他们会一一来回答你们的问题。好,我们坐在教室里,这些专家鱼贯而入,每个人进来真的就是没有什么寒暄,上来就说你们提了三个问题,现在我开始回答问题一、二、三,回答完了以后,问你们还有没有什么其他疑问?如果没有这个专家就走了,下一个人进来。这一天大概有七八个人就这样一个一个进来,高强度地回答了我们所有的专业的学术问题。然后我们就拼命地记笔记,包括拍照,包括录音等等,想尽可能详细地把专家的话记下来。最后这个考察完成了以后,我们就写成了《德国工厂之旅》这本书。这书你可以去看看,你会发现,我们会用最形象、最简单的语言,把德国劳资关系的框架的方方面面做一个呈现,包括德国的历史,包括德国的工会体制,包括德国劳资关系,包括企业委员会的构建、二元体制等等,都做了一个整合和梳理,最后完成了这本书。皮特看到这本书后非常震惊,他说你们竟然这样完成了一个考察。他说我带过很多的团,没有一个团能拿出这样一个非常丰厚的成果。所以最后他把这本书要去,又找人把这本书翻成德文,在德国又出版了。他也非常认可我们考察过程当中这种严谨认真的态度和我们做出来的成果。其实我们当时还设想,今后能不能有其他的团,再做出一个《美国工厂之旅》《日本工厂之旅》,这么延续着做下来,这就非常有意思,当然遗憾的是后来的其他的代表团如果没有这种准备的话,很难完成这样一个著作。但是我们自己对这个著作还是非常满意的,就是说对得起我们这么长时间的积累和这么高节奏高度紧张的考察。最后出来这本书,还要感谢广州市总工会给了我们资助,让我们这本书能够出版发行。我觉得我们在整个职业生涯当中,除了写一些比较严肃的学术著作、专著等,这本书其实我们自己也非常满意,它实际上是比较接地气的,就是很多普通的工会主席拿来都会很爱看,能看得进去,从而能对我们实际的工作,包括他们以后走出国门怎么去看别的国家工会,真的是很有价值的一本书。希望你们以后有机会也能认真地去看一看,你会发现里边有非常多的很有意思的细节。

问:郑老师,我看到您写的一本书叫《比较视野下的中外劳动关系研究》。这种比较研究对于我们在学习劳动关系理论,还有一些其他方面的内容,有怎样的价值呢?您在写作当中,有哪些方面的考虑呢?能分享一下吗?

答:其实这本书是我们的一个论文集,从这里面你也可以看到我的职业生涯和研究的整个发展历程。当你去看目录会看到涉及几大块,一个就是我一直关注的苏联东欧,就是转型国家的劳资关系。因为大家知道90年代苏东剧变(东欧剧变)以后,这些国家就是完全走在我们前面,从计划经济往市场经济转型。其实它们怎么走,对于我们来讲,每一步都是非常值得关注的,因为我们原来也是学苏联的体制,建立了苏联模式。然后我们也从传统的计划经济体制在向市场经济转变,它们的工会遇到了什么样的转变过程,这个转变过程当中会遇到什么样的挑战和问题,这些东西我觉得都是非常值得我们进行跟踪研究,而且直接会对照到中国的一个现实的,这是一部分。另外一块就是我们刚才说到的西方市场经济国家,就是已经比较成熟的市场经济国家,它们整个从产业革命到今天的劳资关系的构建、调整机制的框架,还有比较成熟的一些做法,有哪些值得我们来研究思考？这些方面我们也做了一个梳理和研究。另外就是从全球视角，就是全球化背景下，各个国家劳资关系都遇到了挑战，遇到了一些新的问题，那么有哪些问题？国外这些国家都是怎么去应对的？作为中国，我们既经历着市场化的转型，又经历全球化的这样一个背景，中国的转型变得比较复杂，跟其他国家都不一样。我们是几个转变都搅在一起，或者说混在一起的，有从农业社会向工业社会的转变，由计划经济向市场经济的转变，又有全球化的这样一个进程的推进，我们又处在全球生产链的末端这样一个过程，所以它是一个很复杂的过程。这种复杂性带给我们的挑战就更为严峻。所以我们也讨论了在这样的转变过程当中，各个国家是如何去应对，如何应对挑战，如何去面对这样一个现实的。所以我觉得这本书对于关注劳资关系问题的同学也好，老师也好，都是值得去借鉴和探讨的。因为这些问题、这些变化都是我们亲身经历的一个过程。在这个过程当中，我们就在不断地去研究它，跟踪它，到今天有没有新的特征？作为后来的学者们就会继续去研究，继续去跟进。所以这些东西我觉得是值得我们来关注研究的一个思路、一个角度。

问：郑老师，您在工作过程中，不管科研方面还是教学方面都有很多值得我们学习的地方，您能分享一下您多年来对于教学工作和科研工作有哪些感悟吗？

答：其实我当老师也有30多年时间了。要说起来你可能不相信，一开始我大学毕业，不太想当老师，为什么呢？因为你可能跟我接触时间长了，也会发现我不是一个特别善于言谈的人。有的人可能会特别爱说话，特别适合那种大的场合去演讲等等。我是比较内向，性格上比较内向，也不觉得我以后会做老师。但是毕业以后因为各种非常复杂的因素，然后就走到了教师岗位。那既然到了这个岗位，我的理念是说你做什么工作就要把它做好。不管说你的性格如何，你既然已经进入了这个职业，进入了这个岗位，那么你就要认真去对待它，把它做到你认为最好的状态。教学这岗位还很特殊，不像有些东西你是面对你自己的，你把你的任务完成好就可以了。教学是有一个教学对象的，说得简单一点，教学对象实际上就是你工作的时候的一个产品。这个产品它又不是一般的物的产品，而是对人的培养，我觉得这件事你是要负很大责任的。这一点我在刚开始当老师的时候，感悟还不是特别深。其实到我自己有了孩子以后，特别是他念大学以后，我面对我大学的学生的时候，就有一个感觉，我说这就是我的孩子，现在就在另一个大学的课堂上。那我现在教的其实是跟我的孩子是一样的，我要对他们的人生、对他们的成长负责。我不希望我的孩子被扔在一个不太负责任的老师手里边，导致在他成长的这么关键一个时期，没有一个很好的环境和教育。所以这时候我就会设身处地地想，我做教师，首先我要兢兢业业，要教书育人。这个事情说起来很简单，四个字，但是在我的教学过程当中，怎么把它做到、把它做好，我对自己是有要求的。我在教学生涯当中，我的课程完成以后，学生的评估，很多学生都会说，我们看得出郑老师的教课是非常认真的。并不是说别人不认真，而是说他能看出老师在讲课的过程当中，我的内容是非常严谨的，每一个教学环节有什么要求都是要到位的，包括学生交来的作业。曾经我在涿州给一年级的同学上课后，他们会说，老师我们非常感动，就是说我们交给您的作业，您是要认真看的，您会给我们有批阅的。那其实言外之意，他们有些东西交上来，可能别的人不一定那么认真地去看。那老师如果认真地去看了，而且给他一个回应，学生立刻会给你一个反馈，他也会认真对待你。他觉得这个老师会认真对待我，那我也要认真完成老师布置的东西，然后从这个过程当中学到东西，这样就达到了我们教学的一个目的。我经常跟学生讲，其实我说你们学的这些知识，你如果忘记了，现在有很多渠道你随时都可以查到，这些概念定义你一查就能查到。但是我们在学什么，为什么要坐在课堂里学？实际上是在学习如何做人，如何做事，包括你的思维方式，你的表达方式。那我们有一个大学生毕业以后的一个调查，涉及很多学生，这个调查会问他们，走上社会以后，觉得自己最缺少的是什么？我们以为他们会说我们缺少专业知识或者专业能力等。其实不是，很多学生回答的是，我们第一个缺少的是沟通能力、表达能力。其实就是最简单的一个能力，怎么说话，怎么去表达。这个事情实际上我们现在年轻人是很缺的。你不要觉得这个人念过大学，他就一定会，其实真的不一定。包括现在"80后"、"90后"有很多他们对日常生活当中的一些问题的处理，出了问题，问题出在哪？你会发现不会沟通，就是有话不会好好说，然后导致很多误解、纷争，矛盾就越来越激烈。所以我觉得教这些年轻的学生，提高他们的能力，提升他们的素质，这个是最重要的。在老师的教学当中，我会要求他们，你要观察老师讲课的这种逻辑，那为什么我讲完一要讲二，而不是直接讲三，这里的逻辑关系是什么？从中要训练逻辑思维。经常我们的同学到大三了该写学年论文了，写毕业论文了，你就会发现他们的逻辑混乱。然后你告诉他逻辑混乱时候，他还很震惊，说我怎么逻辑混乱？他都不知道他乱在哪。就是说他们以为我念书，考试，老师出了题，我背下来了，我答出来了，我拿一个很好的成绩完事了。其实学习是更深层次的东西，不是仅仅一个考试考一个好分就可以了。你要学会理解，你要学会把这些东西变成你自己的东西，然后还要能够非常完整地有逻辑地表达出来，这些都是需要一点一点去磨练的。那我希望我的学生通过课程学习，第一从我身上他要学到如何做人、如何做事。举个最简单的例子，我会做一个事情，我的学生交的第一次作业，他们的作业交过来时，经常是纸撕的毛边的，然后两页作业也不会给你订在一起，乱七八糟交上来就算完事了。那我会把第一次作业他们的这个纸剪整齐，然后如果是两张作业我会把它们订在一起，然后发下去的时候我会问学生，你们的作业有没有变化？有的同学就会发现他的作业变整齐了，被订好了。我说好，这就是我第一节课要告诉你，我们经常说做事要做在细节上，好像我们只能做大事，小事都用不着去关注，其实很多事情你就输在小事上，输在细节上。那这个细节，后来我去问很多毕业的同学，当时我讲课的内容是什么。他可能记不住了，但是他说老师你把我们的作业订起来，这件事我们至今都记得。这说明什么？我就告诉他，做事你要认真。如果你不认真，在工作上交付领导材料时，没有把它做好，没有做到最精致，那别人做好了，别人就被留下了，你就失业了。我会用这样的一些小的事情来告诉他们怎么做人、怎么做事，所以这个理念在我教学的过程当中会贯穿始终，我会认认真真地教课。包括我每次上课有的同学说：老师，我今天要找你。我说不行，明天我有课。他们会觉得老师你都讲那么多年课了，有课这件事还是一个事吗？其实他不理解，所有认认真真的老师，第二天有课，头一天真的是要备课的。我会想一想我明天要讲什么，有没有新的东西，现在社会上有没有发生新的一些案例，一些素材放到这个课程当中。我明天课程的安排，现在我这个班的学生他们的状态如何，我会怎么去给这个班讲这个环节，都会做一个准备，然后才会走上课堂。我会让学生看到这个老师讲课是认认真真的，做事也是认认真真的，包括所有的细节，就是教学环节里的每个细节，我都会认真对待。曾经有一个同学去实习以后,他明明告诉我,他去一个外资企业的咨询机构实习了,结果交来的实习报告上面说他们实习走入了什么车间,有什么机床,有什么设备,车间怎么明亮……你一看就是抄的。然后我当时就告诉他,我说你这个实习报告不及格,他说为什么?我把他找来,单独跟他谈话,我说你去了那么好的一个机构,有那么好的机会,你不把你实习的这个过程完完整整地真实地体现出来,你交给我一个什么东西?我一看这个报告就是抄来的。他说了一句话,他说郑老师,别的同学都跟我说,老师根本不看这个报告。我说别人看不看,我不知道,郑老师是一定要看的,你作为一个学习还不错的学生,而且进入了那么好的一个实习单位,你不认真地做你的实习报告,你给我敷衍,给我抄这个东西,不及格。我直接就告诉他,我说我要给你个教训,因为以后你走上工作岗位,你拿这样的事情去糊弄你的领导、你的上司,你觉得你能过得去吗?我说在学校里学生老觉得,哎呀老师我们求求情,老师就会宽容,老师就会放过我们。你到了工作岗位,没有人会给你这个机会了。所以你现在要培养自己,要诚实,要认真对待每一件事。所以我直接就给他一个不及格,最后他重新去写那个报告,我要让他记住。我想他终身都会记住这个教训。我觉得做人做事比教给他知识可能还要重要。当然知识我们也要认真地去教,但是我会要求这些同学要打好这个基础,要有一个很好的成长的一个理念,今后他对自己是有要求的,对自己未来的发展是要负责任的。我经常讲,联合国在进入新世纪的时候,给青年人提出了一个要求,说未来的年轻人要会做人,会合作,会做事。这个很重要。我说你们首先要做一个好人,然后要相互合作,因为未来社会你不是自个儿就能完成这些事情的,要会合作。合作就需要知晓怎么配合,怎么沟通,怎么去协商。这些东西都会在我的教学理念当中去体现。尽可能地在他们成长的这四年当中,让他们有非常好的一个收获和认知,这样才能对他们未来的发展有真的帮助。这次去香港也遇到很多原来我校的学生,毕业很多年了,他们就说其实我们工作了以后,进入别的学校再学习以后,我们反过来想郑老师,当时你给我们讲的很多话非常重要,但是我们当时没有亲身深切的体会,就觉得这都是老师在教育我们,逐渐逐渐才悟出来其中的道理。所以我希望我的学生在接受过我们的教育以后,能够终身受益,他不一定当时就全部明白,但是以后会对他的成长有帮助。

问：郑老师，您作为我校的资深教授，经历了我校 30 多年的发展与变迁，您对我校未来的发展有什么期望呢？

答：因为今年我也要退休了，我们学校正在进行 70 年校庆，在这么一个非常重要的转折点，历经学校这么多年的发展，也看着学校的这种成长和变化，包括我们自己也为此做出了很多的贡献和努力，所以我们非常希望学校越办越好。那这个越办越好也要有一个定位。我个人觉得学校一定要保持它的特色，就是劳动关系是我们学校的特色，从我们的名称，包括我们的系部、我们的专业，包括我们对外讲述就知道劳动关系是我们学校的特色。其实我印象最深的就是我们在招生咨询的时候，很多家长说，这是一个二本的学校，但是二本学校有最牛的专业，然后他就说劳动关系是最牛的专业。其实从这个点上你就会看到，社会层面对你这个学校的认知也是劳动关系。所以劳动关系一定是我们的特色，也是我们的定位，我觉得这个定位不能放弃。作为劳动关系方面的一个特色学校，我们要进一步把它做大做强。那在未来的发展当中，我觉得从学科专业的建设上，从我们在相关领域的研究和教学上，都应该把劳动关系的这个理念放在首要的位置，或者说最重要的位置。我希望以后在劳动关系领域的研究方面，我们能够拿出高水平的研究成果。当然我们前面这一代人已经走过去了，我们的研究不一定是最高水平，但是我们有一个积累，是一个延续。我希望未来的年轻老师，包括未来的青年学子，有一个传承，让我们劳动关系的研究不断地提升，不断地深化。以后在我们国内劳动关系领域提到研究，应该首先是我们学校拿出一些品牌式的研究成果。现在我们也有了智库，也有了我们的研究团队，我希望在这些方面我们都能够做出符合我们的学术地位的成果来，我们有一个定位，就是希望学校在劳动关系领域成为国内一流国际知名的学校，这个定位我非常认可。那么国内一流就要在劳动关系方面有我们的特色，发出我们的声音，包括社会层面出现了劳动关系领域的重大问题，我们都应该迅速发声。包括像平台经济，像"996"，最近大家一直在讨论的这个问题，那我们学校也开了很多次研讨会，我觉得非常好。就是劳动关系领域的热点问题、重要的社会话题，我们都应该有我们的声音，有我们的立场，有我们的研究成果。这样社会也会更加关注，一遇到劳动关系问题，可能都会看劳动关系学院的学者们有什么样的说法，有什么样的判断，这是我们的研究领域。国际知名，其实我跟校长也讲过这样一个理念。我觉得中国劳动关系学院在国际上知名,一定是在劳动关系领域知名,就是劳动关系领域的问题,我们的研究,我们的关注,我们的成果,应该在国际,包括国际研讨会,包括国际的一些学术机构里边,有我们的声音,让国际层面知道在劳动关系领域这些方面,中国的劳动关系专家,他们有什么样的主张,有什么样的见解,这里边应该都有我们学校的专家学者的名字。这个时候才能成为国际知名,大家会知道你。所以我觉得这个也是我们未来的努力方向。那我们希望在劳动学科上,在劳动关系研究、教学的方方面面能够越做越强,让我们成为这个领域当中不可替代的一个角色。在我职业生涯圆满结束的这个时期,我希望这成为我们学校未来发展的一个大的方向,也是对学校的新阶段寄予的一个希望吧。

问:特别感谢今天郑老师带给我们的分享。

答:也谢谢你们,也希望我们的学生学有所成,然后在劳动关系学院能获得自己的收获和成长。祝福你们,谢谢大家。

访谈手记

此次访谈,作为中国劳动关系学院成立70周年献礼,学校专门邀请了各行各业的先进典型、知名人士、专家学者、领导干部等莅临学校,用第一人称讲述自己与工运事业的时代变迁和成长故事,以"小镜头"透视"以劳动的名义"的大主题,展示中国工运事业历史变革、光辉历程、伟大成就和工会组织带领广大劳动人民奔向美好生活的无限期待。

习近平总书记在2013年全国宣传思想工作会议上也指出,"多宣传报道人民群众中涌现出来的先进典型和感人事迹,丰富人民精神世界,增强人民精神力量,满足人民精神需求"。近些年在电视、网络频道、客户端以及微信公众号上经常看到"时代楷模""道德模范""大国工匠"等宣传报道。因此,此次的访谈工作更具有重要意义。

郑桥教授是我和孟中园的第二位受访者。郑桥教授是中国劳动关系学院教授,毕业于中国人民大学国际政治系。是劳动关系学科带头人,院学术委员会委员、劳动关系系副主任,中国人力资源开发研究会劳动关系分会常务理事、中国国际共运史学会常务理事、中国社会学会劳动社会学专业委员会理事。

采访当天，我们提前约好在学校图书馆门口见面，随即到图书馆三楼做访谈准备。当天，郑教授衣着朴素但大方优雅，手里拿着一个提包，显得博学且干练。

到达图书馆三楼后，与郑教授进行了简短交流，图书馆的负责老师向我们交代了访谈要注意的细节。郑教授给我们讲了一个她当年和乔健教授一起录制访谈的趣事，缓解我们访谈时的紧张情绪。郑教授的叙述平易近人，使我心里那份紧张和焦急都消失了。我们随后开始试镜和化妆，化妆期间郑教授和在场录制人员沟通交谈，了解摄影机的拍摄角度、视角应该如何处理等等。这个气氛让人放松下来，想要倾听。交谈中感受到郑教授是一位非常有责任心的学者，对工作认真负责。

郑桥教授是国内著名的国际工运史专家，她详细地介绍了国际工运史对于中国工会工作的重要意义。并且提到了她曾经出访德国，德国的工作人员给她留下的深刻印象，还有他们对此次德国之行写出的《德国工厂之旅》一书。郑桥教授还长期担任我院本科生、劳模班、香港班的教学工作。在劳模班的教学工作中与同学结下了深厚的友谊，通过与劳模同学深入的交流，让她也开阔了视野，收获了许多实践经验。也正是通过这种深入的交流，让郑老师更加清楚地了解到，未来做工会工作需要具备哪些素质能力，本科生的培养中也更应该注重哪些方面的能力培养。

郑老师是中国人民大学78级大学生，78级是我们国家大学发展历史上非常特殊的一代。她的很多同学都下过乡、插过队，或者在兵团工作许多年。但是这些同学他们那种非常丰富的阅历和他们对社会对人生对很多问题的看法，对郑老师影响非常大。郑老师说其中最大的一个影响是对她性格的影响，让她比较能够沉得下来，不是那么浮躁。另外郑老师出生于北京的知识分子家庭，父母在中央编译局做翻译工作和研究工作，郑老师的父亲是国内研究苏联东欧历史的顶尖专家。在这种家庭里长大，不仅增长了她的见识，更培养了她谦虚的性格。众所周知，郑老师在劳动关系领域出了许多成果，其中很多都是开创性的，但她说："我觉得非常少，我觉得跟我父辈他们去比真的就没法说。"谦虚、严谨是郑老师给我最深刻的印象，更是我们年青一代应该向郑老师学习的地方。

受访者著作索引

王永玺

[1] 王永玺:《试论中国工人阶级早期的组织状况及特点》,《中国工运学院学报》1988年第1期,第45~48页。

[2] 王永玺:《大革命时期工人运动的低潮、高潮及挫折》,《中国工运学院学报》1989第2期,第36~38页。

[3] 王永玺:《试论赖若愚工会理论的形成、要点及特色》,《中国工运学院学报》1990年第1期,第39~44页。

[4] 王永玺:《关于民主革命时期工运的历史回顾及对当代工运的启示》,《中国工运学院学报》1990年第5期,第38~43页。

[5] 王永玺主编《中国工会干部培训综合教程》,北京师范学院出版社,1990。

[6] 王永玺:《试论"胡世合运动"爆发的原因、过程及意义》,《中国工运学院学报》1991年第5期,第60~63、80页。

[7] 王永玺:《论中国共产党领导第一次工运高潮的功绩、经验和意义——为纪念中国第一次工运高潮70周年而作》,《中国工运学院学报》1992年第6期,第15、54~56页。

[8] 王永玺主编《中国工会史》,中共党史出版社,1992。

[9] 王永玺主编《中国工人运动通史简编》,中国工人出版社,1992。

[10] 王永玺:《关于毛泽东早期工运思想的初探及启示》,《中国工运学院学报》1993年第5期,第17~19页。

[11] 王永玺主编《当代工人运动》,辽宁人民出版社,1993。

[12] 王永玺:《浅析新中国成立前后李立三、赖若愚工会理论的同和异》,

《首都师范大学学报》（社会科学版）1994年第6期，第49～54页。

［13］王永玺：《我国现代工人运动的开拓者——邓中夏》，《中国工运》1995年第2期，第36～37页。

［14］王永玺：《中华全国总工会的组织沿革及光辉业绩》，《中国职工教育》1995年第5期，第24页。

［15］王永玺：《新中国工会理论的探索、要点及特色》，《中国工运学院学报》1995年第3期，第13～16页。

［16］王永玺：《论建国前后刘少奇同志对我国工运理论的卓越贡献》，《中国工运》1995年第7期，第11～13页。

［17］蒋毅、王永玺等著《中华全国总工会七十年》，中国工人出版社，1995。

［18］王永玺：《刘少奇工人运动思想研究述评》，《刘少奇研究述评》1996年第11期。

［19］王永玺：《孙中山和辛亥革命前后的工人运动——纪念伟大的革命先行者孙中山先生诞辰130周年》，《中国工运》1996年第11期，第40～41页。

［20］王永玺：《建国前夕刘少奇天津之行和工会理论的新探索》，《中国工运学院学报》1999年第1期，第64～67页。

［21］王永玺：《浅析行帮、会党与中国工会运动》，《中国工运学院学报》2000年第3期，第77～80页。

［22］王永玺：《浅析刘少奇、邓小平与新中国工会理论的奠基和发展》，《中国工运学院学报》2001年第1期，第61～65页。

［23］王永玺：《重温〈论共产党员的修养〉的体会》，《中国工运学院学报》2002年第6期，第51～54页。

［24］王永玺：《新中国成立前后周恩来对工会工作及工会理论的杰出贡献》，《中国工运学院学报》2004年第1期，第62～65页。

［25］王永玺著《最新职工代表培训学习实用手册》，中国工人出版社，2005。

［26］王永玺主编《新时期新阶段工会培训学习实用手册》，中国工人出版社，2005。

［27］王永玺著《最新工会岗位责任学习实用手册》，中国工人出版

社，2005。

[28] 王永玺著《最新工会女职工培训学习实用手册》，中国工人出版社，2005。

[29] 王永玺著《最新工会干部培训学习实用手册》，中国工人出版社，2005。

[30] 王永玺、何布峰、曹延平主编《简明中国工会史：1925～2005》，中国工人出版社，2005。

[31] 王永玺主编《最新班组长培训学习实用手册》，中国工人出版社，2005。

[32] 王永玺著《最新分工会主席培训学习实用手册》，中国工人出版社，2005。

[33] 王永玺著《最新工会"两会"操作规范文本》，中国工人出版社，2005。

[34] 王永玺等著《中国工会的历程：从一次劳大到工会十四大历次工会代表大会述评》，中国工人出版社，2005。

[35] 王永玺等著《中国工人历史与现状研究》，中国劳动社会保障出版社，2006。

[36] 王永玺、张晓明：《改革开放三十年来中国工运指导思想和方针的发展》，《中国工运》2008年第10期，第17～19页。

[37] 王永玺、张晓明：《改革开放三十年来中国工运指导思想和方针的发展》，《中国工运》2008年第11期，第39～41页。

[38] 颜辉、王永玺主编《中国工会纵横谈》，中共党史出版社，2008。

[39] 王永玺：《难以忘怀的红色记忆——为纪念"二·七"革命斗争86周年而作》，《工会博览》2009年第2期，第22～23页。

[40] 王永玺、袁朝辉：《中国工会运动的沧桑辉煌与启示——庆祝新中国成立60周年》，《北京市工会干部学院学报》2009年第4期，第6～10页。

[41] 王永玺等著《中国工会读本》，中国工人出版社，2009。

[42] 王永玺等著《刘少奇大辞典》，中央文献出版社，2009。

[43] 王永玺、张晓明：《从〈古田会议决议〉看中国工人阶级在人民军队早期发展中的地位与作用》，《中国劳动关系学院学报》2010年第1

期，第74~76页。

［44］王永玺：《代主任》，《乡镇论坛》2010年第22期，第45页。

［45］王永玺、张晓明：《简述中国劳模的历史发展》，《北京市工会干部学院学报》2010年第3期，第7~9页。

［46］王永玺、赵巧萍：《中国共产党领导下中国工会道路的历史演变、基本经验与启示》，《天津市工会管理干部学院学报》2011年第2期，第2~8页。

［47］中国工人历史与现状研究会课题组，王永玺、张晓明：《论中国共产党领导下的革命工会思想》，《天津市工会管理干部学院学报》2011年第2期，第9~13页。

［48］王永玺：《论刘少奇工运理论中国化的起步与奠基》，《天津市工会管理干部学院学报》2012年第1期，第26~30页。

［49］王永玺、刘晓倩：《中华全国总工会创建前后简述——兼评一、二、三次劳大历史地位与功绩》，《天津市工会管理干部学院学报》2012年第3期，第44~47页。

［50］王永玺主编《从一次劳大到工会十五大：中国工会历次代表大会巡礼》，中国工人出版社，2013。

［51］王永玺、刘晓倩编《中国工会历次代表大会巡礼》，中国工人出版社，2013。

［52］王永玺著《中国工人运动史研究》，中国工人出版社，2013。

［53］王永玺、赵巧萍主编《新编中国工会史》，中国工人出版社，2013。

［54］王永玺、钟雪生：《略论毛泽东工运思想的内涵与践行——纪念毛泽东同志诞辰120周年》，《工会理论研究（上海工会管理职业学院学报）》2014年第1期，第39~44页。

［55］王永玺、戴文宪：《略论赖若愚对新中国工运事业的重大贡献》，《工会理论研究（上海工会管理职业学院学报）》2014年第6期，第43~47页。

［56］王永玺等著《中国工运历史人物传略》，中国工人出版社，2014。

［57］王永玺、戴文宪：《略论赖若愚对新中国工运事业的重大贡献》，《北京市工会干部学院学报》2015年第1期，第23~27页。

［58］王永玺、谭若愚：《再论刘少奇工运理论中国化的求索与发展》，《天

津市工会管理干部学院学报》2015年第2期，第45~52页。

[59] 王永玺、戴文宪：《关于刘少奇工运理论的开拓、奠基与求索（1922－1937）》，《工会理论研究（上海工会管理职业学院学报）》2015年第5期，第42~47页。

[60] 王永玺、戴文宪：《关于刘少奇工运理论的开拓、奠基与求索（1937－1969）》，《工会理论研究（上海工会管理职业学院学报）》，2015年第6期，第39~43页。

[61] 王永玺：《孙中山和辛亥革命前后的工人运动》，《工会信息》2016年第14期，第31~33页。

[62] 王永玺：《孙中山和辛亥革命前后的工人运动》，《团结报》2016年5月12日。

[63] 王永玺：《中共早期赤色工会的旗手与创建者——陈独秀》，《工会信息》2016年第17期，第32~35页。

[64] 王永玺：《关于李大钊赤色工运理论的追溯与总结》，《工会理论研究〈上海工会管理职业学院学报〉》2016年第3期，第40~42页。

[65] 王永玺：《中国工人运动的伟大先驱与杰出领袖——邓中夏（上）》，《工会信息》2016年第20期，第38~40页。

[66] 王永玺：《坚持正确政治方向着力开创党领导的工运事业新局面》，《工人日报》2016年7月19日。

[67] 王永玺：《中国工人运动的伟大先驱与杰出领袖邓中夏（下）》，《邓中夏关于中国革命、工运理论的内涵与启示》，《工会信息》2016年第23期，第32~35页。

[68] 王永玺：《李大钊——伟大的赤色工运开拓者》，《北京市工会干部学院学报》2016年第3期，第38~41页。

[69] 王永玺：《回忆赖若愚对新中国工运事业的重大贡献》，《工会信息》2016年第29期，第38~40页。

[70] 王永玺：《〈新编中国工人运动史〉成书前后》，《工会信息》2016年第35期，第29~30页。

[71] 王永玺：《中共早期赤色工会的旗手与创建者——陈独秀》，《北京市工会干部学院学报》2016年第4期，第41~46页。

[72] 王永玺等著《新编工人运动史》，中国工人出版社，2016。

[73] 王永玺:《新中国建立前后周恩来对工会理论作出的杰出贡献》,《工会信息》2017年第4期,第37~41页。

[74] 王永玺:《中国工人运动的伟大先驱与杰出领袖——邓中夏(上)》,《北京市工会干部学院学报》2017年第1期,第33~36页。

[75] 赵薇、王永玺、林伟民《我国早期工运的杰出领导人》,《工会信息》2017年第10期,第37~39页。

[76] 王永玺:《邓中夏关于中国革命、工运理论的内涵与启示(下)》,《北京市工会干部学院学报》2017年第2期,第37~41页。

[77] 赵薇、王永玺:《林伟民:我国早期工运的杰出领导人》,《工会信息》2017年第12期,第31~32页。

[78] 王永玺:《新中国建立前后周恩来对工会理论做出的杰出贡献》,《北京市工会干部学院学报》2017年第4期,第39~44页。

[79] 王永玺、戴文宪:《三次全国劳动大会建全总、话初心》,《中国工运》2018年第5期,第74~79页。

[80] 王永玺、戴文宪:《四、五、六次劳动大会:苦求索、归统一》,《中国工运》2018年第6期,第77~80页。

[81] 王永玺、戴文宪:《新中国、新工会,工会七大和工会八大》,《中国工运》2018年第7期,第76~80页。

[82] 王永玺、戴文宪:《革旧乱鼎新局工会九大、十大、十一大》,《中国工运》2018年第8期,第75~80页。

[83] 王永玺:《六次劳大承上启下中国工运事业》,《工人日报》2018年8月14日。

[84] 王永玺、戴文宪:《明职责探新路工会十二大、十三大》,《中国工运》2018年第9期,第74~78页。

[85] 王永玺、戴文宪:《定道路树新观工会十四大、十五大、十六大》,《中国工运》2018年第10期,第72~78页。

[86] 王永玺、戴文宪:《加强和改进新时代中国工运史工作的思考与建议》,《工会信息》2018年第22期,第7~11页。

[87] 王永玺、曹荣:《中国工人运动的杰出领袖——刘少奇》,《工会信息》2019年第2期,第14~19页。

[88] 王永玺:《"劳工律师"施洋》,《工会信息》2019年第6期,第40~45页。

冯同庆

[1] 冯同庆、吕妙军、刘长芬、刘建和：《一个工人技术员的成长》，《北京师大学报》（社会科学版）1974年第2期，第86~89页。

[2] 李生林、冯同庆：《列宁、毛泽东论直接民主》，《湘潭大学社会科学学报》1984年第2期，第28~32页。

[3] B.费季索夫、冯同庆：《关于高等院校的科学共产主义教学》，《国外社会科学》1984年第7期，第51~52页。

[4] 驰原、冯同庆：《密切联系群众为人民谋利益——学习〈陈云文选〉》，《云南社会科学》1984年第4期，第1~5页。

[5] 冯同庆：《试论马恩评价空想社会主义的方法》，《科社研究》1984年第4期，第22~26页。

[6] 冯同庆：《试论社会主义民主兼含政治民主、经济民主和社会民主》，《马克思主义研究》1985年第1期，第120~131页。

[7] 冯同庆：《略论列宁关于苏维埃政权建设的理论》，《晋阳学刊》1985年第2期，第87~91页。

[8] 冯同庆：《社会主义民主概论》，《马克思主义研究》1985年第2期，第309~313页。

[9] 冯同庆：《列宁对资产阶级国家学说的辩证分析》，《北京师范大学学报》1986年第2期，第59~64、58页。

[10] 冯同庆：《关于"工会也是经济组织"的探讨》，《中国工运学院学报》1987年第2期，第27~30页、第26页。

[11] 冯同庆：《试论帝国主义生产绝对发展的趋势及其社会后果》，《世界经济》1987年第11期，第88~89页。

[12] 冯同庆：《企业承包、租赁与工会》，《科学社会主义》1988年第4期，第46~50页。

[13] 冯同庆：《试论工会所代表的职工具体利益——兼谈造就代表职工具体利益的工会活动家》，《中国工运学院学报》1988年第2期，第30~34页。

[14] 冯同庆：《研究列宁工会理论遗产的结晶》，《马克思主义研究》1988年第2期，第306~309页。

[15] 冯同庆：《对国际工运研究方法的再认识》，《中国工运学院学报》1988年第4期，第63~67页。

[16] 冯同庆、许晓军：《工会的起源与性质研究》，辽宁人民出版社，1990。

[17] 桉苗、冯同庆：《工会学》，辽宁人民出版社，1991。

[18] 许惠英、冯同庆：《青年困惑的哲学畅想》，中国青年出版社，1991。

[19] 冯同庆：《工会理论教学要注重研究规律》，《中国工运学院学报》1991年第1期，第26~29页。

[20] 冯同庆：《再谈工会理论教学要注重研究规律——〈工会学〉新教材是如何揭示工会运动和工会活动规律的》，《中国工运学院学报》1991年第4期，第6~10页。

[21] 冯同庆：《研究工人阶级理论的若干方法问题》，《社会学研究》1991年第6期，第20~21页。

[22] 冯同庆：《略论工会经济活动的实质、特征和规律》，《中国工运学院学报》1992年第1期，第29~33页。

[23] 冯同庆：《工会参与政策制订的实质及其实践》，《科学社会主义》1992年第5期，第41~45页。

[24] 冯同庆：《风险与保障兼顾——关于大连造船厂正确处理政府、企业、职工相互关系的调查分析》，《中国工运学院学报》1992年第3期，第38~42页。

[25] 冯同庆：《略论贯穿于马克思主义工会思想史中的方法论原则》，《中国工运学院学报》1992年第5期，第16~20页。

[26] 冯同庆、许晓军：《国有企业职工内部阶层分化的现状——国营大连造船厂职工调查》，《社会学研究》1992年第6期，第21~27页。

[27] 冯同庆、许晓军：《走向市场经济的中国企业职工内部关系和结构》，《中国社会科学》1993年第3期，第101~120页。

[28] 冯同庆：《1992—1993年：中国职工状况的分析与预测——对5万名职工的问卷调查》，《社会学研究》1993年第3期，第14~24页。

[29] 冯同庆：《必须重视职工问题的研究——为什么要进行职工内部结构及相互关系的调查研究》，《工会理论与实践·中国工运学院学报》1993年第4期，第25~28页。

[30] 冯同庆:《在推行企业股分制中做好工会工作》,《工会理论与实践·中国工运学院学报》1993年第6期,第31~35页。

[31] 冯同庆主编《马克思主义工会思想史》,中国工人出版社,1993。

[32] 冯同庆、许晓军主编《中国职工状况——内部结构及相互关系》,中国社会科学出版社,1993。

[33] 冯同庆:《直话直说面对市场经济大潮中国工会怎么办?——与基层工会主席谈谈心》,经济管理出版社,1994。

[34] 桉苗、冯同庆主编《工会学》,辽宁人民出版社,1994。

[35] 冯同庆:《劳动关系的市场化与三方格局形成的趋势——兼谈三方格局在我国是怎样被提出来的》,《工会理论与实践》,《中国工运学院学报》1994年第3期,第40~41页。

[36] 冯同庆:《职工失业压力不断增大》,《经济与信息》1994年第7期,第8~9页。

[37] 冯同庆:《民主管理是现代企业制度的内在要求》,《政策与管理》1994年第9期,第29~30页。

[38] 冯同庆:《实际有惊 但求无险——关于宏观控制的城镇失业率指标》,《中国人力资源开发》1995年第1期,第10~14页。

[39] 冯同庆、许晓军:The Structure of Employment and Internal Relations between Employees in Chinese Enterprises in a Developing Market Economy, *Social Sciences in China* 1995年第1期,第40~49页、222页。

[40] 冯同庆:《城镇职工失业:"压"大"力"小》,《经济与信息》1995年第7期,第13~14页。

[41] 冯同庆:《建立现代企业制度中涉及劳动者地位的若干问题》,《工会理论与实践·中国工运学院学报》1995年第4期,第27~30页。

[42] 冯同庆:《合资企业中的普通员工——在职业风险与职业安全之间》,《经济与信息》1995年第9期,第28~30页。

[43] 冯同庆:《职工第二职业的现状与思考》,《青年研究》1995年第11期,第9~12页。

[44] 冯同庆:《向市场经济过渡条件下工会理论研究的若干问题》,《工会理论与实践·中国工运学院学报》1995年第6期,第10~13页。

[45] 冯同庆:《补偿劳动权利之外的失落——中国企业劳动者资本权利的

调查分析》,《中国劳动科学》1996年第1期,第25~27页。

[46] 冯同庆:《工人阶级内部阶层规范变革及其相关问题》,《管理世界》1996年第2期,第206~212页。

[47] 冯同庆:《职工状况变迁论与工会——关于向市场经济过渡条件下工会理论研究的框架》,《工会理论与实践·中国工运学院学报》1996年第5期,第24~26页。

[48] 冯同庆:《中国职工状况变化新趋势》,《市场经济导报》1996年第11期,第19页。

[49] 冯同庆:《工人阶级内部阶层关系的变化与工人阶层的地位》,《工会理论与实践·中国工运学院学报》1997年第3期,第18~21页。

[50] 孙中范、桉苗、冯同庆主编《社会主义市场经济转变时期的工会理论纲要与述评》,人民出版社,1997。

[51] 冯同庆:《劳动权利与参与权利——兼论坚持和发展工会工作总体思路》,《当代工会》1998年第3期,第2~3页。

[52] 冯同庆:《劳动权利与参与权利》,《工会理论研究·上海工会管理干部学院学报》1998年第4期,第10~12页。

[53] 方丹、冯同庆:《中国工会干部劳资关系欧洲考察团考察情况报告(一)》,《工会理论与实践·中国工运学院学报》1998年第4期,第48~52页。

[54] 方丹、冯同庆:《中国工会干部劳资关系欧洲考察团考察情况报告(二)》,《工会理论与实践·中国工运学院学报》1998年第5期,第44~47页。

[55] 冯同庆:《中国工会谋求新的发展的重要选择——学习中国工会十三大提出的工会工作指导方针的一点体会》,《工会理论与实践·中国工运学院学报》1998年第6期,第16~19页。

[56] 冯同庆:《解决我国现阶段城镇失业问题的思路选择》,《工会论坛·山东省工会管理干部学院学报》1999年第1期,第10~17页。

[57] 冯同庆:《依据党的十五大精神 改善职工社会参与》,《北京市总工会职工大学学报》1999年第1期,第12~15页。

[58] 冯同庆:《工会经费问题》,《工会理论与实践·中国工运学院学报》1999年第5期,第48~50页。

[59] 冯同庆：《恰似一部工会改革史——读〈改革中的工会和工会的改革〉》，《工会理论与实践·中国工运学院学报》1999年第6期，第76页。

[60] 冯同庆：《经济全球化涉及中国工会的几个问题——与国际劳工组织卡罗拉先生的对话》，《工会理论研究·上海工会管理干部学院学报》2000年第1期，第6~9页。

[61] 冯同庆：《对转变中的俄罗斯工会高等学校的考察》，《山东省工会管理干部学院学报》2000年第1期，第65~67页。

[62] 冯同庆：《试论职工董事、监事制度与职工代表大会制度的关系》，《工会理论与实践·中国工运学院学报》2000年第4期，第7~11页。

[63] 冯同庆：《国企改制不应弱化职代会的职权》，《工会理论研究·上海工会管理干部学院学报》2001年第1期，第11~12页。

[64] 冯同庆：《经济发展模式与经济民主散论》，《工会理论与实践·中国工运学院学报》2001年第1期，第7~11页。

[65] 冯同庆：《论职工董事、监事制度与职工代表大会制度的关系》，《工会论坛·山东省工会管理干部学院学报》2001年第1期，第1~5页。

[66] 冯同庆：《中国工会向市场经济转变中面临的问题及对策》，《工会理论研究·上海工会管理干部学院学报》2001年第3期，第22~23页。

[67] 冯同庆：《企业经济民主——顺应自然的选择》，《工会理论与实践·中国工运学院学报》2001年第4期，第4~8页。

[68] 冯同庆：《企业改革中工人的自尊——对一种工人社会行动的考察》，《当代世界与社会主义》2001年第4期，第18~24页。

[69] 冯同庆：《尊重职工劳动者：一种来自民间经验的经济改革思路》，中国物价出版社，2001。

[70] 冯同庆：《中国工人的命运——改革以来工人的社会行动》，社会科学文献出版社，2002。

[71] 石秀印、冯同庆、赵明华：《"商船社会"中一种特殊的角色及其功能——一种具有中国特色的管理制度的调查研究报告》，《工会理论

与实践·中国工运学院学报》2002年第1期，第31~35页。

[72] 冯同庆：《经济全球化与中国工会法的修改和实施》，《工会理论与实践·中国工运学院学报》2002年第2期，第4~9页。

[73] 冯同庆：《经济全球化与中国工会法的修改》，《内部文稿》2002年第9期，第13~15页。

[74] 冯同庆：《加入WTO对我国劳动关系的影响》，《工会理论与实践·中国工运学院学报》2002年第4期，第8~11页。

[75] 冯同庆：《职工利益关系：从部门结构到阶层结构的演变》，《工会理论研究·上海工会管理干部学院学报》2003年第2期，第20~22页。

[76] 冯同庆：《国有企业职工参与的国家规范的变化——从利益规范到权利规范的案例研究》，《工会理论与实践·中国工运学院学报》2003年第2期，第16~19页。

[77] 冯同庆：《国有企业职工参与的价值取向与组织体制——二者非同步变化现象的案例研究》，《工会理论与实践·中国工运学院学报》2003年第5期，第49~52页。

[78] 冯同庆：《国家、企业、职工之间关系的社会转向——家族企业职工参与的案例研究》，《工会理论与实践·中国工运学院学报》2004年第3期，第1~5页。

[79] 冯同庆：《探索民营企业劳动关系的新视角——从两份浙江的调查报告说起》，《工会理论研究·上海工会管理干部学院学报》2004年第4期，第11~12页。

[80] 冯同庆：《中国的劳工调查与研究》，《工会理论与实践·中国工运学院学报》2004年第5期，第6~9页。

[81] 冯同庆、石秀印：《工会基层直接选举调查及其思考》，《工会理论研究·上海工会管理干部学院学报》2005年第4期，第27~28页。

[82] 冯同庆主编《中国经验：转型社会的企业治理与职工民主参与》，社会科学文献出版社，2005。

[83] 冯同庆编著《基层工会工作学习问答》，中国工人出版社，2005。

[84] 冯同庆：《从劳工权益角度看企业社会责任在我国的发展趋势》，《当代世界与社会主义》2006年第3期，第141~145页。

[85] 冯同庆：《信阳模式与中国工会社会化维权之路》，《工会理论研究·上海工会管理干部学院学报》2006年第3期，第1~3页。

[86] 冯同庆：《劳动合同立法：寻求适用的立法取向》，《中国劳动关系学院学报》2006年第5期，第1~4页。

[87] 冯同庆：《浅议上市公司及其工会工作》，《工会理论研究·上海工会管理干部学院学报》2007年第1期，第5~7页。

[88] 冯同庆：《兼顾表达成员利益与注重社会功能的工会制度选择——学习中国共产党十六届六中全会决议的思考》，《中国劳动关系学院学报》2007年第2期，第1~4页。

[89] 冯同庆：《从一项"职工承诺"研究看中国工会的基本特征——再论中国工会是社会功能组织》，《中国劳动关系学院学报》2007年第4期，第1~3页。

[90] 冯同庆：《公正性期待与工会的改革——基于职工群众社会身份向公民转化的思考与建议》，《中国劳动关系学院学报》2008年第1期，第5~13页。

[91] 冯同庆：《把握党的十七大精神推动工会实际工作》，《工会理论研究·上海工会管理干部学院学报》2008年第1期，第6~10页。

[92] 冯同庆：《循着更为开放的路径实施〈劳动合同法〉——避免可能的双赢导致事实的双输》，《中国劳动关系学院学报》2008年第2期，第15~17页。

[93] 冯同庆：《中国改革开放以来劳动关系理论研究的回顾》，《中国劳动关系学院学报》2009年第1期，第19~24页。

[94] 冯同庆：《制度性危机规律与制度性合作特色——从义乌经验看改革开放30年中国工会的变迁》，《工会理论研究·上海工会管理职业学院学报》2009年第1期，第1~3页。

[95] 冯同庆、林燕玲、苏映红：《改革30年来国有企业工人权利意识的发展轨迹及其特征》，《中国证券期货》2009年第2期，第38~41页。

[96] 冯同庆：《被规避、被冷落的劳动合同法及其出路——劳动关系调整中国家行政主导取向之检讨》，《北京市工会干部学院学报》2009年第1期，第38~43页。

[97] 冯同庆:《研究当代中国劳动关系特征的方法》,《中国劳动关系学院学报》2009年第2期,第1~6页。

[98] 冯同庆:《工会应该如何提供法律服务的思考》,《工会论坛（山东省工会管理干部学院学报）》2009年第3期,第1~2页。

[99] 冯同庆:《工会唯有改革创新才能真正贴近职工群众》,《工会理论研究（上海工会管理职业学院学报）》2009年第3期,第2~4页。

[100] 冯同庆:《中国工会解决拖欠劳动者工资的进展及问题分析——国家实体主导向劳动者与用人单位自协自洽转变》,《北京市工会干部学院学报》2009年第3期,第34~38页。

[101] 冯同庆:《国际视野下中国服务型工会的建设》,《天津市工会管理干部学院学报》2009年第3期,第6~8页。

[102] 冯同庆:《海外学者对中国改革开放以来劳动关系的理论研究》,《国外理论动态》2009年第10期,第57~60页。

[103] 冯同庆:《金融危机下美国工会：见闻和思考》,《当代世界社会主义问题》2009年第4期,第100~104页。

[104] 冯同庆:《劳动关系理论》,中国劳动社会保障出版社,2009。

[105] 冯同庆:《中国工人的命运：工会民主选举与工人公民权利衍生》,中国社会科学出版社,2009

[106] 冯同庆编著《工会学——当代中国工会理论》,中国劳动社会保障出版社,2010。

[107] 冯同庆:《劳资关系理论考察——从对立到协调》,《江苏社会科学》2010年第3期,第113~118页。

[108] 赵炜、许素睿、冯同庆:《农民工工伤保险先行赔付机制的可行性研究》,《中国安全科学学报》2010年第6期,第17~21页。

[109] 冯同庆:《化解劳动社会问题的社会化方式》,《中国改革》2010年第7期,第14~17页。

[110] 冯同庆:《劳动冲突难解之结》,《中国改革》2010年第8期,第61~62页。

[111] 冯同庆:《美国教育工会的启示与中国教育工会的实践》,《中国工人》2010年第8期,第12~15页。

[112] 冯同庆:《工资协商的源流、适用、条件诸问题——化解劳资对立

而实现协调的制度》，《经济社会体制比较》2010 年第 5 期，第 15~21 页、37 页。

[113] 冯同庆：《劳动法律的中国条件——国家规制与社会权利建构之社会合作相协调》，《中国劳动关系学院学报》2010 年第 5 期，第 1~7 页。

[114] 冯同庆：《伟岸的国企工人》，《中国工人》2010 年第 10 期，第 10~13 页。

[115] 冯同庆：《工会怎样破解农民工讨薪难》，《工会理论研究·上海工会管理职业学院学报》2010 年第 5 期，第 21~22 页。

[116] 冯同庆：《就业歧视的根源与解决之道》，《职业技术教育》2010 年第 33 期，第 22 页。

[117] 冯同庆：《工资集体协商是维权机制更是协调机制》，《中国工人》2011 年第 2 期，第 10~13 页。

[118] 冯同庆：《认识和改革中国工会值得借鉴的一种方法》，《工会理论研究·上海工会管理职业学院学报》2011 年第 1 期，第 1~3 页。

[119] 冯同庆：《解决用工荒：要重视社会协同作用》，《工会信息》2011 年第 5 期，第 7~9 页。

[120] 冯同庆：《劳动立法、劳动者组织模式与劳动者状况改善之路径——回溯、比较及其引出的策略思考》，《中国劳动关系学院学报》2011 年第 2 期，第 1~7 页。

[121] 冯同庆：《成长和展现中的工人主体性：一个延续 30 年的判断及检验》，《广东社会科学》2011 年第 3 期，第 206~213 页。

[122] 冯同庆：《中国职代会制度一个有希望的憧憬》，《中国工人》2011 年第 6 期，第 13~15 页。

[123] 冯同庆：《解决劳动社会事件的中国制度性资源——〈工会法〉停工、怠工条款及其实施的解读》，《中国工人》2011 年第 10 期，第 10~15 页。

[124] 冯同庆：《如何更好测评国企劳动关系》，《现代国企研究》2011 年第 11 期，第 54~59 页。

[125] 黄德北、冯同庆、徐斯勤主编《全球化下的劳工处境与劳动研究》，社会科学文献出版社，2011。

[126] 冯同庆主编《劳动关系理论研究》，中国工人出版社，2012。

[127] 冯同庆主编《聚焦当代中国社会劳动热点问题（2010－2011）》，中国工人出版社，2012。

[128] 冯同庆编著《劳动关系知识读本》，中国工人出版社，2012。

[129] 冯同庆：《工资集体协商：自上而下与自下而上相结合——关于工资集体协商制度建设和工作推进的若干思考》，《工会信息》2012年第1期，第8~10页。

[130] 冯同庆：《国有企业的劳动关系与和谐程度测量》，《中国工人》2012年第2期，第15~20页。

[131] 冯同庆：《树立问题意识和践行建设思维——2011年劳动社会问题的回顾和分析》，《工会理论研究·上海工会管理职业学院学报》2012年第1期，第1~2页、8页。

[132] 冯同庆：《近年来工资集体协商取向的正误分析——是自上而下还是自下而上结合》，《马克思主义与现实》2012年第2期，第180~185页。

[133] 冯同庆：《劳动关系：中国与西方的异同》，《工会信息》2012年第11期，第6~8页。

[134] 冯同庆：《胜过前代人的自信人格成长——吉峰打工族读物〈蓝白仓库〉书评》，《中国工人》2012年第7期，第50~53页。

[135] 冯同庆：《解决非正规用工问题的务实思路和方法——论非正规用工的市场特征、社会性质和应对策略》，《中国劳动关系学院学报》2012年第4期，第1~4页。

[136] 冯同庆：《社会管理改善从消除社会歧视开始》，《社会与公益》2012年第8期，第44~45页。

[137] 冯同庆、王侃、闻效仪：《"事后协商"与"事先协商"——一种始于自发而被推广还可创新的模式和经验》，《中国工人》2012年第9期，第4~14页。

[138] 冯同庆：《劳动关系理论的中国应用及其不足与补救》，《经济社会体制比较》2012年第5期，第14~25页。

[139] 冯同庆：《中国劳动关系思想和理论的演进》，《工会理论研究·上海工会管理职业学院学报》2012年第5期，第5~7页。

[140] 冯同庆:《2012－2013 中国劳动社会问题分析与预测》,《中国工人》2013 年第 1 期,第 4～10 页。

[141] 冯同庆:《十八大与劳动制度植根》,《工会理论研究·上海工会管理职业学院学报》2013 年第 1 期,第 6～8 页。

[142] 冯同庆:《中国"奇迹"背后的劳动问题及其解读——对合作基因与合作变异的历史与现实考察》,《中国治理评论》2013 年第 1 期,第 178～191 页。

[143] 冯同庆:《解决劳务派遣问题的务实思路和方法——需要规范则规范,需要灵活则灵活》,《工会信息》2013 年第 9 期,第 7～9 页。

[144] 冯同庆:《企业层面的劳资对话制度及其评估——无畏毛泽东、理想毛泽东以及后毛泽东时代的选择》,《中国工人》2013 年第 11 期,第 16～18 页。

[145] 冯同庆:《聚焦当代中国社会劳动热点问题（2012－2013）》,中国工人出版社,2013。

[146] 冯同庆:《读〈中国工人运动史研究〉有感》,《中国工人》2014 年第 2 期,第 26～27 页。

[147] 冯同庆:《中国劳工研究传统之断想》,《北京市工会干部学院学报》2014 年第 2 期,第 15～21 页。

[148] 冯同庆:《社会先在与政治先机》,《中华读书报》2014 年 12 月 31 日。

[149] 冯同庆:《守先,方能待后》,《读书》2015 年第 3 期,第 125～127 页。

[150] 冯同庆:《工会的历史、现实与前景——读〈中国劳动关系访谈录〉有感》,《北京市工会干部学院学报》2015 年第 2 期,第 7～11 页。

[151] 冯同庆:《敕勒川年华》,世界知识出版社,2018。

李德齐

[1] 刘子高、李德齐:《群众生产工作》,辽宁人民出版社,1987。

[2] 李德齐:《工会在企业民主管理实践中的若干问题初探》,《中国工运学院学报》1987 年第 1 期,第 46～49 页。

[3] 李德齐:《论我国工会改革的出发点》,《中国工运学院学报》1988 年

第 2 期，第 8~12 页。

[4] 李德齐：《现阶段工会自身体制改革应着眼于活动方式的转变》，《中国工运学院学报》1989 年第 5 期，第 32~35 页。

[5] 许晓军、李德齐著《工会社会活动与改革研究》，辽宁人民出版社，1990。

[6] 李德齐：《工会理论教学和科研应当面向实际》，《中国工运学院学报》1991 年第 1 期，第 30~31 页。

[7] 李德齐：《发展工会教育强化教学管理》，《中国工运学院学报》1992 年第 4 期，第 71~75 页。

[8] 国际劳工组织：《集体谈判——市场经济体制下工会的活动方式》，方丹、李德齐译，中国工人出版社，1994。

[9] 李德齐：《社会进步的要旨》，《中国劳动科学》1995 年第 11 期，第 11 页。

[10] 李德齐：《香港的经济体制与产业结构》，《中国劳动科学》1997 年第 6 期，第 42~43 页。

[11] 李德齐：《香港的工会运动》，《中国劳动科学》1997 年第 10 期，第 37~39 页。

[12] 李德齐著《政府企业工会劳动关系国际比较》，华文出版社，1998。

[13] 国际劳工组织：《劳动争议调解与仲裁程序比较研究》，李德齐等译，中国工人出版社，1998。

[14] 李德齐主笔《劳动关系的市场化行为与调整机制》，中国工人出版社，1998。

[15] 李德齐著《建立劳动关系的三方协调机制》，中国经济出版社，1999。

[16] 李德齐、袁铁铮、柳军：《工业化市场经济国家劳动争议处理制度比较研究》《工会理论与实践·中国工运学院学报》1999 年第 4 期，第 39~42 页。

[17] 李德齐：《企业工会职能的规定问题》《工会理论与实践·中国工运学院学报》1999 年第 5 期，第 50~51 页。

[18] 李德齐、郭军：《俄罗斯劳动关系与劳动立法现状及几点启示》《工会理论与实践·中国工运学院学报》2001 年第 1 期，第 50~54 页。

［19］李德齐：《劳动争议处理与制度选择》《工会理论研究·上海工会管理干部学院学报》2003年第1期，第32~34页。

［20］李德齐：《劳动争议处理与制度选择工会理论与实践》，《中国工运学院学报》2003年第1期，第11~15页。

［21］李德齐：《三方协商机制的建立任重道远》《工会理论与实践·中国工运学院学报》2003年第5期，第4~6页。

［22］李德齐：《集体合同实践中的若干问题探讨》，《中国劳动》2004年第12期，第10~12页。

［23］李德齐主编《工会基础理论概论》，中国工人出版社，2006。

［24］李德齐主编《中国劳动关系学》，中国工人出版社，2007。

［25］李德齐：《规范和协调劳动关系要求劳动合同制度应与其他法律制度衔接配套》，《中国劳动关系学院学报》2008年第1期，第1~4页。

［26］中国劳动关系学院课题组，李德齐：《经济社会的可持续发展体面劳动和工会的作用》，《中国劳动关系学院学报》2008年第4期，第1~4页。

［27］李德齐主编《中国劳动关系学院工会干部培训教程》，中国工人出版社，2009。

［28］李德齐、常爽：《积极应对金融危机，为了更好的生活——德国五金工会（IGM）的行动计划》，《中国劳动关系学院学报》2009年第6期，第3~6页。

［29］中国劳动关系学院课题组，李德齐、燕晓飞、信卫平：《全球治理对我国劳动关系的影响（上篇）》，《中国劳动关系学院学报》2014年第1期，第1~9页。

［30］中国劳动关系学院课题组，李德齐、燕晓飞、信卫平：《全球治理对我国劳动关系的影响（下篇）》，《中国劳动关系学院学报》2014年第2期，第1~9页。

［31］李德齐主编《全国工会干部教育培训系列丛书·工会干部培训教材》，中国工人出版社，2015。

［32］中国劳动关系学院课题组，李德齐：《中国劳动关系学院校史前溯》，《中国劳动关系学院学报》2015年第6期，第1~11页。

陈莹

［1］陈莹：《劳动保护管理专业课程设置的几点意见》，《中国工运学院学

报》1987年第3期，第60~61页。

[2] 陈莹：《试论工会劳动保护监督检查员的素质》，《中国工运学院学报》1992年第6期，第42~43页。

[3] 陈莹：《工业防火与防爆》，中国劳动出版社，1993。

[4] 陈莹：《对当前劳动保护工作的一点思考——兼谈工会劳动保护工作工会理论与实践》，《中国工运学院学报》1994年第6期，第46~48页。

[5] 陈莹：《预防事故要重视纠正管理缺陷——对事故致因的几点思考》，《劳动保护科学技术》1998年第1期，第37~38，47页。

[6] 陈莹：《对于工会劳动保护监督检查的几点思考工会理论与实践》，《中国工运学院学报》1998年第6期，第44~46页。

[7] 陈莹：《对劳动安全卫生立法的几点思考工会理论与实践》，《中国工运学院学报》2000年第5期，第41~44页。

[8] 陈莹：《"维权"是工会劳动保护工作的出发点和切入点工会理论与实践》，《中国工运学院学报》2001年第4期，第46~49页。（人大复印报刊资料收录）。

[9] 陈莹：《工业火灾与爆炸事故预防》，中国工人出版社，2002。

[10] 陈莹：《在劳动保护方面劳动者的权利有哪些》，《劳动保护》2002年第1期，第35页。

[11] 陈莹：《对当前工会劳动保护工作的思考工会理论与实践》，《中国工运学院学报》2002年第5期，第30~33页。

[12] 陈莹：《加拿大安大略省职业安全卫生法规介绍（一）》，《现代职业安全》2002年第11期，第54~56页。

[13] 陈莹：《加拿大安大略省职业安全卫生法规介绍（二）》，《现代职业安全》2002年第12期，第52~53页。

[14] 陈莹：《危险化学品生产单位安全培训教程（第一版）》，化学工业出版社，2003。

[15] 陈莹：《加拿大安大略省职业安全卫生法规介绍（三）》，《现代职业安全》2003年第2期，第58~59页。

[16] 陈莹：《加拿大安大略省职业安全卫生法规介绍（四）》，《现代职业安全》2003年第3期，第56~57页。

[17] 陈莹:《应让工人积极参与到安全工作中》,《中国安全生产报》2005年11月1日。

[18] 陈莹:《关于完善职业安全卫生立法的两项建议》,《现代职业安全》2005年第10期,第34~35页。

[19] 陈莹:《企业基本安全生产条件》,化学工业出版社,2006。

[20] 邱成、陈莹、兰雪英、郑治:《他们尝试了什么》,《现代职业安全》2007年第2期,第16~19页。

[21] 陈莹:《对职业安全卫生立法的思考——写在〈职业安全卫生公约〉批准周年之际》,《现代职业安全》2007年第11期,第62~63页。

[22] 陈莹:《对职业安全卫生立法的思考——写在〈职业安全卫生公约〉批准周年之际②》,《现代职业安全》2007年第12期,第66~68页。

[23] 陈莹:《对职业安全卫生立法的思考——写在〈职业安全卫生公约〉批准周年之际③》,《现代职业安全》2008年第1期,第91页。

[24] 陈莹:《危险化学品生产企业安全生产条件》,化学工业出版社,2008。

[25] 陈莹:《工业火灾与爆炸事故预防》,化学工业出版社,2010。

[26] 陈莹:《危险化学品生产单位安全培训教程(第二版)》,化学工业出版社,2012。

[27] 陈莹:《"工人参与"职业安全卫生工作的必要性》,《安全》2013年第1期,第9~12页。

冯建威

[1] 冯建威:《消费促进生产是有条件的》,《中国工运学院学报》1987年第1期,第62~66页。

[2] 冯建威合著《世界经济政治与国际关系》,北京大学出版社,1987。

[3] 冯建威合著《比较商品经济学》,北京大学出版社,1989。

[4] 冯建威合著《社会主义劳动经济学》,北京大学出版社,1990。

[5] 冯建威著《社会保障学》,辽宁人民出版社,1991。

[6] 冯建威:《从改革成本看扩大保险范围的必要性》《工会理论与实践·中国工运学院学报》1993年第3期,第33~35页。

［7］冯建威：《社会保险制度改革的回顾与思考》《工会理论与实践·中国工运学院学报》1993年第1期，第34~39页。

［8］冯建威：《现行社会保险制度的改革与社会化》，《中国工运学院学报》1992年第2期，第31~34页。

［9］冯建威：《试论工伤社会保险的无责任补偿原则》，《中国工运学院学报》1992年第4期，第20~23页。

［10］冯建威：《学习社会保障理论推进社会保障体系逐步完善》，《中国工运学院学报》1991年第3期，第20~24页。

［11］冯建威：《企业补充养老保险制度研究工会理论与实践》，《中国工运学院学报》1995年第6期，第19~24页。

［12］冯建威：《企业补充养老保险制度研究工会理论与实践》，《中国工运学院学报》1995年第5期，第26~30页。

［13］冯建威：《建立符合社会主义市场经济要求的社会保障管理体制》《工会理论与实践·中国工运学院学报》1994年第1期，第22~28页。

［14］冯建威：《乡镇企业职工应逐步实行社会保险制度工会理论与实践》，《中国工运学院学报》1994年第4期，第25~29页。

［15］冯建威合著《中国社会保险制度改革与立法》，中华人民共和国劳动部、联合国开发计划署、中国国际经济技术交流中心、国际劳工组织北京局，1996。

［16］叶子成、冯建威主编《统一养老保险操作指南》，新华出版社，1997。

［17］冯建威：《寿险沈阳模式不宜推广》，《经济研究参考》1997年第65期，第46~47页。

［18］冯建威：《寿险沈阳模式不应推广》，《中国社会保险》1997年第6期，第12~14页。

［19］冯建威：《巩固与发展工伤保险制度改革成果——〈企业职工工伤保险试行办法〉特点简介工会理论与实践》，《中国工运学院学报》1997年第3期，第28~32页。

［20］冯建威：《从微观消费结构探讨基本养老水平的合理定位》《工会理论与实践·中国工运学院学报》1997年第1期，第23~26页。

[21] 冯建威：《市场经济要求：扩大社会保险实施范围》，《中国劳动报》1993年4月29日。

[22] 冯建威：《从微观消费结构探讨基本养老水平的合理定位》，《中国社会保险》1999年第10期，第25页。

[23] 冯建威：《只返还个人缴费部分是合理的》，《中国社会保险》1999年第10期，第25页。

[24] 冯建威：《医疗费用过猛增长的推本溯源与对策》《工会理论与实践·中国工运学院学报》1998年第1期，第39~41页。

[25] 冯建威合著《新中国劳动和社会保障事业》，中国劳动社会保障出版社，2007。

[26] 冯建威：《关于普遍推迟高级专家退休年龄提高预期工作期限的研究》，《中国劳动关系学院学报》2012年第6期，第31~34页。

[27] 冯建威：《国家转嫁偿债责任是推高养老费率的主因》，《中国劳动关系学院学报》2015年第2期，第63~67页。

郝清桂

[1] 郝清桂、武宗圣主编《工会基础理论》，辽宁人民出版社，1998。

[2] 郝清桂等编著《工会学》，工人出版社，1998。

黄河涛

[1] 黄河涛：《论劳动者审美教育的特点》，《中国工运学院学报》1989年第1期，第45~47页。

[2] 黄河涛著《冲出困境——走向现代管理的企业文化》，中国工人出版社，1990。

[3] 黄河涛：《应重视行政文化的研究与建设》，《中国行政管理》1995年第2期，第40页。

[4] 黄河涛：《美学在商业经营中的竞争力》，《企业文化》1995年第3期，第22~25页。

[5] 黄河涛主编《现代市场的美学冲击——企业审美文化论》，人民出版社出版，1996。

[6] 黄河涛：《企业形象与企业CIS战略》，《工会理论与实践·中国工运

学院学报》1996年第1期，第46~50页。

[7] 黄河涛、王旭晓、黄绍国：《企业审美文化与审美文化产业》，《社会科学辑刊》1997年第1期，第91~96页。

[8] 黄河涛：《名牌效应与企业竞争》，《中外企业文化》1997年第11期，第8~9页。

[9] 黄河涛：《企业审美文化与审美文化产业》，中华美学学会：《中华美学学会第五届全国美学会议论文集》1999年第6期。

[10] 黄河涛：《加入WTO与职工下岗》，《中外企业文化》2000年第17期，第57~58页。

[11] 黄河涛：《职工下岗与"千年回合"谈判》，《工会理论与实践·中国工运学院学报》2000年第5期，第62~64页。

[12] 黄河涛：《"接轨"与"挂钩"》，《工会理论与实践·中国工运学院学报》2001年第1期，第16~19页。

[13] 黄河涛：《刺激消费：先让老百姓的腰包鼓起来》，《中国商贸》2001年第5期，第53~55页。

[14] 中国工运学院课题组，黄河涛：《加入WTO对职工就业、职工权益的影响与工会的应对》，《工会理论与实践·中国工运学院学报》2001年第3期，第21~28页。

[15] 黄河涛：《把就业放到"刺激消费"、"扩大内需"的首位》，《北京市财贸管理干部学院学报》2001年第2期，第43~46页。

[16] 黄河涛：《全球化、职工权益与工会的责任》，《工会理论与实践·中国工运学院学报》2001年第4期，第18页。

[17] 黄河涛：《消费者购买行为中的审美无意识》，《中国商贸》2001年第Z2期，第118~119页。

[18] 黄河涛：《市场研究的弗洛伊德——谈经济学向心理学靠拢》，《经济学家茶座》第6辑，山东人民出版社，2001。

[19] 黄河涛、赵健杰：《经济结构调整与劳动关系重建》，《工会理论与实践·中国工运学院学报》2003年第1期，第22~27页。

[20] 黄河涛、赵健杰：《建立有效机制依法主动维权——大连开发区总工会协助政府解决大连万事通公司员工群体事件所引发的思考》，《中国工运》2003年第11期，第23~24页。

[21] 黄河涛、赵健杰：《在"牵线"与"搭桥"中实现依法维权——记大连开发区总工会协助政府处理大连万事通公司欠薪事件》，《工会理论与实践·中国工运学院学报》2003年第6期，第50~53页。

[22] 黄河涛：《谁来承担经济结构调整的成本》，《改革内参》2003年第4期。（中国人民大学报刊复印资料《体制改革》2003年第5期全文转载）。

[23] 黄河涛、赵健杰：《职工群体事件如何处理——大连万事通公司员工群体上访事件妥善解决所引发的思考》，《改革内参》2003年第30期。

[24] 黄河涛：《一个亟待关注的问题：工会在反倾销诉讼中能做什么》，《工会理论与实践·中国工运学院学报》2004年第1期，第1~5页。

[25] 黄河涛：《当代讲坛：从农民工入会谈起》，《当代工人》2004年第2期。

[26] 黄河涛、赵健杰：《SA8000与工会维权策略》，《中国劳动关系学院学报》2005年第1期，第1~4页。

[27] 黄河涛、赵健杰：《论工会"维权"的发展趋势与对策》，《中国劳动关系学院学报》2005年第3期，第8~13页。

[28] 黄河涛、田利民主编《企业文化学概论》，中国劳动社会保障出版社，2006。

[29] 黄河涛著《禅与中国艺术精神》，中国言实出版社，2006。

[30] 黄河涛著《禅宗公案妙语录》，中国言实出版社，2006。

[31] 黄河涛：《工会领袖们的困惑：劳动关系面临的挑战》，《中国劳动关系学院学报》2007年第1期，第14~17页。

[32] 黄河涛：《经济全球化与各国劳动关系的调整》，《工会理论研究（上海工会管理干部学院学报）》2007年第1期，第43~45页。

[33] 黄河涛、赵健杰主编《经济全球化与中国劳动关系重建》，社会科学文献出版社，2007。

[34] 黄河涛：《企业文化的分期与市场经济的考量》，《中国企业文化研究》2007年第5期。

[35] 黄河涛：《企业文化建设：既要讲守法，也要讲道德》，《现代企业文化（上旬）》2008第1期，第3页。

[36] 黄河涛:《实施〈劳动合同法〉与变革企业文化》,《企业文明》2008年第1期,第34~36页。

[37] 黄河涛:《工会是推动可持续发展的重要力量》,《中国劳动关系学院学报》2008年第2期,第1~3页。

[38] 黄河涛:《创建学习型组织与新时期工会建设》,《中国劳动关系学院学报》2008年第3期,第9~11页。

[39] 黄河涛:《工会"创争"活动与企业文化建设》,《中国劳动关系学院学报》2009年第1期,第8~14页。

[40] 黄河涛:《"创争"活动与企业文化建设》,《中国职工教育》2009年第11期,第17~19页。

[41] 黄河涛:《论工会在企业文化职工文化建设中的地位和作用》,《中国劳动关系学院学报》2011年第1期,第7~11页。

[42] 黄河涛:《工会在企业文化、职工文化建设中的作用》,《现代班组》2012年第12期,第32~33页。

[43] 黄河涛著《黄河涛论文自选集》,光明日报出版社,2012。

欧阳骏

[1] 欧阳骏:《改革与工会》,中国工人出版社,1994。

[2] 欧阳骏:《卢森堡的职工代表团制度和工会干部培训》,《中国工运》1999年第7期,第34~35页。

[3] 欧阳骏:《浅析下岗职工生活来源问题》,《中国劳动关系学院学报》1999年第5期,第66~69页。

[4] 欧阳骏:《论两个维护的相互关系》,《中国劳动关系学院学报》1999年第2期,第14~16页。

[5] 欧阳骏著《论维护》,地震出版社,2000。

[6] 欧阳骏:《厂务公开是对职代会制度的发展和完善》,《工会理论研究》2000年第3期,第14~16页。

[7] 欧阳骏:《外资、私营、乡镇企业劳动关系状况及组建工会的紧迫性》,《中国劳动关系学院学报》2000年第3期,第14~16页。

[8] 欧阳骏:《关于新建企业工会的组建工作》,《工运研究》2000年第6期,第28~29页。

［9］欧阳骏：《外资、私营、乡镇企业工会的组建与维权中的几个问题》，《天津市工会管理干部学院学报》2000年第3期，第34～36页。

［10］欧阳骏：《外资、私营、乡镇企业工会的组建与维护中的几个问题》，《中国劳动关系学院学报》2000年第2期，第21～24页。

［11］欧阳骏：《外资、私营、乡镇企业劳动关系状况及组建工会的紧迫性》，《工会工作》2000年第3期，第14～16页。

［12］欧阳骏：《在维护外资、私营、乡镇企业职工合法权益中政府与工会的职责》，《山东工会论坛》2000年第4期，第4～6页。

［13］欧阳骏：《浅论工会参与工作所应依据的指导思想和原则》，《中国劳动关系学院学报》2003年第6期，第65～67页。

［14］刘景山、欧阳骏主编《中国工会主席手册》，人民日报出版社，2005。

［15］欧阳骏、杨冬梅：《工会领导干部的时代要求与工会干部培训改革方向》，《中国劳动关系学院学报》2005年第4期，第54～59页。

［16］欧阳骏：《工会宏观参与的重要原则》，《工会理论研究》2010年第6期，第4～6页。

［17］欧阳骏：《工会有序维权是"普遍组建工会维护社会稳定"的关键》，《中国劳动关系学院学报》2010年第6期，第15～18页。

［18］欧阳骏：《从劳动关系大局看工会》，《中国工人》2011年第7期，第15～21页。

［19］欧阳骏：《赖若愚工会理论——中国工会思想史的重要里程碑》，《天津市工会管理干部学院学报》2011年第1期，第6～9页。

［20］欧阳骏：《浅析工会参政特色及价值》，《北京市工会干部学院学报》2011年第1期，第15～17页。

［21］欧阳骏：《当前劳动关系形势与工会应对的思考》，《工运研究》2011年第2期，第20～23页。

［22］欧阳骏：《从劳动关系大局看工会》，《工会工作》2012年第1期，第15～21页。

武宗圣

［1］武宗圣著《怎样做一个工会会员》，工人出版社，1956。

［2］郝清桂、武宗圣、张恩荫主编《列宁斯大林论工会》，工人出版社，1981。

［3］武宗圣：《论社会主义国家中工会存在的客观基础》，《全总工会研究》1983年第26期。

［4］郝清桂、桉苗、武宗圣主编《工会学》，工人出版社，1985。

［5］武宗圣：《工会学概论》，工人出版社，1986。

［6］武宗圣：《工会工作手册》，工人出版社，1986。

［7］武宗圣：《浅谈工会参政议政的实质》，工人出版社，1986。

［8］武宗圣主编《职工民主管理概论》，辽宁人民出版社，1987。

［9］郝清桂、武宗圣主编《工会基础理论》，辽宁人民出版社，1987。

［10］武宗圣：《对工会维护职能的若干问题的认识》，《中国工运学院学报》1988年第3期，第11～14页。

［11］武宗圣：《评介〈简明工会学辞典〉》，《中国工运学院学报》1989年第4期，第76页。

［12］武宗圣：《论党管干部和工会干部自行管理的关系》，《中国工运学院学报》1990年第6期，第23～25页。

［13］武宗圣：《关于工会组织建设若干规律的探索》，《中国工运学院学报》1991年第5期，第33～35页。

［14］冯同庆、武宗圣等主编《工会干部岗位培训教材——工会学》，辽宁人民出版社，1991。

［15］武宗圣：《在企业改革中确立职工的主人翁地位》，《中国工运学院学报》1992年第6期，第14～15页。

［16］武宗圣：《走向社会主义市场经济中工会自身建设的几点思考》，辽宁人民出版社，1993。

［17］王维澄主编，武宗圣合著《有中国特色社会主义大典》，天津人民出版社，1993。

［18］武宗圣等工会学系集体编著《向市场经济过渡中的工会工作》，中国大百科全书出版社，1993。

赵健杰

［1］赵健杰、彭恒军主编《劳动科学辞典》，企业管理出版社，1992。

［2］赵健杰著《当代职业女性的劳动保护》，中国检察出版社，1994。

［3］赵健杰著《当代职业女性的业余文化生活》，中国检察出版社，1994。

［4］常凯、赵健杰：《劳动关系·劳动者·劳权：当代中国的劳动问题》，中国劳动出版社，1995。

［5］赵健杰等主编《中国工会理论文库》第一卷，中国言实出版社，1997。

［6］赵健杰等主编《中国工会理论文库》第二卷，中国三峡出版社，1999。

［7］黄河涛、赵健杰：《建立有效机制依法主动维权——大连开发区总工会协助政府解决大连万事通公司员工群体事件所引发的思考》，《中国工运》2003年第11期，第23～24页。

［8］黄河涛、赵健杰：《在"牵线"与"搭桥"中实现依法维权——记大连开发区总工会协助政府处理大连万事通公司欠薪事件》，《工会理论与实践·中国工运学院学报》2003年第6期，第50～53页。

［9］刘晴、赵健杰、何布峰、吕吉凤：《中小私营企业发展与员工参与》，《工会理论与实践·中国工运学院学报》2004年第4期，第11～15页。

［10］黄河涛、赵健杰：《SA8000与工会维权策略》，《中国劳动关系学院学报》2005年第1期，第1～4页。

［11］黄河涛、赵健杰：《论工会"维权"的发展趋势与对策》，《中国劳动关系学院学报》2005年第3期，第8～13页。

［12］赵健杰：《编辑主体意识的规定及其意义——兼论编辑的"精品"意识》，《中国劳动关系学院学报》2005年第4期，第117～121页。

［13］赵健杰：《提高办刊质量创建名栏工程——在全国成人高校学报系统联络中心2005年年会暨编辑学学术研讨会上的讲话》，《中国劳动关系学院学报》2005年第5期，第119～123页。

［14］赵健杰：《加强组织联络提高活动水平——高职成高院校学报联络中心工作回顾与展望》，《中国劳动关系学院学报》2006年第6期，第91～95页。

［15］赵健杰：《公平与正义：劳动关系调整中的伦理维度》，《中国劳动关系学院学报》2007年第1期，第18～20页。

［16］赵健杰：《论工会与党的关系》，《中共天津市委党校学报》2007年第1期，第77~81页。

［17］赵健杰：《论工会社会化维权——以大连开放先导区总工会维权为例》，《天津市工会管理干部学院学报》2007年第1期，第6~8页、22页。

［18］赵健杰、刘晴：《农民工的社会保障：一个难以回避的话题》，《工会理论研究（上海工会管理干部学院学报）》2007年第1期，第15~16页。

［19］黄河涛、赵健杰主编《经济全球化与中国劳动关系重建》，社会科学文献出版社，2007。

［20］赵健杰：《工会维权观：内在结构及其辩证关系研究》，《中国劳动关系学院学报》2008年第1期，第14~23页。

［21］赵健杰：《科学维权：科学发展时代的工会维权理论创新》，《中共天津市委党校学报》2008年第2期，第20~23页。

［22］赵健杰：《工会是实现社会公平正义的重要促进力量》，《中国劳动关系学院学报》2008年第2期，第10~12页。

［23］赵健杰：《携手共建和谐的高职成高学报研究会》，《中国劳动关系学院学报》2008年第6期，第116~119页。

［24］赵健杰：《工会维权观：工会理论创新的重大成果——学习工会十五大报告有感》，《工会理论研究（上海工会管理职业学院学报）》，2008年第6期，第4~6页。

［25］赵健杰：《高校学报选题策划研究》，《中国劳动关系学院学报》2009年第1期，第112~118页。

［26］赵健杰：《国际金融危机条件下的工会维权机制创新研究》，《中国劳动关系学院学报》2009年第5期，第18~25页。

［27］赵健杰、黄河涛：《国际金融危机条件下工会维护破产企业职工权益的路径选择——大连开发区总工会处理日资企业"旭染织"破产案的启示》，《工会理论研究（上海工会管理职业学院学报）》2009年第6期，第20~23页。

［28］赵健杰：《劳动科学建构论纲》，《中国劳动关系学院学报》2010年第2期，第10~14页。

[29] 赵健杰：《编辑主体意识及其逻辑划分》，《中国劳动关系学院学报》2010年第4期，第98~103页。

[30] 赵健杰：《学术观点荟萃的精神盛宴——2010'中国工会·劳动关系论坛侧记》，《中国劳动关系学院学报》2010年第5期，第120~123页。

[31] 赵健杰：《实现体面劳动促进公平正义——学习胡锦涛同志重要讲话心得》，《工会理论研究（上海工会管理职业学院学报）》2010年第5期，第5~7页。

[32] 赵健杰：《尊重和保护劳动的时代意义》，《工会信息》2011年第1期，第8~11页。

[33] 赵健杰：《立足劳动关系现状破解工会维权难题——2010年全国工会学研究会和中国工人历史与现状研究会理论研讨会学术观点综述》，《中国劳动关系学院学报》2011年第1期，第122~125页。

[34] 赵健杰：《先进企业文化：发展和谐劳动关系的必然选择》，《工会信息》2011年第7期，第12~15页。

[35] 赵健杰：《论先进企业文化建设与发展和谐劳动关系——兼论工会抓企业文化建设的立足点》，《中国劳动关系学院学报》2011年第4期，第49~54页。

[36] 赵健杰：《加强企业工会建设发挥企业工会作用——访中华全国总工会基层组织建设部副部长杨洪林》，《中国劳动关系学院学报》2011年第5期，第55~63页。

[37] 赵健杰：《学报编辑主体道德意识研究》，《中国劳动关系学院学报》2011年第6期，第112~116页。

[38] 赵健杰：《社区工会：工会参与社会管理创新的微观载体》，《中国劳动关系学院学报》2012年第1期，第12~17页。

[39] 赵健杰：《经济全球化视域中的劳动世界——全球化背景下中国劳动关系状况与工会对策》，《工会信息》2012年第3期，第34~37页。

[40] 赵健杰：《作者·编者·读者——三者之间利益交往关系研究》，《中国劳动关系学院学报》2012年第4期，第105页。

[41] 赵健杰：《关于工会社会公信力研究——坚持"中国特色社会主义工会发展道路"的实践要求》《中国劳动关系学院学报》2012年第5

期，第 1~9 页。

[42] 赵健杰：《提高工会社会公信力实践基础与路径选择——中国特色社会主义工展道路的实践要求》，《工会信息》2012 年第 23 期，第 4~7 页。

[43] 赵健杰：《以文化拯救企业以文化推动发展》，《工会信息》2012 年第 24 期，第 28~30 页。

[44] 赵健杰：《全面履行社会职能切实保证社会稳定——访新疆维吾尔自治区总工会党组书记李明》，《中国劳动关系学院学报》，2013 年第 1 期，第 66~71 页。

[45] 赵健杰、王如华：《论企业工会工作与社区工会工作无缝对接的实践意义——以江阴市新桥镇总工会推进"双联双管"工程为例》，《工会信息》2013 年第 3 期，第 4~6 页。

[46] 赵健杰：《根除作业陋习：企业工会对职工健康权的有效维护——以哈尔滨铁路局工会开展"深挖陋习"活动为例》，《工会信息》2013 年第 7 期，第 4~6 页。

[47] 赵健杰：《高校学报编辑观研究》，《中国劳动关系学院学报》2013 年第 3 期，第 112~118 页。

[48] 赵健杰：《试论工会文化建构——以中原油田工会"动车文化"建设为例》，《工会信息》2013 年第 12 期，第 7~10 页。

[49] 赵健杰：《创新：工会工作发展的不竭动力》，《工会信息》2013 年第 16 期，第 4~7 页。

[50] 赵健杰：《切实抓住非公企业建会的根本》，《工会博览》2013 年第 11 期，第 26 页。

[51] 赵健杰、谢安邦主编《编辑理性与期刊发展：社科期刊编辑学研究》，天津科学技术出版社，2013。

[52] 赵健杰著《反思求真集》，光明日报出版社，2013。

[53] 赵健杰著《编辑主体能动的精神生产者学报编辑主体性研究》，天津科学技术出版社，2013。

[54] 赵健杰：《在实践创新中加强工会组织凝聚力建设》，《中国劳动关系学院学报》2014 年第 1 期，第 10~15 页。

[55] 赵健杰：《工会文化建设探微——以中原油田工会"动车文化"建设

为例》,《工会理论研究(上海工会管理职业学院学报)》2014年第1期,第4~8页。

[56] 赵健杰:《关于社会主义革命和建设时期工会理论探索的历史反思》,《中国劳动关系学院学报》2014年第2期,第52~57页。

[57] 赵健杰、谢巍:《工会帮扶工作的创新之举——大庆石化公司工会创办"帮扶救助超市"的实践意义》,《工会信息》2014年第12期,第9~11页。

[58] 赵健杰:《劳动关系协调中的伦理关照》,《工会信息》2014年第15期,第4~7页。

[59] 赵健杰:《做实叫响"职工有困难找工会"的意义与启示——以茂名石化工会开展相关实践活动为例》,《工会信息》2014年第27期,第4~7页。

[60] 赵健杰:《求真求善求美:编辑主体追求的三重境界——以学术期刊编辑工作为视角》,《中国劳动关系学院学报》2014年第5期,第111~117页。

[61] 赵健杰:《建起来·转起来·活起来城市商圈工会联合会"建家"三部曲——来自宁波市海曙区总工会的建家实践及其启示》,《工会信息》2014年第34期,第8~12页。

[62] 赵健杰:《物辩证法是实现工会理论与实践创新的根本方法——学习习总书记在中央政治局第二十次集体学习的重要讲话精神体会》,《工会信息》2015年第7期,第8~11页。

[63] 赵健杰:《工会工作价值化:建构逻辑与创新意义——以内蒙古第一机械集团有限公司工会创建"价值驱动型"工会为例》,《工会信息》2015年第13期,第6~10页。

[64] 赵健杰:《论编辑主体的思维方式》,《中国劳动关系学院学报》2015年第3期,第116~121页。

[65] 刘良、赵健杰:《工会工作价值化:建构逻辑与创新意义》,《企业文明》2015年第8期,第61~64页。

[66] 赵健杰:《培育完善职工自组织建设工会实践的创新性尝试——以浙江省宁波市海曙区总工会相关实践创新为例》,《工会信息》2015年第27期,第4~7页。

［67］赵健杰：《创建职工小家实现舒心工作——大庆油田采油二厂工会创建职工小家实践及其启示》，《工会信息》2015 年第 33 期，第 4～6 页。

［68］赵健杰：《徐州工会创建幸福企业的实践与启示》，《工会信息》2016 年第 18 期，第 13～14 页。

［69］赵健杰：《发挥工人阶级主人翁积极性主动应对经济新常态的挑战——学习习近平总书记关于"工人阶级主人翁地位"的重要论断》，《工会信息》2016 年第 21 期，第 4～6 页。

［70］赵健杰：《树立互联网意识加强工会新媒体建设——以宁波市海曙区总工会创建"海曙职工之家＋"微信平台为例》，《工会信息》2016 年第 27 期，第 4～6 页。

［71］赵健杰：《质量是工会送温暖活动的核心》，《中国工运》2017 年第 1 期，第 24～25 页。

［72］赵健杰：《楼宇工会建设与文化建构——以江苏省南通市崇川区楼宇工会建设为例》，《工会信息》2017 年第 5 期，第 4～8 页。

［73］赵健杰：《尊重和保护劳动的时代意义》，《工会博览》2017 年第 5 期，第 19～20 页。

［74］赵健杰：《实现知识向本领的逻辑转换：提高工会干部队伍素质和能力的客观要求——学习习近平总书记相关重要讲话精神心得》，《工会信息》2017 年第 11 期，第 13～15 页。

［75］赵健杰：《关于劳动美的理论反思——兼论工会在职工实现劳动美价值引领中的作用》，《中国劳动关系学院学报》2018 年第 1 期，第 1～9 页。

［76］赵健杰：《创新是推动学报发展的内在动力——在〈北京农业职业学院学报〉创刊 30 周年学术论坛上的主题报告》，《北京农业职业学院学报》2018 年第 S1 期，第 40～42 页。

［77］赵健杰：《追求卓越锐意创新——祝贺〈工会信息〉杂志创刊 30 周年》，《工会信息》2018 年第 11 期，第 17～18 页。

［78］刘向兵、赵健杰：《多学科跨学科视角下劳动模范研究与劳模教育创新》，《中国劳动关系学院学报》2018 年第 4 期，第 1～8 页。

［79］刘向兵、赵健杰：《习近平关于工人阶级与工会工作的重要论述是开

创新时代工会工作新局面的行动指南》,《中国劳动关系学院学报》2018 年第 5 期,第 1~11 页、55 页。

[80] 赵健杰:《劳动美美在哪里》,《工会博览》2018 年第 32 期,第 27 页。

[81] 屈增国、杨冬梅、赵健杰:《新时代工人阶级地位和作用现状及发展趋势》,《中国劳动关系学院学报》2018 年第 6 期,第 1~9 页。

[82] 赵健杰:《以习近平关于工人阶级和工会工作重要论述为根本遵循贯彻落实中国工会十七大精神》,《工会信息》2019 年第 1 期,第 16~21 页。

[83] 赵健杰:《满足职工多元化需求:新时代工会工作的基本导向——宁波市江北区文教街道总工会创建全国首家职工音乐图书馆的重要启示》,《工会信息》2019 年第 5 期,第 7~11 页。

[84] 赵健杰:《关于劳模意识及其本质的理论反思》,《工会信息》2019 年第 9 期,第 4~8 页。

吴亚平

[1] 吴亚平:《重农抑商与发展商品生产》,《赣中社会科学》1985 年第 1 期。

[2] 吴亚平:《浅析中国工人阶级与农民"天然联系"利与弊》,《研究资料与译文》1986 年第 4 期。

[3] 吴亚平:《她们在帮助八十年代的女青年"闯三关"》,《工人日报》1987 年 11 月 1 日。

[4] 吴亚平:《封建意识的影响是"左"倾错误的一个重要根源》,《福建党史月刊》1988 年第 7 期,第 11~13 页。

[5] 吴亚平:《封建意识的影响是"右"倾错误的一个重要原因》,《福建党史月刊》1989 年第 3 期,第 59 页。

[6] 吴亚平:《中国劳动协会性质转变原因初探》,《中国劳动关系学院学报》1990 年第 5 期,第 44~48 页。

[7] 吴亚平:《中国劳动协会早期性质问题质疑》,《中国劳动关系学院学报》1991 年第 3 期,第 39~41 页。

[8] 吴亚平:《关于中国劳动协会的几个问题》,《工运参考资料》1991 年

第 15 期。

[9] 吴亚平:《从中国工人阶级的产生看小农意识对工会运动的影响》,《中国劳动关系学院学报》1991 年第 6 期,第 18~20 页。

[10] 吴亚平:《建国后工会的组织建设及其经验教训》,《中国劳动关系学院学报》1992 年第 4 期,第 28~30 页。

[11] 吴亚平:《关于昆明市企业职工基本状况的调查》,《昆明工运》1992 年第 6 期。

[12] 吴亚平:《联系群众是工会工作的生命线》,《中国劳动关系学院学报》1994 年第 3 期,第 29~33 页。

[13] 吴亚平:《工会的屁股应当坐在群众那里》,《辽宁工运》1994 年第 7 期。

[14] 吴亚平:《工会必须密切联系群众》,《工人日报》1994 年第 8 月 14 日。

[15] 邓伟云、吴亚平:《论工会联合制代表制的实现形式》,《天津市工会管理干部学院学报》1995 年第 1 期,第 18~21 页。

[16] 吴亚平:《上帝是公平的》,《工人日报》1995 年 6 月 2 日。

[17] 吴亚平:《何去何从》,《工人日报》1995 年 7 月 28 日。

[18] 常凯、吴亚平:《工会:集体劳权的代表——向市场经济过渡中工会的社会定位问题初探》,《天津市工会管理干部学院学报》1996 年第 6 期,第 6~8 页。

[19] 吴亚平:《仅靠法律还不够——女职工热线咨询员手记》,《工人日报》1997 年 2 月 27 日。

[20] 吴亚平:《法律:撑开你的伞盖——一位女咨询员中的女性就业问题》,《工人日报》1997 年 5 月 12 日。

[21] 吴亚平:《怎一个"孝"字了得》,《工人日报》1997 年 6 月 16 日。

[22] 吴亚平:《看〈红西服〉有感》,《中国劳动保障报》1998 年 8 月 1 日。

[23] 吴亚平:《对加入工会人员资格问题的探讨》,《工人日报》1999 年 4 月 26 日。

[24] 吴亚平:《为下岗女工说几句公道话》,《工人日报》1999 年 8 月 23 日。

［25］吴亚平：《规范下岗人员的"隐性就业"》，《工人日报》1999年9月6日。

［26］吴亚平：《加入工会人员的资格问题》，《中国劳动关系学院学报》1999年第5期，第43~45页。

［27］吴亚平编著《怎样当好职工代表：新编职工代表培训教材》，中国经济出版社，1999。

［28］吴亚平编著《女职工劳动权益维护》，中国劳动出版社，2000。

［29］姜颖、吴亚平主编《劳动争议处理教程》，中国工人出版社，2000。

［30］郑桥、吴亚平：《法国工会运动的现状、特点及启示》，《中国劳动关系学院学报》2000年第3期，第49~52页。（人大复印资料《工会工作》2001年第2期全文转载）

［31］吴亚平：《企业应当设立劳动争议调解委员会》，《工人日报》2000年6月14日。

［32］吴亚平：《对企业劳动争议调解的法律思考》，《中国劳动保障报》2000年7月13日。

［33］常凯、吴亚平：《工会组建法律与现实》，《浙江工运》2000年第8期。

［34］常凯、吴亚平：《关于私营企业组建工会的若干法律问题》，《中国劳动关系学院学报》2000年第6期，第3~6页。

［35］常凯、吴亚平：《关于私企建会的若干法律问题（上）》，《经济法学、劳动法学》2001年第4期，第5~5页。

［36］常凯、吴亚平：《关于私企建会的若干法律问题（下）》，《经济法学、劳动法学》2001年第4期，第4~4页。

［37］吴亚平：《对工会领导机关改革的思考》，《工人日报》2001年3月26日。

［38］吴亚平：《这种做法站不住脚》，《工人日报》2001年3月27日。

［39］吴亚平：《关于工会维权的基本点问题》，《辽宁工运》2001年第10期。

［40］吴亚平：《维护职工合法权益是工会的基本职责》，《吉林工人报》2001年11月14日。

［41］吴亚平编著《工会法实例教程》，中国物价出版社，2001。

［42］吴亚平主编《工会组织建设概论》，中国工人出版社，2001。

［43］吴亚平：《工会建立的法定条件》，《工人日报》2002年8月15日。

［44］吴亚平：《私营企业主可以入党，但不能入会》，《辽宁工运》2002年第7期。

［45］吴亚平：《私企业主入会不利于劳动关系的协调》，《中国劳动保障报》2003年3月11日。

［46］吴亚平、林燕玲主编《中国工会章程学习读本》，中国工人出版社，2003。

［47］吴亚平：《关于民工权益保护的思考》，《工人日报》2003年6月19日。

［48］吴亚平：《工会民主集中制的内容和特点》，《工人日报》2003年11月12日。

［49］吴亚平：《产业和地方相结合的组织领导原则》，《工人日报》2003年11月13日。

［50］吴亚平：《中国工会的全国组织和地方组织》，《工人日报》2003年11月14日。

［51］吴亚平：《对会员入会资格的分析》，《工人日报》2003年11月20日。

［52］吴亚平：《社会主义市场经济下工会的身份》，《安徽工运》2003年第11期。

［53］吴亚平：《维护法律的严肃性权威性》，《工人日报》2004年2月20日。

［54］吴亚平：《工会：工人阶级的本队——兼论私企业主为什么不能入会》，《安徽工运》2004年第2期。

［55］吴亚平：《资方、工会："两轮"齐转有利发展》，《人民日报》2004年7月22日。

［56］吴亚平：《工会：社会主义市场经济下工会地位的特点》，《安徽工运》2004年第5期。

［57］吴亚平：《总体思路的由来、确立和发展——纪念工会工作总体思路提出10周年》，《中国劳动关系学院学报》2004年第5期，第1～5页。（人大复印资料《工会工作》2004年第6期全文转载）

[58] 吴亚平：《农民工需要什么样的工会》，《中国妇女报》2004 年 11 月 16 日。

[59] 吴亚平：《为什么要成立工会——从工会的产生说起》，《工人日报》2004 年 12 月 10 日。

[60] 吴亚平：《工会是怎样的组织？——对工会性质的分析》，《工人日报》2004 年 12 月 10 日。

[61] 吴亚平：《工会究竟代表谁？——市场经济下工会的身份定位》，《工人日报》2004 年 12 月 17 日。

[62] 吴亚平：《工会是干什么的？——市场经济下工会的基本职责》，《工人日报》2004 年 12 月 24 日。

[63] 吴亚平：《工会维权的基本点是什么？——工会两个维护的关系》，《工人日报》2004 年 12 月 31 日。

[64] 吴亚平：《工会维权的重要手段和机制是什么？——平等协商集体合同和职工民主管理制度》，《工人日报》2005 年 1 月 7 日。

[65] 吴亚平：《谁来担任工会干部——企业主及亲属不能担任工会委员》，《工人日报》2005 年 1 月 4 日。

[66] 吴亚平：《如何维护维权者的权益——工会干部的司法保护》，《工人日报》2005 年 1 月 28 日。

[67] 吴亚平：《为职工说话理直气壮——工会干部管理体制改革》，《工人日报》2005 年 2 月 11 日。

[68] 吴亚平：《农民工的权益保护》，《工人日报》2005 年 2 月 25 日。

[69] 吴亚平：《构建完备的维权网络——工会的组织管理体制》，《工人日报》2005 年 3 月 4 日。

[70] 吴亚平：《沃尔玛等跨国公司拒建工会风波中的法律问题》，《安徽工运》2005 年第 2 期。

[71] 吴亚平：《论中国工会的特点》，《安徽工运》2005 年第 6 期。

[72] 吴亚平：《市场经济下工会的基本职责》，《安徽工运》2005 年第 7 期。

[73] 吴亚平编著《女职工劳动保障权益维护》2 版，中国劳动社会保障出版社，2005.

[74] 吴亚平：《沃尔玛等跨国公司拒建工会风波中的法律和实践问题》，

《中国劳动关系学院学报》2005年第4期,第96~101页。(人大复印报刊资料《工会工作》2005年第5期索引转载)

[75] 吴亚平:《农民工姓什么》,《陕西工运》2005年第7期。

[76] 吴亚平:《我们要建立什么样的工会》,《陕西工运》2005年第12期。

[77] 吴亚平:《对农民工"组织起来、切实维权"实现形式的探讨》,《中国劳动关系学院学报》2006年第1期,第17~21页。(人大复印资料《工会工作》2006年第2期全文转载)

[78] 吴亚平:《关于企业工会干部保护的几个问题》,《工会理论研究》2007年第2期,第11~14页。(人大复印资料《工会工作》2007年第3期全文转载)

[79] 吴亚平、郑桥:《从国际比较的视野看中国工会的特点和发展趋势》,《中国劳动关系学院学报》2007年第5期,第68~72页。

[80] 吴亚平:《"防弹衣"穿起来》,《当代工人》2007年第21期,第28~29页。

[81] 吴亚平、乔健、李珂:《基层工会组建形式的多样性及维权实效性研究》,《中国劳动关系学院学报》2008年第2期,第34~38页。

[82] 吴亚平:《关于基层工会主席直接选举的几个问题》,《工会理论研究》2008年第2期,第21~24页。(人大复印资料《工会工作》2008年第3期全文转载)

[83] 吴亚平:《工会参与劳动争议调解的几个问题》,《中国劳动关系学院学报》2008年第6期,第8~12页。

[84] 吴亚平:《工会参与劳动争议协商的几个问题》,《工会理论研究》2009年第1期,第24~26页。(人大复印资料《工会工作》2009年第2期全文转载)

[85] 吴亚平:《劳动争议调解仲裁法贯彻实施中的问题探讨》,《安徽工运》2005年第3期。

[86] 吴亚平:《关于企业工会干部权益维护的思考》,《工人日报》2009年6月2日。

[87] 吴亚平:《大学生"零工资就业"风险大于机会》,《工人日报》2005年6月8日。

[88] 吴亚平:《对男女平等的再认识——兼论男女是否应当同龄退休》,《中国劳动关系学院学报》2009年第4期,第11~13页。

[89] 吴亚平:《〈劳动争议调解仲裁法〉实施中的问题探讨》,《理论前沿》2009年第18期,第39~41页。

[90] 吴亚平、郑桥: *The Chinese Trade Unions from the Perspective of International Comparison*, Labor Trade Union Society,《白俄罗斯劳动与社会关系国际学院学报》2010年第2期。

[91] 吴亚平:《职代会的性质、定位与职权探讨》,《工会理论研究》2010年第2期,第8~11页。

[92] 吴亚平:《对工会民主管理工作的再认识》,《中国劳动关系学院学报》2010年第2期,第6~9页。

[93] 吴亚平:《从劳动合同法的实施看"零工资就业"的法律风险》,《安徽工运》2010年第2期。

[94] 吴亚平:《转型时期:工会面临的挑战与基本职责》,《治理研究》2010年第4期,第8~12页。(人大复印报刊资料《工会工作》2010年第4期全文转载)

[95] 吴亚平:《企业工会劳动者权益的代表者和维护者——兼论工会组织体制改革的目标和方向》,《新视野》2010年第6期,第33~35页。(人大复印报刊资料《工会工作》2011年第1期全文转载)

[96] 吴亚平:《为无固定期限劳动合同正名》,《中国劳动关系学院学报》2011年第6期,第19~22页。(人大复印报刊资料《工会工作》2012年第2期全文转载、人大复印报刊资料《人力资源开发与管理》2012年第3期全文转载)

[97] 沈琴琴、吴亚平主编《工会管理理论与实务》,复旦大学出版社,2011。

[98] 吴亚平:《当前组建工会的若干问题探讨》,《新视野》2011年第6期,第57~59页。

[99] 吴亚平:《行业工资集体协商:工资集体协商制度建设的突破口和发展方向》,《新视野》2012年第6期,第85~88页。(人大复印报刊资料《工会工作》2013年第3期全文转载)

[100] 吴亚平:《完善企业民主管理立法的几个问题》,《中国劳动关系学

院学报》2013年第1期，第72~76页。

[101] 吴亚平：《抓住行业共性问题协商更有实效》，《工会博览》2013年第10期，第24~24页。

[102] 吴亚平、郑桥：《中国特色社会主义工会发展道路探析》，《新视野》2013年第6期，第83~86页。（人大复印报刊资料《工会工作》2014年第2期全文转载）

[103] 吴亚平：《从工人集体诉求看行业工资集体协商——以广东环卫工人为例》，《中国劳动关系学院学报》2013年第6期，第13~16页。

[104] 吴亚平著《吴亚平文集》，光明日报出版社，2013。

[105] 吴亚平：《或裁或审、裁审分立、各自终局——对劳动争议处理程序改革的探讨》，《中国劳动关系学院学报》2015年第4期，第18~21页。（人大复印报刊资料《工会工作》2016年第1期全文转载）

[106] 吴亚平：《工会维护职工权益和维护社会稳定的态势和对策》，《新视野》2016年第4期，第72~76页。（人大复印资料《工会工作》2016年第5期全文转载）

[107] 杨冬梅主编，吴亚平副主编《工会组织与工会法教程》，上海交通大学出版社，2016。

崔生祥

[1] 崔生祥：《论以人为中心的管理内涵及其表现形态》，《中国劳动关系学院学报》1993年第1期，第71~73页。

[2] 崔生祥：《社会主义市场经济条件下劳动关系的共性与个性——兼论工会在协调劳动关系中的作用》，《中国劳动关系学院学报》1993年第3期，第19~22页。

[3] 崔生祥：《转变工会领导机关的运行机制和活动方式必须加强对领导科学的学习和研究》，《中国劳动关系学院学报》1997年第5期，第48~51页。

[4] 王德华、崔生祥、白谢晨：《新刑法：对虚假验资亮红灯》，《刑事法学》1997年第7期。

[5] 崔生祥：《中国工会赴美考察团对美国劳资关系和工会作用的考察报

告》,《中国劳动关系学院学报》1998年第6期,第49~52页。

[6] 崔生祥:《"路径依赖"理论和具有中国特色的公司治理结构——兼论国有独资和国有控股公司的职工董事、监事制度》,《中国劳动关系学院学报》2000年第6期,第12~16页。

[7] 崔生祥:《产权制度改革与职工董事、监事制度》,《中国劳动关系学院学报》2000年第5期,第16~20页。

[8] 崔生祥:《企业产权制度改革中的职工董事监事制度》,《工会工作》2001年第1期。

[9] 崔生祥:《职工董事、监事制度和具有中国特色的公司治理结构——"路径依赖"理论给我们的启示》,《改革》2001年第2期,第27~31页。

[10] 崔生祥:《职工董事、监事素质结构初探》,《工会工作》2002年第3期,第8~11页。

[11] 崔生祥:《职工董事、监事素质结构初探》,《中国劳动关系学院学报》2002年第1期,第8~11页。

[12] 崔生祥:《主创品牌和产业群聚互动中的晋江制鞋业》,《中国劳动关系学院学报》2004年第5期,第62~64页。

[13] 崔生祥:《推进CSR焉能没有工会》,《可持续发展经济导刊》2007年第1期,第90~90页。

[14] 崔生祥:《银行业履行社会责任应与核心经营活动结合》,《可持续发展经济导刊》2007年第10期,第73~73页。

[15] 崔生祥:《责任消费者的矛盾之处》,《可持续发展经济导刊》2007年第12期,第72~72页。

[16] 崔生祥:《带薪休假没保障"十一"又成"黄金粥"》,《可持续发展经济导刊》2008年第11期,第63~63页。

[17] 崔生祥:《企业社会责任缘何缺失》,《经济管理文摘》2008年第22期,第16~16页。

[18] 崔生祥:《相同的捐款不同的遭遇》,《可持续发展经济导刊》2008年第6期,第47~47页。

[19] 陈华:《2009年上半年能否走出低迷是关键——访中国劳动关系学院经济管理系教授崔生祥》,《纺织服装流行趋势展望》2009年第1

期，第 18～19 页。

[20] 崔生祥主编《职工安全教育手册》，中国工人出版社，2009。

[21] 崔生祥主编《职工爱岗敬业教育读本》，中国工人出版社，2009。

[22] 崔生祥等：《管理学修订本》，武汉理工大学出版社，2009。

[23] 崔生祥主编《怎样做好优秀班组建设与管理工作》，北京燕山出版社，2009。

[24] 崔生祥编著《员工爱岗敬业与忠诚教育》，中国言实出版社，2010。

[25] 崔生祥编著《新编班组长工作方法与领导艺术》，中国言实出版社，2010。

[26] 崔生祥编著《现代班组日常管理规范与制度化建设》，中国言实出版社，2010。

[27] 崔生祥编著《员工岗位精神》，中国言实出版社，2010。

[28] 崔生祥编著《学习型班组创建指南：怎样当好学习型班组长》，中国言实出版社，2011。

[29] 崔生祥编著《用正确的方法解决问题》，中国言实出版社，2011。

[30] 崔生祥编著《中国工人优秀品格教育读本》，中国言实出版社，2011。

[31] 崔生祥、韩士斌编著《怎样当好分工会主席》，中国言实出版社，2011。

[32] 崔生祥编著《用正确的方法解决问题》，2011。

[33] 崔生祥编著《换工作不如换思维》，中国言实出版社，2011。

[34] 崔生祥编著《怎样当好创新型班组长》，中国言实出版社，2011。

[35] 崔生祥编著《如何做一名热爱工作的好员工》，中国言实出版社，2011。

[36] 崔生祥：《职场"七年之痒"：跳槽还是卧槽》，《决策》2012 年第 1 期，第 86～88 页。

[37] 崔生祥主编《换工作不如换思维》，中国言实出版社，2012。

[38] 崔生祥、邢云霞编著《怎样做好工会小组工作》，中国言实出版社，2012。

[39] 崔生祥编著《全国职工素质教育读本》，中国商业出版社，2012。

[40] 崔生祥主编《员工岗位精神》，中国言实出版社，2013。

[41] 彭万忠、崔生祥著《提升职业素养争做优秀员工》，中国言实出版社，2013。

[42] 崔生祥著《成功只能靠努力》，企业管理出版社，2013。

[43] 霍庆龙、崔生祥著《职场竞争如此激烈你的内心要强大》，中国商业出版社，2013。

[44] 彭万忠、崔生祥著《提升职业素养争做优秀员工》，中国言实出版社，2013。

[45] 陈飞、崔生祥著《静下心工作沉住气做人》，中国商业出版社，2013。

[46] 崔生祥著《学海撷英崔生祥文丛》，光明日报出版社，2013。

[47] 李文斌、崔生祥著《成功赢在心态心态调整好了，工作就顺了》，企业管理出版社，2013。

[48] 崔生祥著《优秀员工成长手册》，企业管理出版社，2013。

[49] 崔生祥、韩士斌主编《怎样当好分工会主席》，中国言实出版社，2014。

[50] 崔生祥、杜建伟编著《怎样当好分工会主席：新编分工会主席培训教材》，中国言实出版社，2014。

[51] 崔生祥、邢云霞编著《怎样做好工会小组工作》，中国言实出版社，2014。

[52] 崔生祥主编《如何做一名热爱工作的好员工》，中国言实出版社，2014。

[53] 李学章、崔生祥著《怎样当好班组长》，企业管理出版社，2014。

[54] 崔生祥编著《工会主席工作全书》，中国言实出版社，2014。

[55] 崔生祥、任强等：《赢在创新：工作创新意识员工读本》，企业管理出版社，2014。

[56] 崔生祥主编《中国工人优秀品格教育读本》，中国言实出版社，2015。

[57] 崔生祥编著《工会主席工作全书》，中国言实出版社，2015。

[58] 崔生祥主编《诚信经商能带来什么》，中国言实出版社，2015。

[59] 崔生祥、刘雪梅著《优秀的企业班组长治班之策》，中国言实出版社，2015。

[60] 崔生祥编著《全国基层工会干部岗位培训教程》，中国言实出版社，2015。

[61] 崔生祥编著《优秀班组长工作方法与领导艺术》，企业管理出版社，2015。

[62] 崔生祥编著《基层工会主席工作实用手册》，中国言实出版社，2015。

[63] 崔生祥、田青、李军燕编著《新编基层工会干部履职能力提升与综合业务素质培训教材》，中国言实出版社，2016。

[64] 崔生祥、赵敏编著《现代"五型"班组建设与管理实务》，企业管理出版社，2016。

[65] 崔生祥编著《不会带团队，你怎么当好班组长》，企业管理出版社，2017。

[66] 崔生祥编著《班组长安全管理手册》，人民日报出版社，2018。

[67] 崔生祥、张安顺、杨鼎家等：《中国工会常用政策法律法规汇编》，人民日报出版社，2019。

田凯荣

[1] 田凯荣、陈建华：《深化改革，建立现代企业制度》，《中国劳动关系学院学报》1994年第3期，第70~73页。

[2] 田凯荣：《社会主义企业的生产和经营——学习马克思关于资本循环和周转原理札记》，《中国劳动关系学院学报》1988年第2期，第83~86页。

[3] 田凯荣：《治理通货膨胀的对策》，《中国劳动关系学院学报》1989年第1期，第40~42页。

[4] 田凯荣：《我国经济稳定发展的重要条件——论比例、速度和经济效益的关系》，《中国劳动关系学院学报》1989年第6期，第56~60页。

[5] 田凯荣：《在治理整顿中求得经济的稳定发展》，《中国劳动关系学院学报》1990年第3期，第53~56页。

[6] 田凯荣：《关于市场疲软的原因及其治理对策》，《中国劳动关系学院学报》1990年第5期，第49~53页。

[7] 田凯荣：《怎样认识资本主义剥削制度的新变化》，《中国劳动关系学院学报》1991年第3期，第16~19页。

[8] 田凯荣主编《中国经济改革理论与实践》，辽宁人民出版社，1998。

[9] 田凯荣、毕泗霞：《计划经济和市场调节的有机结合》，《中国劳动关系学院学报》1991年第5期，第48~51页。

[10] 田凯荣、蔡毅德、高曙光：《试论增强企业活力的根本出路》，《中国劳动关系学院学报》1992年第4期，第39~42页。

[11] 田凯荣、蔡毅德：《论股份制在我国的发展》，《中国劳动关系学院学报》1992年第6期，第60~63页。

[12] 田凯荣、牛文梓：《建立社会主义市场经济体制是经济体制改革的必由之路》，《中国劳动关系学院学报》1993年第3期，第65~69页。

[13] 田凯荣：《新编工会干部岗位培训系列教材中国经济改革理论与实践》，辽宁人民出版社，1994。

[14] 田凯荣、高曙光：《认清形势坚定信心加快经济发展》，《中国劳动关系学院学报》2001年第1期，第84~87页。

陈宏涛

[1] 陈宏涛、于文霞主编《国际工人运动史》，辽宁人民出版社，1987。

[2] 熊子云主编《当代国际工人运动史》，团结出版社，1989。

[3] 廖盖隆等主编《社会主义百科要览》，人民日报出版社，1993。

[4] 陈宏涛：《戊戌维新百年祭》《群言》1998年第9期，第11~13页。

马子富

[1] 马子富：《试论发达资本主义国家工人运动的发展趋势》，《中国工运学院学报》1987年第2期，第128页。

[2] 马子富：《美国工人阶级状况之管见》，《中国工运学院学报》1988年第4期，第64页。

[3] 马子富：《清除资产阶级自由化思潮在工运理论中的影响》，《中国工运学院学报》1989年第6期。

[4] 梅岱、马子富：《工会改革必须坚持正确的政治方向》，《中国工运学院学报》1990年第1期。

[5] 马子富：《革命导师恩格斯的伟大一生——纪念恩格斯诞辰 170 周年》，《中国工运学院学报》1990 年第 5 期。

[6] 马子富：《经营战略与工作法》，《中国城市经济社会报》，1990。

[7] 马子富：《工会与政府建立联席会议制度述评》，《中国工运学院学报》1991 年第 4 期。

[8] 马子富：《工人阶级理论的内容及研究方法》，《中国工运学院学报》1992 年第 1 期。

[9] 马子富：《工会理论研究应处理好三个关系》，《工会理论与实践·中国工运学院学报》1993 年第 3 期。

[10] 马子富：《工会与政府建立联席会议制度述评》，《中国工运学院学报》1991 年第 4 期，第 58 页。

[11] 马子富：《工人阶级理论的内容及研究方法》，《中国工运学院学报》1992 年第 1 期，第 95 页。

[12] 马子富：《企业工会实用教程》，西北工业大学出版社，1992。

[13] 马子富：《中国清代文学史》，人民出版社，1995。

[14] 马子富：《世界现代前期政治史》，中国国际广播出版社，1996。

[15] 马子富等：《新编世界现代史》第 1 卷，中国国际广播出版社，1996。

[16] 马子富等：《世界全史·世界现代前期政治史》，中国国际广播出版社，1996。

[17] 马子富：《〈宣言〉的原则永存——纪念〈共产党宣言〉发表 150 周年》，《工会理论研究（上海工会管理干部学院学报）》1998 年第 1 期。

[18] 马子富：《劳动模范成长的环境浅议》，《工会理论与实践·中国工运学院学报》1999 年第 4 期，第 64 页。

[19] 马子富：《加强工会内部民主制度建设》，《中国工运》1999 年第 12 期。

[20] 马子富：《20 世纪工会理论研究的回顾与展望》，《工会理论研究·上海工会管理干部学院学报》2000 年第 1 期，第 132 页。

[21] 洪济群、马子富：《关于培养高素质工会干部队伍的调查与思考》，《工会理论与实践·中国工运学院学报》2000 年第 1 期，第 93 页。

[22] 马子富:《维护是工会的基本职责》,《工会理论与实践·中国工运学院学报》2001年第4期。

[23] 马子富、李任生:《赵世炎对中国工人运动的杰出贡献》,《工会理论与实践·中国工运学院学报》2001年第5期,第124页。

[24] 马子富:《进一步做好工会干部岗位培训工作的思考》,《工会论坛(山东省工会管理干部学院学报)》2001年第6期。

[25] 马子富:《江泽民关于工人阶级和工会理论的主要内容》,《工会理论与实践·中国工运学院学报》2002年第3期,第97页。

[26] 马子富:《西部开发与多民族文化》,华夏出版社,2003。

[27] 马子富:《邓小平理论和"三个代表"重要思想概论学习指导(专科适用本)》,中国青年出版社,2003。

[28] 马子富:《毛泽东关于工人阶级和工会的理论指引我们奋勇前进——纪念毛泽东诞辰110周年》,《工会理论与实践·中国工运学院学报》2003年第6期,第198页。

[29] 马子富:《邓小平对毛泽东工运思想的发展——纪念邓小平诞辰100周年》,《工会理论与实践·中国工运学院学报》2004年第4期,第92页。

[30] 马子富:《邓小平工运思想永放光芒》,《中国工运》2004年第8期。

[31] 马子富:《实事求是的典范——纪念陈云诞辰100周年》,《中国劳动关系学院学报》2005年第4期,第62页。

[32] 马子富:《劳动关系的协调与和谐社会的构建》,《当代世界与社会主义》2006年第1期,第377页。

[33] 马子富:《基层工会理论热点问题导读》,中国工人出版社,2008。

刘子高

[1] 刘子高、李德:《群众生产工作》,辽宁人民出版社,1987。

杜万启

[1] 杜万启:《白区工运策略思想研究——学习刘少奇〈关于白区职工运动的提纲〉》,《中国工运学院学报》1988年第4期,第28~31页。

[2] 杜万启、韩效芳:《论中国工运史上对"经济主义"问题的批判》,

《中国工运学院学报》1989年第1期，第34~36页。

[3] 杜万启：《新时期工运领域的拨乱反正和工会理论的新发展》，《中国工运学院学报》1991年第2期，第38~42页。

[4] 杜万启：《坚持工人阶级领导是建设有中国特色的社会主义基本保证之一》，《中国工运学院学报》1991年第4期，第25~26页。

[5] 杜万启：《李立三对新中国劳动立法的贡献》，《中国工运学院学报》1991年第6期，第44~46页。

[6] 杜万启编《新中国工人运动史》，中国铁道出版社，1991。

[7] 杜万启：《卢沟桥事变后华北工人武装抗日斗争简述》，《中国人民抗日战争纪念馆文丛第三辑》1992，第7页。

[8] 杜万启：《试论邓小平的新时期工运思想》，《科学社会主义》1993年第3期。

[9] 杜万启：《工会九大以来中国工会章程的演变及发展》，《工会理论与实践·中国工运学院学报》1994年第1期，第43~45页。

[10] 杜万启：《论邓小平建设有中国特色社会主义的哲学基础》，《工会理论与实践中国工运学院学报》1994年第5期，第53~58页。

[11] 杜万启：《中国工会运动的七十年》，《北京党史研究》1995年第3期。

[12] 杜万启：《中国工会与红色工会国际及太平洋劳动会议》，《工会理论与实践·中国工运学院学报》1995年第3期，第34~37页。

[13] 杜万启：《初期红色工会国际与中国工人运动及建党的关系》，《北京党史研究》1996年第5期。

曹延平

[1] 曹延平编写《社会主义三大改造》，新华出版社，1990。

[2] 曹延平编写《抗美援朝运动》，新华出版社，1991。

[3] 曹延平：《对依靠工人阶级作用的再认识》，《中国工运学院学报》1991年第2期，第14~16页。

[4] 曹延平编著《土地革命战争后期的工人运动》，中共中央党校出版社，1991。

[5] 曹延平编著《抗日战争时期国民党统治区的工人阶级和工人运动》，

中共中央党校出版社，1991。

［6］曹延平：《中国工人运动的杰出领袖——苏兆征》，《中国工运》1995年第 5 期，第 16 页。

［7］曹延平：《革命根据地工会工作方针的演变》，《工会理论与实践·中国工运学院学报》1995 年第 5 期，第 67 - 69 页。

［8］曹延平：《新中国工会五十年巡礼》，《中国工运》1999 年第 10 期，第 8 ~ 10 页。

［9］曹延平主编《中国工人运动史研究文集》，中国工人出版社，2000。

［10］曹延平：《党与工会的历史关系》，《工会理论与实践·中国工运学院学报》2001 年第 4 期，第 14 页。

［11］曹延平：《中国工会 80 年的奋斗历程》，《中国工运》2005 年第 5 期，第 43 ~ 45 页。

［12］王永玺、何布峰、曹延平主编《简明中国工会史 1925 - 2005》，中国工人出版社，2005。

沈琴琴

［1］李铭、沈琴琴、张思锋等：《建国以来陕西省人口发展的主要特点》，《西北人口》1983 年第 3 期，第 1 ~ 11 页。

［2］沈琴琴、潘阳：《论劳动力流动对生产力的影响》，《生产力研究》1988 年第 4 期，第 58 ~ 61 页。

［3］沈琴琴：《中国西部地区人力资源状况及开发对策》，《生产力研究》1990 年第 5 期，第 17 ~ 21 页。

［4］沈琴琴：《劳动就业中期目标模式初探》，《中国劳动关系学院学报》1990 年第 3 期，第 57 ~ 61 页。

［5］沈琴琴、潘阳：《合理利用劳动力资源的中期目标模式》，《生产力研究》1991 年第 4 期，第 67 ~ 70 页。

［6］沈琴琴：《"三资企业"劳动关系的特点与工会的协调作用》，《中国劳动关系学院学报》1991 年第 1 期，第 57 ~ 58 页。

［7］沈琴琴、潘阳：《我国 90 年代面临的就业挑战与对策》，《中国劳动关系学院学报》1991 年第 3 期，第 25 ~ 29 页。

［8］沈琴琴：《论建立健全收入分配的宏观调控机制》，《中国人力资源开

发》1992年第6期，第12～15页。

[9] 沈琴琴：《认识工资的内涵和职能更好地发挥工会的作用》，《中国劳动关系学院学报》1992年第5期，第44～47页。

[10] 沈琴琴主编《劳动报酬学》，海洋出版社，1993。

[11] 沈琴琴：《论就业指导对生产力发展的促进作用》，《中国劳动关系学院学报》1995年第1期，第62～63页。

[12] 沈琴琴、潘阳：《论高校招生、收费改革与人才资源配置市场化的内在联系》，《中国人力资源开发》1995年第6期，第15～18页。

[13] 沈琴琴：《中国社会转型时期的人力资源开发状况与对策》，《劳动经济与人力资源管理》1997年第11期，第4～7页。

[14] 沈琴琴：《中国社会转型时期的人力资源开发状况与对策》，《中国人力资源开发》1997年第8期，第4～7页。

[15] 沈琴琴：《德国的高失业原因剖析与思考》，《中国改革》1997年第8期，第63～64页。

[16] 沈琴琴：《我国劳动力流动状况与前瞻》，《中国就业》1998年第3期，第26～28页。

[17] 沈琴琴：《德国人力投资与劳动力量质量》，《中国人力资源开发》1998年第8期，第41～41页。

[18] 沈琴琴：《德国的高失业原因及其对策》，《中国劳动》1998年第4期，第39～41页。

[19] 沈琴琴：《德国社会保障发展状况及其影响》，《经济社会体制比较》1998年第4期，第28～29页。

[20] 沈琴琴著《劳动力市场与职业选择》，知识出版社，1998。

[21] 沈琴琴著《德国劳动力市场》，西北大学出版社，1998。

[22] 沈琴琴：《德国社会保障发展状况及其影响》，《青年研究》1998年第6期，第48～50页。

[23] 沈琴琴：《德国东部地区的劳动力市场》，《劳动经济与人力资源管理》1999年第4期，第18～24页。

[24] 曾煜、沈琴琴编著《职工工伤保险手册》，中国经济出版社，1999年。

[25] 沈琴琴：《德国社会保障状况及其对劳动力市场的影响》，《社会保障

制度》1999 年第 12 期,第 88~92 页。

[26] 沈琴琴:《劳动就业:世纪之交的挑战与对策》,《旗帜》1999 年第 4 期,第 37~38 页。

[27] 沈琴琴:《世纪之交的中国劳动就业展望》,《中国人力资源开发》1999 年第 2 期,第 8~10 页。

[28] 沈琴琴:《德国东部地区的劳动力市场》,《德国研究》1999 年第 1 期,第 21~27 页。

[29] 沈琴琴:《德国社会保障状况及其对劳动力市场的影响》,《欧洲研究》1999 年第 4 期,第 89~93 页。

[30] 沈琴琴:《劳动就业的三大挑战》,《冶金企业文化》2000 年第 2 期,第 47~47 页。

[31] 赫伯特·格吕内、沈琴琴:《人力开发,企业的战略任务》,《中国人力资源开发》2000 年第 8 期,第 7~9 页。

[32] 沈琴琴:《慎选劳动力市场政策》,《中国人力资源开发》2000 年第 4 期,第 16~17 页。

[33] 沈琴琴、格吕赫:《人才开发,企业的战略任务》,《中国人力资源开发》2000 年第 8 期,第 7~9 页。

[34] 沈琴琴:《劳动力市场政策的战略性选择》,《旗帜》2000 年第 8 期,第 31~31 页。

[35] 沈琴琴:《我国就业市场化进程中的难点与应对措施》,《北京劳动保障职业学院学报》2000 年第 3 期,第 12~13 页。

[36] 沈琴琴:《"入世"后工会维护职工就业权益的战略对策》,《中国劳动关系学院学报》2001 年第 2 期,第 25~28 页。

[37] 沈琴琴著《劳动经济》,中国工人出版社,2001。

[38] 沈琴琴:《中德失业状况比较及其思考》,《工会理论研究》2001 年第 5 期,第 47~48 页。

[39] 沈琴琴:《我国职业指导的发展趋势》,《中国培训》2001 年第 2 期,第 56~57 页。

[40] 沈琴琴:《中德失业状况比较与工会工作的思考》,《中国劳动关系学院学报》2001 年第 6 期,第 40~45 页。

[41] 沈琴琴:《"入世"后工会维护职工就业权益的战略对策》,《工会工

作》2001年第4期,第25~28页。

[42] 沈琴琴:《"中国加入WTO及其对劳动力市场的影响"国际研讨会综述》,《中国劳动关系学院学报》2002年第2期,第24~24页。

[43] 沈琴琴:《困难职工群体问题研究》,《中国劳动关系学院学报》2002年第5期,第52~55页。

[44] 沈琴琴:《中国劳动关系的变革与工会工作的主要目标》,《中国劳动关系学院学报》2003年第6期,第1~6页。

[45] 沈琴琴:《改革发展中的劳动就业与工会的维权工作》,《工会工作》2003年第3期,第6~10页。

[46] 沈琴琴:《改革发展中的劳动就业与工会的维权工作》,《中国劳动关系学院学报》2003年第2期,第6~10页。

[47] 沈琴琴:《中国劳动关系的变革与工会工作的主要目标》,《工会工作》2004年第1期,第1~6页。

[48] 沈琴琴:《中国劳动关系的变革与工会工作的主要目标》,《劳动经济与劳动关系》2004年第3期,第1~6页。

[49] 沈琴琴:《当前劳动和社会保障制度改革面临的主要问题与对策》,《理论学刊》2004年第7期,第47~51页。

[50] 沈琴琴:《人力资源管理新趋向与工会的应对措施》,《中国劳动关系学院学报》2004年第6期,第1~7页。

[51] 沈琴琴、黄任民、高爱娣等:《进城务工人员在二元劳动力市场中的地位与工会的维权思路》,《中国劳动关系学院学报》2005年第4期,第1~8页。

[52] 沈琴琴:《人力资源管理新趋向与工会的应对措施》,《工会工作》2005年第1期,第1~7页。

[53] 沈琴琴:《中国转型时期的劳动经济状况与工会工作》,《工会理论研究》2005年第3期,第7~10页。

[54] 沈琴琴、高爱娣:《农村工业化以来新兴工人阶级的发展状况》,《工会理论研究》2006年第1期,第28~31页。

[55] 沈琴琴:《西方工会参与促进就业、维护工人劳动就业权益的基本经验及其启示》,《中国劳动关系学院学报》2006年第4期,第1~6页。

[56] 沈琴琴：《西方工会参与促进就业的做法和经验》，《工会博览》2007年第1期，第23~23页。

[57] 沈琴琴、黄任民、巨文辉：《和谐劳动关系与民营企业发展——加强劳动者权益保护、构建和谐劳动关系》，《民营经济与中小企业管理》2007年第5期，第1~8页。

[58] 沈琴琴：《西方工会参与促进就业的做法和经验》，《工会博览》2007年第1期，第23~23页。

[59] 沈琴琴、黄任民、巨文辉：《和谐劳动关系与民营企业发展——加强劳动者权益保护、构建和谐劳动关系》，《中国劳动关系学院学报》2007年第1期，第1~8页。

[60] 黄任民、沈琴琴、巨文辉等：《经济转型中的农民工身份认同差异与不平等待遇》，《中国劳动关系学院学报》2007年第4期，第13~17页。

[61] 沈琴琴、潘泰萍、张艳华：《关于工会在劳动力市场发展进程中维护农民工权益的研究》，《中国劳动关系学院学报》2008年第3期，第1~8页。

[62] 沈琴琴、潘泰萍、张艳华《关于工会在劳动力市场发展进程中维护农民工权益的研究》，《工会工作》2008年第5期，第1~8页。

[63] 沈琴琴、杨伟国主编《全球视野下的劳动力市场政策》，中国劳动社会保障出版社，2008。

[64] 沈琴琴主编《劳动经济学》，中国劳动社会保障出版社，2008。

[65] 张艳华、沈琴琴：《制度经济学视角下的工会干部职业化》，《中国劳动关系学院学报》2008年第5期，第46~50页。

[66] 沈琴琴、付麟：《中国劳动关系的转型与发展》，《现代交际》2009年第2期，第96~108页。

[67] 沈琴琴：《我国劳动力市场发展态势对构建和谐劳动关系的影响》，《劳动经济与劳动关系》2009年第4期，第1~7页。

[68] 沈琴琴：《金融危机冲击下劳动就业面临的新问题与工会对策》，《河南师范大学学报：哲学社会科学版》2009年第6期，第72~75页。

[69] 沈琴琴：《我国劳动力市场发展态势对构建和谐劳动关系的影响》，《中国劳动关系学院学报》2009年第1期，第7页。

[70] 沈琴琴、闻效仪、张艳华等：《中国基层工会干部职业化：缘起和现状》，《生产力研究》2009年第5期，第84~86页。

[71] 沈琴琴：《德国劳动关系的调整路径及其对我国的启示》，《生产力研究》2009年第19期，第142~144页。

[72] 杨河清、沈琴琴主编《首届经济增长与就业国际论坛论文集2008·中国·北京》，首都经济贸易大学出版社，2009。

[73] 杨河清、沈琴琴主编《第二届经济增长与就业国际论坛》，江西高校出版社，2010。

[74] 沈琴琴、杨伟国主编《全球视野下的产业与劳动关系发展》，中国劳动社会保障出版社，2010。

[75] 沈琴琴：《德国劳动关系的调整路径及其对我国的启示》，《劳动经济与劳动关系》2010年第2期，第142~144页。

[76] 沈琴琴、张艳华：《中国劳动力市场多重分割的制度经济学分析》，《劳动经济与劳动关系》2010年第5期，第65-69页、98页。

[77] 张艳华、沈琴琴、张原等：《北京市农村常住人口就业结构演变及趋势判断》，《中国经贸导刊》2010年第3期，第30~31页。

[78] 沈琴琴、张艳华：《中国劳动力市场多重分割的制度经济学分析》，《西安交通大学学报》（社会科学版）2010年第2期，第65~69页。

[79] 沈琴琴、张艳华：《北京农村常住人口变动与产业结构相互作用研究》，《人口与经济》2010年第2期，第82~86页。

[80] 沈琴琴、张艳华：《北京市产业结构调整下的流动人口就业结构研究》，《中共济南市委党校学报》2010年第4期，第9~12页。

[81] 沈琴琴：《全球化下的劳动关系调整路径变化及其启示》，《中国劳动关系学院学报》2011年第3期，第1~7页。

[82] 沈琴琴、张艳华：《中国劳动力市场灵活性与稳定性的影响因素研究》，《首都经济贸易大学学报》2011年第5期，第69~74页。

[83] 沈琴琴：《劳动者就业权益实现问题研究——关于提升就业质量的思考》，《河北经贸大学学报》2011年第3期，第42~49页。

[84] 沈琴琴著《工会管理理论与实务》，复旦大学出版社，2011。

[85] 沈琴琴、崔钰雪：《北京市就业结构演变及其动因研究》，《人口与经济》2011年第3期，第64~69页。

[86] 沈琴琴：《基于制度变迁视角的工资集体协商：构架与策略》，《中国人民大学学报》2011 年第 5 期，第 10~17 页。

[87] 沈琴琴：《境外中资企业劳动用工现状及存在的问题》，《生产力研究》2012 年第 6 期，第 148~149 页。

[88] 张原、沈琴琴：《平衡中国劳动力市场的灵活安全性——理论指标、实证研究及政策选择》，《经济评论》2012 年第 4 期，第 53~67 页。

[89] 沈琴琴、李文沛：《对日劳务派遣纠纷的国际私法维权方式探讨》，《中国人力资源开发》2013 年第 3 期，第 85~89 页。

[90] 张艳华、沈琴琴：《农民工就业稳定性及其影响因素——基于 4 个城市调查基础上的实证研究》，《管理世界》2013 年第 3 期，第 176~177 页。

[91] 沈琴琴主编《劳动经济学》，中国人民大学出版社，2013 年。

[92] 沈琴琴、刘文军：《中国境外企业劳动关系调处机制研究》，《中国青年社会科学》2013 年第 2 期，第 103~108 页。

[93] 沈琴琴、黄任民、胡晓东等：《我国大学本科教育"应用型人才"培养模式研究——以中国劳动关系学院劳动与社会保障专业为例》，《中国劳动关系学院学报》2013 年第 5 期，第 100~104 页。

许晓军

[1] 黄瑞旭、许小军：《我国青年工人劳动意识初探》，《青年研究》1987 年第 9 期，第 8~12 页。

[2] 桉苗、许小军：《试论工会的原生职能与派生职能》，《中国工运学院学报》1988 年第 2 期，第 16~20 页。

[3] 许小军：《我国职工的劳动积极性及工会作用浅析——本院工会学系 87 级学员职工调查报告》，《中国劳动关系学院学报》1989 年第 1 期，第 58~61 页。

[4] 许晓军主编《社会主义初级阶段工会工作指南》，春秋出版社，1989。

[5] 李松林、许晓军：《中国国民党在台湾 40 年纪事》，解放军出版社，1990。

[6] 许晓军、李德齐著《工会社会活动与改革研究》，辽宁人民出版社，1990。

［7］冯同庆、许晓军著《工会的起源与性质研究》，辽宁人民出版社，1990。

［8］许晓军：《工会学理论教学方法初探》，《中国工运学院学报》1990年第6期，第32~35页。

［9］许晓军：《浅析我国工会的社会稳衡功能》，《社会学研究》1990年第2期，第60~65页。

［10］许晓军：《从社会学角度研究工人阶级问题》，《中国工运学院学报》1991年第5期，第26~29页。

［11］许晓军：《"工人阶级内部结构及其关系状况"调查简述》，《中国工运学院学报》1992年第4期，第31~35页。

［12］冯同庆、许晓军：《国有企业职工内部阶层分化的现状——国营大连造船厂职工调查》，《社会学研究》1992年第6期，第21~27页。

［13］冯同庆、许晓军：《走向市场经济的中国企业职工内部关系和结构》，《中国社会科学》1993年第3期，第101~120页。

［14］许晓军、汤金诗：《农民工问题——社会公平面临的新挑战——某造船厂农民合同工状况调查》，《中国劳动关系学院学报》1993年第2期，第23~25页。

［15］冯同庆、许晓军主编《中国职工状况——内部结构及相互关系》，中国社会科学出版社，1993。

［16］中国工运学院编写组编著《邓小平工人阶级与工会思想研究》，中国工人出版社，1994。

［17］许晓军：《略论我国乡镇企业的劳动关系》，《中国劳动关系学院学报》1995年第5期，第53~57页。

［18］许晓军：《我国乡镇企业劳动问题与工会》，《中国劳动关系学院学报》1996年第1期，第41~44页。

［19］许晓军：《略论不同经济组织中工会工作的新特点》，《中国劳动关系学院学报》1999年第1期，第42~45页。

［20］许晓军：《依靠工人阶级发展生产力是我们的政治优势》，《工会理论与实践·中国工运学院学报》2001年第4期，第15~16页。

［21］许晓军：《论当前我国工会工资集体协商的特点》，《工会理论与实践·中国工运学院学报》2003年第4期，第16~19页。

[22] 许晓军、李珂：《人事部经理与工会主席身份合一的角色辨析》，《中国劳动关系学院学报》2005年第6期，第45~48页。

[23] 许晓军、李珂：《职工眼中的企业工会——企业工会现状调查》，《中国劳动关系学院学报》2006年第2期，第48~52页。

[24] 李珂、许晓军：《论我国工会新型维权机制的建构》，《工会理论研究·上海工会管理干部学院学报》2006年第2期，第28~30页。

[25] 许晓军：《工会推动国民经济可持续发展的新视角》，《中国劳动关系学院学报》2006年第4期，第41~44页。

[26] 许晓军：《外资企业工会组建的创新之举——沃尔玛工会组建新模式案例分析》，《中国劳动关系学院学报》2006年第6期，第44~49页。

[27] 许晓军著《中国工会的社会责任》，中国社会科学出版社，2006。

[28] 李德齐主编《工会基础理论概论》，中国工人出版社，2006。

[29] 许晓军：《中国工会在构建和谐社会中承担的社会责任》，《中共天津市委党校学报》2007年第1期，第82~86页。

[30] 许晓军：《工会在劳动合同法中的权利及作用》，《中国劳动关系学院学报》2007年第5期，第1~4页。

[31] 许晓军、王晓慧：《企业工会与和谐劳动关系的建构——"工会干部及职工对企业劳动关系的认知与评价"调查报告》，《中国劳动关系学院学报》2008年第1期，第72~77页。

[32] 许晓军：《不辱使命，将维护劳动者权益作为工会的神圣职责》，《中国劳动关系学院学报》2008年第2期，第4~6页。

[33] 许晓军、刘元文：《工会在可持续发展与体面劳动中的功能与作用》，《中国教工》2008年第2期，第13~14页。

[34] 许晓军、任小平：《从"盐田国际"罢工事件看中国工会维权路径中的制度救济》，《当代世界与社会主义》2008年第4期，第140~144页。

[35] 任小平、许晓军：《职工权益自救与工会维权策略研究——基于"盐田国际"罢工事件的观察》，《学海》2008年第5期，第57~64页。

[36] 任小平、许晓军：《"双重受托责任"下的中国工会维权机制研究——以工会介入"盐田国际"罢工事件为例》，《中共福建省委党

校学报》2008 年第 10 期，第 10~17 页。

[37] 许晓军编著《工会集体协商集体合同实务教程：工会如何代表职工协商和签订集体合同》，人民日报出版社，2008。

[38] 任小平、许晓军：《劳资博弈：工资合约中的制度救济与工会行为》，《学术研究》2009 年第 2 期，第 81~87 页。

[39] 许晓军、任小平：《中国工会职能实现过程中的资源需求与制度建设》，《中国劳动关系学院学报》2009 年第 3 期，第 1~6 页。

[40] 许晓军：《以博弈制衡求和谐发展——论工会的博弈制衡与和谐劳动关系的建构》，《理论前沿》2009 年第 13 期，第 44~45 页。

[41] 任小平、许晓军：《国际金融危机下的中国劳动关系及工会应对》，《当代世界与社会主义》2009 年第 4 期，第 145~148 页。

[42] 许晓军：《中国特色劳动关系调整模式新视点》，《学术研究》2009 年第 11 期，第 65~69 页。

[43] 许晓军、曹荣：《论工会在劳动关系中的独立性与代表性——基于企业工会干部职业化的若干思考》，《中国劳动关系学院学报》2009 年第 6 期，第 7~13 页。

[44] 曹荣、许小军：《中国工会以"共同约定行动"应对国际金融危机》，《中国工人》2009 年第 12 期，第 10~13 页。

[45] 许晓军：《许晓军谈富士康员工跳楼事件》，《中国工人》2010 年第 7 期，第 6~10 页。

[46] 吴清军、许晓军：《中国劳资群体性事件的性质与特征研究》，《学术研究》2010 年第 8 期，第 59~65、159 页。

[47] 许晓军：《增加劳动者工资收入，破解经济社会难题》，《中国工人》2010 年第 9 期，第 10~11 页。

[48] 吴清军、许晓军：《劳资群体性事件与工会利益均衡及表达机制的建立》，《当代世界与社会主义》2010 年第 5 期，第 154~158 页。

[49] 许晓军：《当前我国工资集体协商的六大问题》，《中国工人》2010 年第 12 期，第 4~9 页。

[50] 许晓军：《涨工资影响经济发展吗》，《时事报告》2010 年第 11 期，第 42~43 页。

[51] 许晓军：《中国工会在构建和谐劳动关系中的合作博弈》，《中国劳动

关系学院学报》2011年第1期,第1~6页。

[52] 许晓军、曹荣:《论中国经济可持续发展的原始动力——基于构建和谐稳定劳动关系的视角》,《河北经贸大学学报》2011年第2期,第52~57、62页。

[53] 许晓军:《中国工会在劳动关系中的合作博弈及运行机制》,《天津市工会管理干部学院学报》2011年第1期,第2~5页。

[54] 许晓军:《构建非公企业和谐劳动关系》,《思想政治工作研究》2011年第9期,第23~24页。

[55] 许晓军、吴清军:《对中国工会性质特征与核心职能的学术辨析——基于国家体制框架内工会社会行为的视角》,《人文杂志》2011年第5期,第165~172页。

[56] 吴清军、许晓军:《关于社会主义国家阶级阶层关系的理论探析》,《当代世界与社会主义》2011年第5期,第83~88页。

[57] 许晓军:《工资集体协商制度面对的难题及对策》,《社会科学报》2011年10月20日。

[58] 许晓军:《试论我国工会在创新社会管理中的地位和作用》,《工会博览》2011年第11期,第41~44页。

[59] 曹荣、许晓军等:《博弈·制衡·和谐中国工会的博弈制衡与和谐劳动关系建构》,中国社会科学出版社,2011。

[60] 曹荣、许晓军、陈驾驭:《论我国工会在创新社会管理格局中的地位和作用》,《中国劳动关系学院学报》2012年第4期,第5~9页。

[61] 许晓军、曹荣:《地方工会领导干部视角中的工会参与社会管理——基于对地市工会主席的问卷调查及个案访谈》,《中国劳动关系学院学报》2012年第5期,第50~54页。

[62] 袁辉主编《管理学》,北京邮电大学出版社,2013。

[63] 许晓军著《工会怎样做好集体协商与集体合同工作》,中央文献出版社,2014。

[64] 许晓军著《论社会结构转型中的中国工会:许晓军教授工会与劳动关系研究论文集》,光明日报出版社,2015。

[65] 许晓军著《社会结构转型中的中国工会——许晓军教授工会与劳动关系研究论文集》,光明日报出版社,2015。

［66］许晓军：《工会在构建和谐社会中的社会责任》，《当代电力文化》2015年第5期，第27页。

郑桥

［1］郑桥：《俄罗斯政坛危机的前前后后》，《新视野》1993年第3期，第38～40页。

［2］郑桥：《这里的劳工不再神圣》，《新视野》1994年第1期，第52～53页。

［3］郑桥：《产业关系政策是市场经济　国家调节劳动关系的重要机制》，《新视野》1995年第5期，第55～57页。

［4］郑桥、佘云霞、赵炜：《西方工会理论概述》，《当代世界与社会主义》1997年第4期，第50～54页。

［5］郑桥：《转型中的东欧工会理论》，《当代世界与社会主义》1998年第4期，第102～104页。

［6］郑桥：《俄罗斯私有化与工人阶级和工会》，《当代世界社会主义问题》1999年第3期，第15～21页。

［7］郑桥著《世界工会概况》，中国经济出版社，1999。

［8］郑桥、吴亚平：《法国工会运动的现状、特点及启示》，《工会理论与实践（中国工运学院学报）》2000年第3期，第49～52页。

［9］郑桥：《WTO与劳工权益保障学术研讨会综述》，《中国工运》2001年第2期，第30～31页。

［10］郑桥：《全球化与劳资关系》，《新视野》2001年第2期，第59～61页。

［11］郑桥：《全球化对劳资关系体制的冲击》，《当代世界社会主义问题》2001年第2期，第75～80页。

［12］郑桥：《WTO与劳工权益保障学术研讨会综述》，《工会理论与实践中国工运学院学报》2001年第2期，第29～31页。

［13］夏风、郑桥：《俄国养老金改革方案的争论》，《当代世界与社会主义》2001年第3期，第91～93、97页。

［14］郑桥：《列宁斯大林工会理论比较研究——兼析执政党工会理论方针的经验教训》，《俄罗斯研究》2002年第1期，第77～82页。

[15] 郑桥:《全球化:世界工会运动面临的新挑战》,《内部文稿》2002年第4期,第23~26页。

[16] 郑桥著《劳资谈判》,中国工人出版社,2003。

[17] 郑桥、张喜亮:《新加坡的劳资关系与工会运动》,《工会理论与实践·中国工运学院学报》2003年第3期,第55~57页。

[18] 郑桥:《全球化冲击下的劳资关系与工会运动》,《中国党政干部论坛》2003年第7期,第30~31页。

[19] 郑桥:《面临严峻挑战的世界劳工运动》,《新视野》2003年第6期,第76~78页。

[20] 郑桥:《关于"民工荒"的深层思考》,《新视野》2005年第1期,第67~68、77页。

[21] 常凯、郑桥副主编《劳动关系学》,中国劳动社会保障出版社,2005。

[22] 郑桥等编《国际工会运动概况》,中国工人出版社,2006。

[23] 郑桥:《从丹麦模式看经济结构调整中的工会》,《中国劳动关系学院学报》2006年第4期,第65~68页。

[24] 郑桥等著《劳动法学》,中国劳动社会保障出版社,2007。

[25] 郑桥等著《中国劳动关系学》,中国工人出版社,2007。

[26] 吴亚平、郑桥:《从国际比较的视野看中国工会的特点和发展趋势》,《中国劳动关系学院学报》2007年第5期,第68~72页。

[27] 郑桥、姜颖:《〈劳动合同法〉的实施对我国劳动关系的影响》,《新视野》2008年第1期,第60~62页。

[28] 郑桥:《从〈劳动合同法〉出台看中国劳动关系的演变与发展》,《当代世界与社会主义》2008年第1期,第17~21页。

[29] 郑桥:《求同存异合作共赢》,《中国劳动关系学院学报》2008年第2期,第13~14页。

[30] 郑桥等著《德国工厂之旅》,中国书店,2009。

[31] 郑桥:《中国劳动关系变迁30年之集体协商和集体合同制度》,《现代交际》2009年第2期,第64~73页。

[32] 赵炜、郑桥:《劳动关系研究英美模式比较——形成的回顾与20世纪80年代后的变化》,《中国劳动关系学院学报》2009年第3期,

第 67~72 页。

[33] 赵炜、郑桥:《全球化视域下的劳动关系研究》,《当代世界与社会主义》2009 年第 5 期,第 139~143 页。

[34] 郑桥、傅麟、刘晓倩、牛玲:《〈劳动合同法〉实施以来劳动关系新变化以及工会应对策略研究》,《中国劳动关系学院学报》2009 年第 6 期,第 14~20 页。

[35] 郑桥:《新一轮民工荒预示着什么》,《领导文萃》2010 年第 15 期,第 15~20 页。

[36] 郑桥:《中国集体合同制度法律建设的思考——从地方立法看发展走向》,《中国劳动关系学院学报》2011 年第 2 期,第 8~13 页。

[37] 乔健、郑桥、余敏、张原:《迈向"十二五"时期中国劳动关系的现状和政策取向》,《中国劳动关系学院学报》2011 年第 3 期,第 8~13 页。

[38] 郑桥著《比较视野下的中外劳动关系研究》,光明日报出版社,2012。

[39] 郑桥:《中国集体合同制度建设发展新趋势》,《新视野》2013 年第 1 期,第 88~91 页。

[40] 吴亚平、郑桥:《中国特色社会主义工会发展道路探析》,《新视野》2013 年第 6 期,第 83~86 页。

[41] 林燕玲、郑桥:《国际贸易中劳动者权益保障及其对中国的影响》,《新视野》2015 年第 4 期,第 99~105 页。

后 记

《中国工运学者访谈录（第一辑）》是"工运学者口述史"项目的阶段性成果，"工运学者口述史"是中国工运文库建设的重要组成部分，是中国劳动关系学院图书馆特色资源建设的开创之举。中国工运文库是专门收藏劳动科学及工会领域相关文献资料的特藏库，是集劳动科学和工会领域研究的纸质资源、数字资源、多媒体音像资料、专业网站为一体，并以现代化信息管理系统作为技术支撑的阅读和研究场所。中国工运文库于2017年10月开始筹建，2018年4月在中华全国总工会立项，5月正式成立。与此同时，作为文库建设的一部分，中国劳动关系学院图书馆以"工运学者口述史"项目的方式积极开展抢救"活人文献"的工作。"工运学者口述史"项目从开展到第一辑成书集聚了诸多人士的心血和汗水。刘向兵校长对本项目给予了极大的认可并提出了很多指导性建议；离退休老干部处李晓敏处长和图书馆副馆长郭燕军在协调联络工运老专家、老学者方面付出了很多的辛劳；王永玺、冯同庆、冯建威、李德齐、郝清桂、陈莹等老一辈工运专家身体力行，积极参与口述史访谈录制，提供了丰富鲜活生动的史料；任国友、黄帅、赵薇等青年学者作为采访员多次多方与所采访工运学者进行沟通交流，为访谈的顺利开展做了大量的准备工作；孔洁、刘钟美作为中国工运文库口述史项目执行人，在跟进项目工作计划、准备协调项目所需资源、与项目所涉及各方人员沟通等方面做了很多工作；郑昂、李航全程参与口述史视频资源和文字资源的采集工作；吕明涛负责口述史书稿的全面统筹和章节规划，并对书稿进行了一校；刘钟美、郑昂、李航、王大勇等对书稿进行了二校、三校；张煜奇、刘颖等对书稿进行了四校。在此谨向上述为"工运学者口述史"项目提供各种支持和帮助的专家、学者、领导、同事、同仁表示诚挚的感谢！

  本书从工运学者口述的视角记录、探究工运史，在口述史领域、工运史领域实属首例，无章可循，难免错漏，敬请专家学者批评指正。

编　者

2019 年 9 月

图书在版编目(CIP)数据

中国工运学者访谈录.第一辑/刘向兵主编.--北京:社会科学文献出版社,2020.1
(中国劳动关系学院70周年校庆丛书)
ISBN 978-7-5201-6026-1

Ⅰ.①中… Ⅱ.①刘… Ⅲ.①工会工作-中国-文集
Ⅳ.①D412.6-53

中国版本图书馆CIP数据核字(2020)第014205号

·中国劳动关系学院70周年校庆丛书·
中国工运学者访谈录(第一辑)

主　　编 / 刘向兵

出 版 人 / 谢寿光
组稿编辑 / 任文武
责任编辑 / 连凌云

出　　版 / 社会科学文献出版社·城市和绿色发展分社(010)59367143
　　　　　 地址:北京市北三环中路甲29号院华龙大厦 邮编:100029
　　　　　 网址:www.ssap.com.cn

发　　行 / 市场营销中心(010)59367081　59367083
印　　装 / 三河市东方印刷有限公司

规　　格 / 开 本:787mm×1092mm　1/16
　　　　　 印 张:28.5　插 页:0.5　字 数:458千字
版　　次 / 2020年1月第1版　2020年1月第1次印刷
书　　号 / ISBN 978-7-5201-6026-1
定　　价 / 98.00元

本书如有印装质量问题,请与读者服务中心(010-59367028)联系

版权所有 翻印必究